刑事程序法论丛
Criminal Procedure Series

Criminal Procedure Law Revision:
Historical Tracing and Analysis

刑事诉讼法修改的历史梳理与阐释

宋英辉 刘广三 何挺／等著

图书在版编目(CIP)数据

刑事诉讼法修改的历史梳理与阐释/宋英辉等著. —北京:北京大学出版社,2014.12
(刑事程序法论丛)
ISBN 978-7-301-25100-3

Ⅰ.①刑… Ⅱ.①宋… Ⅲ.①刑事诉讼法—研究—中国 Ⅳ.①D925.204

中国版本图书馆 CIP 数据核字(2014)第 277515 号

书　　　名：刑事诉讼法修改的历史梳理与阐释
著作责任者：宋英辉　刘广三　何　挺　等著
责 任 编 辑：孙战营
标 准 书 号：ISBN 978-7-301-25100-3/D·3721
出 版 发 行：北京大学出版社
地　　　址：北京市海淀区成府路 205 号　100871
网　　　址：http://www.pup.cn
新 浪 微 博：@北京大学出版社　@北大出版社法律图书
电 子 信 箱：law@pup.pku.edu.cn
电　　　话：邮购部 62752015　发行部 62750672　编辑部 62752027
　　　　　　出版部 62754962
印 刷 者：北京大学印刷厂
经 销 者：新华书店
　　　　　　965 毫米×1300 毫米　16 开本　28 印张　430 千字
　　　　　　2014 年 12 月第 1 版　2014 年 12 月第 1 次印刷
定　　价：49.00 元

未经许可,不得以任何方式复制或抄袭本书之部分或全部内容。
版权所有,侵权必究
举报电话：010-62752024　电子信箱：fd@pup.pku.edu.cn

前　言

2012年3月14日第十一届全国人民代表大会第五次会议表决通过了《中华人民共和国刑事诉讼法修正案》，这是中国现行刑事诉讼法典自1979年制定后的第二次修改。虽然《刑事诉讼法》三十余年来只修改了两次，但每次修改的规模和影响之大，都在我国法律修改的历史上居于前列，不仅形式上新增条文数量众多，删改条文覆盖面广，2012年法典文字数量较之1979年已增加一倍多，而且从内容上看一些制度和程序的设计与之前的规定存在较大的差异，有的制度演进存在跳跃、反复的情形。造成这种情况的原因是多方面的：首先，刑事诉讼法属于程序法，制度与程序之间前后衔接互相影响，牵一发而动全身；其次，总体而言，我国刑事诉讼法律仍处于起步阶段，大量内容有待完善，刑事诉讼法典的大规模修改正体现了刑事诉讼法学研究与实践对于法典本身的积极影响；再次，从世界范围来看，两大法系刑事诉讼程序有互通融合的趋势，近年来许多国家和地区的刑事诉讼法典都有大规模的修改，我国刑事诉讼法典的修改也体现了这一趋势；最后，刑事诉讼法修改的次数较少，从而导致每次修改的力度较大。

从法律修改的模式来说，存在"全部条文重排式"和"固化序号删加式"的分野。前者指的是在法律修改时，只要对所修改法律的既有条文进行了删除或新增条文，就将该法律的所有条文进行重新排序，重新建构该法律的所有条文；后者指的是在法律修改时，法律的原有条文序号不做更改，对于删除的条文，则在保持其上下条文序号不变的情况下，标识该删除条文"已删除"，对于新增的条文，则在法律中规定事项最接近的条文之后加入该条文，而上下的原有条文序号保持不变。[①] 我国《刑法》的修改采用后者。例

---

① 陈甦：《法律修改时条文序号整理模式分析》，载《法学杂志》2012年第4期。

如，《刑法修正案（八）》第1条规定："在刑法第十七条后增加一条，作为第十七条之一：'已满七十五周岁的人故意犯罪的，可以从轻或者减轻处罚；过失犯罪的，应当从轻或者减轻处罚。'"而《刑事诉讼法》的修改采用的则是全部条文重排的模式。这种模式在有助于实现对修改后法律文本的顺畅阅读的同时，也有很多问题，其中一个就是，经过全部条文重排后的修改，修改之前法律的面貌已经无迹可寻，这同时意味着法律演进及其所蕴含的规律也被扔进了历史的故纸堆中。一个很好的例子是，从20世纪末21世纪初开始接受法学教育的人很少有人知道1979年《刑事诉讼法》的情况，同样，从现在开始接受法学教育的人以后也可能对1996年《刑事诉讼法》的情况知之甚少。而考察其他国家和地区的刑事诉讼法典，很多都采用了较好地体现法律演进历史的修法模式，例如法国、德国和我国台湾地区等。

西塞罗曾言，"一个不懂自己出生前的历史的人，永远是个孩子"。法律演进的历史及其所蕴含的规律不仅仅是法律史学者的研究对象，同样应该为其他法律人所知晓。历史不但能提供经验教训，有助于我们更深刻地理解现行法律的规定，更能促使我们基于历史所体现出来的规律思考法律发展的未来，成为法律继续发展的推动者。有鉴于此，考虑到我国刑事诉讼法典两次大规模修改所导致的巨大变动，我们以《刑事诉讼法》修改的历史为着眼点，编写了本书，力图梳理自1979年以来《刑事诉讼法》演进的脉络，阐释修改所蕴含的价值取向、诉讼规律及可能带来的各方面变化与挑战。本书以刑事诉讼法典的章节先后为纲，每一章采用总体概述、1979年—1996年—2012年刑事诉讼法典条文对比、修改重点问题分别梳理与阐释的写作方法。在具体问题的分析过程中，不但包括刑事诉讼法典的条文，还从体现演进规律的角度涉及三部刑事诉讼法典各自相关的其他法律和司法解释。

本书具体撰稿分工如下（以撰写内容先后为序）：

宋英辉（北京师范大学刑事法律科学研究院教授、博士生导师）：导论、第一章。

王贞会（法学博士、中国政法大学诉讼法学研究院副教授）：导论、第一章。

刘广三（北京师范大学刑事法律科学研究院教授、博士生导师）：第二章。

毛立新（法学博士、北京师范大学刑事法律科学研究院讲师）：第三章、第五章

何挺（法学博士、北京师范大学刑事法律科学研究院副教授）：第四章、第十七章。

宋志军（法学博士、西北政法大学证据法研究所所长、副教授）：第六章。

杨雄（法学博士、北京师范大学刑事法律科学研究院副教授）：第七章、第十二章十一。

史立梅（法学博士、北京师范大学法学院教授）：第八章、第十四章。

雷小政（法学博士、北京师范大学刑事法律科学研究院副教授）：第九章、第十三章。

廖明（法学博士、北京师范大学刑事法律科学研究院讲师）：第十章。

孟军（法学博士、北京师范大学法学院讲师）：第十一章、第十五章。

肖萍（法学博士、北京师范大学刑事法律科学研究院副教授）：第十二章一至十。

印波（法学博士、北京师范大学刑事法律科学研究院副教授）：第十六章。

张云鹏（法学博士、辽宁大学法学院副教授、北京师范大学刑事法律科学研究院博士后研究人员）：第十七章三至四。

本书由宋英辉、何挺、张云鹏统稿，北京师范大学刑事法律科学研究院及法学院硕士研究生李梦娇、商荣荣参与了本书资料核对工作。

由于时间、水平所限，书中难免疏漏之处，加之作者写作风格不同，各个部分难免有欠协调之处，恳请读者海涵，并希望不吝赐教。

宋英辉
2013年9月

目录

导论　刑事诉讼法修改的基本脉络／1

一、《刑事诉讼法》的制定与修改过程／1

二、刑事诉讼法律制度的基本架构／6

三、刑事诉讼法制发展的成就与特点／11

四、刑事诉讼法修改之展望／17

第一章　刑事诉讼法的制定目的、根据与任务／18

一、概述／18

二、刑事诉讼法的制定目的／20

三、刑事诉讼法的根据／23

四、刑事诉讼法的任务／24

第二章　刑事诉讼法基本原则／26

一、概述／26

二、无罪推定原则／35

三、司法独立原则 / 37

四、法律监督原则 / 38

第三章 管辖 / 42

一、概述 / 42

二、自诉案件范围 / 45

三、人民检察院自侦案件范围 / 49

四、级别管辖 / 51

第四章 回避 / 55

一、概述 / 55

二、回避事由 / 58

三、回避的种类 / 61

四、申请回避与复议 / 62

第五章 辩护与代理 / 64

一、概述 / 64

二、辩护人介入刑事诉讼的时间 / 72

三、辩护人的诉讼权利 / 74

四、辩护人的职责、禁止行为和保密义务 / 83

五、法律援助辩护的适用范围 / 87

六、刑事代理制度 / 89

第六章 证据 / 91

一、概述 / 91

二、证据概念与证据种类 / 99

三、刑事诉讼举证责任分配原则 / 108

四、不得强迫任何人证实自己有罪原则 / 111

五、证明标准 / 112

六、非法证据排除规则 / 115

七、行政证据在刑事诉讼中的运用／124

　　八、证人保护和证人作证的经济补偿／126

第七章　强制措施／131

　　一、概述／131

　　二、拘传／147

　　三、取保候审／148

　　四、监视居住／155

　　五、拘留／164

　　六、逮捕／169

　　七、强制措施的变更和解除／182

第八章　附带民事诉讼／186

　　一、概述／186

　　二、附带民事诉讼的提起主体／188

　　三、附带民事诉讼中的财产保全／190

　　四、附带民事诉讼的调解／193

　　五、附带民事诉讼的裁判／195

第九章　立案／197

　　一、概述／197

　　二、立案的材料来源／202

　　三、立案的条件／203

　　四、立案的程序／204

　　五、立案的监督／207

第十章　侦查／209

　　一、概述／209

　　二、侦查的一般规定／226

　　三、常规侦查措施／227

四、特殊侦查措施 / 236

五、侦查羁押期限 / 247

六、辩护律师意见的听取 / 248

第十一章　提起公诉 / 249

一、概述 / 249

二、审查起诉程序 / 254

三、公诉案件案卷材料移送 / 257

四、免予起诉 / 260

五、不起诉种类与适用条件 / 263

六、不起诉相关程序 / 266

第十二章　第一审程序 / 269

一、概述 / 269

二、刑事审判组织 / 286

三、公诉案件审查程序 / 289

四、庭前准备程序 / 293

五、不公开审理 / 295

六、人民检察院派员出庭支持公诉 / 297

七、法庭审判 / 298

八、中止审理、延期审理和终止审理 / 309

九、审理期限 / 311

十、自诉案件第一审程序 / 312

十一、简易程序 / 315

第十三章　第二审程序 / 326

一、概述 / 326

二、二审程序的提起 / 334

三、二审审理 / 336

四、上诉不加刑原则 / 339

　　五、对查封、扣押、冻结财物的处理 / 340

第十四章　死刑复核程序 / 342

　　一、概述 / 342

　　二、死刑核准权归属 / 345

　　三、死刑复核程序的审理方式 / 347

　　四、死刑复核程序的裁判方式 / 349

第十五章　审判监督程序 / 352

　　一、概述 / 352

　　二、申诉权主体范围 / 356

　　三、申诉理由 / 357

　　四、审判监督程序的具体内容 / 360

第十六章　执行程序 / 364

　　一、概述 / 364

　　二、刑事执行权配置 / 371

　　三、死刑执行程序 / 374

　　四、暂予监外执行 / 378

　　五、社区矫正 / 381

第十七章　特别程序 / 387

　　一、未成年人刑事案件诉讼程序 / 388

　　二、当事人和解的公诉案件诉讼程序 / 408

　　三、犯罪嫌疑人、被告人逃匿、死亡案件违法所得的没收程序 / 419

　　四、依法不负刑事责任的精神病人的强制医疗程序 / 427

导论 刑事诉讼法修改的基本脉络

一、《刑事诉讼法》的制定与修改过程

(一) 1979 年《刑事诉讼法》制定

我国刑事诉讼法的起草工作开始于 20 世纪 50 年代初期。1954 年,中央人民政府法制委员会曾经草拟《中华人民共和国刑事诉讼条例(草案)》。1956 年全国人大委托最高人民法院负责刑事诉讼法的起草工作。最高人民法院组成专门机构于 1957 年 5 月拟出了《中华人民共和国刑事诉讼法草案(草稿)》,分 7 篇共 325 条。在征求各方意见的基础上,最高人民法院对《草案(草稿)》进行了修改,于 1957 年 6 月拟出《中华人民共和国刑事诉讼法(初稿)》。1962 年 6 月,中央政法小组主持并恢复刑事诉讼法草案的修订工作,在 1957 年草稿的基础上,广泛征求意见,反复论证修改,于 1963 年 4 月形成《中华人民共和国刑事诉讼法草案(初稿)》,分 7 编 18 章,共 200 条。随着政治运动的开展,特别是"文化大革命"的开始,刑事诉讼法的起草制定工作,陷入长期停滞状态。

1976 年 10 月"四人帮"垮台之后,我国由十年动乱走向改革开放,《刑事诉讼法》的制定重获契机,1979 年 2 月成立的全国人大常委会法制委员会在 1963 年初稿的基础上起草了新的《刑事诉讼法草案》(修正一稿、修

正二稿),该草案继承了此前法律起草已经取得的成果,并在进一步总结了正反两方面经验的基础上加以完善。① 1979年7月1日《刑事诉讼法草案》经第五届全国人民代表大会第二次会议通过,同年7月7日由全国人民代表大会常务委员会委员长令第6号公布,自1980年1月1日起施行。

1979年《刑事诉讼法》在体例结构上分为"总则""立案、侦查和提起公诉""审判""执行"四编,共164条,是新中国成立后第一部专门的刑事诉讼法典。在内容上,主要规定了刑事诉讼法的指导思想、任务和基本原则;公安机关、检察机关和法院各自管辖的案件范围;审判人员、检察人员、侦查人员及其他有关人员的回避事由及其程序;可以担任辩护人的范围及其职责、权利与义务等;证据的种类,严禁刑讯逼供和以威胁、引诱、欺骗以及其他非法的方法收集证据等;强制措施的种类及其适用情形、程序等;立案的条件、材料来源和程序;实施讯问被告人、询问证人、勘验、检查、搜查、扣押物证书证、鉴定、通缉等侦查活动应当遵守的规定;检察机关提起公诉、免予起诉和不起诉的情形和程序;审判程序应当遵守的原则、审判组织构成,以及进行第一审程序、第二审程序、死刑复核程序和审判监督程序的具体规则;执行各种刑罚的具体方法与程序等等。1979年《刑事诉讼法》的制定,是健全中国社会主义法律制度的重要内容,结束了新中国成立以后长期没有专门法典作为刑事诉讼活动的依据的局面,对于保证准确及时惩罚犯罪,保护公民权利,维护社会主义法制,保障社会主义建设事业顺利进行,具有重要意义。

为了强化1979年《刑事诉讼法》的可操作性,保证办案机关在司法实践中有效贯彻落实相关规定,1979年《刑事诉讼法》制定后,全国人大常委会陆续颁布了一系列单行法律文件,对陪审制度、审判组织、审判程序、办案期限、死刑复核权等作了补充规定。其中较为重要的有1983年9月2日第六届全国人大常委会第二次会议通过的《关于迅速审判严重危害社会治安的犯罪分子的程序的决定》、1984年7月7日第六届全国人大常委会第六次会议通过的《关于刑事案件办案期限的补充规定》等。

---

① 参见陈光中主编:《刑事诉讼法》(第五版),北京大学出版社、高等教育出版社2013年版,第53页。

(二)1996年《刑事诉讼法》修改

20世纪80年代末90年代初,1979年《刑事诉讼法》在实践中遇到的问题越来越多,理论与实务界普遍要求修改《刑事诉讼法》。1993年,全国人大常委会法制工作委员会正式将修改《刑事诉讼法》列入立法日程,委托刑事诉讼法学专家组织起草修改建议稿。在修改建议稿的基础上,法工委于1995年12月拟出《中华人民共和国刑事诉讼法修正案(草案)》,经第八届全国人大常委会第十七次会议第二次审议后,决定提交第八届全国人大第四次会议审议。1996年3月17日,第八届全国人大第四次会议通过《全国人民代表大会关于修改〈中华人民共和国刑事诉讼法〉的决定》,共110条,同日由中华人民共和国主席令第64号发布,自1997年1月1日起施行。1996年修改后的《刑事诉讼法》在体例结构上分为"总则""立案、侦查和提起公诉""审判""执行"四编和一个"附则",条文数量由原来的164条增加到225条。

1996年《刑事诉讼法》修改标志着我国刑事诉讼法律制度朝着科学化、民主化的方向迈进了重要一步,是我国刑事诉讼法制发展史上的新里程碑。这次修改涉及许多内容,对刑事诉讼的任务和基本原则、有关诉讼制度和具体程序等均有一定修改。例如,吸收无罪推定原则的精神,确立未经法院判决不得确定任何人有罪原则;规定了人民检察院依法对刑事诉讼实行法律监督原则;改革辩护制度,规定犯罪嫌疑人有权在侦查阶段聘请律师提供法律帮助;完善强制措施,细化逮捕条件,废止收容审查;改革审查起诉制度,规定检察机关提起公诉实行"复印件移送主义",废除免予起诉;改革审判程序,将开庭前的实体审查改为程序性审查,扩大控辩双方对庭审程序的参与权;扩大法院受理自诉案件的范围;设立简易审判程序,强化诉讼分流,使一些轻微刑事案件得到迅速、及时处理;加强对刑事被害人的权利保障,赋予其当事人地位和相应的诉讼权利;改革死刑执行方法,规定死刑采用枪决或注射等方法执行等等。

1996年《刑事诉讼法》修改后,为了便于办案机关在司法实践中更好地贯彻落实《刑事诉讼法》的规定,最高人民法院、最高人民检察院、公安部等中央机关陆续出台了一些补充或解释性规定。例如,1998年1月19日最高人民法院、最高人民检察院、公安部、国家安全部、司法部、全国人大常委会法制工作委员会发布的《关于刑事诉讼法实施中若干问题的规定》(以下简称为"1998年《六机关规定》");1998年9月2日最高人民法院发布的《关于执行〈中华人民共和国刑事诉讼法〉若干问题的解释》(以下简称为"1998年《最高法院解释》");1999年1月18日最高人民检察院发布的《人民检察院刑事诉讼规则》(以下简称为"1999年《最高检察院规则》");1998年5月14日公安部发布的《公安机关办理刑事案件程序规定》(以下简称为"1998年《公安部规定》")等等。

(三) 2012年《刑事诉讼法》修改

进入21世纪之后,我国处于社会转型期和矛盾凸显期,刑事案件居高不下,严重暴力犯罪案件增多,犯罪的种类和手段出现新的变化,这些都对我国社会管理和社会稳定提出了严峻挑战,在惩罚犯罪方面面临许多新的情况,存在一些迫切需要解决的问题。同时,随着国家民主法制建设的推进和人民群众法制观念的增强,对维护司法公正和保障人权提出了更高的要求。从实践需求和国际发展趋势的角度来看,1996年《刑事诉讼法》中的一些规定已显滞后,无法满足我国不断发展的司法实践需求。基于此,有必要通过修改法律的方式来进一步完善刑事诉讼程序,以保障准确及时惩罚和打击犯罪,保护公民诉讼权利和其他合法权益。

为了落实中央关于深化司法体制和司法机制改革的意见,贯彻宽严相济刑事政策,推动我国刑事诉讼法制的进步,促进人权事业的发展,解决司法实践中遇到的需要通过修改法律才能予以解决的突出问题,尽可能增强《刑事诉讼法》的可操作性,2010年12月,全国人大常委会法工委启动了《刑事诉讼法》修改工作,在多次组织司法实务部门、专家进行研讨,并征求公检法司等有关部门意见的基础上,形成了《中华人民共和国刑事诉讼法修正案(草案)》,于2011年8月提交第十一届全国人大常委会第二十二次会议进行第一次审议。《修正案(草案)》共99条,内容涉及完善证据制度、强制措施、辩护制度、侦查程序、审判程序、执行程序和特别程序等七个方面。第一次审议之后,全国人大官方网站公布了《修正案(草案)》全文,并在9月份向社会公开征集意见。全国人大法工委根据社会各界的意见,对有关条文进行了修改,形成新的《中华人民共和国刑事诉讼法修正案(草案)》,于2011年12月提请第十一届全国人大常委会第二十四次会议进行第二次审议后,决定提交第十一届全国人大第五次会议审议。第十一届全国人大常委会第二次审议的《修正案(草案)》共106条,比第一次审议的《修正案(草案)》增加7条。2012年3月14日,第十一届全国人大第五次会议以91.88%的赞成票通过《全国人民代表大会关于修改〈中华人民共和国刑事诉讼法〉的决定》。修改决定共111条,同日由中华人民共和国主席令第55号公布,自2013年1月1日起施行。2012年修改后的《刑事诉讼法》在体例结构上分为"总则""立案、侦查和提起公诉""审判""执行""特别程序"五编和一个"附则",较1996年《刑事诉讼法》增加了第五编"特别程序",条文数量由原来的225条增至290条,涉及增、删、改条文共149条,其中增加66条,修改82条,删除1条。修改内容包括辩护制度、证据制度、强制措施、侦查程序、审判程序、执行程序和特别程序等。此次修改将"尊重和保障人权"作为刑事诉讼法的任务,明确了不得强迫自证其罪原则,扩大了法律援助的范围并将其延伸至侦查阶段,强化了辩护律师会见、阅卷、调查取证权、意见表达权等的保障,确立了非法证据排除规则,完善了证人出庭、证人保护等制度,将监视居住作为羁押替代措施并完善了逮捕、拘留条件和程序,规范了侦查讯问程序,增设技术侦查和其他特殊侦查手段,增加庭前会议并完善了审判程序和死刑复核程序,扩大了简易程序,增设未成年人刑事案件诉讼程序,当事人和解的公诉案件诉讼程序,犯罪嫌疑人、被告人逃匿、死亡案件违法所得的没收程序,依法不负刑事责任的精神病人的强制医疗程序等特别规定等。

2012年《刑事诉讼法》修改后,最高人民法院、最高人民检察院和公安部陆续着手对有关司法解释或者部门规定进行修订。2012年11月22日最高人民检察院发布《人民检察院刑事诉讼规则(试行)》(以下简称为"2012年《最高检察院规则》"),条文数量由原来的12章共468条增加到17章共708条,除净增240条以外,还对许多条文作了修改。2012年《最高检察院规则》自2013年1月1日起施行,原1999年《最高检察院规则》同时废止。2012年12月20日最高人民法院发布《关于适用〈中华人民共和国刑事诉讼法〉的解释》(以下简称为"2012年《最高法院解释》"),共24章548条,条文数量比原来的367条增加了181条,除新增非法证据排除、未成年人刑事案件诉讼程序、当事人和解的公诉案件诉讼程序等章节以外,还对许多条文作了修改。2012年《最高法院解释》自2013年1月1日起施行,原1998年《最高法院解释》同时废止。2012年12月24日公安部发布《公安机关办理刑事案件程序规定》(以下简称为"2012年《公安部规定》"),条文数量由原来的14章共355条增加到14章共376条,除净增21个条文以外,还对许多条文作了修改。2012年《公安部规定》自2013年1月1日起施行,原1998年《公安部规定》和2007年10月25日发布的《公安机关办理刑事案件程序规定修正案》同时废止。2012年12月26日最高人民法院、最高人民检察院、公安部、国家安全部、司法部、全国人大常委会法制工作委员会联合发布《关于实施刑事诉讼法若干问题的规定》(以下简称为"2012年《六机关规定》"),分11个部分共40条,对公检法司等机关在刑事诉讼过程中共同涉及的一些问题作出明确说明。2012年《六机关规定》自2013年1月1日起施行,原1998年《六机关规定》同时废止。

2014年4月24日,在2012年《刑事诉讼法》适用一年多以后,针对司法实践中存在的部分问题,第十二届全国人民代表大会常务委员会第八次会议通过了对2012年《刑事诉讼法》第79条第3款、第254条第5款、第257条第2款和第271条第2款等四个条款具体适用的解释。在我国刑事诉讼法律发展历程中,这是首次由立法机关单独以效力高于司法解释的立法解释的形式,对作为国家基本法律的刑事诉讼法的具体适用进行解释,这也必将开创我国刑事诉讼法律规范发展的新模式。

二、刑事诉讼法律制度的基本架构

1979年《刑事诉讼法》确立了我国刑事诉讼法律制度的基本架构,体现了我国刑事诉讼法律制度具有的特色内容,1996年和2012年《刑事诉讼法》修改均沿袭了1979年《刑事诉讼法》所确立的基本架构,在此基础上进一步完善和健全了刑事诉讼原则、制度和程序规范。总体而言,我国刑事诉讼法律制度的基本架构主要包括以下方面:

第一,公检法三机关各司其职,分工负责、互相配合、互相制约。我国《宪法》第 135 条规定:"人民法院、人民检察院和公安机关办理刑事案件,应当分工负责,互相配合,互相制约,以保证准确有效地执行法律。"与西方国家以审判阶段为中心的刑事诉讼结构不同,我国刑事诉讼法根据不同诉讼阶段的特殊性来划分人民法院、人民检察院和公安机关的职权,并确立了公检法三机关之间分工负责、互相配合、互相制约的关系。1979 年《刑事诉讼法》第 3 条第 1 款规定:"对刑事案件的侦查、拘留、预审,由公安机关负责。批准逮捕和检察(包括侦查)、提起公诉,由人民检察院负责。审判由人民法院负责。其他任何机关、团体和个人都无权行使这些权力。"第 5 条规定:"人民法院、人民检察院和公安机关进行刑事诉讼,应当分工负责,互相配合,互相制约,以保证准确有效地执行法律。"1996 年《刑事诉讼法》第 7 条、2012 年《刑事诉讼法》第 7 条都对公检法三机关分工负责、互相配合、互相制约原则予以确认,并对人民法院、人民检察院和公安机关在刑事诉讼中的职权分工的具体表述作了修改,即"对刑事案件的侦查、拘留、执行逮捕、预审,由公安机关负责。检察、批准逮捕、检察机关直接受理的案件的侦查、提起公诉,由人民检察院负责。审判由人民法院负责。除法律特别规定的以外,其他任何机关、团体和个人都无权行使这些权力。"

分工负责,互相配合,互相制约是调整人民法院、人民检察院和公安机关在刑事诉讼中相互关系的一项基本原则。其中"分工负责"是指,人民法院、人民检察院和公安机关在刑事诉讼中根据法律有明确的职权分工,应当在法定范围内行使职权,各司其职,各负其责,既不能相互替代,也不能相互推诿。"互相配合"是指,人民法院、人民检察院和公安机关进行刑事诉讼,应当在分工负责的基础上,使案件的处理能够上下衔接,协调一致,共同完成查明案件事实,正确适用法律的任务。"互相制约"是指,人民法院、人民检察院和公安机关进行刑事诉讼,应当按照诉讼职能的分工和程序上的设置,相互约束、制衡,以防止发生错误或及时纠正错误,保证准确执行法律,做到不错不漏,不枉不纵。

第二,人民法院依法独立行使审判权、人民检察院依法独立行使检察权。与西方国家以法官独立为核心的司法独立原则不同,我国的司法独立包括人民法院独立行使审判权和人民检察院独立行使检察权两个方面,这与我国政治体制有关。在我国,人民法院和人民检察院都是司法机关,都要依法独立行使职权。我国1979年《刑事诉讼法》没有规定人民法院、人民检察院依法独立行使职权的内容,《宪法》将其确立为一项宪法原则。根据《宪法》第126条规定:"人民法院依照法律规定独立行使审判权,不受行政机关、社会团体和个人的干涉";第131条规定:"人民检察院依照法律规定独立行使检察权,不受行政机关、社会团体和个人的干涉"。1996年《刑事诉讼法》根据《宪法》第126条和第131条的规定,在第5条作出规定:"人民法院依照法律规定独立行使审判权,人民检察院独立行使检察权,不受行政机关、社会团体和个人的干涉。"2012年《刑事诉讼法》继续保留了该规定。

独立行使审判权、检察权的主体是人民法院、人民检察院,并非审判人员或检察人员个人。明确规定依法独立行使职权原则,可以保障人民法院、人民检察院在刑事诉讼中坚持以事实为根据,以法律为准绳,正确行使职权,排除行政机关、社会团体和个人对审判、检察工作的干扰,维护司法行为的纯洁性,树立司法权威,实现司法公正,保证法律的正确统一实施。

第三,人民检察院依法对刑事诉讼实行法律监督。与西方国家通常规定检察机关是国家的公诉机关,依法履行公诉职能不同,我国检察机关在刑事诉讼中不仅承担公诉职能,同时还负有依法对刑事诉讼实行法律监督的职责。这与我国宪法对检察机关的法律地位的规定相一致。《宪法》第129条规定:"中华人民共和国人民检察院是国家的法律监督机关。"我国1979年《刑事诉讼法》没有规定人民检察院对刑事诉讼实行法律监督的内容,1996年《刑事诉讼法》根据《宪法》规定修改增加了这一内容。1996年《刑事诉讼法》第8条规定:"人民检察院依法对刑事诉讼实行法律监督",2012年《刑事诉讼法》第8条继续保留了该规定。

在刑事诉讼中,人民检察院除了作为国家的公诉机关依法行使法律赋予的诉讼职权,如人民检察院享有批准逮捕、提起公诉、对职务犯罪案件进行的立案侦查等,还要作为法律监督机关,依法对整个刑事诉讼活动实行法律监督,包括对公安机关的立案、侦查活动进行监督,对法院审判活动进行监督,对执行机关的执行活动进行监督等。人民检察院对刑事诉讼的法律监督贯穿在刑事诉讼的全过程。

第四,我国刑事诉讼程序的基本阶段包括立案、侦查、审查起诉、审判和执行。1979年《刑事诉讼法》在区分公诉案件和自诉案件的基础上,规定了刑事诉讼程序的基本阶段。其中,公诉案件程序主要包括立案、侦查、审查起诉、审判和执行等阶段,自诉案件程序主要包括立案、审判和执行等阶段。不同的诉讼阶段由不同的国家机关起主导作用,同时又强化前一诉讼阶段与后一诉讼阶段的密切衔接。1996年《刑事诉讼法》扩大了自诉案件的范围,增设第一审简易程序,将律师参与刑事诉讼的时间提前到侦查阶段等;2012年《刑事诉讼法》修改进一步扩大了第一审简易程序的适用范围,完善了第二审程序、死刑复核程序、审判监督程序和执行程序,增加了刑事诉讼特别程序等,但在诉讼程序的安排上,仍然继承了1979年《刑事诉讼法》关于立案、侦查、审查起诉、审判和执行等基本诉讼阶段的规定。

第五,刑事诉讼实行两审终审的制度。所谓两审终审,是指一个案件经过两级法院审判即告终结,不得对第二审法院的终审裁判再依上诉审程序提出上诉、抗诉。1979年《刑事诉讼法》第7条规定:"人民法院审判案件,实行两审终审制。"1996年《刑事诉讼法》修改将这一内容规定在第10条,2012年《刑事诉讼法》未作改动。实行两审终审制,是根据我国国情和司法实际需要确定的。通过两审终审,力求使错误的一审判决、裁定,在尚未发生法律效力之前,得到及时纠正,确保办案质量;可以使上级法院及时了解下级法院的审判工作情况,充分发挥审级监督的作用;可以防止诉讼拖延,提高诉讼效率,保证准确、及时地打击犯罪分子,保证无罪的人不受刑事追究。

两审终审要求,地方各级人民法院按照第一审程序对案件审理后所作的判决、裁定,不能立即发生法律效力,只有在法定期限内,有上诉权的人没有提起上诉,同级人民检察院也没有提出抗诉,第一审法院所作出的判决、裁定才发生法律效力。在法定的期限内,如果有上诉权的人提出了上诉,或者同级人民检察院提出了抗诉,上一级人民法院应当对该案件再进行审判。上一级人民法院审理第二审案件作出的判决、裁定,都是终审判决、裁定,立即发生法律效力。两审终审制也有例外。根据我国《宪法》和《刑事诉讼法》的规定,最高人民法院是我国的最高审判机关,由它审判的一切案件,宣判后立即生效。此外,为确保死刑案件质量,我国设置了专门的死刑复核程序,只有经过相应的特殊程序并经最高人民法院依法核准死刑后,死刑判决才发生法律效力。

第六,死刑案件的复核程序。死刑复核是只适用于死刑案件的特殊诉讼程序,是我国刑事诉讼中特有的诉讼程序。它是在批判地继承我国古代优秀法律文化和不断总结人民司法经验的基础上,逐步形成的具有中国特色的诉讼程序。① 在我国,死刑复核程序包括对死刑立即执行案件的复核和对死刑缓期二年执行案件的复核两种。1979年《刑事诉讼法》第144条规定"死刑由最高人民法院核准",第146条规定"中级人民法院判处死刑缓期二年执行的案件,由高级人民法院核准",从而确立了我国死刑核准权的权力归属问题,即死刑立即执行案件由最高人民法院核准,死刑缓期二年执行案件由高级人民法院核准。鉴于打击严重刑事犯罪的需要,随后全国人大常委会陆续出台规范性文件将某些严重犯罪而被判处死刑的案件的核准权下放高级人民法院核准。1996年《刑事诉讼法》第199条和第201条重申"死刑由最高人民法院核准;中级人民法院判处死刑缓期二年执行的案件,由高级人民法院核准"。尽管如此,基于打击严重刑事犯罪的需要,最高人民法院于1997年9月26日发布了《关于授权高级人民法院和解放军军事法院核准部分死刑案件的通知》,将部分死刑案件的核准权下放高级人民法院和军事法院。

2004年《宪法修正案》明确规定"国家尊重和保障人权",为了落实宪法精神,进一步提高刑事司法中人权保障水平,2006年10月31日第十届全国人大常委会第二十四次会议通过《关于修改人民法院组织法的决定》,明确规定:"死刑除依法由最高人民法院判决的以外,应当报请最高人民法院核准。"最高人民法院于2006年12月28日公布《关于统一行使死刑案件核准权有关问题的决定》,将死刑核准权统一收回最高人民法院行使,规定"死刑除依法由最高人民法院判决的以外,各高级人民法院和解放军军事法院依法判处和裁定的,应当报请最高人民法院核准"。2012年《刑事诉讼法》修改再次确认了1979年《刑事诉讼法》关于死刑案件核准主体的规定。2012年《刑事诉讼法》第235条规定:"死刑由最高人民法院核准";第237条规定:"中级人民法院判处死刑缓期二年执行的案件,由高级人民法院核准"。

---

① 陈光中主编:《中国刑事诉讼程序研究》,法律出版社1993年版,第298页。

我国死刑复核程序的完善和发展，体现了中国特色刑事诉讼程序"以人为本"的立法精神。

三、刑事诉讼法制发展的成就与特点

1979年《刑事诉讼法》是新中国成立后第一部专门的刑事诉讼法典，确立了我国刑事诉讼法律制度的基本架构，解决了刑事诉讼活动无法可依的问题。1996年修改《刑事诉讼法》，增强了法庭审理中控辩双方的对抗性，使审判者相对中立，强调惩罚犯罪与人权保障的平衡、程序公正和实体公正的并重，进一步完善各项诉讼制度和程序规范，标志着我国刑事诉讼法制朝着科学化、民主化的方向迈进了重要的一步。2012年修改《刑事诉讼法》将"尊重和保障人权"明确写入刑事诉讼法的任务，突出人权保障理念，关注司法公正，立足我国实际，进一步完善了刑事诉讼原则、制度和程序，使刑事诉讼法体系和内容更趋科学、规范化，更加符合刑事诉讼规律和程序公正要求，展现出我国民主法制建设取得的巨大进步。纵览我国刑事诉讼法的制定和两次修改，总体上是根据我国国情不断总结司法实践经验，对刑事诉讼规律的认识和把握日趋深刻，刑事诉讼制度、程序规范越来越完善的一个过程，标志着我国刑事诉讼法制不断走向科学、民主和理性。

第一，刑事诉讼基本原则体系日趋完善。1979年《刑事诉讼法》在第一编第一章"指导思想、任务和基本原则"中就对刑事诉讼原则作了规定，确立了侦查权、检察权、审判权由专门机关行使，以事实为根据、以法律为准绳，公民在适用法律上一律平等，分工负责、互相配合、互相制约，使用本民族语言文字进行诉讼，两审终审，审判公开，犯罪嫌疑人、被告人有权获得辩护，保障诉讼参与人诉讼权利，具有法定情形不予追究刑事责任，及追究外国人刑事责任适用我国刑事诉讼法等基本原则。1996年《刑事诉讼法》修改对1979年《刑事诉讼法》规定的基本原则加以确认，同时增加未经人民法院依法判决不得确定有罪原则。2012年《刑事诉讼法》基本保持了刑事诉讼的基本原则体系，未作较大改动。这一整套刑事诉讼原则体系，是我国刑事诉讼实践经验的总结，也是对刑事诉讼规律认识的结果。

第二,中国特色刑事诉讼制度不断完善。1979年《刑事诉讼法》比较全面地规定了我国刑事诉讼的各项制度,主要包括管辖、回避、辩护、证据、强制措施、附带民事诉讼等,初步确立了我国刑事诉讼制度的基本框架。但是,在制度内容上则规定的较为笼统概括,司法实践中不易掌握和落实。1996年和2012年对《刑事诉讼法》的两次修改,都对管辖、辩护、证据、强制措施、附带民事诉讼等诉讼制度作了修改和补充,具有中国特色的刑事诉讼制度不断趋于完善。

第三,形成了相对完整有序的刑事诉讼程序体系。1979年《刑事诉讼法》将我国的刑事诉讼程序分为公诉案件诉讼程序和自诉案件诉讼程序两种。公诉案件诉讼程序包括立案、侦查、审查起诉、审判和执行等阶段,自诉案件诉讼程序包括立案、审判和执行等阶段,各个诉讼阶段既相对独立又有机衔接,形成一个相对完整有序的刑事诉讼程序体系。1996年修改《刑事诉讼法》,在1979年《刑事诉讼法》确立的刑事诉讼程序架构基础上,引入一些新型的程序机制,进一步完善了刑事诉讼程序体系。例如,扩大了自诉案件的范围,增设简易审判程序,初步形成了适用不同案件、繁简有别的刑事诉讼程序体系。2012年修改《刑事诉讼法》,十分重视对刑事诉讼程序内容的改革,扩大第一审简易程序的适用范围并对其程序予以细化,改革和完善第二审程序、死刑复核程序和执行程序,增加刑事诉讼特别程序等。经过两次对《刑事诉讼法》的较大规模的修改,已经基本形成了一套相对完整有序的刑事诉讼程序体系。

从我国《刑事诉讼法》制定和两次修改的整个过程来看,主要表现出以下特点:

第一,不断提升保障人权理念,坚持惩罚犯罪与保障人权均衡并重。惩罚犯罪和保障人权,构成了刑事诉讼法理念与目的的两个方面,不应片面强调一面而忽视另一面。1979年《刑事诉讼法》即确立了惩罚犯罪与保障人权相统一的基本理念,要求在有效惩处犯罪的同时加强对公民权利的保护。不过囿于当时的历史条件,1979年《刑事诉讼法》在总体上表现出一种强职权主义色彩,侧重刑事诉讼法在惩罚和打击犯罪方面的作用,对公民权利保护相对重视不足。1996年全国人大以"促进刑事诉讼制度进一步民主化、科学化,在注意保持惩罚犯罪力度的同时强化人权保障"为指导思想,对

1979年《刑事诉讼法》作了一系列修改和完善,体现了刑事司法民主与保障人权的基本价值取向。例如,吸收无罪推定原则的基本精神,废除检察机关免予起诉的权力,确立未经法院判决对任何人不得确定有罪原则;改革刑事辩护制度,将律师介入诉讼的时间提前;扩大自诉案件范围,增加了公诉转自诉、对部分案件设立了既可以公诉又可以自诉的制度,加强对刑事被害人的权利保障;完善强制措施,废除收容审查等。2012年《刑事诉讼法》的修改,尤其突出了保障人权的理念,致力于实现惩罚犯罪与保障人权的均衡并重,体现在诸多方面。例如,将"尊重与保障人权"明确写入刑事诉讼法的任务;确立任何人不受强迫自证其罪原则;规定犯罪嫌疑人在侦查阶段可以委托律师作为辩护人参与诉讼;确立非法证据排除规则;明确拘留、逮捕后及时移交看守所制度;规范侦查讯问程序;扩大简易程序的适用范围;建立社区矫正制度;对未成年人刑事案件诉讼程序的特别规定等。

1996年和2012年对《刑事诉讼法》的两次修改,在强调保障人权的同时,也对刑事诉讼法有效惩罚犯罪的手段方面进行了完善。例如,2012年《刑事诉讼法》针对某些特殊案件增加了相应的技术侦查和其他特殊侦查措施,同时规定了严格的适用条件,以更好地实现惩罚犯罪和保障人权的均衡并重。

第二,不断强化程序公正价值,坚持实体公正与程序公正并重。刑事诉讼对公正价值的追求,包括实体公正和程序公正两个方面。实体公正,指案件实体的结局处理所体现的公正;程序公正,指诉讼程序本身体现的公正。实体公正以程序公正为前提,如果程序本身是不公正的,往往难以保证实体公正。长期以来,我国司法实践中存在"重实体、轻程序"的错误倾向。随着司法实践中暴露出来的问题越来越多,程序公正逐步引起立法者的重视。1979年《刑事诉讼法》第138条规定了法院违反法定诉讼程序的后果。根据该条,对于第二审人民法院发现第一审人民法院违反法律规定的诉讼程序,可能影响正确判决的时候,应当撤销原判,发回原审人民法院重新审判。1996年修改《刑事诉讼法》,在制度上更加注重对程序公正价值的追求,进一步完善了违反法律程序后果的规定。根据1996年《刑事诉讼法》第191条的规定,违反法律规定的诉讼程序的情形包括:违反本法有关公开审判的规定的;违反回避制度的;剥夺或者限制了当事人的法定诉讼权利,可能影响公正审判的;审判组织的组成不合法的;其他违反法律规定的诉讼程序,可能影响公正审判的。对于第一审人民法院的审理具有以上情形之一的,第二审人民法院应当裁定撤销原判,发回原审人民法院重新审判。2012年《刑事诉讼法》修改,进一步增加了程序性措施与制裁的规定,以保障程序公正。例如,增加非法证据排除,强调检察机关对立案、侦查和执行程序进行监督等内容,都体现了刑事诉讼法对程序公正的追求。

第三,不断强化对刑事被害人的权利保护,坚持被害人与被追诉人权利保护并重。在刑事诉讼中,既要保护犯罪嫌疑人、被告人的权益,也要保护刑事被害人的权益,注重对二者关系的修复和矛盾化解。1979年《刑事诉讼法》没有明确刑事被害人的诉讼主体地位,但规定了被害人有权在刑事诉讼中附带解决民事赔偿问题。1996年修改《刑事诉讼法》对被害人诉讼地位给予了充分关注,赋予被害人以当事人地位,并对其享有的诉讼权利作出规定。例如,对检察机关的不起诉决定进行申诉的权利;对被害人有证据证明对被告人侵犯自己人身、财产权利的行为应当依法追究刑事责任,而公安机关或者人民检察院不予追究被告人刑事责任的案件,向人民法院提起自诉的权利;出庭参加法庭调查辩论的权利;对地方各级人民法院第一审的判决不服的,请求人民检察院抗诉的权利;自诉案件当事人和解等。2012年修改《刑事诉讼法》,进一步完善了附带民事诉讼制度;强化刑事被害人对诉讼程序的参与权和对其人身安全的保护;增加公诉案件的当事人和解制度,规定对于符合法定条件的公诉案件,如果当事人在诉讼过程中自愿达成和解协议,办案机关可以作出从宽处罚。这些规定,都体现了刑事诉讼法在平衡被害人权利保护与被追诉人权利保护方面的作出的努力。

第四,在确保强调实现公正价值的同时,不断提高诉讼效率。1979年《刑事诉讼法》将我国刑事程序分为公诉案件诉讼程序和自诉案件诉讼程序,公诉案件诉讼程序包括立案、侦查、审查起诉、审判和执行等阶段,自诉案件诉讼程序包括立案、审判和执行等阶段。1996年修改《刑事诉讼法》,扩大了自诉案件范围,并在1979年《刑事诉讼法》规定单一的普通审判程序的基础上,增设了适用于轻微刑事案件的简易程序。在实践中,办案机关可以区分不同案件适用不同的诉讼程序,从而使轻微刑事案件得以尽可能早的分流。2012年修改《刑事诉讼法》,一方面,对第一审普通程序予以完善和细化;另一方面,进一步扩大了简易程序的适用范围,完善了简易程序的审判组织和程序。可见,刑事诉讼程序体系及分流机制逐步趋于完善,公正与效率价值的关系在我国刑事诉讼法的两次修改中都予以充分关注,在保证公正价值的同时,效率价值越来越得到体现。

第五,不断提升刑事诉讼法的民主性与人文关怀。1979 年《刑事诉讼法》是在特定时期和历史背景下制定的,有些规定强调刑事诉讼法的政治色彩和作为阶级统治工具的属性。1996 年修改《刑事诉讼法》吸收了当事人主义的合理因素,强化了法庭审理中控辩双方的对抗性,将律师参与刑事诉讼的时间提前到侦查阶段等。2012 年修改《刑事诉讼法》,进一步强化了控辩平等对抗,完善了各项证据规则,包括不得强迫任何人证实自己有罪、控方承担证明被告人有罪的举证责任等。2012 年《刑事诉讼法》还规定不得强制配偶、父母、子女出庭作证;对符合逮捕条件,但患有严重疾病、生活不能自理的,怀孕或者正在哺乳自己婴儿的妇女,系生活不能自理的人的唯一扶养人的,可以监视居住;对被判处无期徒刑的罪犯,如果正在怀孕或者哺乳自己的婴儿,可以暂予监外执行等等。经过两次修改之后,刑事诉讼法更加富有民主性和人文关怀。

第六,立足我国国情,借鉴域外有益经验,推动《刑事诉讼法》与国际刑事司法准则的进一步衔接。刑事诉讼法的制定和修改,应当立足于中国国情,贴近司法实践,注重对我国司法实践中的成功经验的吸收和提炼,致力于解决司法实践中存在的问题。同时,还要考虑联合国刑事司法准则的基本要求和其他国家刑事诉讼立法与实践的总体发展情况。1996 年修改《刑事诉讼法》,在综合考虑当时的中国现实情况及域外有益经验的基础上,吸收了无罪推定的基本精神,强化了控辩双方对抗,弱化了法官职权主义色彩,将法官置于相对中立的地位。2012 年修改《刑事诉讼法》,许多是在综合考虑联合国刑事司法准则和借鉴域外有益经验的基础上,通过对我国司法实践开展深入细致的调查研究,甚至是在一定范围的试点之后,才修改而定的。例如,不得强迫任何人证实自己有罪,讯问时录音录像,技术侦查措施等特殊侦查手段,讯问和审判未成年人时合适成年人在场,未成年人犯罪记录封存,公诉案件当事人和解诉讼程序,犯罪嫌疑人、被告人逃匿、死亡案件违法所得的没收程序等。这些内容,既符合联合国刑事司法准则的要求,许多也经过我国司法实践探索,是在总结有益经验基础上加以规定的。

第七,不断增强刑事诉讼法的可操作性。刑事诉讼法是实用性很强的法律,它强调法律条文在应对司法实践问题时具有可操作性。因此,在修改刑事诉讼法时,必须保证刑事诉讼法具有可操作性。这一基本思路在我国《刑事诉讼法》的两次修改中都有所体现。1979年《刑事诉讼法》的制定解决了当时"无法可依"的局面,构建了我国刑事诉讼制度的基本框架,使刑事诉讼活动纳入到法治化轨道。但是,很多内容规定得比较原则,实践中可操作性不强,出现了很多问题。为了解决司法实践中遇到的突出问题,1996年修改《刑事诉讼法》,通过总结司法实践中的经验,针对某些重点问题对1979年《刑事诉讼法》的有关规定作了修改,同时对与这些重点问题相关的诉讼制度、程序等内容作了细化和完善,强化在司法实践中的可操作性。2012年修改《刑事诉讼法》,同样以解决司法实践中的突出问题为重点,修改内容基本涉及了全部刑事诉讼制度和整个诉讼程序,不仅大大增加了条文数量,而且在一些具体问题上用多个条文作出细化规定,以增强刑事诉讼法的可操作性。例如,细化了逮捕适用中的社会危险性条件;为了有效防止刑讯逼供等非法取证行为的发生,增加规定了在拘留、逮捕后应当立即将被拘留人、被逮捕人送看守所羁押,讯问犯罪嫌疑人必须在看守所内进行以及建立讯问录音录像制度;为了解决司法实践中证人出庭作证率低的问题,明确规定证人应当出庭作证的条件,以及强制证人出庭作证、对人身加以保护与经济补偿等内容。在1996年和2012年《刑事诉讼法》修改后,最高人民法院、最高人民检察院、公安部等有关部门都针对《刑事诉讼法》中的一些原则规定作出了补充、解释规定,这也有利于增强刑事诉讼法的可操作性。当然,我国地域辽阔,各地经济社会发展很不平衡,地域差异较大,《刑事诉讼法》既要考虑保证法律在全国得到统一实施,使具体条文尽可能细化和具有可操作性的问题,也要坚持原则性与灵活性相统一,为司法实践留有一定的空间,以便使法律规定在存在差异的不同地区得到执行。对于缺乏成熟经验的制度和程序,更是如此。

综上可见,我国《刑事诉讼法》的制定和修改,是对我国长期以来司法实践经验的总结,也是对刑事诉讼规律认识和理解不断深刻的结果。1979年《刑事诉讼法》是在特定历史背景下制定的,有些规定强调刑事诉讼法的政治色彩和作为阶级统治工具的属性,对刑事诉讼规律的认识和把握尚有较大局限性。随着对司法实践经验的积累和提炼以及刑事诉讼法学理论研究的不断深入,人们对刑事诉讼规律的认识日趋深刻,这体现在 1996 年和 2012 年两次《刑事诉讼法》的修改之中。经济社会发展的需要和诉讼理念的转变,推进我国刑事诉讼法律制度不断走向科学、民主和理性。

四、刑事诉讼法修改之展望

从历史发展维度的纵向梳理可以看出,尽管我国《刑事诉讼法》的制定和两次修改在内容上都难言完美,总会有这样或者那样的不尽如人意的地方,但在总体上遵循了一条坚持惩罚犯罪与保障人权均衡统一,坚持程序公正与实体公正并重,坚持公正前提下不断提高诉讼效率,逐步增加刑事诉讼法的民主和人文因素,既立足本国国情又吸收借鉴域外有益经验,不断强化刑事诉讼法的可操作性的发展脉络。《刑事诉讼法》的每次修改,都使刑事诉讼原则、制度和程序体系得到进一步完善,刑事诉讼法律体系和内容更趋于科学、规范化,更符合刑事诉讼规律。尤其是 2012 年《刑事诉讼法》修改之后,尊重和保障人权的诉讼理念得以凸显,诸多修改内容围绕保障人权理念与目的而展开,可谓是一部真正的"保障人权法",标志着我国刑事诉讼法制发展进入了全新的历史阶段。

进一步强化《刑事诉讼法》的程序公正价值和保障人权理念,实现程序公正与实体公正并重、惩罚犯罪与保障人权的均衡并重,不断提高刑事诉讼中的民主色彩与人文关怀,仍是《刑事诉讼法》修改与完善的基本方向。具体而言,进一步规范和完善刑事诉讼程序,有效保障人权;在保证公正价值得以实现的同时提高诉讼效率;进一步合理配置司法权力,使权力得到有效监督,强化程序性后果和程序性制裁以规范公权力行使;进一步理顺公安司法机关在刑事诉讼中的关系,使刑事诉讼构造更趋科学、规范化;进一步细化有关规定,增强《刑事诉讼法》的可操作性,将是《刑事诉讼法》未来修改和完善时应当注意的问题。

第一章 刑事诉讼法的制定目的、根据与任务

一、概 述

我国1979年《刑事诉讼法》在第1条和第2条即开宗明义地规定了我国刑事诉讼法的指导思想、制定根据和任务。其中第1条规定,我国《刑事诉讼法》"以马克思列宁主义毛泽东思想为指针","以宪法为根据";第2条规定我国《刑事诉讼法》的任务是"保证准确、及时地查明犯罪事实,正确应用法律,惩罚犯罪分子,保障无罪的人不受刑事追究,教育公民自觉遵守法律,积极同犯罪行为作斗争,以维护社会主义法制,保护公民的人身权利、民主权利和其他权利,保障社会主义革命和社会主义建设事业的顺利进行"。

1996年《刑事诉讼法》修改删除了1979年《刑事诉讼法》第1条关于指导思想和制定根据中关于"结合我国各族人民实行无产阶级领导的、工农联盟为基础的人民民主专政即无产阶级专政的具体经验和打击敌人、保护人民的实际需要"的规定,代之以《刑事诉讼法》的制定目的,即"为了保证刑法的正确实施,惩罚犯罪,保护人民,保障国家安全和社会公共安全,维护社会主义社会秩序",制定《刑事诉讼法》。在第2条关于《刑事诉讼

法》的任务的规定中,在"保护公民的人身权利"之后增加了"财产权利",删除了该条中"社会主义革命"的表述。

2012年修改《刑事诉讼法》,第1条未修改,在第2条中增加"尊重和保障人权",作为刑事诉讼法的一项重要任务。立法修改情况如下表所示:

1979年《刑事诉讼法》	1996年《刑事诉讼法》	2012年《刑事诉讼法》
第1编　总则	第1编　总则	第1编　总则
第一章　指导思想、任务和基本原则	第一章　**任务和基本原则**	第一章　任务和基本原则
第一条　中华人民共和国刑事诉讼法,以马克思列宁主义毛泽东思想为指针,以宪法为根据,结合我国各族人民实行无产阶级领导的、工农联盟为基础的人民民主专政即无产阶级专政的具体经验和打击敌人、保护人民的实际需要制定。	第一条　**为了保证刑法的正确实施,惩罚犯罪,保护人民,保障国家安全和社会公共安全,维护社会主义社会秩序,根据宪法,制定本法。**	第一条　为了保证刑法的正确实施,惩罚犯罪,保护人民,保障国家安全和社会公共安全,维护社会主义社会秩序,根据宪法,制定本法。
第二条　中华人民共和国刑事诉讼法的任务,是保证准确、及时地查明犯罪事实,正确应用法律,惩罚犯罪分子,保障无罪的人不受刑事追究,教育公民自觉遵守法律,积极同犯罪行为作斗争,以维护社会主义法制,保护公民的人身权利、民主权利和其他权利,保障社会主义革命和社会主义建设事业的顺利进行。	第二条　中华人民共和国刑事诉讼法的任务,是保证准确、及时地查明犯罪事实,正确应用法律,惩罚犯罪分子,保障无罪的人不受刑事追究,教育公民自觉遵守法律,积极同犯罪行为作斗争,以维护社会主义法制,保护公民的人身权利、**财产权利**、民主权利和其他权利,保障社会主义建设事业的顺利进行。	第二条　中华人民共和国刑事诉讼法的任务,是保证准确、及时地查明犯罪事实,正确应用法律,惩罚犯罪分子,保障无罪的人不受刑事追究,教育公民自觉遵守法律,积极同犯罪行为作斗争,维护社会主义法制,**尊重和保障人权**,保护公民的人身权利、财产权利、民主权利和其他权利,保障社会主义建设事业的顺利进行。

通过上述条文对比,可以看出我国刑事诉讼法制发展的两个基本趋势:一是去除《刑事诉讼法》中不适宜的政治性话语和作为阶级统治工具的表述,突显其法律属性;二是不断强化《刑事诉讼法》在尊重和保障人权方面的作用,逐步完善权利保障,实现惩罚犯罪与保障人权的平衡。

二、刑事诉讼法的制定目的

国家制定刑事诉讼法，都有其预期目标和要实现的预期结果，这种目标或结果被称为制定刑事诉讼法的目的或宗旨。

我国 1979 年《刑事诉讼法》没有明确制定刑事诉讼法的目的，而是在第 1 条中规定了刑事诉讼法的指导思想，即"以马克思列宁主义毛泽东思想为指针"。在我国，中国共产党是执政党，马列主义毛泽东思想是制定党的路线、方针、政策和国家法律的指导思想。制定刑事诉讼法也不例外。1979 年制定的《刑事诉讼法》之所以写了指导思想，是由于当时我国《宪法》尚未修改，坚持四项基本原则的内容尚未规定在法律之中，因此，在第 1 条开宗明义地规定"以马克思列宁主义毛泽东思想为指针"具有重要的政治意义。同时，在总结人民民主专政正反两个方面的经验基础上，尤其是针对林彪、"四人帮"只讲"专政""全面专政"，不讲民主，造成思想混乱的情况，还明确规定《刑事诉讼法》的制定结合了"我国各族人民实行无产阶级领导的、工农联盟为基础的人民民主专政即无产阶级专政的具体经验"。其后，我国《宪法》于 1982 年作了修改，坚持四项基本原则已规定在宪法之中。制定《刑事诉讼法》的根据是《宪法》，既然《宪法》已包含了《刑事诉讼法》原第 1 条规定的指导思想和人民民主专政的内容，因此，1996 年《刑事诉讼法》对该条作了必要的修改。[①]

1996 年《刑事诉讼法》第 1 条规定了制定《刑事诉讼法》的目的，即"保证刑法的正确实施，惩罚犯罪，保护人民，保障国家安全和社会公共安全，维护社会主义社会秩序"。具体而言，我国《刑事诉讼法》的制定目的包括三个方面：

第一，保证刑法的正确实施。刑法规定的是犯罪和刑罚的问题，刑事诉讼法规定的是如何追究和惩罚犯罪的程序问题。如果只制定刑法而不制定刑事诉讼法，则刑法如何实施就没有规范可以遵循，刑法的正确实施就难以

---

① 全国人大常委会法制工作委员会刑法室编：《中华人民共和国刑事诉讼法条文说明、立法理由及相关规定》，北京大学出版社 2008 年版，第 3—4 页。

得到保障。

刑事诉讼法在保证刑法实施方面的作用包括:(1)通过明确对刑事案件行使侦查权、起诉权、审判权的专门机关,为调查和明确案件事实、适用刑事实体法提供了组织上的保障。(2)通过明确行使侦查权、起诉权、审判权主体的权力与职责及诉讼参与人的权利与义务,为调查和明确案件事实及适用刑事实体法的活动提供了基本构架;同时,由于有明确的活动方式和程序,也为刑事实体法适用的有序性提供了保障。(3)规定收集证据的方法与运用证据的规则,既为获取证据、明确案件事实提供了手段,又为收集证据、运用证据提供了程序规范。(4)关于刑事程序各个阶段的设计,是对诉讼中需要反复检验证据和事实认定的理念的实践。刑事程序法规定的侦查、审查起诉、第一审程序、救济审程序,每个后续阶段的程序都是对以前程序可能发生的错误或存在的缺陷进行审查、发现、弥补和纠正的程序。这种程序系统的设计,可以在相当程度上避免、减少案件实体上的误差。(5)可以保障刑事实体法高效率地实施。刑事诉讼法不仅设计刑事程序相互联系、前后相继的各个阶段而使之成为一个程序系统,还针对不同案件或不同情况设计出不同的具有针对性的程序,使得案件处理简繁有别,既在整体上实现实体公正,又在总体上保证处理案件的效率。高效率地处理案件,不仅可以节省司法资源,更重要的是能够及时惩治犯罪,尽早解脱无辜,实现刑法的功能。

除了保证刑法正确实施,刑事诉讼法也有其独立价值。其所规定的诉讼结构、原则、制度、程序,体现着程序本身的民主、法治、人权精神,也反映出一国刑事司法制度的进步、文明程度,是衡量社会公正度的一个极为重要的指标。刑事诉讼法规定的司法独立、审判公开、辩护制度等,都是民主、法治精神的体现。刑事诉讼法的制定和实施,就是在实现其自身蕴涵着的民主、法治、人权保障诸价值。相反,规定刑讯逼供、非法采证、秘密审判等内容的刑事诉讼法,是与现代民主、法治精神相背离的。这种程序下,即使案件在实体处理上没有错误,也会因其诉讼过程中的野蛮、专横,使当事人和社会公众不仅对实体处理是否公正发生怀疑,而且通过程序这个敏感的窗口对社会公正产生怀疑,对现实社会失去信心,甚至产生对抗情绪。

第二,惩罚犯罪,保护人民。惩罚犯罪是为了抑制犯罪。所谓惩罚犯罪,是指通过刑事诉讼活动,在准确、及时地查明案件事实真相的基础上,对构成犯罪的被告人公正适用刑法,以惩治、震慑犯罪,以及通过刑事程序本身的作用来抑制犯罪。

惩罚犯罪,是通过实现国家刑罚权的活动来实现的。一方面,实现刑罚权的结果具有抑制犯罪的作用;另一方面,实现刑罚权是一个过程,即使某些情况下最终未能实现具体刑罚权,但在实现刑罚权的具体程序中,其活动本身即具有抑制犯罪的功能。刑事诉讼法实施本身也具有控制犯罪的作用。经验证明,如果犯罪发生后总不能及时侦破案件或拘捕嫌疑犯,往往会促使同种或类似犯罪的发生;反之,如果案发后能够迅速破案或拘捕,就可以较为有效地抑制同类犯罪的发生。这是因为,准确、及时地侦破案件及拘捕本身表明国家具有控制犯罪的较强能力,从而具有警戒未来的作用,也可以防止真正犯罪人再次犯罪,为公众提供一种安全保障。

保护人民,是与惩罚犯罪紧密联系的刑事诉讼立法目的之一。需要指出,通过及时惩处犯罪人来保护公民的人身、财产、民主权利等,只是保护人民的一个重要方面。公民的财产乃至生命等权利不仅可能受到犯罪行为的侵害,也可能因为国家权力的不当行使(作为或者不作为)而遭受损害。因此,在刑事诉讼法中,要求国家对每一个人的权益都应当予以保护。

第三,保障国家安全和社会公共安全,维护社会主义社会秩序。各种犯罪行为都会对社会构成一定的危害。有的直接危害国家安全,如背叛国家、分裂国家、颠覆国家政权、从事间谍活动、窃取情报等;有的直接危害公共安全,如放火、爆炸、投毒、劫持航空器、盗窃、抢夺枪支、弹药、爆炸物等;有的则直接侵犯公民人身权利、民主权利和财产权利,如杀人、强奸、绑架、破坏选举、抢劫、盗窃等;有的破坏社会主义社会秩序,如生产、销售伪劣商品、走私、伪造货币;金融诈骗等直接破坏了社会主义社会经济秩序,招摇撞骗、聚众斗殴、组织黑社会组织等直接妨害了社会管理秩序等等。因此,保障刑法的正确实施,有效地惩罚犯罪和抑制犯罪,从而保障国家安全和社会公共安全,维护社会主义社会秩序,保持社会稳定,为社会成员的安定生活与福祉和国家经济建设提供良好的环境,是制定刑事诉讼法的根本目的。

三、刑事诉讼法的根据

1979 年《刑事诉讼法》第 1 条中规定了刑事诉讼法的根据,即"以宪法为根据"。1996 年《刑事诉讼法》将其改为"根据宪法,制定本法"。表明我国《刑事诉讼法》是根据《宪法》的原则和规定而制定。2012 年《刑事诉讼法》对此未作改动。

宪法具有最高的法律地位和效力,是国家的根本大法和其他法律的母法。宪法规定国家的经济制度、政治制度、公民权利义务等基本方面,规定的是国家法律中最基本、最重要的内容。其他各种法律,制定时必须以宪法为依据,不能违背宪法的基本精神,更不能与宪法规定的内容相抵触。刑事诉讼法当然也不例外。刑事诉讼法根据宪法而制定,具体表现以下方面:

第一,我国《宪法》关于"依法治国,建设社会主义法治国家"治国方略的规定,是制定、修改和实施《刑事诉讼法》时必须遵循的指导原则和出发点。《宪法》中关于国家性质和指导思想、社会制度、政治制度、国家机关的组织和活动原则及"国家尊重和保障人权"的规定,是我国《刑事诉讼法》的性质、目的、任务和基本原则的依据。

第二,《宪法》中关于公民基本权利的规定,是《刑事诉讼法》规定诉讼参与人诉讼权利的直接根据。主要包括:(1)公民在法律面前一律平等。(2)公民的人身自由不受侵犯;任何公民,非经人民检察院批准或者决定或者人民法院决定,并由公安机关执行,不受逮捕;禁止非法拘禁和以其他方法非法剥夺或者限制公民的人身自由,禁止非法搜查公民的身体。(3)公民的人格尊严不受侵犯。禁止用任何方法对公民进行侮辱、诽谤和诬告陷害。(4)公民的住宅不受侵犯。禁止非法搜查或者非法侵入公民的住宅。(5)公民的通信自由和通信秘密受法律的保护。除因国家安全或者追查刑事犯罪的需要,由公安机关或者检察机关依照法律规定的程序对通信进行检查外,任何组织或者个人不得以任何理由侵犯公民的通信自由和通信秘密。(6)中华人民共和国公民对于任何国家机关和国家工作人员,有提出批评和建议的权利;对于任何国家机关和国家工作人员的违法失职行为,有向有关国家机关提出申诉、控告或者检举的权利;由于国家机关和国家工作人员侵犯公民权利而受到损失的人,有依照法律规定取得赔偿的权利。

第三,《宪法》关于人民法院、人民检察院基本职能、机构建制、组织体制的规定,关于诉讼中应当遵循的原则的规定,是刑事诉讼法相关规定的直接依据。主要包括:(1)人民法院审理案件,除法律规定的特别情况外,一律公开进行。(2)被告人有权获得辩护。(3)人民法院、人民检察院依照法律规定独立行使审判权、检察权,不受行政机关、社会团体和个人的干涉。(4)各民族都有用本民族语言文字进行诉讼的权利,人民法院和人民检察院对于不通晓当地通用的语言文字的诉讼参与人,应当为他们翻译。在少数民族聚居或者多民族共同居住的地区,应当用当地通用的语言进行审理;起诉书、判决书、布告和其他文书应当根据实际需要使用当地通用的一种或者几种文字。(5)人民法院、人民检察院和公安机关办理刑事案件,应当分工负责,互相配合,互相制约,以保证准确有效地执行法律。

宪法在国家法律体系中具有最高的法律效力,对于宪法所确立的司法制度和诉讼原则,即使刑事诉讼法典没有重申,也是刑事诉讼法的重要原则和制度,在刑事诉讼活动中必须贯彻执行。

四、刑事诉讼法的任务

1979年《刑事诉讼法》第2条规定了刑事诉讼法的任务,主要分为三个方面:一是保证准确、及时地查明犯罪事实,正确应用法律,惩罚犯罪分子,保障无罪的人不受刑事追究;二是教育公民自觉遵守法律,积极同犯罪行为作斗争;三是维护社会主义法制,保护公民的人身权利、民主权利和其他权利,保障社会主义革命和社会主义建设事业的顺利进行。"1996年《刑事诉讼法》修改时,基本维持了1979年《刑事诉讼法》第2条的内容,同时作了适当调整,主要是为了与《宪法》的相关规定相协调。根据1988年《宪法修正案》关于保护私营经济的合法权利和利益的修改补充规定,为了更好地体现保护公民的合法财产,1996年《刑事诉讼法》在第2条"保护公民的人身权利"之后增加"财产权利。根据对《宪法》"序言"第七自然段的规定,"国家的根本任务是,沿着中国特色社会主义道路,集中力量进行社会主义现代化建设",将 1979 年《刑事诉讼法》规定的"保障社会主义革命和社会主义建设事业的顺利进行"改为"保障社会主义建设事业的顺利进行"。①

2004 年《宪法》在第 33 条第 3 款增加了"国家尊重和保障人权"的内容,体现了社会主义法律制度的本质要求。根据《宪法》的规定,2012 年修改的《刑事诉讼法》将"尊重和保障人权"写入第 2 条,明确规定为刑事诉讼法的一项重要任务。《刑事诉讼法》增加规定"尊重和保障人权"条款,有利于办案机关在司法实践中贯彻落实这一宪法原则。

"尊重和保障人权"不是一个宣示性表述,有着十分丰富和具体的内容。刑事诉讼中的保障人权,其核心是保障犯罪嫌疑人、被告人的权利。2012 年《刑事诉讼法》很多制度的设计、修改与完善,是以"尊重和保障人权"作为指导思想的。比如完善证据制度,防止刑讯逼供;扩大法律援助的范围、完善辩护制度,解决律师在执业中反映强烈的会见难、阅卷难、调查取证难等突出问题;规定讯问时录音录像制度、强化对侦查活动的监督、完善死刑复核程序等规定都体现了尊重和保障人权的基本原则。②

将"尊重和保障人权"作为刑事诉讼法的一项任务,并不是忽视和降低刑事诉讼法的惩罚犯罪目的,而是要正确处理保障人权与惩罚犯罪之间的关系,将二者放在同等重要的位置,更好地实现二者平衡,在惩罚犯罪的同时切实保障犯罪嫌疑人、被告人及其他诉讼参与人的权利,在保障人权的同时实现对犯罪行为的惩罚和控制。

---

① 参见全国人大常委会法制工作委员会刑法室编:《中华人民共和国刑事诉讼法条文说明、立法理由及相关规定》,北京大学出版社 2008 年版,第 5 页。
② 黄太云:《刑事诉讼法修改释义》,载《人民检察》2012 年第 8 期。

第二章　刑事诉讼法基本原则

一、概　　述

刑事诉讼法的基本原则,是指由刑事诉讼法规定的,贯穿于刑事诉讼全过程或主要诉讼阶段,对刑事诉讼立法和司法具有普遍指导意义和规范作用的、国家专门机关和诉讼参与人在进行或参与刑事诉讼时所必须遵循的基本准则。刑事诉讼法基本原则包含着丰富的诉讼原理,体现了刑事诉讼活动的基本规律。特别是现代社会中的刑事诉讼基本原则不但能调和追诉犯罪与人权保障之间的矛盾,还是特定时代人类对刑事诉讼目的和价值追求的集中体现。

我国在刑事诉讼立法与历次修订《刑事诉讼法》中都极为重视刑事诉讼基本原则。基本原则是构建具体刑事诉讼程序、制度的基础和航标,是整个刑事诉讼法的基石,处于牵一发而动全身的根本性地位。与具体规则相比,刑事诉讼法基本原则在历次修改中的变动性较小。1996年修改在基本原则部分增加了5个条文,并修改了第3条;2012年修改了1个条文,但没有增加新的条文,法条总量不变。《刑事诉讼法》对基本原则的两次修正都体现出立法者的谨慎修订态度:不轻易修改或增加基本原则。立法修改情况如下表所示:

1979年《刑事诉讼法》	1996年《刑事诉讼法》	2012年《刑事诉讼法》
第一章　指导思想、任务和基本原则	第一章　任务和基本原则	第一章　任务和基本原则
第三条　对刑事案件的侦查、拘留、预审，由公安机关负责。批准逮捕和检察（包括侦查）、提起公诉，由人民检察院负责。审判由人民法院负责。其他任何机关、团体和个人都无权行使这些权力。 人民法院、人民检察院和公安机关进行刑事诉讼，必须严格遵守本法和其他法律的有关规定。	第三条　对刑事案件的侦查、拘留、执行逮捕、预审，由公安机关负责。检察、批准逮捕、检察机关直接受理的案件的侦查、提起公诉，由人民检察院负责。审判由人民法院负责。除法律特别规定的以外，其他任何机关、团体和个人都无权行使这些权力。 人民法院、人民检察院和公安机关进行刑事诉讼，必须严格遵守本法和其他法律的有关规定。	第三条　对刑事案件的侦查、拘留、执行逮捕、预审，由公安机关负责。检察、批准逮捕、检察机关直接受理的案件的侦查、提起公诉，由人民检察院负责。审判由人民法院负责。除法律特别规定的以外，其他任何机关、团体和个人都无权行使这些权力。 人民法院、人民检察院和公安机关进行刑事诉讼，必须严格遵守本法和其他法律的有关规定。
	第四条　国家安全机关依照法律规定，办理危害国家安全的刑事案件，行使与公安机关相同的职权。	第四条　国家安全机关依照法律规定，办理危害国家安全的刑事案件，行使与公安机关相同的职权。
	第五条　人民法院依照法律规定独立行使审判权，人民检察院依照法律规定独立行使检察权，不受行政机关、社会团体和个人的干涉。	第五条　人民法院依照法律规定独立行使审判权，人民检察院依照法律规定独立行使检察权，不受行政机关、社会团体和个人的干涉。
第四条　人民法院、人民检察院和公安机关进行刑事诉讼，必须依靠群众，必须以事实为根据，以法律为准绳。对于一切公民，在适用法律上一律平等，在法律面前，不允许有任何特权。	第六条　人民法院、人民检察院和公安机关进行刑事诉讼，必须依靠群众，必须以事实为根据，以法律为准绳。对于一切公民，在适用法律上一律平等，在法律面前，不允许有任何特权。	第六条　人民法院、人民检察院和公安机关进行刑事诉讼，必须依靠群众，必须以事实为根据，以法律为准绳。对于一切公民，在适用法律上一律平等，在法律面前，不允许有任何特权。

(续表)

1979年《刑事诉讼法》	1996年《刑事诉讼法》	2012年《刑事诉讼法》
第五条　人民法院、人民检察院和公安机关进行刑事诉讼,应当分工负责,互相配合,互相制约,以保证准确有效地执行法律。	第七条　人民法院、人民检察院和公安机关进行刑事诉讼,应当分工负责,互相配合,互相制约,以保证准确有效地执行法律。	第七条　人民法院、人民检察院和公安机关进行刑事诉讼,应当分工负责,互相配合,互相制约,以保证准确有效地执行法律。
	第八条　人民检察院依法对刑事诉讼实行法律监督。	第八条　人民检察院依法对刑事诉讼实行法律监督。
第六条　各民族公民都有用本民族语言文字进行诉讼的权利。人民法院、人民检察院和公安机关对于不通晓当地通用的语言文字的诉讼参与人,应当为他们翻译。 在少数民族聚居或者多民族杂居的地区,应当用当地通用的语言进行审讯,用当地通用的文字发布判决书、布告和其他文件。	第九条　各民族公民都有用本民族语言文字进行诉讼的权利。人民法院、人民检察院和公安机关对于不通晓当地通用的语言文字的诉讼参与人,应当为他们翻译。 在少数民族聚居或者多民族杂居的地区,应当用当地通用的语言进行审讯,用当地通用的文字发布判决书、布告和其他文件。	第九条　各民族公民都有用本民族语言文字进行诉讼的权利。人民法院、人民检察院和公安机关对于不通晓当地通用的语言文字的诉讼参与人,应当为他们翻译。 在少数民族聚居或者多民族杂居的地区,应当用当地通用的语言进行审讯,用当地通用的文字发布判决书、布告和其他文件。
第七条　人民法院审判案件,实行两审终审制。	第十条　人民法院审判案件,实行两审终审制。	第十条　人民法院审判案件,实行两审终审制。
第八条　人民法院审判案件,除本法另有规定的以外,一律公开进行。被告人有权获得辩护,人民法院有义务保证被告人获得辩护。	第十一条　人民法院审判案件,除本法另有规定的以外,一律公开进行。被告人有权获得辩护,人民法院有义务保证被告人获得辩护。	第十一条　人民法院审判案件,除本法另有规定的以外,一律公开进行。被告人有权获得辩护,人民法院有义务保证被告人获得辩护。
	第十二条　未经人民法院依法判决,对任何人都不得确定有罪。	第十二条　未经人民法院依法判决,对任何人都不得确定有罪。
第九条　人民法院审判案件,依照本法实行人民陪审员陪审的制度。	第十三条　人民法院审判案件,依照本法实行人民陪审员陪审的制度。	第十三条　人民法院审判案件,依照本法实行人民陪审员陪审的制度。

(续表)

1979年《刑事诉讼法》	1996年《刑事诉讼法》	2012年《刑事诉讼法》
第十条 人民法院、人民检察院和公安机关应当保障诉讼参与人依法享有的诉讼权利。 对于不满十八岁的未成年人犯罪的案件,在讯问和审判时,可以通知被告人的法定代理人到场。 诉讼参与人对于审判人员、检察人员和侦查人员侵犯公民诉讼权利和人身侮辱的行为,有权提出控告。	第十四条 人民法院、人民检察院和公安机关应当保障诉讼参与人依法享有的诉讼权利。 对于不满十八岁的未成年人犯罪的案件,在讯问和审判时,可以通知**犯罪嫌疑人**、被告人的法定代理人到场。 诉讼参与人对于审判人员、检察人员和侦查人员侵犯公民诉讼权利和人身侮辱的行为,有权提出控告。	**第十四条** 人民法院、人民检察院和公安机关应当**保障犯罪嫌疑人、被告人和其他诉讼参与人依法享有的辩护权和其他诉讼权利。** 诉讼参与人对于审判人员、检察人员和侦查人员侵犯公民诉讼权利和人身侮辱的行为,有权提出控告。
第十一条 有下列情形之一的,不追究刑事责任,已经追究的,应当撤销案件,或者不起诉,或者宣告无罪:(一)情节显著轻微、危害不大,不认为是犯罪的;(二)犯罪已过追诉时效期限的;(三)经特赦令免除刑罚的;(四)依照刑法告诉才处理的犯罪,没有告诉或者撤回告诉的;(五)被告人死亡的;(六)其他法律、法令规定免予追究刑事责任的。	第十五条 有下列情形之一的,不追究刑事责任,已经追究的,应当撤销案件,或者不起诉,**或者终止审理**,或者宣告无罪:(一)情节显著轻微、危害不大,不认为是犯罪的;(二)犯罪已过追诉时效期限的;(三)经特赦令免除刑罚的;(四)依照刑法告诉才处理的犯罪,没有告诉或者撤回告诉的;(五)**犯罪嫌疑人**、被告人死亡的;(六)其他**法律**规定免予追究刑事责任的。	第十五条 有下列情形之一的,不追究刑事责任,已经追究的,应当撤销案件,或者不起诉,或者终止审理,或者宣告无罪:(一)情节显著轻微、危害不大,不认为是犯罪的;(二)犯罪已过追诉时效期限的;(三)经特赦令免除刑罚的;(四)依照刑法告诉才处理的犯罪,没有告诉或者撤回告诉的;(五)犯罪嫌疑人、被告人死亡的;(六)其他法律规定免予追究刑事责任的。
第十二条 对于外国人犯罪应当追究刑事责任的,适用本法的规定。 对于享有外交特权和豁免权的外国人犯罪应当追究刑事责任的,通过外交途径解决。	第十六条 对于外国人犯罪应当追究刑事责任的,适用本法的规定。 对于享有外交特权和豁免权的外国人犯罪应当追究刑事责任的,通过外交途径解决。	第十六条 对于外国人犯罪应当追究刑事责任的,适用本法的规定。 对于享有外交特权和豁免权的外国人犯罪应当追究刑事责任的,通过外交途径解决。

（续表）

1979 年《刑事诉讼法》	1996 年《刑事诉讼法》	2012 年《刑事诉讼法》
无	第十七条　根据中华人民共和国缔结或者参加的国际条约，或者按照互惠原则，我国司法机关和外国司法机关可以相互请求刑事司法协助。	第十七条　根据中华人民共和国缔结或者参加的国际条约，或者按照互惠原则，我国司法机关和外国司法机关可以相互请求刑事司法协助。

从上述表格可以看出，刑事诉讼法对基本原则的立法与修改表现出以下几个特点：

首先，基本原则的总体作用从宣示转向务实。从 1996 年开始，刑事诉讼法第一章名称改为刑事诉讼的任务和基本原则，删除了指导思想。从其章节名称变化可以看出，1979 年《刑事诉讼法》带有较强的政治、阶级色彩，而 1979 年刑事诉讼基本原则保障权力运行这一特点也足以证明基本原则的政治性功用。从 1996 年开始，无论是章节名称还是刑事诉讼基本原则内容都体现出由原先的阶级工具价值向法治功能方向的转变。尤其是 2012 年《刑事诉讼法》"尊重和保障人权"任务的增设，必将对刑事诉讼基本原则产生重大影响。因为，"基本原则"作为"任务"的下一级概念，是任务的承载者之一，应该体现出"尊重和保障人权"精神。

在强调法的阶级性时期，法的统治工具性价值受到统治者的重视。法令是"一种号召，就是号召群众，号召他们去做实际事情。法令，就是号召人们去做大量实际事情的指令"①。在此认识指引下，法律的宣示意义被无限放大，这使得不属于技术规范的基本原则正好承担起宣传、宣示的重任。它能够集中让人们认识到法律的强大，能在短时间内给人以视觉冲击，成为号召、集中群众来维护政权、制度的强大工具。而在以程序法定、人权保障为核心的现代法治社会，过时的浓厚的带有阶级性、政治工具价值意味的基本原则已不合时宜，其宣示功用应得到进一步地限制，取而代之的是向基本原则务实效用方向的转变。

法定原则是现代法治的标志，在刑法中体现为罪刑法定原则，在刑事诉

---

① 《列宁全集》（第 29 卷），人民出版社 1959 年版，第 180 页。

讼法中体现为程序法定原则。程序法定原则为诉讼主体实施诉讼行为设置了特有的程序与违反程序的制裁后果。这意味着,基本原则必须以具体的程序制度为载体。用抽象模糊的基本原则作为规制诉讼主体的行为准则和司法准则只能导致当事人的无所适从和法官自由裁量权的滥用。同时,我国司法实践中几乎没有发生过直接适用刑事诉讼法典规定的基本原则的情形。2012 年《刑事诉讼法》对"任何人不受强迫自证其罪原则"的增加不单单是对国际通行刑事诉讼基本原则的吸收与借鉴,更是对旧有原则规范模式的突破与创新。抛开基本原则集中规定模式既有缺陷不谈,与传统基本原则规定相比,该原则被规定于证据制度中,这是立法第一次将基本原则以具体制度为载体的形式加以规定,增加了基本原则的务实有效性,淡化了基本原则的宣示作用。

其次,基本原则的修改体现了从保障权力行使到规范权力运行的发展趋势。1979 年《刑事诉讼法》规定的基本原则有侦查权、检察权、审判权由专门机关行使原则,以事实为根据、以法律为准绳原则,公民在适用法律上一律平等原则,分工负责、互相配合、互相制约原则,使用本民族语言文字进行诉讼原则,两审终审原则,审判公开原则,犯罪嫌疑人、被告人有权获得辩护原则,保障诉讼参与人诉讼权利,具有法定情形不予追究刑事责任原则与追究外国人刑事责任适用我国刑事诉讼法原则等十个原则。1996 年《刑事诉讼法》新增五个法条,增加了四个基本原则,分别是人民法院、人民检察院依法独立行使职权原则、人民检察院依法对刑事诉讼实行法律监督原则、未经人民法院依法判决不得确定有罪原则与刑事司法协助原则。新增加的原则充分考虑了国际刑事诉讼发展的总体趋势,加强了对公权力运行的控制。人民法院、人民检察院依法独立行使职权原则能够在很大程度上保证国家法制的统一,是正确发挥检察职能与审判职能的重要保证。人民检察院依法对刑事诉讼实行法律监督原则赋予检察机关监督职责,是实现"有法必依,执法必严,违法必究"法治要求的重要保障,能够有效地克服无政府主义与法律虚无主义,规范权力的运行。未经人民法院依法判决不得确定有罪原则解决了犯罪嫌疑人、被告人诉讼地位问题,该原则不但确立了法院对被告人定罪的权力,更为重要的是,该原则有利于保障犯罪嫌疑人、被告人以辩护权为核心的诉讼权利,充分发挥辩护制度的作用,有利于进一步明确证明责任的合理分配和疑难案件的正确解决。① 总体看来,1996年《刑事诉讼法》基本原则的修改是以规范公权运行为核心的,与1979年《刑事诉讼法》基本原则以保障权力行使相比有了长足的进步。

最后,基本原则的修改体现了从间接保障人权到直接赋予权利的发展趋势。《刑事诉讼法》的基本原则的两次修改在人权保障上也表现出较为明显的发展趋势。1996年《刑事诉讼法》增加的四个基本原则中,有三个基本原则间接涉及人权保障,分别是人民法院、人民检察院独立行使职权原则、人民检察院依法对刑事诉讼实行法律监督原则、未经人民法院依法判决不得确定有罪原则。上述三个原则的确立能够保证人民法院与人民检察院在处理案件过程中的独立与公正,从而间接实现对犯罪嫌疑人、被告人及其他诉讼参与人之人权的保障。遗憾的是,1996年《刑事诉讼法》对于人权保障直接赋予的法律条文甚少。涉及私权保护的基本原则只有三个,分别是使用本民族语言文字进行诉讼原则、犯罪嫌疑人、被告人有权获得辩护原则、保障诉讼参与人诉讼权利原则,只占刑事诉讼基本原则总数的1/3。而在这三个基本原则中,对诉讼参与人,特别是对犯罪嫌疑人、被告人能够产生实质影响的只有犯罪嫌疑人、被告人有权获得辩护原则与保障诉讼参与人诉讼权利原则。更为重要的是,《刑事诉讼法》具体规则条文对犯罪嫌疑人、被告人、诉讼参与人之人权保障不力,缺乏实质的人权保障精神。纵观1996年《刑事诉讼法》基本原则的条文,虽一定程度上提高了人权保障比例,但其主要是通过规范、制约权力的间接方式实现的。

2012年《刑事诉讼法》在人权保障方式上有了实质性地进步。这集中表现于修订后的第14条第1款:"人民法院、人民检察院和公安机关应当保障犯罪嫌疑人、被告人和其他诉讼参与人依法享有的辩护权和其他诉讼权利。"在诉讼参与人中,犯罪嫌疑人、被告人的诉讼地位最为重要,案件处理结果与其人身自由、财产权利直接相关,因此2012年《刑事诉讼法》在第14条第1款将"犯罪嫌疑人、被告人"从诉讼参与人整体中单列出来,放在"其他诉讼参与人"之前,充分显示出对犯罪嫌疑人、被告人诉讼地位和诉讼权利的重视。此外,考虑到辩护贯穿于刑事诉讼整个过程,辩护权在犯罪嫌疑

---

① 杨连峰:《新刑事诉讼法基本原则增补条文刍议》,载《法学评论》1996年第6期。

人、被告人所享有的广泛的诉讼权利中处于基础性地位,为此,与犯罪嫌疑人、被告人突出的诉讼地位相对应,此次立法修订将辩护权从诉讼权利整体中单列出来,放在"其他诉讼权利"之前,以显示法律对保障犯罪嫌疑人、被告人辩护权的特别重视。① 这也是本次修订在人权保障方式由间接向直接方向发展的集中体现。

虽然有了上述几个方面的修改变化,但从 1979 年《刑事诉讼法》的制定到 2012 年《刑事诉讼法》的修正,刑事诉讼法基本原则体现出浓厚的"重实体轻程序""重打击轻保护"的观念。规范权力的原则总量占据绝对优势,而以人权保障为重心的原则只占极少数。部分基本原则既不属于规范权力类型,也不属于人权保障种类,而是以实体真实为核心的。如以事实为根据,以法律为准绳原则;专门机关与群众相结合的原则等,都体现了立法机关关注有效打击犯罪,注重实体正义的意图。

尽管在不同的国家,历史传统和现实情况有所不同,刑事诉讼基本原则也会存在某些差异,但是,由于刑事诉讼内在规律的作用,使得各国刑事诉讼基本原则更多地呈现出共同性和一致性。世界各国刑事诉讼中具有普遍意义的通行原则包括程序法定、司法独立、无罪推定、任何人不受强迫自证其罪、不告不理、平等对抗、诉讼及时、强制性措施限制适用与适度、一事不再理与禁止双重危险原则。在这些原则中,以人权保障为核心的原则在所有原则中占据绝大多数。而程序法定、司法独立、诉讼及时与平等对抗等原则虽然不是以人权保障为核心的,但都属于维护程序正义的原则。可见,在国际层面,刑事诉讼基本原则大都以人权保障为核心、以程序正义为宗旨,我国刑事诉讼基本原则距离这一目标还相差甚远。

在人权入宪的大背景下,我国还制定了人权行动计划。此次立法修订将"尊重和保障人权"吸收到刑事诉讼法中来,是对宪法的尊重,更是人权行动计划的重要组成部分。在现有立法框架内,"尊重和保障人权"的任务性规定带有提纲挈领的性质,是对刑事诉讼法性质的总体性定位。若我们仍然保持以实体真实为宗旨的基本原则不变,不但无法真正实现人权保障之诉讼目的,还与"尊重和保障人权"的任务性规定形成法律条文逻辑上的矛

---

① 宋英辉主编:《中华人民共和国刑事诉讼法精解》,中国政法大学出版社 2012 年版,第 10 页。

盾。我们认为,未来立法有必要从目前的以规范权力为中心、偏重实体真实基本原则设置向以保障人权为核心、偏重程序正义基本原则方向转变。这一转变趋向不但是建设现代法治社会的应然要求,更是践行2012年《刑事诉讼法》"尊重和保障人权"的重要举措。

从立法模式的角度,为进一步发挥刑事诉讼基本原则的作用,有必要打破现有的集中规定模式,采用分散规定的模式。与世界其他法治发达国家有所不同,我国刑事诉讼法对基本原则的规定采取了集中规定模式。1979年《刑事诉讼法》规定于第一章,名称为"刑事诉讼指导思想、任务和基本原则"。2012年《刑事诉讼法》与1996年《刑事诉讼法》保持一致,仍规定于第一章,但在名称上有所改变。这与国外刑事诉讼立法实践有很大的不同。英美法系国家虽然是判例法国家,但也存在成文法。从英美国家成文法内容看,没有关于如我国刑事诉讼法总则性的规定,更没有关于基本原则的专章性规定。在大多数成文法的大陆法系国家,也是如此。由此可见,在总则中集中规定基本原则并不是世界各国刑事诉讼法的主流做法。我国《刑事诉讼法》单设一章集中规定刑事诉讼基本原则原因在于以下两点:一是受前苏联社会主义法制体系的影响。二是基本原则集中规定模式本身具有优势。在新中国成立之初,社会主义法学专家极少,立法水平与立法技术都处于初级阶段,"宜粗不宜细"的立法思想是权宜之计,且能起到立竿见影的效应。刑事诉讼基本原则虽然粗疏,但具有灵活性优势,可以暂时地应对复杂的司法实践。在阶级斗争、革命阵营对立已经淡化的今天,法制环境与解放初相比已经发生了根本性的变化,加之法学专业人才的大量培养,立法技术水平都达到了相当高的程度。基本原则集中规定的政治性功能已经退化,独立分散规定的法治功能已经提上日程,这是历史发展的扬弃,是法治发展的必然要求。基本原则集中规定转向独立散在规定模式利于增加基本原则数量,并深度发挥基本原则应有的功能。2012年《刑事诉讼法》第50条增加了"不得强迫任何人证实自己有罪"条款。毋庸置疑的是,本条规定属于目前法治发达国家的通行刑事诉讼法基本原则。但根据现行刑事诉讼法基本原则集中规定模式,该"原则"因其规定于证据制度而非基本原则章节中,故该条规定不属于基本原则。如此,"任何人不得强迫自证其罪原则"只能发挥规则作用,这势必会限制该原则的作用发挥范围,削弱了此次原则修订的积极意义。未来立法有必要以此为借鉴,不拘泥于形式,打破集中规定模式,将基本原则嫁接于具体制度中,使其有章可循,提高基本原则的效用性。

二、无罪推定原则

无罪推定原则是现代刑事司法的基石,是国际刑事司法准则公认的一项基本原则,也是衡量一国刑事司法文明的标志性要求之一。无罪推定原则体现了尊重基本人权和人格尊严的理念,是人类追求个人自由与社会秩序多元价值所选择的必然结果。无罪推定原则在我国得到理解与接纳,经历了一个漫长而曲折的过程。①

该原则在新中国成立之初就被讨论过,并引起了不少反响,集中表现为两种观点:否定论与肯定论。肯定论者认为,无罪推定能够保证犯罪嫌疑人、被告人人权,有利于公正司法。否定论者认为,无罪推定是资产阶级的反动观点,它不利于无产阶级专政,是阶级立场不稳的表现。后来在"文化大革命"的助推下,在全国范围内发动了一场对"无罪推定观"的批判运动。"文革"十年浩劫,人们吃够了"有罪推定"的苦头,深切地感受到"无罪推定"的宝贵价值。1979年《刑事诉讼法》在修改时就有很多学者提议增加该原则,但立法者没有完全接纳学者建议,而是采取了折中做法,在刑事诉讼法中没有明确规定无罪推定原则,但规定了很多能够反映无罪推定原则精神的规则制度。

1989年,司法行政部门在烟台召开了一次领导干部会议,有与会者明确提出应该在刑事诉讼法中明确无罪推定原则的地位,该建议得到了学界与实务界的广泛支持,并体现在1996年3月17日通过的《刑事诉讼法》。该法第12条规定:"未经人民法院依法判决,对任何人都不得确定有罪。"但该法条内容只是吸收了无罪推定原则的合理内核,并没有完整呈现无罪推定的内容。1996年《刑事诉讼法》相关法条要求犯罪嫌疑人、被告人如实交

---

① 宋英辉主编:《刑事诉讼法学研究述评》,北京师范大学出版社2009年版,第96页。

代所犯罪行,他们并不享有沉默权。官方的态度也确认了上述法条并不是完整意义上的无罪推定。1996年1月15日,时任全国人大常委会法制工作委员会主任的顾昂然曾明确表示:"封建社会采取有罪推定原则,资产阶级针对有罪推定,提出了无罪推定,我们坚决反对有罪推定,但也不是西方国家那种无罪推定,而是以客观事实为依据。"①

1996年《刑事诉讼法》修订之后,我国政府签署了联合国《公民权利和政治权利国际公约》,其中第14条第2款明确规定了无罪推定原则。2004年1月27日,胡锦涛主席在法国国民议会发表演讲时指出:"中国政府正在积极研究《公民权利和政治权利国际公约》涉及的重大问题,一旦条件成熟,将向中国全国人大提交批准该公约的建议。"②2005年10月19日,我国政府颁布第一份《中国的民主政治建设》白皮书,其中对于《公民权利和政治权利国际公约》明确指出:"目前,中国有关部门正在加紧研究和准备,一旦条件成熟,国务院将提请全国人大常委会审议批约问题。"③可见,公约的签署为无罪推定原则的真正确立提供了重要的基础。2004年全国人民代表大会对《宪法》进行了修改,将"尊重和保障人权"写入庄严的宪法。保障人权入宪为《刑事诉讼法》确立无罪推定原则提供了宪法依据。可见,国内思想、社会条件及国际环境的变化为实施真正的无罪推定原则提供了充分的条件。

2012年《刑事诉讼法》通过增加犯罪嫌疑人、被告人"不被强迫自证其罪"特权与控方应当承担被告人有罪举证责任制度的方式进一步贯彻了无罪推定原则。此外,本次立法还通过细化其他规则的方式强化无罪推定原则,如立法在坚持具有中国特色的定罪证明标准(即证据确实、充分)的基础上,对其含义作了明确、具体的界定,明确提出"综合全案证据、对所认定事实已排除合理怀疑"的证明标准,体现了证明标准上的中国特色与国际准则相结合的特点。此外,立法还吸收了司法解释中的"非法证据排除规则"的成熟经验,将其上升为法律规定,提升了人权保障内涵,利于无罪推定原则的贯彻。当然,此次立法修订无罪推定原则仍然存在不尽如人意之处,立法

---

① 顾昂然:《关于刑事诉讼法的修改原则》,载《法制日报》1996年2月3日。
② "胡锦涛在法国国民议会上的演讲",载《人民日报》2004年1月29日。
③ 《中国的民主政治建设》,载《人民日报》2005年10月20日。

仍然保留了与无罪推定原则有冲突的法条:"犯罪嫌疑人对侦查人员的提问,应当如实回答,但是与本案无关的问题,有拒绝回答的权利。"未来立法有必要废除或修改本法条规定,以真正实现无罪推定原则。

三、司法独立原则

司法是一个国家和平时期的最后一道防线,它的公正与否,维系着国家安危、社会安宁和公民生命财产安全,而司法的公正性在相当大的程度上取决于它是否具有和能否保持独立的地位。① 司法独立是司法公正的生命线,在刑事司法活动中具有极为重要的地位。

在我国司法制度中,司法独立原则经历了从无到有、再到较为完善的长期发展过程。在我国长达几千年的封建社会中,司法与行政合二为一,司法从属于行政,根本不存在所谓的司法独立思想与观念,更没有维护司法独立原则的相关制度。最早出现司法独立思想的是1912年中华民国临时政府颁布的《中华民国临时约法》。新中国成立初期,我国相关法律制度并没有确立司法独立原则。1951年中央人民政府委员会颁布的《中华人民共和国人民法院暂行组织条例》所确立的司法体制,是一种司法从属于行政的体制,距离司法独立原则还相差甚远。我国从法律制度方面确立司法独立原则始于新中国的第一部《宪法》。《宪法》第78条规定:"人民法院独立进行审判,只服从法律。"该条规定明确了法院作为司法机关的独立性地位。但后来受"文革"影响,1975年《宪法》取消了"人民法院独立审判,只服从法律"的规定,且撤销了检察机关。粉碎"四人帮"之后,十一届三中全会确立了司法独立的指导思想,为司法独立原则的制度性确立打下了坚实的基础。

1979年《刑事诉讼法》虽然没有确立司法独立原则,但其具体制度设置已经具有司法独立意蕴。1982年我国通过了新的《宪法》。该法第126条规定:"人民法院依照法律规定独立行使审判权,不受行政机关、社会团体和个人的干涉。"该法第131条规定:"人民检察院依照法律规定独立行使检察

---

① 谭世贵:《论司法独立》,载《政法论坛》1997年第1期,第27页。

权,不受行政机关、社会团体和个人的干涉。"至此,司法独立原则获得了宪法意义上的依据,随后《人民法院组织法》《人民检察院组织法》都做了相应规定,确立了人民法院、人民检察院独立行使职权的原则。1996年《刑事诉讼法》对司法独立原则作了专门规定,该法第5条规定:"人民法院依照法律规定独立行使审判权,人民检察院依照法律规定独立行使检察权,不受行政机关、社会团体和个人的干涉。"司法独立原则在宪法与法律制度上的确立标志着我国司法制度开始走上了法律制度的轨道。

需要注意的是,我国所确立的司法独立原则与国际通行的司法独立原则相比有着特定的内涵,主要表现为以下几个方面:第一,司法独立的主体包括法院和检察机关;第二,我国的司法独立是指机关的独立而不是个人的独立;第三,我国司法机关的独立,只是独立于行政机关、社会团体和个人;第四,我国司法独立不是建立在三权分立基础之上的。西方国家法律中的司法独立建立于三权分立基础上,强调立法、司法与行政的独立与制衡。司法独立的主体范围狭窄,只限于法官,且强调法官个体的独立。与我国司法独立制度相比,西方法治发达国家立法为司法独立设置了诸多保障,如人事制度的独立安排、司法个体独立的彻底性及高薪养廉政策等。从我国司法实践情况看,司法独立原则贯彻并不彻底,立法机关、行政机关、政党、个人及司法机关内部干预司法的情形不在少数。基于此,笔者认为,在我国现行法律制度安排下,有必要通过以下几个方面完善司法独立原则:首先,确保司法机关人事制度安排的独立性以保证司法主体的独立性;其次,改变司法行政化倾向做法,减少行政机关对司法机关的不合理干预;再次,改变政党对司法机关的领导方式,杜绝党对司法机关个案办理的干预,为此,可以借鉴1954年《宪法》规定,明确法院、检察院独立行使职权,只服从法律规定;最后,改革法院与检察院内部的不合理制度,废除各种不适当的考核标准及案件请示制度做法,确保审判与检察业务的独立性。

四、法律监督原则

法律监督原则对于保障司法公正具有重要意义,在防止和减少刑事诉讼中的违法行为,正确适用法律,惩罚犯罪,保障无罪的人不受刑事追究,保护诉讼当事人的诉讼权利等方面均起到了积极的作用。①

我国刑事诉讼法关于检察机关法律监督职能的规定经历了一个逐步发展的过程。在1979年之前,因缺乏刑事诉讼法典,刑事诉讼中的法律监督问题也无从谈起。受"文革"及当时的社会环境、政治环境影响,我国1979年《刑事诉讼法》并没有明确规定"法律监督原则"。有学者指出,1979年《刑事诉讼法》第3条与第5条分别规定了公安司法机关在刑事诉讼中的职权分工与相互关系,"人民法院、人民检察院和公安机关进行刑事诉讼,应当分工负责,互相配合,互相制约,以保证准确有效地执行法律"。制约就是监督,而且是双向的,即"三机关互相存在制约与被制约、监督与被监督的关系"②。也就是说,国家专门机关"分工负责、互相配合、互相制约"这一原则中已经包含有检察机关实行监督的内容。"所谓相互制约,也就是相互监督,即相互监察与相互督促。"③

1982年《宪法》第129条明确规定:"中华人民共和国人民检察院是国家的法律监督机关。"受此影响,1996年《刑事诉讼法》修改时,检察机关的法律监督成为重点讨论问题。立法者根据宪法对检察机关的准确定位,充分讨论了合理配置和调整检察机关在刑事诉讼中的职权问题,并强调在诉讼中要发挥检察机关的法律监督职能。通过此次修改,检察机关法律监督职能得到了明显的加强,刑事诉讼法律监督原则也由此形成。本次立法修订不但在宏观上确立了法律监督原则,还通过诸如立案监督、侦查监督等具体诉讼监督制度的确立增强了法律监督原则的可操作性。通过本次立法修法,先前检察机关对刑事诉讼监督不力的问题得到了很大程度上的完善。近年来,随着社会与法律制度的发展,法律监督在维护司法公正中起到的作用越来越重要,但因受法律规定不明确、制度设计不完善等因素影响,法律监督面临的问题也越来越多。基于此,立法者在2012年《刑事诉讼法》修订中再次将法律监督纳入到重点修订内容中,细化了法律监督规定,进一步提

---

① 宋英辉主编:《刑事诉讼法研究述评》,北京师范大学出版社2009年版,第123页。
② 张子培:《刑事诉讼法教程》,群众出版社1982年版,第83页。
③ 中国法学会诉讼法研究会:《刑事诉讼法的修改与完善》,中国政法大学出版社1992年版,第220页。

高了法律监督的可操作性,其变化主要表现为以下几个方面:首先,从修订条文数量来看,直接或者间接与法律监督有关的条文占到本次修订内容的10%左右,涉及的内容包括非法证据排除、强制措施、侦查程序、审判程序、执行程序及特别程序等;其次,表现出明显的强化权力制约与监督的理念;再次,与以往法律监督内容相比,此次修订法律监督表现出较多的制度创新,如2012年《刑事诉讼法》增加了人民检察院对继续羁押必要性的审查制度;最后,强化法律监督的责任,完善了诉讼监督程序。例如,为维护辩护人的合法权益,保证辩护人依法履行职务,2012年《刑事诉讼法》第47条规定:"辩护人、诉讼代理人认为公安机关、人民检察院、人民法院及其工作人员阻碍其依法行使诉讼权利的,有权向同级或者上一级人民检察院申诉或者控告。人民检察院对申诉或者控告应当及时进行审查,情况属实的,通知有关机关予以纠正。"

有必要指出的是,法律监督原则在本次立法修订中并没有达到至善至美的程度,仍然存在很多问题亟待解决。首先,本次立法修订虽然增加了法律监督原则的可操作性,但部分规定仍过于原则,有待于继续细化。如对继续羁押必要性审查的规定,人民检察院如何启动审查及审查的程序与标准是什么,都缺乏相应的规定。其次,法律监督的刚性不足,权利救济途径乏力。本次立法修订虽然增加了检察机关实施法律监督的手段与途径,但其方式主要是规定执法、司法机关的义务性行为或者禁止性行为,对上述机关违反义务性规定或者禁止性规定的行为缺乏不利后果的承担,检察机关缺乏基本的程序性制裁权力。"既然违反法定的程序不会招致任何不利后果,司法实践中公安司法人员普遍不愿遵守法律的规定也就不足为奇了。"[①]比如,规定侦查人员的讯问"应当"在看守所进行,对可能判处无期徒刑或死刑的,"应当"对讯问过程录音录像,录音录像"应当"全程进行等等,对当为不为的,没有规定不利后果和法律监督。[②]

基于此,笔者认为,未来立法有必要从以下两个方面继续完善法律监督原则:第一,继续细化法律监督规定,增加法律监督的可操作性;第二,完善

---

① 陈永生:《刑事诉讼的程序性制裁》,载《现代法学》2004年第1期。
② 张书铭:《法律监督的理念与科学实施——〈刑事诉讼法修正案(草案)〉中法律监督内容述评》,载《人民检察》2011年第23期。

对二审案件不开庭书面审理的监督。根据现行法律规定,检察机关只对二审开庭审理的案件进行监督。对于二审不开庭书面审理的案件是否需要监督缺乏法律规定,司法实践中也鲜有检察机关对其监督的做法。司法实务中,有些司法机关在二审中针对不开庭书面审理的案件径行作出裁判,不听取当事人、辩护人及诉讼代理人的意见,极易侵犯当事人的合法权益。对此,有必要将其纳入到法律监督范围内,维护当事人合法权益,确保司法裁判的公正性。

第三章 管 辖

一、概 述

刑事诉讼中的管辖,是指公安机关、人民检察院和人民法院等国家机关在受理刑事案件上的权限分工,以及人民法院系统内部在审理第一审刑事案件上的权限分工。前者是指立案管辖,后者是指审判管辖。

管辖是刑事诉讼中的一项重要的诉讼制度。正确、合理地确定刑事案件的管辖,对于合理分配司法资源、理顺国家专门机关的工作关系、方便人民群众协助和参加刑事诉讼活动,具有重要意义。

建立科学、完备的管辖制度,必须遵循刑事诉讼的规律。一般来说,确定管辖分工应当遵循以下原则:一是应根据各机关的性质、任务、职权和力量配备等具体情况,确定各自对刑事案件的管辖范围,使其分工明确、各司其职、各尽其责;二是应根据案件的不同性质、作案手段的差异、犯罪主体的区别以及危害程度的不同,分别划归不同的机关管辖,以利于准确、及时、有效地查明案件事实,保证案件质量;三是应有利于各专门机关调查核实证据,有利于当事人及其他诉讼参与人参加刑事诉讼,节省财力和时间,提高诉讼效率;四是原则性与灵活性相结合原则,既要明确、具体,又要保持一定的灵活性,赋予公安司法机关一定的裁量权,允许在特殊情况下进行必要变通。

根据以上原则,基于我国刑事犯罪情况的不断发展变化,以及公安机关、人民检察院和人民法院等国家机关的实际情况,1996年、2012年两次修改《刑事诉讼法》,对立案管辖、审判管辖中的级别管辖等进行了调整,使之更加科学、合理。主要修改有:一是扩大自诉案件范围;二是缩小人民检察院自侦案件范围;三是调整人民法院级别管辖。

立法修改情况如下表所示:

1979年《刑事诉讼法》	1996年《刑事诉讼法》	2012年《刑事诉讼法》
第十三条　告诉才处理和其他不需要进行侦查的轻微的刑事案件,由人民法院直接受理,并可以进行调解。 贪污罪、侵犯公民民主权利罪、渎职罪以及人民检察院认为需要自己直接受理的其他案件,由人民检察院立案侦查和决定是否提起公诉。 第一、二款规定以外的其他案件的侦查,都由公安机关进行。	第一百七十条　自诉案件包括下列案件: (一)告诉才处理的案件; (二)被害人有证据证明的轻微刑事案件; (三)被害人有证据证明对被告人侵犯自己人身、财产权利的行为应当依法追究刑事责任,而公安机关或者人民检察院不予追究被告人刑事责任的案件。 第十八条　刑事案件的侦查由公安机关进行,法律另有规定的除外。 贪污贿赂犯罪,国家工作人员的渎职犯罪,国家机关工作人员利用职权实施的非法拘禁、刑讯逼供、报复陷害、非法搜查的侵犯公民人身权利的犯罪以及侵犯公民民主权利的犯罪,由人民检察院立案侦查。对于国家机关工作人员利用职权实施的其他重大的犯罪案件,需要由人民检察院直接受理的时候,经省级以上人民检察院决定,可以由人民检察院立案侦查。 自诉案件,由人民法院直接受理。	第二百零四条　自诉案件包括下列案件: (一)告诉才处理的案件; (二)被害人有证据证明的轻微刑事案件; (三)被害人有证据证明对被告人侵犯自己人身、财产权利的行为应当依法追究刑事责任,而公安机关或者人民检察院不予追究被告人刑事责任的案件。 第十八条　刑事案件的侦查由公安机关进行,法律另有规定的除外。 贪污贿赂犯罪,国家工作人员的渎职犯罪,国家机关工作人员利用职权实施的非法拘禁、刑讯逼供、报复陷害、非法搜查的侵犯公民人身权利的犯罪以及侵犯公民民主权利的犯罪,由人民检察院立案侦查。对于国家机关工作人员利用职权实施的其他重大的犯罪案件,需要由人民检察院直接受理的时候,经省级以上人民检察院决定,可以由人民检察院立案侦查。 自诉案件,由人民法院直接受理。

（续表）

1979年刑事诉讼法	1996年刑事诉讼法	2012年刑事诉讼法
第十四条　基层人民法院管辖第一审普通刑事案件，但是依照本法由上级人民法院管辖的除外。	第十九条　基层人民法院管辖第一审普通刑事案件，但是依照本法由上级人民法院管辖的除外。	第十九条　基层人民法院管辖第一审普通刑事案件，但是依照本法由上级人民法院管辖的除外。
第十五条　中级人民法院管辖下列第一审刑事案件： （一）反革命案件； （二）判处无期徒刑、死刑的普通刑事案件； （三）外国人犯罪或者我国公民侵犯外国人合法权利的刑事案件。	第二十条　中级人民法院管辖下列第一审刑事案件： （一）反革命案件、**危害国家安全案件**； （二）**可能判处**无期徒刑、死刑的普通刑事案件； （三）**外国人犯罪的刑事案件**。	第二十条　中级人民法院管辖下列第一审刑事案件： （一）危害国家安全、**恐怖活动案件**； （二）可能判处无期徒刑、死刑的普通刑事案件。
第十六条　高级人民法院管辖的第一审刑事案件，是全省（直辖市、自治区）性的重大刑事案件。	第二十一条　高级人民法院管辖的第一审刑事案件，是全省（自治区、直辖市）性的重大刑事案件。	第二十一条　高级人民法院管辖的第一审刑事案件，是全省（自治区、直辖市）性的重大刑事案件。
第十七条　最高人民法院管辖的第一审刑事案件，是全国性的重大刑事案件。	第二十二条　最高人民法院管辖的第一审刑事案件，是全国性的重大刑事案件。	第二十二条　最高人民法院管辖的第一审刑事案件，是全国性的重大刑事案件。
第十八条　上级人民法院在必要的时候，可以审判下级人民法院管辖的第一审刑事案件，也可以把自己管辖的第一审刑事案件交由下级人民法院审判；下级人民法院认为案情重大、复杂需要由上级人民法院审判的第一审刑事案件，可以请求移送上一级人民法院审判。	第二十三条　**上级人民法院在必要的时候，可以审判下级人民法院管辖的第一审刑事案件**；下级人民法院认为案情重大、复杂需要由上级人民法院审判的第一审刑事案件，可以请求移送上一级人民法院审判。	第二十三条　上级人民法院在必要的时候，可以审判下级人民法院管辖的第一审刑事案件；下级人民法院认为案情重大、复杂需要由上级人民法院审判的第一审刑事案件，可以请求移送上一级人民法院审判。
第十九条　刑事案件由犯罪地的人民法院管辖。如果由被告人居住地的人民法院审判更为适宜的，可以由被告人居住地的人民法院管辖。	第二十四条　刑事案件由犯罪地的人民法院管辖。如果由被告人居住地的人民法院审判更为适宜的，可以由被告人居住地的人民法院管辖。	第二十四条　刑事案件由犯罪地的人民法院管辖。如果由被告人居住地的人民法院审判更为适宜的，可以由被告人居住地的人民法院管辖。

（续表）

1979年刑事诉讼法	1996年刑事诉讼法	2012年刑事诉讼法
第二十条 几个同级人民法院都有权管辖的案件,由最初受理的人民法院审判。在必要的时候,可以移送主要犯罪地的人民法院审判。	第二十五条 几个同级人民法院都有权管辖的案件,由最初受理的人民法院审判。在必要的时候,可以移送主要犯罪地的人民法院审判。	第二十五条 几个同级人民法院都有权管辖的案件,由最初受理的人民法院审判。在必要的时候,可以移送主要犯罪地的人民法院审判。
第二十一条 上级人民法院可以指定下级人民法院审判管辖不明的案件,也可以指定下级人民法院将案件移送其他人民法院审判。	第二十六条 上级人民法院可以指定下级人民法院审判管辖不明的案件,也可以指定下级人民法院将案件移送其他人民法院审判。	第二十六条 上级人民法院可以指定下级人民法院审判管辖不明的案件,也可以指定下级人民法院将案件移送其他人民法院审判。
第二十二条 专门人民法院案件的管辖另行规定。	第二十七条 专门人民法院案件的管辖另行规定。	第二十七条 专门人民法院案件的管辖另行规定。

概括而言,上述立法修改,反映出我国管辖制度发展的一些趋势:一是自诉案件范围不断扩大,特别是1996年修改时增加了"公诉转自诉"的规定,以解决实践中存在的被害人"告状难"问题;二是人民检察院直接受理的自侦案件范围逐步缩小,限定为国家工作人员利用职权实施的几种特定案件,以减轻其侦查负担,充分发挥其作为法律监督机关的职能作用;三是在级别管辖上,尽量由基层人民法院管辖第一审刑事案件,先后将"我国公民侵犯外国人合法权利的刑事案件""外国人犯罪的刑事案件"下放给基层人民法院管辖,以利于中级人民法院集中精力完成上诉审和审判监督任务。

二、自诉案件范围

由人民法院直接受理的自诉案件,是指被害人及其法定代理人、近亲属,为追究被告人的刑事责任,直接向人民法院提出诉讼,不需要公安机关或者人民检察院侦查,也不需要人民检察院提起公诉的案件。我国刑事诉讼立法,一直实行公诉和自诉相结合,并规定了自诉案件的范围。

1979年《刑事诉讼法》第13条第1款规定:"告诉才处理和其他不需要进行侦查的轻微的刑事案件,由人民法院直接受理,并可以进行调解。"按此规定,人民法院直接受理的自诉案件包括两类:一是刑法规定的"告诉才处理的案件";二是"其他不需要进行侦查的轻微的刑事案件"。对于刑法规定的"告诉才处理的案件"应由人民法院直接受理,不存在问题。但对于上述"其他不需要进行侦查的轻微的刑事案件",其含义、标准、范围均不太明确,造成了实践中公安机关与人民法院"踢皮球"的现象。另外,对于公安机关应当立案而不立案、检察机关应当起诉而不起诉的案件,被害人能否直接向人民法院起诉,立法上未予明确,导致实践中被害人往往告状无门,也亟待解决。

针对上述问题,1996 年《刑事诉讼法》对自诉案件范围进行了调整。其第 170 条规定:"自诉案件包括下列案件:(1) 告诉才处理的案件;(2) 被害人有证据证明的轻微刑事案件;(3) 被害人有证据证明对被告人侵犯自己人身、财产权利的行为应当依法追究刑事责任,而公安机关或者人民检察院不予追究被告人刑事责任的案件。"调整之处有二:一是将"其他不需要进行侦查的轻微的刑事案件",修改为"被害人有证据证明的轻微刑事案件";二是将"被害人有证据证明对被告人侵犯自己人身、财产权利的行为应当依法追究刑事责任,而公安机关或者人民检察院不予追究被告人刑事责任的案件",规定为可以由被害人直接起诉的自诉案件,即"公诉转自诉"。

2012 年《刑事诉讼法》维持了 1996 年的规定。对自诉案件的具体范围,1998 年和 2012 年《最高法院解释》第 1 条均作了相同规定。根据该规定,人民法院直接受理的自诉案件包括:(1) 告诉才处理的案件:侮辱、诽谤案(《刑法》第 246 条规定的,但严重危害社会秩序和国家利益的除外)、暴力干涉婚姻自由案(《刑法》第 257 条第 1 款规定的)、虐待案(《刑法》第 260 条第 1 款规定的)、侵占案(《刑法》第 270 条规定的);(2) 人民检察院没有提起公诉,被害人有证据证明的轻微刑事案件,包括故意伤害案(《刑法》第 234 条第 1 款规定的)、非法侵入住宅案(《刑法》第 245 条规定的)、侵犯通信自由案(《刑法》第 252 条规定的)、重婚案(《刑法》第 258 条规定的)、遗弃案(《刑法》第 261 条规定的)、生产、销售伪劣商品案(《刑法》分则第三章第一节规定的,但是严重危害社会秩序和国家利益的除外)、侵犯知识产权案(《刑法》分则第三章第七节规定的,但是严重危害社会秩序和国家利益的除外)、属于《刑法》分则第四章、第五章规定的,对被告人可能判处 3 年有期徒刑以下刑罚的案件。对上列八项案件,被害人直接向人民法院起诉的,人民法院应当依法受理。对于其中证据不足、可由公安机关受理的,或者认为对被告人可能判处3年有期徒刑以上刑罚的,应当移送公安机关立案侦查;(3)被害人有证据证明对被告人侵犯自己人身、财产权利的行为应当依法追究刑事责任,且有证据证明曾经提出控告,而公安机关或者人民检察院不予追究被告人刑事责任的案件。但是,从上述规定及司法实践情况看,仍然存在以下问题:

首先,将侵占罪规定为绝对的自诉案件,实际执行存在困难。根据我国《刑法》第270条规定,侵占罪是指以非法占有为目的,将代为保管的数额较大的他人财物或者遗忘物、埋藏物占为己有、拒不交还的行为。但对于遗忘物被侵占的案件,被害人很难提出证据向法庭证明自己的诉讼主张。自诉案件的证明责任由自诉人承担,构成侵占罪的条件之一是行为人"拒不交出"所侵占的他人财物,既然"拒不交出",就不能指望被告人承认侵占事实,被害人也就难以证明被告人有侵占行为;没有实物,被害人同样难以证明被侵占了多少财物。因此,司法实践中,很多被害人在财物被他人侵占后,往往不是向人民法院提起自诉,而是向公安机关报案和控告。有些公安机关据此立案调查、收集证据,然后移送检察机关审查起诉。在法庭上,检察机关对此种案件的起诉权往往成为激烈争论的焦点。① 可见,把侵占罪规定为绝对自诉案件,在任何情况下都不能作为公诉案件办理,是不切实际的。因此,有学者提出,不应再将侵占罪列为"告诉才处理的案件",而应列为第二类"被害人有证据证明的轻微刑事案件"。② 也有学者建议,仅将《刑法》第270条第1款规定的"将代为他人保管的他人财物占为己有"的行为规定为告诉才处理,而将侵占遗忘物、埋藏物的行为规定为公诉案件。③

其次,对于"被害人有证据证明的轻微刑事案件"如何管辖,实践中仍存争议。根据1998年《六机关规定》第4条第2款:"上述所列八项案件中,被害人直接向人民法院起诉的,人民法院应当依法受理,对于其中证据不足、

---

① 陈光中主编:《刑事诉讼法实施问题研究》,中国法制出版社2000年版,第19—20页。
② 龚德云:《论侵占罪的立案管辖与补救》,载《湖南省政法管理干部学院学报》2000年第5期。
③ 李忠诚:《职能管辖若干问题研究》,载《政法论坛》1999年第4期。

可由公安机关受理的,应当移送公安机关立案侦查。被害人向公安机关控告的,公安机关应当受理。"这就明确了三点:一是对于上述八类"被害人有证据证明的轻微刑事案件",是走公诉程序还是自诉程序,被害人有选择权;二是八类案件原则上仍属于公诉案件,只要被害人向公安机关控告,公安机关就应当受理;三是在被害人提起自诉后,对于证据不足的情况,可以由自诉程序转换成公诉程序。但其不足也很明显:一是只有在"可由公安机关受理"的情况下,人民法院方能将案件移送公安机关立案侦查,对于什么是"可以受理",难免会有不同的理解和解释;二是公安机关受理后该如何处理,也无明确规定。对这一问题,2012年《公安部规定》第173条第2款规定:"对被害人有证据证明的轻微刑事案件,公安机关应当告知被害人可以向人民法院起诉;被害人要求公安机关处理的,公安机关应当依法受理。"这就明确了对此类案件的处理方式:由于此类案件性质上仍属于公诉案件,只有在被害人自愿选择向人民法院提起自诉时,才是自诉案件,依自诉程序处理。如果被害人一开始就向公安机关控告,或者在提起自诉后因没有证据证明被法院驳回起诉或撤回自诉后再予控告,公安机关均应立案侦查,依公诉程序处理。

最后,"公诉转自诉"案件由被害人直接起诉,往往存在举证困难。根据1996年《刑事诉讼法》第145条的规定,"公诉转自诉"案件范围很广,既包括检察机关不予追究刑事责任的案件,也包括公安机关不予追究刑事责任的案件;既包括不起诉,也包括不立案、撤销案件等情况。此类案件本质上是公诉案件,只是由于公安、检察机关不予追究刑事责任,才由人民法院直接受理。这样规定的目的,是解决司法实践中"告状难"的问题,维护被害人的合法权益,有其合理性、必要性。但这样规定也带来了一些问题:一是此类犯罪案件多属于性质严重、情节复杂的案件,侦查取证困难。对于侦查起诉机关都取证困难的案件,要求被害人自己证明被告人有侵犯自己的人身、财产权利的行为应当依法追究刑事责任,显然不切实际。二是可能损及公诉权的权威性。公诉权具有专属性,其内容包括起诉权、不起诉权、撤回起诉权、公诉变更权等。公诉权行使中遵循起诉法定主义和起诉便宜主义相结合的原则,允许根据案件不同情况作出不同处理。公诉权是公诉机关代表国家行使的公权力,对公诉机关行使其公诉权作出的决定应肯定其效力而不得任意变更,以维护国家权力的权威性、稳定性。而"公诉转自诉"制度大大扩大了自诉案件的范围,使公诉决定变得不稳定,削弱了公诉权的权威性。因此,有学者提出废除"公诉转自诉"制度,建议在被害人对不起诉决定不服时,可申请人民法院对不起诉决定进行司法审查;也有学者认为,为解决"告状难"问题,有必要保留该制度,但应限制其适用范围,只能适用于部分特殊案件;还有学者提出,可以借鉴日本的准起诉制度和德国的强制起诉制度,允许被害人在不服不起诉决定时,向上一级人民检察院申诉,上一级人民检察院维持不起诉决定,被害人可以请求人民法院对不起诉决定进行司法审查,认定应当起诉的,人民法院有权指定检察机关提起公诉。[①] 2012年修改《刑事诉讼法》,未对上述问题作出调整,而是维持了1996年的立法规定。

三、人民检察院自侦案件范围

人民检察院是国家的法律监督机关,其立案侦查的刑事案件范围主要限于国家工作人员利用职务的犯罪。我国1979年《刑事诉讼法》第13条第2款规定:"贪污罪、侵犯公民民主权利罪、渎职罪以及人民检察院认为需要自己直接受理的其他案件,由人民检察院立案侦查和决定是否提起公诉。"1979年12月15日,最高人民法院、最高人民检察院、公安部联合发布《关于执行刑事诉讼法规定的案件管辖范围的通知》,具体明确了人民检察院直接受理的22种刑事案件。

但是,随着改革开放发展,有关经济犯罪案件不断增多,人民检察院直接受理的案件范围愈来愈增加。鉴于这种情况,有关部门和学者提出建议:人民检察院作为法律监督机关,不应过多地承担侦查任务,应明确限定人民检察院的立案管辖范围。特别对于1979年《刑事诉讼法》第13条第2款中的"人民检察院认为需要自己直接受理的其他案件,由人民检察院立案侦查和决定是否提起公诉"的规定(即"认为条款"),是保留还是取消,有关部门

---

① 宋英辉主编:《刑事诉讼法修改问题研究》,中国人民公安大学出版社2007年版,第49—51页。

和专家学者产生了激烈争论。经再三斟酌,1996年《刑事诉讼法》最终废除了上述"认为"条款,对人民检察院直接受理自行侦查的案件范围,重新进行了划定。①

1996年《刑事诉讼法》第18条第2款规定:"贪污贿赂犯罪,国家工作人员的渎职犯罪,国家机关工作人员利用职权实施的非法拘禁、刑讯逼供、报复陷害、非法搜查的侵犯公民人身权利的犯罪以及侵犯公民民主权利的犯罪,由人民检察院立案侦查。对于国家机关工作人员利用职权实施的其他重大的犯罪案件,需要由人民检察院直接受理的时候,经省级以上人民检察院决定,可以由人民检察院立案侦查。"根据该规定,人民检察院直接受理立案侦查四类案件:一是贪污贿赂犯罪案件,二是渎职犯罪案件,三是国家机关工作人员利用职权实施的侵犯公民人身权利和民主权利的犯罪案件,四是国家机关工作人员利用职权实施的其他重大的犯罪案件。

对上述条文的修改,是1996年修改立法中一个颇费周折的问题。新规定的基本精神,是将人民检察院直接受理自行侦查的案件范围,限定于国家工作人员的几种特定的犯罪,废除了原来的"认为条款"。至于国家机关工作人员利用职权实施的其他犯罪,一般还应由公安机关负责侦查。只有对极个别特殊重大的案件,确实需要人民检察院负责侦查时,才可以由人民检察院直接受理,而且必须经过省级以上人民检察院决定。

1999年《最高检察院规则》进一步明确了人民检察院自侦案件范围,其第8条规定:"人民检察院立案侦查贪污贿赂犯罪、国家工作人员的渎职犯罪、国家机关工作人员利用职权实施的非法拘禁、刑讯逼供、报复陷害、非法搜查的侵犯公民人身权利的犯罪以及侵犯公民民主权利的犯罪案件。贪污贿赂犯罪是指刑法分则第八章规定的贪污贿赂犯罪及其他章中明确规定依照第八章相关条文定罪处罚的犯罪案件。国家工作人员的渎职犯罪是指刑法分则第九章规定的渎职犯罪案件。国家机关工作人员利用职权实施的侵犯公民人身权利和民主权利的犯罪案件包括:(1)非法拘禁案(刑法第238条);(2)非法搜查案(刑法第245条);(3)刑讯逼供案(刑法第247条);(4)暴力取证案(刑法第247条);(5)体罚、虐待被监管人案(刑法第248

---

① 崔敏:《中国刑事诉讼法的新发展》,中国人民公安大学出版社1996年版,第58—59页。

条);(6)报复陷害案(刑法第254条);(7)破坏选举案(刑法第256条)。"

对人民检察院管辖的"贪污贿赂犯罪"范围的界定,有学者认为,该规定导致了贿赂案件的管辖分裂,将原本属于人民检察院管辖的非国家人员受贿罪、对非国家工作人员行贿罪划归公安机关管辖,有违立法原意,也不利于此类案件案件的查处。因此,建议对于贿赂犯罪统一由人民检察院管辖。[①] 但总体来看,1996年的立法规定是合理、可行的。因此,2012年修改刑事诉讼法,继续维持了1996年的规定,2012年《最高检察院规则》也未进行修改。

四、级别管辖

级别管辖是指各级人民法院在审判第一审刑事案件上的权限划分,它所解决的是上下级人民法院之间对审判第一审刑事案件权限分工的问题。1996年、2012年两次修改刑事诉讼法,在级别管辖方面,均有调整。调整的内容,主要有二:一是中级人民法院管辖的第一审刑事案件范围,二是关于上下级法院变通管辖的问题。

(一)中级人民法院管辖的第一审刑事案件范围

对于不同级别人民法院管辖第一审刑事案件的分工,修改主要涉及中级人民法院。对其他各级别人民法院管辖的第一审刑事案件范围,立法表述一直未变。分别是:"基层人民法院管辖第一审普通刑事案件,但是依照本法由上级人民法院管辖的除外。""高级人民法院管辖的第一审刑事案件,是全省(自治区、直辖市)性的重大刑事案件。""最高人民法院管辖的第一审刑事案件,是全国性的重大刑事案件。"

对中级人民法院管辖的第一审刑事案件,1979年《刑事诉讼法》第15条规定:"中级人民法院管辖下列第一审刑事案件:(1)反革命案件;(2)判处无期徒刑、死刑的普通刑事案件;(3)外国人犯罪或者我国公民侵犯外国

---

① 李忠诚:《职能管辖若干问题研究》,载《政法论坛》1999年第4期。

人合法权利的刑事案件。"

1996年《刑事诉讼法》，对上述规定作了部分调整，其第20条规定："中级人民法院管辖下列第一审刑事案件：（1）反革命案件、危害国家安全案件；（2）可能判处无期徒刑、死刑的普通刑事案件；（3）外国人犯罪的刑事案件。"

与1979年的规定相比，1996年《刑事诉讼法》作了三处修改：一是将"反革命案件"增加为"反革命案件、危害国家安全案件"；二是在"无期徒刑、死刑的普通刑事案件"前增加"可能"二字；三是删去"我国公民侵犯外国人合法权利的刑事案件"。这三处修改都十分必要。1993年2月《国家安全法》颁布，"反革命罪"已改称"危害国家安全罪"，《刑事诉讼法》亦应作出相应修改，但由于《刑法》尚未修改，因此仍将"反革命案件、危害国家安全案件"并列。而在"无期徒刑、死刑的普通刑事案件"前加上"可能"二字，更符合司法实际。把"我国公民侵犯外国人合法权利的刑事案件"归由中级人民法院管辖，实无必要。司法实践中，这类案件有的仅是偷了外国人的几百元或者一架照相机，本来是很轻微的犯罪案件，影响不大，一律要求由中级法院审理，大可不必。因此，删除了该类案件，以使中级人民法院能够集中精力办理大案要案。①

2012年《刑事诉讼法》再次作出调整，其第20条规定："中级人民法院管辖下列第一审刑事案件：（1）危害国家安全、恐怖活动案件；（2）可能判处无期徒刑、死刑的普通刑事案件。"修改有三处：一是删除了第一项中"反革命案件"的规定；二是增加了"恐怖活动案件"的规定；二是删去了第三项"外国人犯罪的刑事案件"的规定。这是根据形势发展作出的必要调整。1997年修订刑法，已将分则第一章"反革命罪"改为"危害国家安全罪"，"反革命案件"已成历史名词。与之适应，2012年《刑事诉讼法》第20条删除"反革命案件"的规定，理所应当。近年来，国际上恐怖活动日益增多，我国也面临着恐怖活动的现实威胁。考虑到这类案件社会危害性大，案件的情节也比较复杂，规定由中级人民法院作为一审管辖较为合适，有利于更好地打击此类犯罪。"恐怖活动案件"，根据《全国人大常委会〈关于加强反恐怖

---

① 崔敏：《中国刑事诉讼法的新发展》，中国人民公安大学出版社1996年版，第60—62页。

工作有关问题的决定〉》第 2 条,是指以制造社会恐慌、危害公共安全或者胁迫国家机关、国际组织为目的,采取暴力、破坏、恐吓等手段,造成或者意图造成人员伤亡、重大财产损失、公共设施损坏、社会秩序混乱等严重社会危害的行为,以及煽动、资助或者以其他方式协助实施上述活动,构成犯罪的刑事案件。但由于我国《刑法》分则并未把"恐怖活动犯罪"作为一类犯罪加以规定,到底哪些罪名可以归于该类犯罪,仍然有待于进一步明确。"外国人犯罪的刑事案件"原本由中级人民法院管辖,是因为此类案件当时数量不多、敏感性强,出于慎重考虑,原来规定外国人犯罪的刑事案件统一交由中级人民法院管辖,以保证案件处理质量。但随着我国对外开放发展,此类案件不断增多,一律要求由中级人民法院管辖,已难以承担,再加上基层人民法院办案能力不断提高,交由基层人民法院审理能够保证办案质量。因此,此次修改刑事诉讼法,在中级人民法院管辖的案件中,删去了"外国人犯罪的刑事案件"的规定。

(二)上下级法院变通管辖问题

1979 年《刑事诉讼法》第 18 条规定:"上级人民法院在必要的时候,可以审判下级人民法院管辖的第一审刑事案件,也可以把自己管辖的第一审刑事案件交由下级人民法院审判;下级人民法院认为案情重大、复杂需要由上级人民法院审判的第一审刑事案件,可以请求移送上一级人民法院审判。"此即为上下级人民法院变通管辖的规定,不仅可以"上管下",还允许"下管上"。

对于上述上级人民法院"可以把自己管辖的第一审刑事案件交由下级人民法院审判"之规定,学术界一直持批评态度,认为口子开得太大,架空了立法关于级别管辖的规定,影响被告人的合法权益。特别是 1983 年 8 月 16 日,为配合"严打"斗争,最高人民法院、最高人民检察院、公安部曾联合发布《关于判处无期徒刑、死刑的第一审普通刑事案件管辖问题的通知》,授权"中级人民法院在必要的时候,可以决定把某些属于严重危害社会治安的,应判处无期徒刑、死刑的第一审普通刑事案件,交由基层人民法院审判",所依据的,就是上述《刑事诉讼法》第 18 条之规定。后来发现死刑判决权下放后,出现了判处死刑过多且失控的现象,4 个月后,最高人民法院又会同最高人民检察院、公安部于1983年12月2日共同发出通知,将死刑判决权重新收回中级人民法院。这一次关于死刑判决权的不慎重授权,是一个教训,由此引出对《刑事诉讼法》第18条规定的质疑。

1996年《刑事诉讼法》删除了1979年《刑事诉讼法》上级人民法院在必要的时候,"也可以把自己管辖的第一审刑事案件交由下级人民法院审判"的规定。据此,在上下级人民法院移送管辖的问题上,必须贯彻"只能上管下、不能下管上"的原则,以维护刑事诉讼法关于级别管辖规定的严肃性。① 2012年《刑事诉讼法》维持了这一规定。

---

① 崔敏:《中国刑事诉讼法的新发展》,中国人民公安大学出版社1996年版,第61页。

第四章 回 避

一、概 述

刑事诉讼中的回避,是指根据刑事诉讼法和有关法律的规定,侦查人员、检察人员、审判人员、书记员、翻译人员和鉴定人等同案件有法定利害关系或者其他可能影响案件公正处理的关系,因而不得参与该案诉讼活动的一项诉讼制度。回避制度遵循了古老的"任何人不得为自己的法官"的精神,体现了利益规避原则,其主要功能是防止因利益牵扯而可能影响到公安司法人员的客观公正性,保证公安司法人员公正行使职权,以维护诉讼过程和诉讼结果的权威性和公信力。回避制度体现了诉讼平等、诉讼公正等现代刑事诉讼的基本理念,为绝大多数国家的刑事诉讼法所确立。

我国1979年制定《刑事诉讼法》时,即以三个条文对回避制度作出了规定,确立了我国刑事诉讼回避制度的基础。这三个条文分别为第23条规定的回避的情形,第24条规定的回避的决定主体与复议和第25条规定的书记员、翻译人员和鉴定人适用回避的规定。

1996年《刑事诉讼法》修订对回避制度作了三处修改:(1)针对实践中出现的新情况增加了第29条作为回避的一种特殊情形加以规定;(2)将审判人员、检察人员、侦查人员、书记员、翻译人员和鉴定人担任过"本案附带民事诉讼当事人的代理人"这一情形修改为担任过"本案诉讼代理人",这一变化与1996年《刑事诉讼法》修订将被害人确立为刑事诉讼当事人密切相关;(3)明确规定了法定代理人申请复议的权利。

2012年《刑事诉讼法》修订对回避制度作了两处修改:(1)在第31条增加了第2款,明确了辩护人和诉讼代理人代替当事人及其法定代理人要求回避和申请复议的权利;(2)将第31条第1款的具体表述作了细微修改,将原来的"本法第二十八条、第二十九条、第三十条的规定"修改为"本章关于回避的规定"。立法修改情况如下表所示:

1979年《刑事诉讼法》	1996年《刑事诉讼法》	2012年《刑事诉讼法》
第三章　回避	第三章　回避	第三章　回避
第二十三条　审判人员、检察人员、侦查人员有下列情形之一的,应当自行回避,当事人及其法定代理人也有权要求他们回避: (一)是本案的当事人或者是当事人的近亲属的; (二)本人或者他的近亲属和本案有利害关系的; (三)担任过本案的证人、鉴定人、辩护人或者附带民事诉讼当事人的代理人的; (四)与本案当事人有其他关系,可能影响公正处理案件的。	第二十八条　审判人员、检察人员、侦查人员有下列情形之一的,应当自行回避,当事人及其法定代理人也有权要求他们回避: (一)是本案的当事人或者是当事人的近亲属的; (二)本人或者他的近亲属和本案有利害关系的; (三)担任过本案的证人、鉴定人、辩护人或**诉讼代理人**的; (四)与本案当事人有其他关系,可能影响公正处理案件的。	第二十八条　审判人员、检察人员、侦查人员有下列情形之一的,应当自行回避,当事人及其法定代理人也有权要求他们回避: (一)是本案的当事人或者是当事人的近亲属的; (二)本人或者他的近亲属和本案有利害关系的; (三)担任过本案的证人、鉴定人、辩护人、诉讼代理人的; (四)与本案当事人有其他关系,可能影响公正处理案件的。
	第二十九条　审判人员、检察人员、侦查人员不得接受当事人及其委托的人的请客送礼,不得违反规定会见当事人及其委托的人。 审判人员、检察人员、侦查人员违反前款规定的,应当依法追究法律责任。当事人及其法定代理人有权要求他们回避。	第二十九条　审判人员、检察人员、侦查人员不得接受当事人及其委托的人的请客送礼,不得违反规定会见当事人及其委托的人。 审判人员、检察人员、侦查人员违反前款规定的,应当依法追究法律责任。当事人及其法定代理人有权要求他们回避。

(续表)

1979年《刑事诉讼法》	1996年《刑事诉讼法》	2012年《刑事诉讼法》
第二十四条 审判人员、检察人员、侦查人员的回避,应当分别由院长、检察长、公安机关负责人决定;院长的回避,由本院审判委员会决定;检察长和公安机关负责人的回避,由同级人民检察院检察委员会决定。 对侦查人员的回避作出决定前,侦查人员不能停止对案件的侦查。 对驳回申请回避的决定,当事人可以申请复议一次。	第三十条 审判人员、检察人员、侦查人员的回避,应当分别由院长、检察长、公安机关负责人决定;院长的回避,由本院审判委员会决定;检察长和公安机关负责人的回避,由同级人民检察院检察委员会决定。 对侦查人员的回避作出决定前,侦查人员不能停止对案件的侦查。 对驳回申请回避的决定,当事人**及其法定代理人**可以申请复议一次。	第三十条 审判人员、检察人员、侦查人员的回避,应当分别由院长、检察长、公安机关负责人决定;院长的回避,由本院审判委员会决定;检察长和公安机关负责人的回避,由同级人民检察院检察委员会决定。 对侦查人员的回避作出决定前,侦查人员不能停止对案件的侦查。 对驳回申请回避的决定,当事人及其法定代理人可以申请复议一次。
第二十五条 本法第二十三条、第二十四条的规定也适用于书记员、翻译人员和鉴定人。	第三十一条 本法第二十八条、**第二十九条**、第三十条的规定也适用于书记员、翻译人员和鉴定人。	第三十一条 **本章关于回**避的规定适用于书记员、翻译人员和鉴定人。**辩护人、诉讼代理人可以依照本章的规定要求回避、申请复议。**

通过上述条文对比可以发现,《刑事诉讼法》的两次修改都涉及了回避制度,但变动都不大,主要是围绕如何使回避制度很好地发挥其保障刑事诉讼公正平等进行、保证办案人员公正行使职权和维护诉讼权威和公信的功能,针对司法实践中出现的新情况并与《刑事诉讼法》的其他修改相契合,对回避的法定事由和申请回避与复议的主体进行了调整。从这些调整可以归纳出有关回避制度的两种修法趋势:(1) 通过增加法定的回避事由,将可能影响到刑事诉讼公正平等进行的情况尽量纳入,减少这些情况对刑事诉讼正常进行的干扰;(2) 通过赋予协助当事人行使其诉讼权利的人员申请回避或复议的权利,在保障当事人权利的同时,促使回避制度正常运转。

需要指出的是,《刑事诉讼法》仅对回避制度作出了原则性和框架性的规定,一系列司法解释对《刑事诉讼法》的规定进行了细化和扩展,在很大程度上丰富了回避制度,例如,2000年《最高人民法院关于审判人员严格执行回避制度的若干规定》以及之后取而代之的 2011 年《最高人民法院关于审判人员在诉讼活动中执行回避制度若干问题的规定》。

二、回避事由

回避的事由,是指由法律规定的实施回避所必须具备的根据。我国实行有因回避的做法,必须具有法定的事由才需回避。

(一)回避事由的立法演进

1979 年《刑事诉讼法》确立了审判人员、检察人员、侦查人员、书记员、翻译人员和鉴定人应当回避的四种事由,这四种事由基本被 1996 年《刑事诉讼法》和 2012 年《刑事诉讼法》保留,有关司法解释则对这四种事由作了细化和扩展。1996 年《刑事诉讼法》增加了第 29 条,规定了第五种回避的事由。这些事由包括:

(1)是本案的当事人或者是当事人的近亲属的。根据《刑事诉讼法》相关条文的规定,当事人是指被害人、自诉人、犯罪嫌疑人、被告人、附带民事诉讼的原告人和被告人;近亲属是指夫、妻、父、母、子、女、同胞兄弟姊妹。一般理解,所谓近亲属是指与当事人有直系血亲、三代以内旁系血亲以及姻亲关系的人。

(2)本人或者他的近亲属和本案有利害关系的。

(3)担任过本案的证人、鉴定人、辩护人、诉讼代理人的。这种情况指的是在本案中担任过证人、鉴定人、辩护人、诉讼代理人的人不能同时,也不能在以后的诉讼阶段中再担任审判人员、检察人员、侦查人员、书记员、翻译人员和鉴定人,以防止先入为主和角色冲突,影响公正办案。关于担任本案的诉讼代理人的情形,1979 年《刑事诉讼法》的规定是担任过"本案附带民事诉讼当事人的代理人",1996 年将其修改为担任过"本案诉讼代理人"。这一修改与 1996 年《刑事诉讼法》将被害人确立为当事人相契合,将担任过本案被害人的诉讼代理人这一情形也纳入了回避的事由,表述上也更为简明扼要。实务操作中,担任过本案勘验人和翻译人员的办案人员也应当回避。

（4）与本案当事人有其他关系,可能影响公正处理案件的。这是对上述三种情形以外的概括性规定,内容比较广泛,具体则由公安司法机关裁量决定,这种关系必须达到影响案件公正处理的程度时,才应当回避。一般理解,审判人员与本案的诉讼代理人、辩护人有夫妻、父母、子女或者同胞兄弟姐妹关系即属于此类,应当回避。需要注意的是,2012年《最高法院解释》第23条第4项规定审判人员与本案的辩护人、诉讼代理人有近亲属关系的均属于应当回避的事由,而根据最高人民法院《关于审判人员在诉讼活动中执行回避制度若干问题的规定》,所谓近亲属,包括与审判人员有夫妻、直系血亲、三代以内旁系血亲及近姻亲关系的亲属。这里的近亲属实际上已经扩展了《刑事诉讼法》所规定的近亲属范围,对审判人员的回避提出了更高的要求。

（5）接受当事人及其委托的人的请客送礼,或者违反规定会见当事人及其委托的人。这一事由为1996年《刑事诉讼法》新增的第29条所规定,即审判人员、检察人员、侦查人员不得接受当事人及其委托的人的请客送礼,不得违反规定会见当事人及其委托的人。审判人员、检察人员、侦查人员违反前款规定的,应当依法追究法律责任。当事人及其法定代理人有权要求他们回避。2012年《刑事诉讼法》对此事由予以保留,相关司法解释则对各种具体情况的规定进行了完善,包括以下几种情况:① 违反规定会见本案当事人、辩护人、诉讼代理人的;② 为本案当事人推荐、介绍辩护人、诉讼代理人,或者为律师、其他人员介绍办理本案的;③ 索取、接受本案当事人及其委托人的财物或者其他利益的;④ 接受本案当事人及其委托人的宴请,或者参加由其支付费用的活动的;⑤ 向本案当事人及其委托人借用款物的;⑥ 有其他不正当行为,可能影响公正办案的。对上述几种情形的回避,当事人及其法定代理人应当提供相关证据材料。

除了《刑事诉讼法》所规定的上述五种事由外,有关司法解释还规定了另外两种回避的事由：

（1）参加过本案侦查、起诉的侦查、检察人员不能再担任本案的审判人员,或者参加过本案侦查的侦查人员,不能承办本案的审查逮捕、起诉和诉讼监督工作。这一事由也适用于人民检察院书记员、司法警察和人民检察院聘请或指派的翻译人员和鉴定人。

（2）在一个审判程序中参与过本案审判工作的合议庭成员，不能再参与本案其他程序的审判。对于第二审法院经过第二审程序裁定发回重审或者按照审判监督程序重新审理的案件，原审法院负责审理此案的原合议庭组成人员不得再参与对案件的审理。这一事由同样适用于法庭书记员、翻译人员和鉴定人。需要注意的是，2012 年《最高法院解释》第 25 条第 2 款对这一回避事由作出了例外规定，即"发回重新审判的案件，在第一审人民法院作出裁判后又进入第二审程序或者死刑复核程序的，原第二审程序或者死刑复核程序中的合议庭组成人员"无需因之前曾参与本案的审理程序而回避。

（二）回避事由存在的问题与展望

2012 年《刑事诉讼法》修改未涉及回避的法定事由，但相关司法解释对此略有修改。从理论研究和实务操作来看，回避事由仍存在一些问题，有待进一步的修改完善：

（1）《刑事诉讼法》所规定的回避事由涵盖能力有限，不能包括一些实践中存在的可能影响刑事诉讼公正进行的情况。在 2012 年《刑事诉讼法》第 28 条所规定的四种情形中，前三种属于实践中出现较多而予以明确规定的情形，第四种情形则属于概括式、兜底式的规定，目的在于将实践中可能遇到的各种情形纳入回避的法定事由。但是，第四种情形所采用的界定方式着眼于审判人员、检察人员、侦查人员等"与本案当事人有其他关系"，而非"与本案有其他关系"，过分限缩了回避法定事由的涵盖范围。实践中，一些情况属于"与本案有其他关系"，却不属于"与本案当事人有其他关系"。例如，案件主审法官与公诉人系近亲属关系无疑会影响案件的公正审理，但却不能纳入上述第四种情形。有的学者也认为，将回避的弹性事由确定为"与本案当事人有其他关系，可能影响公正处理案件的"，这就可能排斥了大量足以影响法官公正审判回避情形，使得很多根据基本社会经验和常识需要退出案件审判的法官，无法通过正常的回避途径而回避。① 因此，应进一

---

① 陈瑞华：《刑事诉讼的前沿问题》（第二版），中国人民大学出版社 2005 年版，第 435 页。

步修改2012年《刑事诉讼法》第28条的第四种情形,将现有的从"与本案当事人有其他关系"角度进行的界定,修改为"与本案有其他关系",适度扩大其涵盖范围,并且确立"有违中立、公正,可能影响案件公正处理"作为判断、裁量这种关系是否需要回避的标准。

(2)《刑事诉讼法》未对有关司法解释所规定的回避事由予以吸收和整理。如上所述,相关司法解释在《刑事诉讼法》规定的回避事由的基础上,增加规定了另外两种回避事由。2011年最高人民法院《关于审判人员在诉讼活动中执行回避制度若干问题的规定》则将回避事由中的"近亲属"由《刑事诉讼法》所界定的"夫、妻、父、母、子、女、同胞兄弟姊妹"扩展至"直系血亲、三代以内旁系血亲以及近姻亲关系"。从某种意义上来说,这些规定突破了《刑事诉讼法》的规定,属于"扩张解释",但却契合我国的实际情况,能够解决司法实践中遇到的具体问题。遗憾的是,2012年《刑事诉讼法》修改未将这些规定予以整合吸纳,使之仍然停留在各部门各自制定的司法解释这一层级,规范效力受到限制,未能消除各部门适用各自司法解释导致的混乱。例如,对近亲属的扩展只适用于审判人员,并不适用于侦查人员和检察人员的回避,这导致整个刑事诉讼过程中回避事由的前后不一致。

三、回避的种类

1979年《刑事诉讼法》在第23条确立了自行回避和申请回避两种回避的方式,1996年和2012年两次修改都对这两种回避方式予以保留,未作修改。在《刑事诉讼法》所确立的两种回避方式的基础上,最高人民法院和最高人民检察院又根据实践的需要,在司法解释中又增加规定了"指令回避"这一方式,即应当回避的人员,本人没有自行回避,当事人和他们的法定代理人也没有申请其回避的,院长(检察长)或者审判(检察)委员会应当决定其回避。

事实上,指令回避体现了公检法机关内部的监督与制约,是公检法机关自觉、主动避免、防范利益牵扯影响刑事诉讼公正进行的有效途径,是自行回避和申请回避的有益补充,已经在实践中得到有效运行。虽然2012年

《刑事诉讼法》修改并未在法律条文中确立"指令回避"这一种类,但在最高人民法院和最高人民检察院司法解释已对指令回避作出规定的基础上,2012年《公安部规定》也对指令回避作出了明确的规定,实际上已经确立了公检法办案人员的指令回避。

四、申请回避与复议

申请回避,是指有权申请回避的主体主动向人民法院、人民检察院或公安机关提出申请,要求符合法定回避事由的审判人员、检察人员和侦查人员等退出诉讼活动。申请复议,是指回避申请被驳回后,有关主体要求对是否回避的问题再次进行审查。哪些主体有权申请回避、回避申请被驳回后能否申请复议以及如何对此进行保障,直接关系到保障当事人获得公正对待的权利和回避制度的有效运行。

考察历次修改可以发现,我国申请回避和复议的主体呈不断扩大的趋势:(1)申请回避的主体扩大。1979年《刑事诉讼法》规定当事人及其法定代理人可以申请回避,1996年《刑事诉讼法》保留了这一规定,2012年《刑事诉讼法》则增加了第31条第2款,赋予辩护人和诉讼代理人申请回避的权利。(2)申请复议的主体扩大。1979年《刑事诉讼法》仅规定了当事人可以申请复议,1996年《刑事诉讼法》将申请复议的主体扩大至法定代理人,2012年《刑事诉讼法》则进一步扩展为辩护人和诉讼代理人。

我国《刑事诉讼法》对申请回避与复议主体的修改有助于当事人行使其申请回避的权利:

一方面,当事人及其法定代理人一般并不熟悉法律,对于回避制度的价值甚至如何行使申请回避的权利并不了解,有时无法独立行使要求回避和申请复议的权利。另一方面,当事人及其法定代理人也可能担心申请回避不成会导致打击报复,因而不敢申请回避。辩护人与诉讼代理人作为当事人的法律协助者,更为了解回避制度的价值与具体运作,同时也较容易发现是否存在回避事由。赋予辩护人和诉讼代理人要求回避和申请复议的权利,有助于严格执行回避制度,更好的实现回避制度的价值,维护当事人合法权益,保障案件公正办理。事实上,早在1996年《刑事诉讼法》修改之前,学界就建议赋予辩护人和诉讼代理人申请回避的权利。① 2012年《刑事诉讼法》修改终于明确规定辩护人和诉讼代理人可以申请回避和复议。

另一方面,申请回避主体应当与申请复议主体保持一致。申请复议是申请回避被驳回的救济措施,申请回避的主体理应有权在驳回申请后申请复议,1979年《刑事诉讼法》在规定当事人及其法定代理人有权申请回避的同时,却只规定了当事人可以申请复议,1996年《刑事诉讼法》修改对这一问题进行了完善,体现了诉讼规律。

此外,为保障当事人在了解办案人员情况的基础上申请回避的权利,2012年《最高法院解释》和《最高检察院规则》都明确规定,在告知当事人及其法定代理人申请回避的权利的同时,也要告知审判人员、检察人员及书记员的姓名等情况,以便其了解办案人员是否具有应当回避的事由。这一新增加的规定也与《刑事诉讼法》修改进一步保障当事人行使申请回避的权利相吻合。

---

① 参见陈光中、严端主编:《中华人民共和国刑事诉讼法修改建议稿与论证》,中国方正出版社1999年版,第144页。

第五章　辩护与代理

一、概　　述

辩护权是犯罪嫌疑人、被告人享有的一项核心诉讼权利,辩护和代理制度是一国刑事诉讼制度的重要组成部分。刑事辩护制度完善与否,是衡量一国刑事诉讼制度科学、民主程度的重要标志。从发展趋势看,"刑事诉讼的历史就是辩护权扩充的历史"①,我国刑事诉讼立法也是如此。

众所周知,新中国刑事辩护制度,曾经走过艰难曲折的历程。1954年我国第一部《宪法》和《人民法院组织法》颁布实施后,正式确立了刑事辩护制度。但随后不久,1957年开始的"反右派斗争",摧垮了刚刚起步的辩护制度,此后长达二十余年,刑事辩护被取消。1979年我国制定颁布第一部《刑事诉讼法》,才为刑事辩护恢复了名誉,并从立法上确立为刑事诉讼中的一项重要制度。

此后随着1996年、2012年两次修改《刑事诉讼法》,1996年颁布并于2007年、2012年修订《律师法》,我国刑事辩护和代理制度不断完善,在司法实践中发挥的作用也愈来愈明显。较之1979年《刑事诉讼法》,1996年《刑

---

① 〔日〕田口守一:《刑事诉讼法》,张凌、于秀峰译,中国政法大学出版社2010年版,第107页。

事诉讼法》对辩护制度做了以下重大改进：一是明确了辩护人的资格与限制，规定了"可以被委托为辩护人"的人员范围，并增加规定"正在被执行刑罚或者依法被剥夺、限制人身自由的人，不得担任辩护人"；二是大大提前了律师介入刑事诉讼的时间，规定犯罪嫌疑人"在被侦查机关第一次讯问后或者采取强制措施之日起"即可聘请律师为其提供法律帮助，自案件移送审查起诉之日起即有权委托辩护人；三是扩大了指定辩护的范围，除规定对没有委托辩护人的"盲、聋、哑或者未成年人"应当指定辩护外，又增加规定对"被告人可能被判处死刑而没有委托辩护人的"也应当指定辩护；四是扩大了律师或其他辩护人的诉讼权利，包括侦查阶段的会见权，审查起诉阶段的阅卷权、会见通信权，辩护人自行调查取证和申请人民检察院、人民法院调查取证的权利等。

2012年再次修改《刑事诉讼法》，吸纳了2007年修订后的《律师法》的一些相关内容，再次对我国辩护制度进行了完善。其重大改进有：一是明确犯罪嫌疑人在侦查阶段可以委托辩护人，律师在侦查阶段的法律地位是辩护人，并增加规定辩护律师有权"向侦查机关了解犯罪嫌疑人涉嫌的罪名和案件的有关情况，提出意见"；二是完善了律师会见程序，规定除了"三类案件"（即"危害国家安全犯罪、恐怖活动犯罪、特别重大贿赂犯罪案件"）会见须经侦查机关批准外，其他案件一律凭"三证"（即"律师执业证书、律师事务所证明和委托书或者法律援助公函"）会见；三是进一步扩大了法律援助的范围，将审判阶段提供法律援助修改为在侦查、审查起诉、审判阶段均提供法律援助，并增加规定对尚未完全丧失辨认和控制自己行为能力的精神病人及可能被判处无期徒刑的犯罪嫌疑人、被告人，也应当提供法律援助；四是增加规定了辩护律师的保密权利和例外规定；五是增加规定辩护人、诉讼代理人对于公安司法机关及其工作人员阻碍其依法行使诉讼权利的行为，有向检察机关提出申诉和控告的权利，由检察机关提供救济。2012年，《律师法》针对《刑事诉讼法》修改的内容作出了修改，使两法的内容互相协调。

立法修改情况如下表所示：

1979年《刑事诉讼法》	1996年《刑事诉讼法》	2012年《刑事诉讼法》
第二十五条 本法第二十三条、第二十四条的规定也适用于书记员、翻译人员和鉴定人。	第三十一条 本法第二十八条、第二十九条、第三十条的规定也适用于书记员、翻译人员和鉴定人。	第三十一条 本章关于回避的规定适用于书记员、翻译人员和鉴定人。**辩护人、诉讼代理人可以依照本章的规定要求回避、申请复议。**
第二十六条 被告人除自己行使辩护权以外,还可以委托下列的人辩护: (一)律师; (二)人民团体或者被告人所在单位推荐的,或者经人民法院许可的公民; (三)被告人的近亲属、监护人。	第三十二条 **犯罪嫌疑人**、被告人除自己行使辩护权以外,**还可以委托一至二人作为辩护人。下列的人可以被委托为辩护人:** (一)律师; (二)人民团体或者**犯罪嫌疑人**、被告人所在单位推荐的人; (三)**犯罪嫌疑人**、被告人的监护人、亲友。 正在被执行刑罚或者依法被剥夺、限制人身自由的人,不得担任辩护人。	第三十二条 犯罪嫌疑人、被告人除自己行使辩护权以外,还可以委托一至二人作为辩护人。下列的人可以被委托为辩护人: (一)律师; (二)人民团体或者犯罪嫌疑人、被告人所在单位推荐的人; (三)犯罪嫌疑人、被告人的监护人、亲友。 正在被执行刑罚或者依法被剥夺、限制人身自由的人,不得担任辩护人。
	第九十六条 犯罪嫌疑人在被侦查机关第一次讯问后或者采取强制措施之日起,可以聘请律师为其提供法律咨询、代理申诉、控告。犯罪嫌疑人被逮捕的,聘请的律师可以为其申请取保候审。涉及国家秘密的案件,犯罪嫌疑人聘请律师,应当经侦查机关批准。 受委托的律师有权向侦查机关了解犯罪嫌疑人涉嫌的罪名,可以会见在押的犯罪嫌疑人,向犯罪嫌疑人了解有关案件情况。律师会见在押的犯罪嫌疑人,侦查机关根据案件情况和需要可以派员在场。涉及国家秘密的案件,律师会见在押的犯罪嫌疑人,应当经侦查机关批准。	第三十三条 犯罪嫌疑人自被侦查机关第一次讯问或者采取强制措施之日起,有权委托辩护人;在侦查期间,只能委托律师作为辩护人。被告人有权随时委托辩护人。 **侦查机关在第一次讯问犯罪嫌疑人或者对犯罪嫌疑人采取强制措施的时候,应当告知犯罪嫌疑人有权委托辩护人。人民检察院自收到移送审查起诉的案件材料之日起三日以内,应当告知犯罪嫌疑人有权委托辩护人。人民法院自受理案件之日起三日以内,应当告知被告人有权委托辩护人。犯罪嫌疑人、被告人在押期间要求委托辩护人的,人民法院、人民检察院和公**

（续表）

1979年《刑事诉讼法》	1996年《刑事诉讼法》	2012年《刑事诉讼法》
	第三十三条　公诉案件自案件移送审查起诉之日起，犯罪嫌疑人有权委托辩护人。自诉案件的被告人有权随时委托辩护人。人民检察院自收到移送审查起诉的案件材料之日起三日以内，应当告知犯罪嫌疑人有权委托辩护人。人民法院自受理自诉案件之日起三日以内，应当告知被告人有权委托辩护人。	安机关应当及时转达其要求。犯罪嫌疑人、被告人在押的，也可以由其监护人、近亲属代为委托辩护人。辩护人接受犯罪嫌疑人、被告人委托后，应当及时告知办理案件的机关。第三十六条　辩护律师在侦查期间可以为犯罪嫌疑人提供法律帮助；代理申诉、控告；申请变更强制措施；向侦查机关了解犯罪嫌疑人涉嫌的罪名和**案件有关情况**，提出意见。
第二十七条　公诉人出庭公诉的案件，被告人没有委托辩护人的，人民法院可以为他指定辩护人。被告人是聋、哑或者未成年人而没有委托辩护人的，人民法院应当为他指定辩护人。	第三十四条　公诉人出庭公诉的案件，被告人因经济困难或者其他原因没有委托辩护人的，人民法院可以指定承担法律援助义务的律师为其提供辩护。被告人是盲、聋、哑或者未成年人而没有委托辩护人的，人民法院应当指定承担法律援助义务的律师为其提供辩护。被告人可能被判处死刑而没有委托辩护人的，人民法院应当指定承担法律援助义务的律师为其提供辩护。	第三十四条　犯罪嫌疑人、被告人因经济困难等原因没有委托辩护人的，**本人及其近亲属可以向法律援助机构提出申请。对于符合法律援助条件的**，法律援助机构应当指派律师为其提供辩护。犯罪嫌疑人、被告人是盲、聋、哑人，或者是尚未完全丧失辨认或者控制自己行为能力的精神病人，没有委托辩护人的，人民法院、人民检察院和公安机关应当**通知**法律援助机构指派律师为其提供辩护。犯罪嫌疑人、被告人可能被判处**无期徒刑**、死刑，没有委托辩护人的，人民法院、**人民检察院和公安机关**应当**通知**法律援助机构指派律师为其提供辩护。

（续表）

1979 年《刑事诉讼法》	1996 年《刑事诉讼法》	2012 年《刑事诉讼法》
第二十八条　辩护人的责任是根据事实和法律，提出证明被告人无罪、罪轻或者减轻、免除其刑事责任的材料和意见，维护被告人的合法权益。	第三十五条　辩护人的责任是根据事实和法律，提出证明**犯罪嫌疑人**、被告人无罪、罪轻或者减轻、免除其刑事责任的材料和意见，维护**犯罪嫌疑人**、被告人的合法权益。	第三十五条　辩护人的责任是根据事实和法律，提出证明犯罪嫌疑人、被告人无罪、罪轻或者减轻、免除其刑事责任的材料和意见，维护犯罪嫌疑人、被告人的**诉讼权利和其他**合法权益。
第二十九条　辩护律师可以查阅本案材料，了解案情，可以同在押的被告人会见和通信；其他辩护人经过人民法院许可，也可以了解案情，同在押的被告人会见和通信。	第三十六条　辩护律师**自人民检察院对案件审查起诉之日起**，可以查阅、摘抄、复制本案的诉讼文书、技术性鉴定材料，可以同在押的犯罪嫌疑人会见和通信。其他辩护人经人民检察院许可，也可以查阅、摘抄、复制上述材料，同在押的犯罪嫌疑人会见和通信。 辩护律师自人民法院受理案件之日起，可以查阅、摘抄、复制本案所指控的犯罪事实的材料，可以同在押的被告人会见和通信。其他辩护人经人民法院许可，也可以查阅、摘抄、复制上述材料，同在押的被告人会见和通信。	第三十七条　辩护律师可以同在押的犯罪嫌疑人、被告人会见和通信。其他辩护人经人民法院、人民检察院许可，也可以同在押的犯罪嫌疑人、被告人会见和通信。 **辩护律师持律师执业证书、律师事务所证明和委托书或者法律援助公函要求会见在押的犯罪嫌疑人、被告人的，看守所应当及时安排会见，至迟不得超过四十八小时。** **危害国家安全犯罪、恐怖活动犯罪、特别重大贿赂犯罪案件，在侦查期间辩护律师会见在押的犯罪嫌疑人，应当经侦查机关许可。上述案件，侦查机关应当事先通知看守所。** **辩护律师会见在押的犯罪嫌疑人、被告人，可以了解有关案件情况，提供法律咨询等；自案件移送审查起诉之日起，可以向犯罪嫌疑人、被告人核实有关证据。辩护律师会见犯罪嫌疑人、被告人时不被监听。** **辩护律师同被监视居住的犯罪嫌疑人、被告人会见、通信，适用第一款、第三款、第四款的规定。**

（续表）

1979年《刑事诉讼法》	1996年《刑事诉讼法》	2012年《刑事诉讼法》
		第三十八条　辩护律师自人民检察院对案件审查起诉之日起，可以查阅、摘抄、复制本案的**案卷**材料。其他辩护人经人民法院、**人民检察院**许可，也可以查阅、摘抄、复制上述材料。
	第三十七条　辩护律师经证人或者其他有关单位和个人同意，可以向他们收集与本案有关的材料，也可以申请人民检察院、人民法院收集、调取证据，或者申请人民法院通知证人出庭作证。 辩护律师经人民检察院或者人民法院许可，并且经被害人或者其近亲属、被害人提供的证人同意，可以向他们收集与本案有关的材料。	第三十九条　辩护人认为在侦查、审查起诉期间公安机关、人民检察院收集的证明犯罪嫌疑人、被告人无罪或者罪轻的证据材料未提交的，可以申请人民检察院、人民法院调取。 第四十条　辩护人收集的有关犯罪嫌疑人不在犯罪现场、未达到刑事责任年龄、属于依法不负刑事责任的精神病人的证据，应当及时告知公安机关、人民检察院。 第四十一条　辩护律师经证人或者其他有关单位和个人同意，可以向他们收集与本案有关的材料，也可以申请人民检察院、人民法院收集、调取证据，或者申请人民法院通知证人出庭作证。 辩护律师经人民检察院或者人民法院许可，并且经被害人或者其近亲属、被害人提供的证人同意，可以向他们收集与本案有关的材料。

（续表）

1979年《刑事诉讼法》	1996年《刑事诉讼法》	2012年《刑事诉讼法》
	第三十八条　辩护律师和其他辩护人，不得帮助犯罪嫌疑人、被告人隐匿、毁灭、伪造证据或者串供，不得威胁、引诱证人改变证言或者作伪证以及进行其他干扰司法机关诉讼活动的行为。违反前款规定的，应当依法追究法律责任。	第四十二条　辩护人或者其他任何人，不得帮助犯罪嫌疑人、被告人隐匿、毁灭、伪造证据或者串供，不得威胁、引诱证人作伪证以及进行其他干扰司法机关诉讼活动的行为。违反前款规定的，应当依法追究法律责任。辩护人涉嫌犯罪的，应当由办理辩护人所承办案件的侦查机关以外的侦查机关办理。辩护人是律师的，应当及时通知其所在的律师事务所或者所属的律师协会。
第三十条　在审判过程中，被告人可以拒绝辩护人继续为他辩护，也可以另行委托辩护人辩护。	第三十九条　在审判过程中，被告人可以拒绝辩护人继续为他辩护，也可以另行委托辩护人辩护。	第四十三条　在审判过程中，被告人可以拒绝辩护人继续为他辩护，也可以另行委托辩护人辩护。
	第四十条　公诉案件的被害人及其法定代理人或者近亲属，附带民事诉讼的当事人及其法定代理人，自案件移送审查起诉之日起，有权委托诉讼代理人。自诉案件的自诉人及其法定代理人，附带民事诉讼的当事人及其法定代理人，有权随时委托诉讼代理人。**人民检察院自收到移送审查起诉的案件材料之日起三日以内，应当告知被害人及其法定代理人或者其近亲属、附带民事诉讼的当事人及其法定代理人有权委托诉讼代理人。人民法院自受理自诉案件之日起三日以内，应当告知自诉人及**	第四十四条　公诉案件的被害人及其法定代理人或者近亲属，附带民事诉讼的当事人及其法定代理人，自案件移送审查起诉之日起，有权委托诉讼代理人。自诉案件的自诉人及其法定代理人，附带民事诉讼的当事人及其法定代理人，有权随时委托诉讼代理人。人民检察院自收到移送审查起诉的案件材料之日起三日以内，应当告知被害人及其法定代理人或者其近亲属、附带民事诉讼的当事人及其法定代理人有权委托诉讼代理人。人民法院自受理自诉案件之日起三日以内，应当告知自诉人及

（续表）

1979年《刑事诉讼法》	1996年《刑事诉讼法》	2012年《刑事诉讼法》
	其法定代理人、附带民事诉讼的当事人及其法定代理人有权委托诉讼代理人。	其法定代理人、附带民事诉讼的当事人及其法定代理人有权委托诉讼代理人。
	第四十一条 委托诉讼代理人，参照本法第三十二条的规定执行。	第四十五条 委托诉讼代理人，参照本法第三十二条的规定执行。
		第四十六条 辩护律师对在执业活动中知悉的委托人的有关情况和信息，有权予以保密。但是，辩护律师在执业活动中知悉委托人或者其他人，准备或者正在实施危害国家安全、公共安全以及严重危害他人人身安全的犯罪的，应当及时告知司法机关。
		第四十七条 辩护人、诉讼代理人认为公安机关、人民检察院、人民法院及其工作人员阻碍其依法行使诉讼权利的，有权向同级或者上一级人民检察院申诉或者控告。人民检察院对申诉或者控告应当及时进行审查，情况属实的，通知有关机关予以纠正。
		第八十六条 人民检察院审查批准逮捕，可以讯问犯罪嫌疑人；有下列情形之一的，应当讯问犯罪嫌疑人：（一）对是否符合逮捕条件有疑问的；（二）犯罪嫌疑人要求向检察人员当面陈述的；（三）侦查活动可能有重大违法行为的。人民检察院审查批准逮捕，可以询问证人等诉讼参与人，听取辩护律师的意见；辩护律师提出要求的，应当听取辩护律师的意见。

(续表)

1979年《刑事诉讼法》	1996年《刑事诉讼法》	2012年《刑事诉讼法》
		第二百四十条 最高人民法院复核死刑案件,应当讯问被告人,辩护律师提出要求的,应当听取辩护律师的意见。 在复核死刑案件过程中,最高人民检察院可以向最高人民法院提出意见。最高人民法院应当将死刑复核结果通报最高人民检察院。

概括而言,我国刑事诉讼法修改的历史,也是辩护权不断扩充和完善的历史。从趋势上看,主要有以下进步:一是律师介入刑事诉讼的时间不断提前,从审判阶段延伸至审查起诉阶段,再延伸到侦查阶段;二是辩护人享有的诉讼权利不断扩张,会见权、阅卷权、调查取证权不断完善;三是辩护人的权利救济得到加强,"有权利、无救济"的局面得到改善;四是法律援助的范围不断扩大,并延伸至侦查、审查起诉阶段。

二、辩护人介入刑事诉讼的时间

犯罪嫌疑人、被告人何时能够委托辩护人,辩护人何时能够介入刑事诉讼,对于辩护权的充分行使影响甚大。从我国的立法发展看,与世界各国一样,辩护人介入诉讼的时间,不断从审判阶段向审前阶段延伸。

1979年《刑事诉讼法》第110条规定,人民法院对公诉案件进行审查并决定开庭审判后,应将起诉书副本至迟在开庭7日以前送达被告人,并且告知被告人可以委托辩护人,或者在必要时为被告人指定辩护人。据此,律师仅能在审判阶段接受委托或者被指定担任辩护人,且只能在法庭开庭之前的几天时间内匆匆阅卷和与被告人会见,根本来不及对案件事实进行调查和仔细核实证据,因而辩护人对出庭辩护的准备工作必然是草率的,势必影响到辩护职能的正常发挥。

为配合"严打"斗争,1983年9月2日全国人大常委会通过《关于迅速审判严重危害社会治安的犯罪分子的程序的决定》,其第1条规定:"对杀人、强奸、抢劫、爆炸和其他严重危害公共安全应当判处死刑的犯罪分子,主要犯罪事实清楚,证据确凿,民愤极大的,应当迅速及时审判,可以不受刑事诉讼法第110条规定的关于起诉书副本送达被告人期限以及各项传票、通知书送达期限的限制。"据此,对于那些罪行特别严重,可能被判处死刑的犯罪分子,起诉书送达期限不受任何限制,也就是说:既可以在开庭前3天送达被告人,也可以在开庭前1天送达,甚至在开庭前一分钟送达也是合法的。如此,则被告人根本无法聘请律师为其辩护。这无异于剥夺了被告人聘请律师为其辩护的权利,更是极大地限制了辩护职能的发挥。①

1996年修改《刑事诉讼法》,立法机关听取了各方面的意见,对律师介入刑事诉讼的时间,分两个层次作出规定:一方面,将辩护人正式介入刑事诉讼的时间,提前到审查起诉阶段。其第33条规定:"公诉案件自案件移送审查起诉之日起,犯罪嫌疑人有权委托辩护人……人民检察院自收到移送审查起诉的案件材料之日起3日以内,应当告知犯罪嫌疑人有权委托辩护人……"另一方面,允许犯罪嫌疑人在侦查阶段聘请律师为其提供法律帮助。其第96条规定:"犯罪嫌疑人在被侦查机关第一次讯问后或者采取强制措施之日起,可以聘请律师为其提供法律咨询、代理申诉、控告。犯罪嫌疑人被逮捕的,聘请的律师可以为其申请取保候审。涉及国家秘密的案件,犯罪嫌疑人聘请律师,应当经侦查机关批准。受委托的律师有权向侦查机关了解犯罪嫌疑人涉嫌的罪名,可以会见在押的犯罪嫌疑人,向犯罪嫌疑人了解有关案件情况。律师会见在押的犯罪嫌疑人,侦查机关根据案件情况和需要可以派员在场。涉及国家秘密的案件,律师会见在押的犯罪嫌疑人,应当经侦查机关批准。"

2007年10月28日修订通过的《律师法》,基本上沿袭了上述规定。其第33条规定:"犯罪嫌疑人被侦查机关第一次讯问或者采取强制措施之日起,受委托的律师凭律师执业证书、律师事务所证明和委托书或者法律援助公函,有权会见犯罪嫌疑人、被告人并了解有关案件情况……"仅有的变化,

---

① 崔敏:《中国刑事诉讼法的新发展》,中国人民公安大学出版社1996年版,第70页。

是删除了"侦查机关第一次讯问后"中的"后"字,意味着在第一次讯问过程中,犯罪嫌疑人即可要求聘请律师为其提供法律帮助。

根据上述规定,律师可以介入侦查阶段,但其身份尚不是辩护人,也不享有辩护人应有的阅卷权、调查取证权等诉讼权利,学理上一般称之为"法律帮助人"。由于律师在侦查阶段"名不正而言不顺",因而,其在侦查程序中发挥的实际作用十分有限。

2012年3月14日修订通过的《刑事诉讼法》,明确规定犯罪嫌疑人在侦查阶段即可以委托辩护人。其第33条第1款、第2款规定:"犯罪嫌疑人自被侦查机关第一次讯问或者采取强制措施之日起,有权委托辩护人;在侦查期间,只能委托律师作为辩护人。被告人有权随时委托辩护人。侦查机关在第一次讯问犯罪嫌疑人或者对犯罪嫌疑人采取强制措施的时候,应当告知犯罪嫌疑人有权委托辩护人。人民检察院自收到移送审查起诉的案件材料之日起3日以内,应当告知犯罪嫌疑人有权委托辩护人。人民法院自受理案件之日起3日以内,应当告知被告人有权委托辩护人。犯罪嫌疑人、被告人在押期间要求委托辩护人的,人民法院、人民检察院和公安机关应当及时转达其要求。"

这就把律师在侦查阶段的"法律帮助人"角色,统一为"辩护人"身份。但遗憾的是,立法并未赋予侦查阶段的辩护人与其身份相称的诉讼权利。该法第36条规定:"辩护律师在侦查期间可以为犯罪嫌疑人提供法律帮助;代理申诉、控告;申请变更强制措施;向侦查机关了解犯罪嫌疑人涉嫌的罪名和案件有关情况,提出意见。"可见,侦查阶段的辩护人,仍然没有阅卷权等诉讼权利,其在侦查阶段实际所能发挥的辩护作用仍有待观察。

三、辩护人的诉讼权利

(一) 会见权

会见权,主要是指会见在押犯罪嫌疑人、被告人的权利。它是辩护人的一项重要诉讼权利,对于辩护人了解案情,充分履行辩护职责,维护犯罪嫌疑人、被告人的合法权益,具有重要意义。

我国1979年《刑事诉讼法》第29条规定:"辩护律师可以查阅本案材料,了解案情,可以同在押的被告人会见和通信;其他的辩护人经过人民法院许可,也可以了解案情,同在押的被告人会见和通信。"由于辩护律师只能在审判阶段介入刑事诉讼,因此,同样须在进入审判阶段后才能会见在押被告人。由于辩护律师介入时间过迟,会见也往往只能仓促进行。对于可能被判处死刑的犯罪分子,根据1983年9月2日全国人大常委会通过的《关于迅速审判严重危害社会治安的犯罪分子的程序的决定》,其聘请律师为其辩护的权利几乎被剥夺,律师会见更是有名无实。

1996年《刑事诉讼法》,允许律师介入侦查阶段,并将辩护人介入的时间提前到审查起诉阶段,与之同步,律师会见在押犯罪嫌疑人、被告人的时间也大步前移。根据第96条之规定:"犯罪嫌疑人在被侦查机关第一次讯问后或者采取强制措施之日起,可以聘请律师为其提供法律咨询、代理申诉、控告。"受委托的律师,"可以会见在押的犯罪嫌疑人,向犯罪嫌疑人了解有关案件情况"。另据第36条之规定,"自人民检察院对案件审查起诉之日起,辩护律师可以同在押的犯罪嫌疑人会见和通信。其他辩护人经人民检察院许可,也可以同在押的犯罪嫌疑人会见和通信。"根据上述规定,律师在侦查阶段、审查起诉阶段即可会见在押犯罪嫌疑人。

对于侦查阶段的会见,出于对可能干扰侦查活动的担忧,立法规定了两项限制:一是律师会见在押的犯罪嫌疑人,侦查机关根据案件情况和需要可以派员在场;二是涉及国家秘密的案件,律师会见在押的犯罪嫌疑人,应当经侦查机关批准。但在实际执行中,侦查机关往往以各种理由剥夺或限制律师的会见权:一是无论案件是否涉及国家秘密,一律须向侦查机关申请,必须经其审批,而且是多重审批;二是即使允许会见,办案人员也以工作繁忙等为由,一再拖延,有的办案人员故意躲避律师,致使律师往往两三个月还见不到犯罪嫌疑人,无法履行职责;三是一些地方侦查机关要求律师会见时要提供会见内容提纲,限制律师向犯罪嫌疑人了解案件情况;四是有的看守所采取摄像、录音等监控手段,使律师和犯罪嫌疑人精神高度紧张,无法进行正常的会见和交流;五是一些地方对律师会见的次数和时间进行限制,规定一个案件会见不得超过两次,每次不得超过 15—45 分钟等。①

针对上述情况,1998 年《六机关规定》对律师会见作了进一步规定:"涉及国家秘密的案件",是指案情或者案件性质涉及国家秘密的案件,不能因刑事案件侦查过程中的有关材料和处理意见需保守秘密而作为涉及国家秘密的案件。对于不涉及国家秘密的案件,律师会见犯罪嫌疑人不需要经过批准。不能以侦查过程需要保密作为涉及国家秘密的案件不予批准。律师提出会见犯罪嫌疑人的,应当在48小时内安排会见,对于组织、领导、参加黑社会性质组织罪、组织、领导、参加恐怖活动组织罪或者走私犯罪、毒品犯罪、贪污贿赂犯罪等重大复杂的两人以上的共同犯罪案件,律师提出会见犯罪嫌疑人的,应当在5日内安排会见。在侦查阶段,律师会见在押的犯罪嫌疑人,侦查机关根据案件情况和需要可以派员在场。审查起诉阶段和审判阶段,案件已经侦查终结,辩护律师和其他辩护人会见在押的犯罪嫌疑人、被告人时,人民检察院、人民法院不派员在场。

上述规定在一定程度上解决了实践中出现的问题,但"会见难"依然存在。2007年10月28日修订通过的《律师法》第33条进一步规定:"犯罪嫌疑人被侦查机关第一次讯问或者采取强制措施之日起,受委托的律师凭律师执业证书、律师事务所证明和委托书或者法律援助公函,有权会见犯罪嫌疑人、被告人并了解有关案件情况。律师会见犯罪嫌疑人、被告人,不被监听。"据此,律师凭"三证"即可会见,而且会见时"不被监听",在解决"会见难"问题上又进了一步。但遗憾的是,由于该法修订时,《刑事诉讼法》尚未作出与之同步的修改,因此,上述规定在实践中并未得到贯彻落实。

2012年《刑事诉讼法》第37条吸纳了《律师法》的上述规定,对辩护人的会见权作了新的规定。与之前的立法相比,有三处变化:一是不再要求"涉及国家秘密的案件,律师会见在押的犯罪嫌疑人,应当经侦查机关批准",但又规定对"危害国家安全犯罪、恐怖活动犯罪、特别重大贿赂犯罪案件,在侦查期间辩护律师会见在押的犯罪嫌疑人,应当经侦查机关许可"。另外,由于刑法分则并未把"恐怖活动犯罪"作为一类犯罪加以规定,到底哪些罪名可以归于该类犯罪,存在着较大的不确定性,如果任由公安司法机关

---

① 陈光中主编:《刑事诉讼法实施问题研究》,中国法制出版社2000年版,第30—31页。

解释,就有可能把普通的杀人、放火等刑事犯罪也列为"恐怖活动犯罪",从而导致侦查阶段的律师会见权难以实现。二是增加规定辩护人"自案件移送审查起诉之日起,可以向犯罪嫌疑人、被告人核实有关证据",从而解决了辩护人在会见时向犯罪嫌疑人、被告人出示相关证据材料的合法性问题,有利于满足犯罪嫌疑人、被告人对证据材料的知悉权。三是规定辩护律师会见时"不被监听",取消了侦查阶段律师会见时"侦查机关根据案件情况和需要可以派员在场"的规定。但其关于辩护律师要求会见,"看守所应当及时安排会见,至迟不得超过48小时"的规定,虽比1998年《六机关规定》有所进步,但"至迟不得超过48小时"的要求仍被指为缺乏合理根据和必要性,并有可能在实践中被侦查机关恶意滥用,导致看守所无端拖延律师的会见要求。

总体来看,在审查起诉、审判阶段,辩护律师会见在押犯罪嫌疑人、被告人,立法上已给予充分保障,但对侦查阶段的律师会见,立法仍然施加了一些限制。

(二) 阅卷权

查阅、摘抄、复制案卷材料,是辩护人的一项重要诉讼权利,也是辩护人了解控方指控的犯罪事实和证据材料的主要途径。保障辩护人的阅卷权,对于提高辩护质量和保证案件公正处理,具有重要意义。从我国立法发展看,虽然一直未赋予辩护人在侦查阶段的阅卷权,但审查起诉阶段的阅卷范围不断得到扩大,审判阶段的阅卷范围则受起诉方式改革的影响而发生变化。

1. 审查起诉阶段的阅卷权

根据1979年《刑事诉讼法》规定,由于辩护人只能在审判阶段介入诉讼,因此,不存在审查起诉阶段阅卷的问题,辩护律师只能在审判阶段查阅案卷,了解案情。而且,对于非律师辩护人,并未赋予其阅卷权。

1996年《刑事诉讼法》,将辩护人介入诉讼的时间提前到审查起诉阶段,但仍未准许辩护人全面阅卷。其第36条第1款规定:"辩护律师自人民检察院对案件审查起诉之日起,可以查阅、摘抄、复制本案的诉讼文书、技术性鉴定材料,可以同在押的犯罪嫌疑人会见和通信。其他辩护人经人民检察院许可,也可以查阅、摘抄、复制上述材料,同在押的犯罪嫌疑人会见和通信。"可见,在审查起诉阶段,辩护人阅卷的范围仅限于"诉讼文书、技术性鉴定材料",并不允许查阅、摘抄、复制案卷证据材料。这种限制,使审查起诉阶段的阅卷仅具形式意义,律师无法全面了解案情和证据,从而影响了辩护职能的发挥。另一变化,立法规定非律师辩护人在经过人民检察院、人民法院许可后可以阅卷,明确了非律师辩护人的阅卷权。

2007年修订后的《律师法》,扩大了辩护律师在审查起诉阶段的阅卷范围。其第34条规定:"受委托的律师自案件审查起诉之日起,有权查阅、摘抄和复制与案件有关的诉讼文书及案卷材料。受委托的律师自案件被人民法院受理之日起,有权查阅、摘抄和复制与案件有关的所有材料。"根据此规定,辩护律师在审查起诉阶段的阅卷范围不再限于"诉讼文书、技术性鉴定材料",还包括"案卷材料",审判阶段则扩大至"与案件有关的所有材料"。但对于上述"案卷材料""与案件有关的所有材料"范围是否等同,有无区分,实践中存在着不同理解。而且,由于该法修订时,《刑事诉讼法》尚未修改,导致司法实践中各地检察机关做法不一,有的仍按《刑事诉讼法》的规定执行,仍将阅卷范围严格限制在"诉讼文书、技术性鉴定材料"。

2012年修订后的《刑事诉讼法》,把辩护人在审查起诉阶段的阅卷范围与审判阶段相统一。其第38条规定:"辩护律师自人民检察院对案件审查起诉之日起,可以查阅、摘抄、复制本案的案卷材料。其他辩护人经人民法院、人民检察院许可,也可以查阅、摘抄、复制上述材料。"这就取消了《律师法》第34条关于"诉讼文书及案卷材料"与"与案件有关的所有材料"的区分,将两阶段的阅卷范围统一规定为"本案的案卷材料"。实际上是取消了审查起诉阶段对阅卷范围的限制,扩大了辩护人阅卷范围。

2. 审判阶段的阅卷权

从历次立法看,我国《刑事诉讼法》对辩护人在审判阶段阅卷范围的规定一直未变,均允许查阅、摘抄、复制全部案卷材料,只是表述上略有变化。

但需要注意的是,虽然立法一直允许辩护人在审判阶段查阅、摘抄、复制全部案卷材料,但受起诉方式变化的影响,检察机关在提起公诉时向人民法院移送的材料范围并不相同,导致辩护人在审判阶段的实际阅卷范围也不尽相同。根据1979年《刑事诉讼法》,检察机关起诉时随案移送全部证据材料,因而辩护人在审判阶段能够查阅到全部案卷材料。但1996年修改《刑事诉讼法》,将"卷证移送"改为仅移送"起诉书、证据目录、证人名单和主要证据复印件或者照片",导致辩护人在审判阶段实际上难以看到全部案卷材料,从而限制了阅卷权,影响了辩护职能的发挥。2012再次修改《刑事诉讼法》,又将恢复为"卷证移送",根据其第172条之规定,检察机关向法院提起公诉,应"将案卷材料、证据移送人民法院",从而解决了辩护人在审判阶段阅卷不足的问题。

总体而言,随着我国立法完善,辩护人在审查起诉、审判阶段的阅卷权基本得到保障,辩护律师"阅卷难"的问题基本得到解决。

(三) 调查取证权

赋予辩护人调查取证权,有利于矫正侦查、起诉机关的取证偏向,查明案件事实,支持辩护主张,实现实体公正和程序公正。

我国1979年《刑事诉讼法》对律师调查取证问题,并未作出规定。1980年8月26日通过、1982年1月1日起施行的《律师暂行条例》第7条第1款规定:"律师参加诉讼活动,有权依照有关规定,查阅本案材料,向有关单位、个人调查……"

1996年修改后的《刑事诉讼法》肯定了辩护律师的调查取证权,但又对其作了诸多限制。其第37条规定:"辩护律师经证人或者其他有关单位和个人同意,可以向他们收集与本案有关的材料,也可以申请人民检察院、人民法院收集、调取证据,或者申请人民法院通知证人出庭作证。辩护律师经人民检察院或者人民法院许可,并且经被害人或者其近亲属、被害人提供的证人同意,可以向他们收集与本案有关的材料。"随后于1996年5月15日通过的《律师法》也作了类似规定,其第31条规定:"律师承办法律事务,经有关单位或者个人同意,可以向他们调查情况"。

根据上述规定,辩护律师自行调查取证,应以被调查人同意为前提,向"被害人或者其近亲属、被害人提供的证人"取证,还必须"经人民检察院或者人民法院许可"。这样的规定大大制约了律师的调查取证权,导致律师取证十分困难。

2007年修订的《律师法》,取消了上述限制。其第35条第2款规定:

"律师自行调查取证的,凭律师执业证书和律师事务所证明,可以向有关单位或者个人调查与承办法律事务有关的情况。"据此,律师凭"两证"即可向任何单位或者个人调查取证,不再有任何限制。但实际上,由于律师并无强制取证权,如果没有被调查人的同意配合,根据无法取证。至于向"被害人或者其近亲属、被害人提供的证人"取证,虽然《律师法》未要求须"经人民检察院或者人民法院许可",但实践中往往仍按《刑事诉讼法》的规定执行。

2012年《刑事诉讼法》维持了1996年《刑事诉讼法》的规定,根据其第41条,辩护人自行调查取证,仍需以"经证人或者其他有关单位和个人同意"为前提,向"经被害人或者其近亲属、被害人提供的证人",还必须另"经人民检察院或者人民法院许可"。这些限制,虽然有其合理性、必要性,但对辩护律师行使调查取证权无疑增加了不便。特别是律师向被害方取证,不仅需要被害人等同意,而且要经检察院、法院许可,限制过严。在刑事诉讼中,辩护律师和检察官在诉讼地位上相互对立,律师取证要想获得检察院的许可谈何容易。因此,在实践中,律师基本上无法向被害人或者其近亲属、被害人提供的证人收集证据,律师向其他人收集证据也十分困难。总体来说,辩护律师"调查取证难"问题,仍未完全解决。

对于辩护律师在侦查阶段是否享有调查取证权,1996年《刑事诉讼法》持明确否定态度,2012年《刑事诉讼法》将律师在侦查阶段的身份重新定位为辩护人,依理应当赋予其调查取证权。根据2012年《刑事诉讼法》第40条:"辩护人收集的有关犯罪嫌疑人不在犯罪现场、未达到刑事责任年龄、属于依法不负刑事责任的精神病人的证据,应当及时告知公安机关、人民检察院。"也可以看出,辩护律师在侦查阶段,享有自行调查取证权。但对于辩护律师在侦查阶段能否向被害方取证、由谁来许可,法条语焉不详。对此,有学者认为,辩护律师在侦查阶段亦可向"被害人或者其近亲属、被害人提供的证人"取证,但应经人民检察院许可。[①] 这一理解,是符合立法精神的。

另外,为有利于司法机关及时纠正错案,新法还增加规定了辩护人向控方披露特定证据的义务和程序。其第40条规定:"辩护人收集的有关犯罪嫌疑人不在犯罪现场、未达到刑事责任年龄、属于依法不负刑事责任的精神

---

① 郎胜主编:《〈中华人民共和国刑事诉讼法〉修改与适用》,新华出版社2012年版,第102页。

病人的证据,应当及时告知公安机关、人民检察院。"增加该规定,主要考虑是,如果律师掌握了犯罪嫌疑人无罪的确实证据,为了所谓辩护效果故意压住来搞"证据突袭",既损害了其委托人的合法权益,违反了律师的职业要求,也不利于公安司法机关及时纠正错案。因此,对于特定的"三类证据",规定辩护人承担开示义务,是必要的。

(四)提出辩护意见权

根据1979年、1996年《刑事诉讼法》,辩护人只能在审查起诉、审判阶段提出辩护意见。2012年修订后的《刑事诉讼法》,扩大了辩护人参与诉讼的范围,允许辩护人在侦查终结、审查批准逮捕、死刑复核程序中发表辩护意见。

2012年《刑事诉讼法》,不仅将律师在侦查阶段的身份明确为"辩护人",而且赋予了辩护人在侦查终结时提出辩护意见的权利。其第159条规定:"在案件侦查终结前,辩护律师提出要求的,侦查机关应当听取辩护律师的意见,并记录在案。辩护律师提出书面意见的,应当附卷。"这是一项明显的进步,虽然辩护律师在侦查阶段对案情了解有限,难以提出充分的、有说服力的辩护意见,但该规定仍为辩护律师在侦查阶段发挥作用提供了机会和空间。

另外,2012年《刑事诉讼法》吸收了《最高人民检察院公安部关于审查逮捕阶段讯问犯罪嫌疑人的规定》的相关内容,赋予辩护律师在审查批准逮捕程序中提出意见的权利。新法第86条第2款规定:"人民检察院审查批准逮捕,可以询问证人等诉讼参与人,听取辩护律师的意见;辩护律师提出要求的,应当听取辩护律师的意见。"这就使辩护律师有机会介入到审查批准逮捕程序,就犯罪嫌疑人应否被逮捕羁押发表意见,有利于保障犯罪嫌疑人的权利。但由于新法并未规定案件进入批捕程序时检察机关的告知义务,因此,辩护律师能否实际发挥作用,仍然有待观察。

2012年《刑事诉讼法》还吸收了最高人民法院相关司法解释的规定,允许辩护律师介入死刑复核程序,并可以向最高人民法院提出辩护意见。其第240条规定:"最高人民法院复核死刑案件,应当讯问被告人,辩护律师提出要求的,应当听取辩护律师的意见。在复核死刑案件过程中,最高人民检察院可以向最高人民法院提出意见。最高人民法院应当将死刑复核结果通报最高人民检察院。"2012年《最高法院解释》第356条规定:"死刑复核期间,辩护律师要求当面反映意见的,最高人民法院有关合议庭应当在办公场所听取其意见,并制作笔录;辩护律师提出书面意见的,应当附卷。"这就为律师介入死刑复核程序,并发表辩护意见提供了法律依据。但是,由于立法没有规定案件进入死刑复核程序后最高人民法院的告知义务,辩护律师往往难以与办案法官取得联系,同时立法也未规定辩护律师有权阅卷和会见被告人,死刑复核的结果也不要求通知辩护律师,因此,辩护律师介入死刑复核程序仍然面临重重困难。

(五) 申请回避权

根据1979年、1996年《刑事诉讼法》,对侦查人员、检察人员、审判人员以及书记员、翻译人员、鉴定人的回避申请,只能由当事人及其法定代理人提出,辩护人并无此项权利。但在实践中,由于犯罪嫌疑人、被告人往往在押,其对公安司法人员的情况了解受到一定的限制,因而难以有效行使申请回避权。

2012年《刑事诉讼法》增加规定了辩护人、诉讼代理人的申请回避权。其第31条规定:"本章关于回避的规定适用于书记员、翻译人员和鉴定人。辩护人、诉讼代理人可以依照本章的规定要求回避、申请复议。"赋予辩护人独立的申请回避权,对于充分发挥律师在刑事诉讼中的作用,维护犯罪嫌疑人、被告人权益,具有积极意义。

(六) 权利救济

多年来,随着辩护人诉讼权利不断扩充,"有权利,无救济"的问题日益突出。在辩护人相关诉讼权利遭受司法机关非法侵犯时,辩护人如何寻求法律救济,司法机关该承担什么法律后果,成为亟待解决的问题。

2012年《刑事诉讼法》第一次规定了对辩护人、诉讼代理人权利的救济程序。其第47条规定:"辩护人、诉讼代理人认为公安机关、人民检察院、人民法院及其工作人员阻碍其依法行使诉讼权利的,有权向同级或者上一级人民检察院申诉或者控告。人民检察院对申诉或者控告应当及时进行审查,情况属实的,通知有关机关予以纠正。"

根据上述规定,在诉讼权利遭受侵犯时,辩护人、诉讼代理人可向检察机关申诉、控告,寻求救济。2012年《最高检察院规则》第57条、第58条作了进一步规定,列举了16种阻碍辩护人、诉讼代理人依法行使诉讼权利的行为,并规定对于辩护人、诉讼代理人的申诉或控告,由"控告检察部门应当接受并依法办理,相关办案部门应当予以配合"。对于辩护人、诉讼代理人认为看守所及其工作人员有阻碍其依法行使诉讼权利的行为,向人民检察院申诉或者控告的,监所检察部门应当接收并依法办理;控告检察部门收到申诉或者控告的,应当及时移送监所检察部门办理。办理程序上,人民检察院应当在受理后10日以内进行审查,情况属实的,经检察长决定,通知有关机关或者本院有关部门、下级人民检察院予以纠正,并将处理情况书面答复提出申诉或者控告的辩护人、诉讼代理人。

但是,考虑到检察机关同时还是侦查、起诉机关,由其为辩护人提供救济,实际效果究竟如何,还有待实践检验。另外,对于公安司法机关违法侵犯辩护人、诉讼代理人各项诉讼权利的行为,是否会产生相应法律后果,例如排除相关证据、宣布程序无效等,立法并未作出规定。因而,辩护人、诉讼代理人的权利救济问题,仍将是一个难题。

四、辩护人的职责、禁止行为和保密义务

(一) 辩护人的职责

1979年《刑事诉讼法》第28条规定:"辩护人的责任是根据事实和法律,提出证明被告人无罪、罪轻或者减轻、免除其刑事责任的材料和意见,维护被告人的合法权益。"1996年《刑事诉讼法》第35条规定:"辩护人的责任是根据事实和法律,提出证明犯罪嫌疑人、被告人无罪、罪轻或者减轻、免除其刑事责任的材料和意见,维护犯罪嫌疑人、被告人的合法权益。"上述规定,均强调辩护人有责任提出"证明"犯罪嫌疑人、被告人无罪、罪轻或者减轻、免除其刑事责任的材料和意见,似乎是将辩护人的职责界定为一种"证明责任",因而被认为不合理,且与无罪推定原则相悖。另外,上述规定对辩

护人从实体方面为犯罪嫌疑人、被告人辩护的职责规定得较为准确和全面，但对辩护人从程序方面为犯罪嫌疑人、被告人辩护的职责却没有涉及。

《律师法》的规定，未采用上述"证明"的表述。1996年《律师法》第28条规定："律师担任刑事辩护人的，应当根据事实和法律，提出证明犯罪嫌疑人、被告人无罪、罪轻或者减轻、免除其刑事责任的材料和意见，维护犯罪嫌疑人、被告人的合法权益。"2007年修订后的《律师法》第31条规定："律师担任辩护人的，应当根据事实和法律，提出犯罪嫌疑人、被告人无罪、罪轻或者减轻、免除其刑事责任的材料和意见，维护犯罪嫌疑人、被告人的合法权益。"这种表述，意在区分辩护人的职责与"证明责任"的不同，更加合理。但是，同样没有对程序性辩护内容作出明确规定。

2012年《刑事诉讼法》吸收了《律师法》的规定，删去了"证明"的表述，并将"合法权益"改为"诉讼权利和其他合法权益"。其第35条规定："辩护人的责任是根据事实和法律，提出犯罪嫌疑人、被告人无罪、罪轻或者减轻、免除其刑事责任的材料和意见，维护犯罪嫌疑人、被告人的诉讼权利和其他合法权益。"这样，一则澄清了辩护人职责与"证明责任"的不同；二则明确了程序性辩护的责任，辩护人不仅要维护犯罪嫌疑人、被告人的实体权利，还应维护犯罪嫌疑人、被告人程序性的诉讼权利。

（二）辩护人的禁止行为

与辩护人的权利相对应，立法还规定辩护人在刑事诉讼中不得实施的一系列行为，即辩护人的禁止行为。在辩护人介入刑事诉讼的范围不断扩大、诉讼权利增加的背景下，为防止少数辩护人滥用诉讼权利妨碍司法公正，规定禁止行为是十分必要的。问题在于，该如何准确界定辩护人的禁止行为，使之既可以促使、制约辩护人依法履行辩护职能，又不至于影响辩护人从事刑事辩护活动的积极性和主动性。

1979年《刑事诉讼法》并未规定辩护人的禁止行为。1996年修订后的《刑事诉讼法》增加了此内容，其第38条规定："辩护律师和其他辩护人，不得帮助犯罪嫌疑人、被告人隐匿、毁灭、伪造证据或者串供，不得威胁、引诱证人改变证言或者作伪证以及进行其他干扰司法机关诉讼活动的行为。违反前款规定的，应当依法追究法律责任。"该规定由于不够严谨和科学，因而自一出台,就广受理论界和律师界质疑。特别是后半段"不得威胁、引诱证人改变证言或者作伪证"的规定,由于"威胁、引诱"的界限难以把握,而"证人改变证言"未必就是提供了虚假证言,因而,该规定弹性过大,极易在实践中被滥用。

与《刑事诉讼法》的上述规定相对应,1997年修订后的《刑法》第306条增设了"辩护人、诉讼代理人毁灭证据、伪造证据、妨害作证罪",规定:"在刑事诉讼中,辩护人、诉讼代理人毁灭、伪造证据,帮助当事人毁灭、伪造证据,威胁、引诱证人违背事实改变证言或者作伪证的,处3年以下有期徒刑或者拘役;情节严重的,处3年以上7年以下有期徒刑。"由于在司法实践中,刑事诉讼辩护人、诉讼代理人多由律师担任,因而该罪名又被直称为"律师伪证罪"。该罪名罪状表述模糊,例如,对于"毁灭、伪造证据"之"证据"是仅指实物证据,还是包括言词证据?所谓"威胁、引诱证人",何为"威胁",何为"引诱",它们与正常的取证行为,特别是询问证人中的"诱导性"提问,如何区分?对这些,立法或司法解释一直未予明确,从而为某些办案机关滥施追诉提供了方便。据不完全统计,自1997年《刑法》规定该罪名以来,截至2010年,共有109名律师因此罪被追诉,其中有32名律师最终被判有罪。超过60%的案件在审判前获得"解决"。[1] 律师伪证罪成为一些办案机关对辩护律师实施职业报复、甚至打击陷害的工具,严重挫伤了律师参与刑事辩护的积极性。

为解决这一问题,2007年修改后的《律师法》对上述规定作了部分调整。其第40条规定:"律师在执业活动中不得有下列行为:……(六)故意提供虚假证据或者威胁、利诱他人提供虚假证据,妨碍对方当事人合法取得证据……"此处将"引诱"改为"利诱",将"改变证言"改为"提供虚假证据",使规定更加科学、严谨,也有利于防止办案机关滥用职权打击、报复辩护人。同时,强化了对律师人身权利的程序保障,其第37条第3款规定:"律师在参与诉讼活动中因涉嫌犯罪被依法拘留、逮捕的,拘留、逮捕机关应当在拘留、逮捕实施后的24小时内通知该律师的家属、所在的律师事务所以及所属的律师协会。"

---

[1] 邵颖波:《〈刑法〉第306条之争》,载《财经》2010年第2期。

2012年修订后的《刑事诉讼法》部分吸纳了《律师法》的上述修订,其第42条第1款规定:"辩护人或者其他任何人,不得帮助犯罪嫌疑人、被告人隐匿、毁灭、伪造证据或者串供,不得威胁、引诱证人作伪证以及进行其他干扰司法机关诉讼活动的行为。"据此,在禁止行为的适用主体上,不再局限于"辩护律师和其他辩护人",而是扩大到"辩护人或者其他任何人"。虽然仍未完全消除对"辩护人"的立法歧视,但已有明显进步。另外,虽仍将禁止行为之一表述为"威胁、引诱",而并未采用律师法"威胁、利诱"的表述,但删去了"不得威胁、引诱证人改变证言"的内容,重新规定为"不得威胁、引诱证人作伪证",使立法趋于明确、合理。

同时,2012年《刑事诉讼法》第42条第2款还规定:"违反前款规定的,应当依法追究法律责任,辩护人涉嫌犯罪的,应当由办理辩护人所承办案件的侦查机关以外的侦查机关办理。辩护人是律师的,应当及时通知其所在的律师事务所或者所属的律师协会。"这就确立了"律师伪证罪"案件的"异地管辖"制度,体现了程序正义的要求,对于防止办案机关实施职业报复,依法公正处理案件,具有重要意义。但究竟在多大范围内实行"异地管辖",立法所称"以外的侦查机关"是指外县、市,还是指外省、市,仍需进一步明确。从立法本意分析,该规定的实质是避免利害关系方影响案件处理,实现程序公正,因而,侦查机关回避的范围应视具体案件而定。通常情况下,交由其他县、市侦查机关办理即可;特殊情况下,不排除应交由外省、市侦查机关办理,以有效避免利益冲突。

(三)辩护人的保密义务

基于辩护人的诉讼地位和职能,对于其在执业中获悉的个人隐私、商业秘密和国家秘密,包括一些尚未被司法机关掌握或者指控的犯罪事实和证据,应承担保密义务。世界各国立法,均明确规定了辩护人的保密义务。我国《刑事诉讼法》和《律师法》,也有类似规定。

1980年8月26日通过、1982年1月1日起施行的《律师暂行条例》第7条第3款规定:"律师对于在业务活动中接触的国家机密和个人阴私,有保守秘密的责任。"1996年5月通过、1997年1月1日起施行的《律师法》增加规定了"商业秘密",其第33条规定"律师应当保守在执业活动中知悉的国家秘密和当事人的商业秘密,不得泄露当事人的隐私。"

2007年修订后的《律师法》第38条:"律师应当保守在执业活动中知悉的国家秘密、商业秘密,不得泄露当事人的隐私。律师对在执业活动中知悉的委托人和其他人不愿泄露的情况和信息,应当予以保密。但是,委托人或者其他人准备或者正在实施的危害国家安全、公共安全以及其他严重危害他人人身、财产安全的犯罪事实和信息除外。"此处,"律师对在执业活动中知悉的委托人和其他人不愿泄露的情况和信息",在刑事诉讼中,主要是指辩护律师知悉的、尚未被司法机关掌握或者指控的犯罪嫌疑人、被告人的其他犯罪事实和证据。对此,立法首次明确了律师的保密义务,即原则上不得检举、揭发。同时,根据实际需要,又规定了保密的例外:必须是"委托人或者其他人准备或者正在实施的",即具有紧迫性;而且必须属于"危害国家安全、公共安全以及其他严重危害他人人身、财产安全的犯罪事实和信息",即属于严重的犯罪,两个条件同时具备,才能免除律师的保密义务。

2012年修订后的《刑事诉讼法》吸纳了律师法的上述规定。其第46条规定:"辩护律师对在执业活动中知悉的委托人的有关情况和信息,有权予以保密。但是,辩护律师在执业活动中知悉委托人或者其他人,准备或者正在实施危害国家安全、公共安全以及严重危害他人人身安全的犯罪的,应当及时告知司法机关。"与《律师法》将"保密"规定为一项义务不同,此处是从律师的权利角度,将"保密"规定为辩护律师的一项权利。之所以如此,是因为相对于公安司法机关而言,"保密"是辩护律师的一项特权,它意味着对辩护律师举报作证义务的免除。对于例外情形,删去了"严重危害他人财产安全"的规定,仅保留"严重危害他人人身安全的犯罪"情形,缩小了例外范围,更加合理。

五、法律援助辩护的适用范围

辩护权的平等实现,有赖于法律援助制度的完善。为了保证犯罪嫌疑人、被告人能够切实获得律师帮助,我国立法不断扩大法律援助的范围,尽量为经济困难或者特殊案件中的犯罪嫌疑人、被告人指定辩护人。

根据1979年《刑事诉讼法》第27条,指定辩护仅适用于审判阶段,而且其适用对象仅包括两种人:一是聋、哑人,二是未成年人,范围较为狭窄。

1996年《刑事诉讼法》虽然仍将指定辩护限定于审判阶段,但扩大了其适用范围。根据其第34条规定,指定辩护包括两种情况:一是公诉人出庭公诉的案件,被告人因经济困难或者其他原因没有委托辩护人的,人民法院可以指定,此为任意指定辩护;二是被告人是盲、聋、哑或者未成年人,可能被判处死刑而没有委托辩护人的,人民法院应当指定,此为强制辩护。其中,新增了"被告人可能被判处死刑而没有委托辩护人的"应当指定辩护的规定,对于保证死刑案件质量意义重大。

2003年7月21日国务院颁布《法律援助条例》,明确了刑事法律援助的范围。其第11条规定:"刑事诉讼中有下列情形之一的,公民可以向法律援助机构申请法律援助:(一)犯罪嫌疑人在被侦查机关第一次讯问后或者采取强制措施之日起,因经济困难没有聘请律师的;(二)公诉案件中的被害人及其法定代理人或者近亲属,自案件移送审查起诉之日起,因经济困难没有委托诉讼代理人的;(三)自诉案件的自诉人及其法定代理人,自案件被人民法院受理之日起,因经济困难没有委托诉讼代理人的。"第12条规定:"公诉人出庭公诉的案件,被告人因经济困难或者其他原因没有委托辩护人,人民法院为被告人指定辩护时,法律援助机构应当提供法律援助。被告人是盲、聋、哑人或者未成年人而没有委托辩护人的,或者被告人可能被判处死刑而没有委托辩护人的,人民法院为被告人指定辩护时,法律援助机构应当提供法律援助,无须对被告人进行经济状况的审查。"上述规定,明确允许公民在侦查和审查起诉阶段申请法律援助,但遗憾的是,受《刑事诉讼法》规定的限制,在指定辩护问题上仍局限于审判阶段,从而影响了法律援助的实现。

2012年修改后的《刑事诉讼法》进一步扩大了法律援助辩护援助的范围,使之与公民申请刑事法律援助的规定相一致。根据其第34条的规定,不仅法律援助辩护的适用范围进一步扩大,而且也不再局限于审判阶段,而是提前到侦查、审查起诉阶段。在强制辩护的适用上,增加了"尚未完全丧失辨认或者控制自己行为能力的精神病人"和"犯罪嫌疑人、被告人可能被判处无期徒刑"两种情形。在适用阶段上,不仅人民法院在审判阶段应当通知法律援助机构指派律师为其提供辩护,公安机关、人民检察院在侦查和审查起诉阶段也应当通知。如此规定,使法律援助辩护的时间与公民申请刑事法律援助的时间趋于一致,更有利法律援助辩护制度功能的发挥,对于有效保障犯罪嫌疑人、被告人的辩护权,促进司法公正意义重大。

六、刑事代理制度

我国 1979 年《刑事诉讼法》并未规定刑事代理制度。1996 年《刑事诉讼法》增加了刑事代理的相关规定,在诉讼代理人介入刑事诉讼的时间上,其第 40 条第 1 款规定:"公诉案件的被害人及其法定代理人或者近亲属,附带民事诉讼的当事人及其法定代理人,自案件移送审查起诉之日起,有权委托诉讼代理人。自诉案件的自诉人及其法定代理人,附带民事诉讼的当事人及其法定代理人,有权随时委托诉讼代理人。"同时还规定了人民检察院、人民法院的告知义务,其第 2 款规定:"人民检察院自收到移送审查起诉的案件材料之日起 3 日以内,应当告知被害人及其法定代理人或者其近亲属、附带民事诉讼的当事人及其法定代理人有权委托诉讼代理人。人民法院自受理自诉案件之日起 3 日以内,应当告知自诉人及其法定代理人、附带民事诉讼的当事人及其法定代理人有权委托诉讼代理人。"

1996 年《刑事诉讼法》将诉讼代理人列为诉讼参与人之一,但立法并未对诉讼代理人的诉讼权利作出规定。相关司法解释对此作了补充。1999 年《最高检察院规则》第 325 条规定:"律师担任诉讼代理人经人民检察院许可,可以查阅、摘抄、复制本案的诉讼文书、技术性鉴定材料。需要收集、调取与本案有关的材料的,参照本规则第 323 条、第 324 条的规定办理。" 1998 年《最高法院解释》第 49 条规定:"律师担任诉讼代理人,可以查阅、摘抄、复制与本案有关的材料,了解案情。其他诉讼代理人经人民法院准许,也可以查阅、摘抄、复制本案有关材料,了解案情。需要收集、调取与本案有关的材料的,可以参照本解释第 44 条、第 45 条的规定执行。"上述规定明确了诉讼代理人在审查起诉、审判阶段的阅卷权和申请调查取证权。

2012 年《刑事诉讼法》,对刑事代理部分基本未作调整。与辩护人的权利变化相一致,对诉讼代理人增加了以下规定:一是赋予诉讼代理人申请回避权和复议权;二是规定诉讼代理人在其权利遭受侵犯时可向人民检察院申诉、控告,申请救济;三是诉讼代理人也有权申请人民法院排除非法证据;四是诉讼代理人有权参加庭前会议,对回避、证人出庭名单、非法证据排除等与审判相关的问题发表意见;五是诉讼代理人有权参加犯罪嫌疑人、被告人逃匿、死亡案件违法所得的没收程序,对实施暴力行为的精神病人的强制医疗程序等特别程序,提出代理意见。

但上述规定仍存在一些缺陷,我国刑事代理立法仍有待完善:一是介入诉讼的时间与辩护人不同步,辩护人在侦查阶段即可介入,而诉讼代理人必须在审查起诉之后,不利于维护被害人、附带民事诉讼当事人的合法权益;二是立法仍未对诉讼代理人的阅卷权、调查取证权作出明确规定;三是在规定法律援助辩护的同时,没有规定法律援助代理,从而与《法律援助条例》第11条关于"公诉案件中的被害人及其法定代理人或者近亲属"有权申请法律援助的规定不配套,不利于被害人的权利保障。这些,需要在今后继续补充和完善。

第六章 证 据

一、概 述

证据是指可以用于证明案件事实的材料。依据证据认定案件事实是人类认识规律和诉讼规律的集中体现,也是现代法治国家诉讼制度的基本原则。法律规定的运用证据认定案件事实的原则、规则与程序构成证据制度。证据制度不仅是诉讼制度的核心内容,而且在整个国家法治建设中也占据重要的地位。1979年《刑事诉讼法》奠定了我国刑事证据制度的基础,1996年和2012年的两次修法在此基础上不断加以完善。

1979年《刑事诉讼法》将证据单设一章,包括7个条文,确定了我国刑事证据制度的基本框架,其主要内容包括:明确了证据的概念及种类;确立了审判人员、检察人员、侦查人员必须依照法定程序收集证据,禁止刑讯逼供,客观、全面收集证据以及重证据、不轻信口供的原则;规定了证人作证资格及作证义务、证人证言质证规则。

1996年《刑事诉讼法》对证据部分的修改力度不大,增加了1个条文,对3个条文进行了小幅度修改。主要涉及两个方面:其一,增加了公检法机关保障证人及其近亲属安全的原则性规定。新增加的第49条规定,人民法院、人民检察院和公安机关应当保障证人及其近亲属的安全。

对证人及其近亲属进行威胁、侮辱、殴打或者打击报复的行为构成违法犯罪的,应当依法进行处罚。其二,对三个条文进行了小幅度修改。其中有四处是个别字词的修改,有两处增加了新的内容:将第42条、第43条中用"犯罪嫌疑人、被告人"替代"被告人",第45条将原来的"有关的国家机关、企业、事业单位、人民公社、人民团体和公民"改为"有关单位和个人";第42条的证据种类中增加了"视听资料";第45条增加了"有关单位和个人应当如实提供证据"。

2012年《刑事诉讼法》对证据制度进行了重点修改,不仅条文数量翻了一番,从8条增加到16条,而且除了3个条文未作修改外,对原有的5个条文都作了重大修改。修改的内容主要有八个方面:一是重新界定证据的概念,将证据概念修改为"可以用于证明案件事实的材料";二是完善了证据种类。将物证与书证分项列举,将鉴定结论修改为"鉴定意见",增加辨认笔录、侦查实验等笔录以及电子数据;三是增加规定举证责任的分配原则;四是增加规定"不得强迫任何人证实自己有罪";五是增加规定行政机关在行政执法过程中收集的证据材料在刑事诉讼中可以作为证据使用;六是具体解释"证据确实、充分"的含义,明确了证据确实、充分的条件;七是确立了证据排除规则,明确规定了非法言词证据和实物证据的排除标准,并具体规定了非法证据排除的举证责任和具体操作程序;八是增加规定了对证人、鉴定人、被害人在刑事诉讼中的人身权、财产权等基本权利的保护制度,具体规定了证人保护的适用范围、具体措施、证人作证的经济补偿。

1979年《刑事诉讼法》	1996年《刑事诉讼法》	2012年《刑事诉讼法》
第五章　证据	第五章　证据	第五章　证据
第三十一条　证明案件真实情况的一切事实,都是证据。证据有下列六种: (一)物证、书证; (二)证人证言; (三)被害人陈述; (四)被告人供述和辩解; (五)鉴定结论; (六)勘验、检查笔录。 以上证据必须经过查证属实,才能作为定案的根据。	第四十二条　证明案件真实情况的一切事实,都是证据。 证据有下列**七**种: (一)物证、书证; (二)证人证言; (三)被害人陈述; (四)**犯罪嫌疑人**、被告人供述和辩解; (五)鉴定结论; (六)勘验、检查笔录;	第四十八条　可以用于证明案件事实**的材料**,都是证据。 证据**包括**: **(一)物证**; **(二)书证**; (三)证人证言; (四)被害人陈述; (五)犯罪嫌疑人、被告人供述和辩解; (六)鉴定**意见**;

（续表）

1979年《刑事诉讼法》	1996年《刑事诉讼法》	2012年《刑事诉讼法》
	（七）视听资料。 以上证据必须经过查证属实，才能作为定案的根据。	（七）勘验、检查、辨认、侦查实验等笔录； （八）视听资料、电子数据。 证据必须经过查证属实，才能作为定案的根据。
		第四十九条 公诉案件中被告人有罪的举证责任由人民检察院承担，自诉案件中被告人有罪的举证责任由自诉人承担。
第三十二条 审判人员、检察人员、侦查人员必须依照法定程序，收集能够证实被告人有罪或者无罪、犯罪情节轻重的各种证据。严禁刑讯逼供和以威胁、引诱、欺骗以及其他非法的方法收集证据。必须保证一切与案件有关或者了解案情的公民，有客观地充分地提供证据的条件，除特殊情况外，并且可以吸收他们协助调查。	第四十三条 审判人员、检察人员、侦查人员必须依照法定程序，收集能够证实**犯罪嫌疑人**、被告人有罪或者无罪、犯罪情节轻重的各种证据。严禁刑讯逼供和以威胁、引诱、欺骗以及其他非法的方法收集证据。必须保证一切与案件有关或者了解案情的公民，有客观地充分地提供证据的条件，除特殊情况外，并且可以吸收他们协助调查。	第五十条 审判人员、检察人员、侦查人员必须依照法定程序，收集能够证实犯罪嫌疑人、被告人有罪或者无罪、犯罪情节轻重的各种证据。严禁刑讯逼供和以威胁、引诱、欺骗以及其他非法方法收集证据，**不得强迫任何人证实自己有罪**。必须保证一切与案件有关或者了解案情的公民，有客观地充分地提供证据的条件，除特殊情况外，可以吸收他们协助调查。
第三十三条 公安机关提请批准逮捕书、人民检察院起诉书、人民法院判决书，必须忠实于事实真象。故意隐瞒事实真象的，应当追究责任。	第四十四条 公安机关提请批准逮捕书、人民检察院起诉书、人民法院判决书，必须忠实于事实真象。故意隐瞒事实真象的，应当追究责任。	第五十一条 公安机关提请批准逮捕书、人民检察院起诉书、人民法院判决书，必须忠实于事实真象。故意隐瞒事实真象的，应当追究责任。

（续表）

1979年《刑事诉讼法》	1996年《刑事诉讼法》	2012年《刑事诉讼法》
第三十四条　人民法院、人民检察院和公安机关有权向有关的国家机关、企业、事业单位、人民公社、人民团体和公民收集、调取证据。 对于涉及国家机密的证据，应当保密。 凡是伪造证据、隐匿证据或者毁灭证据的，无论属于何方，必须受法律追究。	第四十五条　人民法院、人民检察院和公安机关有权向**有关单位和个人**收集、调取证据。**有关单位和个人应当如实提供证据。** 对于涉及国家秘密的证据，应当保密。 凡是伪造证据、隐匿证据或者毁灭证据的，无论属于何方，必须受法律追究。	第五十二条　人民法院、人民检察院和公安机关有权向有关单位和个人收集、调取证据。有关单位和个人应当如实提供证据。 **行政机关在行政执法和查办案件过程中收集的物证、书证、视听资料、电子数据等证据材料，在刑事诉讼中可以作为证据使用。** 对涉及国家秘密、**商业秘密、个人隐私**的证据，应当保密。 凡是伪造证据、隐匿证据或者毁灭证据的，无论属于何方，必须受法律追究。
第三十五条　对一切案件的判处都要重证据，重调查研究，不轻信口供。只有被告人供述，没有其他证据的，不能认定被告人有罪和处以刑罚；没有被告人供述，证据充分确实的，可以认定被告人有罪和处以刑罚。	第四十六条　对一切案件的判处都要重证据，重调查研究，不轻信口供。只有被告人供述，没有其他证据的，不能认定被告人有罪和处以刑罚；没有被告人供述，证据充分确实的，可以认定被告人有罪和处以刑罚。	第五十三条　对一切案件的判处都要重证据，重调查研究，不轻信口供。只有被告人供述，没有其他证据的，不能认定被告人有罪和处以刑罚；没有被告人供述，证据**确实、充分**的，可以认定被告人有罪和处以刑罚。 **证据确实、充分，应当符合以下条件： （一）定罪量刑的事实都有证据证明； （二）据以定案的证据均经法定程序查证属实； （三）综合全案证据，对所认定事实已排除合理怀疑。**

第六章　证据　95

（续表）

1979 年《刑事诉讼法》	1996 年《刑事诉讼法》	2012 年《刑事诉讼法》
		第五十四条　采用刑讯逼供等非法方法收集的犯罪嫌疑人、被告人供述和采用暴力、威胁等非法方法收集的证人证言、被害人陈述，应当予以排除。收集物证、书证不符合法定程序，可能严重影响司法公正的，应当予以补正或者作出合理解释；不能补正或者作出合理解释的，对该证据应当予以排除。 在侦查、审查起诉、审判时发现有应当排除的证据的，应当依法予以排除，不得作为起诉意见、起诉决定和判决的依据。
		第五十五条　人民检察院接到报案、控告、举报或者发现侦查人员以非法方法收集证据的，应当进行调查核实。对于确有以非法方法收集证据情形的，应当提出纠正意见；构成犯罪的，依法追究刑事责任。
		第五十六条　法庭审理过程中，审判人员认为可能存在本法第五十四条规定的以非法方法收集证据的情形的，应当对证据收集的合法性进行法庭调查。 当事人及其辩护人、诉讼代理人有权申请人民法院对以非法方法收集的证据依法予以排除。申请排除以非法方法收集的证据的，应当提供相关线索或者材料。

(续表)

1979年《刑事诉讼法》	1996年《刑事诉讼法》	2012年《刑事诉讼法》
		第五十七条 在对证据收集的合法性进行法庭调查的过程中,人民检察院应当对证据收集的合法性加以证明。 现有证据材料不能证明证据收集的合法性的,人民检察院可以提请人民法院通知有关侦查人员或者其他人员出庭说明情况;人民法院可以通知有关侦查人员或者其他人员出庭说明情况。有关侦查人员或者其他人员也可以要求出庭说明情况。经人民法院通知,有关人员应当出庭。
		第五十八条 对于经过法庭审理,确认或者不能排除存在本法第五十四条规定的以非法方法收集证据情形的,对有关证据应当予以排除。
第三十六条 证人证言必须在法庭上经过公诉人、被害人和被告人、辩护人双方讯问、质证,听取各方证人的证言并经过查实以后,才能作为定案的根据。法庭查明证人有意作伪证或者隐匿罪证时,应当依法处理。	第四十七条 证人证言必须在法庭上经过公诉人、被害人和被告人、辩护人双方讯问、质证,听取各方证人的证言并经过查实以后,才能作为定案的根据。法庭查明证人有意作伪证或者隐匿罪证的时候,应当依法处理。	第五十九条 证人证言必须在法庭上经过公诉人、被害人和被告人、辩护人双方质证并且查实以后,才能作为定案的根据。法庭查明证人有意作伪证或者隐匿罪证的时候,应当依法处理。
第三十七条 凡是知道案件情况的人,都有作证的义务。 生理上、精神上有缺陷或者年幼,不能辨别是非、不能正确表达的人,不能作证人。	第四十八条 凡是知道案件情况的人,都有作证的义务。 生理上、精神上有缺陷或者年幼,不能辨别是非、不能正确表达的人,不能作证人。	第六十条 凡是知道案件情况的人,都有作证的义务。 生理上、精神上有缺陷或者年幼,不能辨别是非、不能正确表达的人,不能作证人。

(续表)

1979年《刑事诉讼法》	1996年《刑事诉讼法》	2012年《刑事诉讼法》
	第四十九条　人民法院、人民检察院和公安机关应当保障证人及其近亲属的安全。 对证人及其近亲属进行威胁、侮辱、殴打或者打击报复，构成犯罪的，依法追究刑事责任；尚不够刑事处罚的，依法给予治安管理处罚。	第六十一条　人民法院、人民检察院和公安机关应当保障证人及其近亲属的安全。 对证人及其近亲属进行威胁、侮辱、殴打或者打击报复，构成犯罪的，依法追究刑事责任；尚不够刑事处罚的，依法给予治安管理处罚。
		第六十二条　对于危害国家安全犯罪、恐怖活动犯罪、黑社会性质的组织犯罪、毒品犯罪等案件，证人、鉴定人、被害人因在诉讼中作证，本人或者其近亲属的人身安全面临危险的，人民法院、人民检察院和公安机关应当采取以下一项或者多项保护措施： （一）不公开真实姓名、住址和工作单位等个人信息； （二）采取不暴露外貌、真实声音等出庭作证措施； （三）禁止特定的人员接触证人、鉴定人、被害人及其近亲属； （四）对人身和住宅采取专门性保护措施； （五）其他必要的保护措施。 证人、鉴定人、被害人认为因在诉讼中作证，本人或者其近亲属的人身安全面临危险的，可以向人民法院、人民检察院、公安机关请求予以保护。 人民法院、人民检察院、公安机关依法采取保护措施，有关单位和个人应当配合。

（续表）

1979 年《刑事诉讼法》	1996 年《刑事诉讼法》	2012 年《刑事诉讼法》
		第六十三条 证人因履行作证义务而支出的交通、住宿、就餐等费用，应当给予补助。证人作证的补助列入司法机关业务经费，由同级政府财政予以保障。 有工作单位的证人作证，所在单位不得克扣或者变相克扣其工资、奖金及其他福利待遇。

《刑事诉讼法》的两次修改，在证据一章所体现的基本规律是：第一，证据是诉讼的核心，刑事证据制度是刑事诉讼制度的核心，完善的刑事诉讼制度必须有科学的证据制度来支撑。第二，随着科学技术的进步、经济的发展以及社会生活的变化，承载案件事实信息的新载体就会逐渐增多，新型的证据种类就会相应出现，例如，1996 年《刑事诉讼法》增加了视听资料，2012 年《刑事诉讼法》在此基础上又增加了"电子数据"。同时，人们对某些证据类型本质属性的认识会加深，对它的定位就更加符合实际，例如，2012 年《刑事诉讼法》将原来的"鉴定结论"修改为"鉴定意见"。第三，证据法学理论研究的深入会推动刑事证据制度的完善。例如，对证据概念的修正即体现了 20 世纪 90 年代以来国内证据法学者对证据概念研究的不断深化，从"事实说"到"材料说"，一个概念的修正体现了几代学人的辛勤努力。尤其是借鉴和吸收其他国家和地区先进的理论研究成果，对完善我国刑事证据制度起到了非常重要的作用。例如，增加"不得强迫任何人证实自己有罪"、确立"非法证据排除规则"，都体现了吸收国外理论和立法以及联合国公约的精神。第四，实践是立法发展的助推剂。例如，2012 年《刑事诉讼法》吸收司法实践的成功经验，将《死刑案件审查判断证据若干问题的规定》和《刑事诉讼中排除非法证据若干问题的规定》中较为成熟、经过实践检验的规则上升到法律层面。在此基础上，2012 年《最高法院解释》《最高检察院规则》进一步细化了非法证据排除的程序，明确了"刑讯逼供""其他非法方法""补正""合理解释"等含义，使非法证据排除规则更加具有可操作性。第

五,立足于中国实际,抓住刑事证据制度中的主要矛盾,重点解决司法实践中的突出问题,逐步推进、循序渐进地完善证据制度。例如,非法证据排除范围区分了非法言词证据与实物证据,做到区别对待、分别确立排除原则和规则,避免了一刀切所带来的超越中国现实国情而无法执行的问题。再如1996年《刑事诉讼法》增加规定公检法机关应当保障证人及其近亲属人身安全的原则,由于条件限制而没有规定证人保护的范围和具体措施,而2012年《刑事诉讼法》在此基础上进一步完善了证人保护制度并且增加了证人作证的经济补偿制度。这两次修改体现了逐步提高中国刑事诉讼中证人出庭率的发展趋势。

两次《刑事诉讼法》修改都将证据制度作为修改的重点,而且修改幅度越来越大,这体现了我国刑事诉讼立法遵循刑事诉讼证明的基本规律,满足司法实践的需要,建立符合中国国情的证据规则,以进一步贯彻落实无罪推定原则,在保障程序正义的前提下提高证据事实认定的准确性的发展趋势。

二、证据概念与证据种类

刑事诉讼法明确证据的概念和证据种类非常重要,这既是进一步制定证据规则的基础,又是公安机关、人民检察院、人民法院收集证据、审查判断证据的依据。如果公安司法人员对证据的概念和种类有不同的理解,那么在诉讼活动中运用证据认定案件事实就可能出现偏差,就会影响司法的公正性。从1996年、2012年两次修改《刑事诉讼法》的历程来看,体现了学术界对证据概念和证据种类等理论问题研究的不断深化。

(一)证据概念的修改

1979年和1996年《刑事诉讼法》关于证据概念的条文内容是相同的,采用的是"事实说",法条表述为"证明案件真实情况的一切事实,都是证据"。2012年《刑事诉讼法》弃事实说,改采材料说,法条表述为"可以用于证明案件事实的材料,都是证据"。2012年《刑事诉讼法》对证据的概念进行了以下三点修改:一是增加一个限制词"可以用于";二是将"真实情况"

改为"案件事实";三是将"一切事实"改为"材料"。

《刑事诉讼法》对证据概念的不同界定,体现了证据法学界对证据概念研究的发展过程。证据概念是证据法学界争论较大的问题,国内理论界对证据的概念有多种观点。其中有代表性的是"事实说""材料说"和"根据说"。在关于证据概念的众多学说中,"事实说"最具影响力。1979年《刑事诉讼法》以及1996年《刑事诉讼法》对证据的定义就是以"事实说"为基础的。自从1979年《刑事诉讼法》制定之后,我国证据法学界关于证据概念的研究以"事实说"为基础,逐渐形成通说。持这种观点的学者尽管在具体表述上有所不同,但都坚持"证据是事实"。最具代表性的表述是"诉讼证据就是司法人员在诉讼过程中可用以证明案件真实情况的各种事实"[1]。主张"事实说"的学者坚持证据是客观存在的事实,不属实者非证据。随着理论研究的深化以及对司法实践经验的总结,越来越多的学者对事实说产生了怀疑,并提出了其他学说。其中影响较大的"材料说"认为,证据是证明案件事实的材料,应当以中性词"材料"代替具有浓厚真实性色彩的"事实"。在1996年修改《刑事诉讼法》之后,有的司法解释中的相关内容已经在一定程度上体现了材料说的观点。例如,1998年《最高法院解释》第55条即使用证据材料的说法:"人民法院对公诉案件依法调查、核实证据时,发现对认定案件事实有重要作用的新的证据材料,应当告知检察人员和辩护人……"

2012年《刑事诉讼法》采用材料说体现了以下三个方面的发展趋势:第一,证据概念应符合证据自身特性。在理论上,证据是内容和形式的统一,证据的内容是证据所反映的事实,证据的形式是事实赖以存在的载体,因此,采用材料说,则能较好地把证据的内容和形式统一起来,因为材料是证据事实与证据载体的统一。与具有较强的真实性色彩的"事实"相比,"材料"一词更为中立,而且可以避免在证据概念层面上关于证据的真实性与事实之间关系的争论。英国证据学家Murphy也认为,证据是"能够说服法官认定某个案件事实为真实或者可能的任何材料"[2]。第二,法律条文应保持内在逻辑性。1979年《刑事诉讼法》第31条第1款、1996年《刑事诉讼法》第42条第1款都将证据定位为事实,但1979年《刑事诉讼法》第31条第2

---

[1] 陈一云主编:《证据法学》,中国人民大学出版社2000年版,第99页。
[2] Peter Murphy, A Practical Approach to Evidence, 4th Ed, Blackstone Press Ltd., 1992, pp.1—2.

款、1996年《刑事诉讼法》第42条第3款又都规定,以上证据必须经过查证属实,才能作为定案的根据。显然,此处规定的证据不完全等同于事实,由此导致在同一个法律条文内对证据的理解存在自相矛盾。因为,如果将证据界定为"事实",那就会出现不真实者非证据,然而真实的证据还必须查证属实才能作为定案根据的逻辑矛盾,而"材料"本身没有真实的属性,有可能真也有可能假,所以必须要查证属实才能作为定案的根据,这样更符合逻辑,与"证据必须经过查证属实,才能作为定案的根据"相呼应。第三,证据概念应符合司法证明的实践。在刑事诉讼过程中,控辩双方都会去收集能够证明案件事实的材料,此时,对于控辩双方而言,这些材料都是证据,因为谁也不会故意去收集不能证明案件事实的材料。但这些材料最终能否被法院采纳为认定案件事实的证据,则取决于该材料是否经过法定程序查证属实。我们认为,2012年《刑事诉讼法》采纳材料说是较为科学的。但是,需要注意的是,这并不意味着对证据真实性的要求有所降低,也就是说并不意味着不真实的材料可以作为定案的根据。对于公安机关、人民检察院和人民法院的办案人员而言,在诉讼过程中应当广泛而全面收集与案件事实具有相关性的材料,这些材料中只有那些经过法定程序查证属实的,才能作为认定案件事实的根据。

  2012年《刑事诉讼法》对证据概念的修改,体现了证据法学的三点基本规律:其一,证据必须与案件事实有关联性。关联性也称相关性,是指证据必须与案件事实有实质联系,从而对案件事实有证明作用。"用于证明"的意思是指证据与案件事实有相关性,对于表明案件事实的存在或不存在更有可能还是更无可能具有价值。其二,证据应具有证据能力,体现了证据合法性以及程序正义的要求。"可以"表明并不是一切与案件事实有关联、有证明作用的材料都是证据,那些根据法律规定不具有证据能力的材料应予排除,即丧失了作为证据的资格。将原法条中"一切"一词删除的立法意图表明,证据法的价值取向是证明案件事实的材料应受到限制,即依法具有证据能力的材料才可以作为证据,体现了对证据合法性和程序正义的要求。其三,对证据概念的不同认识,既体现了人们的证据观念,又体现了人们对证据自身属性的认识程度,而证据规则又是应当与证据属性相符合的,否则,证据规则就成为无本之木,无法真正生根发芽。尽管传统证据法学理论中关于证据三性中包含证据的合法性,但往往理解为"具有合法的形式"或"属于法定证据种类",而缺少关于取证合法性的要求,以及非法取得的证据将丧失证据资格的内容。能证明案件真实情况的"一切事实"都是证据,就意味着只要能证明案件真实情况,都有资格作为证据使用,没有体现法律对证据资格或者合法性的要求,因此也就没有排除非法证据的可能性。"一切"是一个绝对化的词,而"可以用于"具有相对的意义,而且蕴含着某种资格,也就是说除了"可以用于"证明案件事实的材料之外,还有"不可以用于"证明案件事实的材料,这就是证据资格或证据能力的问题,也就是只有具有证据能力的材料才可以用于证明案件事实,而没有证据资格的材料,不能够用于证明案件事实。这实质上是一种证据观念的转变,从不限制证据资格,到通过规定非法证据排除规则对证据资格进行规范,符合证据法学基本原理和诉讼规律。

(二) 证据种类

证据种类,是指表现证据事实内容的各种外部形式。[①] 刑事诉讼法对证据进行分类,是对实践中用于证明案件事实的材料从法律层面的概括与界定。对证据种类进行划分的目的,一是为了以证据种类为基础构建科学的证据规则,规范证据的收集、审查和判断过程;二是便于诉讼主体在司法实践中更准确地运用证据。

1979 年《刑事诉讼法》规定了六种证据,即物证、书证;证人证言;被害人陈述;被告人供述和辩解;鉴定结论;勘验、检查笔录。这些证据种类,基本满足了当时办理刑事案件的需要。1996 年《刑事诉讼法》在证据种类上未作大的修改,只增加了一种新的证据形式——视听资料。这是《刑事诉讼法》顺应科技发展以及生活水平提高所带来的证据新载体的发展趋势的表现。立法不可避免地要受当时社会条件和科技发展水平的影响,1979 年制定《刑事诉讼法》时,录音机、录像机、电子计算机等产生视听资料的设备在生产、生活中的应用范围较小,更谈不上普及。在这种社会条件下,视听资料不仅在日常生活中较为少见,而且以视听资料的形式记录下来的犯罪活

---

① 陈光中主编:《刑事诉讼法学》,中国人民公安大学出版社、人民法院出版社 2004 年版,第 214 页。

动也并不普遍。因此,视听资料这种在20世纪90年代以后才逐渐在社会生活中普及的新证据形式,在1996年修正《刑事诉讼法》时将其作为一种新的证据形式纳入法定证据种类是顺理成章的。除此之外,1996年《刑事诉讼法》对其他证据种类未作改动。

随着社会生活的变化、犯罪形态的多样化以及科技的发展,不断出现新的承载案件事实信息的材料形式,如果不将其纳入法定证据种类,将导致实践中能用于证明案件事实的材料由于难以归属于法定的证据种类而无法取得证据资格的问题。根据司法实践的需要,2012年《刑事诉讼法》对证据种类进行了较大修改,不仅对现有证据种类的排列方式以及证据名称进行修改,而且增加了一些新的证据种类。在1996年《刑事诉讼法》第42条的基础上对证据种类进行了修改:(1)将物证与书证分为两项列举,第2款也相应地由原来的七项增加为八项;(2)将第五项"鉴定结论"改为"鉴定意见";(3)增加新的证据种类。在第48条第2款第七项中增加了辨认、侦查实验等笔录。随着侦查技术的发展,新的侦查取证行为不断出现,更多的笔录形式也随之产生,因此,在原来勘验、检查笔录的基础上,增加了辨认、侦查实验笔录两种形式,还增加了"等"字,可以将侦查中除上述四种笔录之外的其他笔录涵盖其中,例如搜查笔录、提取笔录、扣押笔录等。在第八项中增加"电子数据",与视听资料并列。之所以没有将视听资料与电子数据完全分离为两种独立的证据种类,是因为在现代电子信息技术高速发展的情况下,许多视听资料以电子数据为载体和表现形式,难以截然分开,可以在适用过程中结合具体情况来决定。这无论是在立法技术上,还是在证据理念上都是一个进步。

为了更清晰地展现从1979年《刑事诉讼法》到2012年《刑事诉讼法》证据种类的发展变化,以下分别对有变化的证据种类的发展历程进行分析:

1. 物证与书证

物证和书证自1979年《刑事诉讼法》将其作为法定证据种类之后,在1996年修正时并未对其进行变动,即将其并列为第42条第2款第1项。2012年《刑事诉讼法》将物证与书证分两项单独规定,体现了以下两点基本规律:其一,证据种类的划分应当清晰体现证据载体的独特属性。将物证、书证分项列举,将二者更加清晰区分开来,更符合物证和书证的证据属性。

尽管物证和书证都属于实物类证据,然而两者在表现形式、收集、审查判断的方法以及发挥证明作用的方式等方面有较大差异。本条将两者分项列举,使其在立法上清晰地表现为两个独立的证据种类,符合物证与书证的本质属性。其二,证据种类的划分和列举应体现证据在司法证明实践中的地位,体现更加重视物证和书证等实物证据的理念,增强物证、书证在司法实践中的独立性和重要性。这也体现了中国刑事诉讼制度逐步突出实物证据在整个证据体系中的作用的发展趋势。

2. 辨认笔录

辨认是在侦查人员主持下由被害人、证人、犯罪嫌疑人对人身、物品、尸体或者场所进行识别认定的一种侦查行为。辨认笔录是指在侦查人员主持下通过对被害人、证人的询问,就其对辨认对象观察判断过程及结果的一种书面记录,也就是说,辨认笔录是侦查人员以书面记录的形式全面、如实记录辨认过程和辨认结果的笔录。1979年《刑事诉讼法》和1996年《刑事诉讼法》均未对辨认笔录的证据资格作出规定。由此导致实践中侦查机关在辨认存在诸多不规范之处。辨认笔录在2012年《刑事诉讼法》中首次出现。在1996年《刑事诉讼法》修正之后,公安部和最高检察院发布的规则中规定了辨认笔录。例如,1998年《公安部规定》第251条规定"辨认经过和结果,应当制作《辨认笔录》",1999年《最高检察院规则》第214条规定"辨认的情况,应当制作笔录,由参加辨认的有关人员签名或者盖章"。1999年《最高检察院规则》第210条至第215条规定了辨认应当遵守的规则,规定了辨认的主体、主持者、对象及辨认的具体程序。然而1998年《公安部规定》对辨认的具体规则与此有较大不同。① 辨认笔录作为法定证据形式被写进《刑事诉讼法》,满足了司法实践的需要。但是,由于《刑事诉讼法》并未规定辨认的程序规则,导致无法判断辨认笔录的合法性,对于辨认笔录的排除也缺乏相应的法律依据。2010年《办理死刑案件审查判断证据若干问题的规

---

① 第一个区别是混杂辨认的数量要求。1999年《最高检察院规则》第213条规定:"辨认犯罪嫌疑人时,受辨认人的人数不得少于五人,照片不得少于五张。辨认物品时,同类物品不得少于五件,照片不得少于五张。"1998年《公安部规定》第249条规定:"辨认犯罪嫌疑人时,被辨认人的人数不得少于七人;对犯罪嫌疑人照片进行辨认的,不得少于十人的照片。"第二个区别是对犯罪嫌疑人进行辨认的批准程序不同。1999年《最高检察院规则》第210条规定,对犯罪嫌疑人进行辨认,应当经检察长批准。而公安部《办理刑事案件程序规定》第246条规定则是应当经办案部门负责人批准。

定》第 30 条规定了辨认规则、瑕疵辨认笔录的补正及排除规则。2012 年《最高法院解释》将这一规则加以吸纳,并且明确了对辨认笔录应当着重审查的内容,进一步完善了辨认笔录审查规则体系。①

在 2012 年《刑事诉讼法》修改之前,辨认笔录是否是独立的证据种类,在我国理论界存在较大的争议。主要有两种观点。"非独立证据说",即辨认笔录分别属于证人证言、被害人陈述、犯罪嫌疑人供述。其理由是:辨认笔录中的辨认主体与证人证言、被害人陈述、犯罪嫌疑人供述三种证据的提供主体完全相同,无论是询问笔录,还是讯问笔录,均是证言、被害人陈述、犯罪嫌疑人供述的外在记载形式,并未改变其作为该种证据的内在本质。既然我国《刑事诉讼法》并未规定辨认的法定程序和辨认笔录这种证据形式,在刑事诉讼中采纳辨认笔录作为定案根据是错误的。第二种观点是"独立证据说",辨认笔录是一种单独的诉讼证据形式。因为:辨认笔录是辨认人对既往的感知回忆以及在回忆基础上进行判断后得出的结论,辨认过程是在有参照物的情况下进行的再认识;而证人证言、被害人陈述、犯罪嫌疑人供述则仅仅是证人、被害人、犯罪嫌疑人对其经历的一种回忆。因而在性质上辨认笔录与证人证言、被害人陈述、犯罪嫌疑人供述有着本质的差异。2012 年《刑事诉讼法》采纳了独立证据说,确认了辨认笔录与单纯的证人证言、被害人陈述、犯罪嫌疑人供述具有本质的区别,在遵循了辨认规则并且经过查证属实的辨认笔录可以作为证据使用,这一规定符合证据本身的内在规律。

需要注意的问题是,辨认以及辨认笔录的制作都必须依照法定的程序进行,否则其真实性无法得到保障,进而其证据资格可能会丧失。虽然 2012 年《刑事诉讼法》将辨认笔录规定为一种独立的证据种类,但是仍然未对辨认应当遵循的规则进行明确规定。尽管 1998 年《公安部规定》和 1999 年《最高检察院规则》规定了辨认的规则,但是由于存在一定的差异,缺乏统一

---

① 2012 年《最高法院解释》第 90 条规定:"对辨认笔录应当着重审查辨认的过程、方法,以及辨认笔录的制作是否符合有关规定。辨认笔录具有下列情形之一的,不得作为定案的根据:(一)辨认不是在侦查人员主持下进行的;(二)辨认前使辨认人见到辨认对象的;(三)辨认活动没有个别进行的;(四)辨认对象没有混杂在具有类似特征的其他对象中,或者供辨认的对象数量不符合规定的;(五)辨认中给辨认人明显暗示或者明显有指认嫌疑的;(六)违反有关规定、不能确定辨认笔录真实性的其他情形。"

性,在司法实践中存在标准不统一的问题。因此,在《刑事诉讼法》实施过程中,需要制定统一的辨认规则。

3. 鉴定意见

鉴定意见是由鉴定人接受委托或者聘请,运用自己的专门知识和现代科学技术手段,对诉讼中的专门性问题检测、分析判断后,所出具的结论性书面意见。我国1979年《刑事诉讼法》和1996年《刑事诉讼法》均将其命名为"鉴定结论"。2012年《刑事诉讼法》将"鉴定结论"改为"鉴定意见",体现了三点规律:其一,有明确法律依据,或者说有先例可循。"鉴定意见"一词在2005年《全国人大常委会关于司法鉴定管理问题的决定》中已经使用;其二,更加符合证明力理论。在自由心证制度之下,任何证据都没有绝对确定的证明力,由法官自由裁量,鉴定领域的专家意见也是如此,"鉴定意见"这种证据同样没有预先的证明力。鉴定结论在法理上确实以"专家意见"形式存在。在我国,鉴定结论是科学检验型证据的一种,科学证据都可以表述为"科学领域内的专家意见",在自然科学、人文科学和社会科学领域,任何专家都不可能说自己的意见就是"结论",科技是不断发展的,而且专家的意见只是利用自己的知识、经验和技术设备进行分析和判断所提出的观点和意见,而且鉴定专家所用的专业知识、经验和设备,有些具有确定性和成熟性,有的具有探索性、不成熟性,而不是特定专业问题的最终结论。其三,用词更加严谨。鉴定结论的表述不严谨,存在逻辑矛盾。"结论"带有确定性、定论性的意味,将鉴定人的鉴定结果称为"鉴定结论",法官发现鉴定过程、鉴定依据或者鉴定人的资格等存在问题,从而不采纳鉴定结果,就导致确定性、定论性的结论被否定的逻辑矛盾。本次修改更能体现鉴定意见这种科学证据自身的科学性,即鉴定是鉴定人凭借其专门知识对案件的专门问题发表意见的活动,鉴定人表达出来的这些意见并非一定是不可动摇的完全准确的科学结论。体现了对技术和专门知识不盲从的科学态度。因此,将鉴定结论改为鉴定意见,更能体现司法鉴定活动及结果的本质属性和自身规律,同时也有利于消除当前我国司法实践中盲目依赖、甚至迷信鉴定结论,视鉴定结论为最终判断而忽视对鉴定结论的质证的不良习惯。修改之后,就要求公安司法机关的办案人员在审查鉴定意见时,不要轻信专家和鉴定机构,而是要敢于承担对鉴定意见的把关义务,善于利用程序机制将虚假的、违反科学原理的、不能正确反映案件事实的鉴定的鉴定意见排除在外，从而保障准确认定案件事实。

4. 视听资料和电子数据

视听资料是以录音、录像、电子计算机以及其他高科技设备所储存的信息证明案件真实情况的证据。视听资料是1996年《刑事诉讼法》增加的一种证据种类。1979年制定《刑事诉讼法》时，我国刚从十年动乱中解脱出来，正常的生产和生活秩序刚刚得以恢复，人们的生活条件和科技发展水平较低，能产生视听资料的电子设备在社会生活中尚未广泛应用，以视听资料为表现形式的证据在刑事诉讼中的作用甚微，因此，将其列入法定的证据种类的条件尚不具备。随着科学技术的迅速发展，录音、录像、电子计算机以及其他高科技设备日益广泛地应用于司法领域。这些设备所储存的信息具有证据价值，在理论界已经达成共识，将视听资料规定为新型的证据种类的社会基础和理论基础已经具备。视听资料在刑事诉讼实践中已经被广泛作为证据使用，只是没有法律上的"名分"而已，1996年修改《刑事诉讼法》时，顺应新形势下刑事司法实践的需要，将视听资料规定为一种新的证据种类。

随着世界电子化、信息化潮流的不断发展，一种新型的证据形式——电子数据在诉讼中的运用越来越普遍，不少国家还专门制定了规范电子数据运用的法律或规则。2012年《刑事诉讼法》在第48条第2款第8项中增加了电子数据。这是证据法学理论研究成果的直接体现。我国证据法学界对于应当赋予电子数据以证据地位已经达成共识，但是有两个问题仍然没有得到完全解决。其一，名称问题，即将其称为"电子数据"还是"电子证据"仍存在不同看法，有司法解释将其称为电子证据。其二，电子数据与视听资料的关系问题。尽管电子数据和视听资料是两种独立的证据形式，但是实践中仍然存在视听资料和电子数据难以完全分开的问题，因此2012年《刑事诉讼法》并未将两者分项列举。2012年《刑事诉讼法》将电子证据作为一种独立的证据种类加以规定，主要体现了以下三点基本规律：其一，电子数据具有区别于其他证据的显著特征，同时它又几乎涵盖了所有传统证据类型，把它纳入哪种传统证据形式都不合适，将其作为独立的证据形式更加科学；其二，所有电子证据都以电子数据为存在和呈现形式，将其称为"电子数据"更符合传统的证据分类标准。同时，其他证据形式的名称都没有"证据"一词,将其称为"电子数据"更能保持法律用语的协调性;其三,鉴于电子数据在刑事诉讼中作为证据使用已是必然,而传统的视听资料与电子数据在其属性上既存在根本区别,又存在密切联系,2012年《刑事诉讼法》将电子数据和视听资料合并作为一种证据种类进行规定的立法方法,既有效解决了司法实践中将电子数据作为证据使用的法律根据问题,也避免了在某些特殊情况下,如在电子计算机网页的视频文件,视听资料与电子数据难以截然分开的难题,因此,如此规定在立法技术上是比较恰当的。随着信息技术的不断发展,电子证据的新类型还会不断涌现。只要与计算机及信息技术相关的能够证明案件事实但又明显不属于其他证据种类的材料,原则上均可以纳入电子数据的范围。

《刑事诉讼法》的两次修改都增加了证据种类这一现象表明,对证据进行分类应当同时兼顾证据类型界定的科学性与证据类别体系的逻辑性和包容性。证据种类在《刑事诉讼法》两次修正中都有变化,而且呈逐渐增多的趋势,这体现了《刑事诉讼法》关于证据种类的规定不断适应社会、经济、科技的发展以及犯罪形式多样化、复杂化对刑事诉讼证明提出的更高要求的发展趋势。

三、刑事诉讼举证责任分配原则

2012年《刑事诉讼法》第一次明确了刑事诉讼中的"举证责任",这是我国《刑事诉讼法》首次对举证责任作出明确规定。这使得《刑事诉讼法》修改在1996年初步体现无罪推定原则精神的基础上,又向从实质上、从证据制度上落实无罪推定原则迈出了重要一步,更加体现了我国《刑事诉讼法》不断深入推进无罪推定原则的发展趋势,也体现了现代刑事诉讼发展的一般规律。2012年《刑事诉讼法》所使用的"举证责任"一词,体现了我国刑事诉讼传统、诉讼模式以及诉讼证明本身的规律。按照我国证据法学基本理论,"举证责任"应理解为审判阶段控辩双方为支持自己的主张和说服裁判者所承担的证明责任,它包括提供证据责任和结果责任两层含义。前者是从诉讼过程的角度对控辩双方的举证提出要求,它随着法庭调查的展开,可以在控辩双方来回转换,进而推动审判程序的发展直至法庭调查的结束。后者从诉讼结果的角度对控辩双方的举证提出要求,即如果在法庭调查结束后,如果出现案件事实真伪不明,则由承担结果责任的一方承担败诉的后果。① 公诉人或自诉人如果要完成举证责任,需要经过收集证据、在法庭上提出证据和运用证据说服法官这三个步骤,并且使审判人员确信证明被告人有罪的证据已经达到了确实、充分的程度,其举证责任方才卸除。

从 1996 年《刑事诉讼法》第 170 条、第 171 条体现自诉人承担举证责任的精神,到 2012 年《刑事诉讼法》第 49 条明确规定"公诉案件中被告人有罪的举证责任由人民检察院承担,自诉案件中被告人有罪的举证责任由自诉人承担",体现了我国《刑事诉讼法》逐步贯彻无罪推定原则的发展趋势,符合现代刑事诉讼的发展规律。无罪推定原则是刑事诉讼举证责任分配的基本原则,其包含三项内容:在法院作出有罪判决之前,应当假定犯罪嫌疑人、被告人无罪;证明被告人有罪的举证责任由控诉方承担,不得强迫任何人证明自己有罪;构成犯罪的事实不清,证据不足的,按照无罪处理。1979 年《刑事诉讼法》没有体现无罪推定原则,也没有规定举证责任如何分配。1996 年《刑事诉讼法》第 12 条体现了无罪推定原则的精神,但是并未明确规定刑事诉讼中的举证责任。在第 162 条新增加了第 3 项内容:"证据不足,不能认定被告人有罪的,应当作出证据不足、指控的犯罪不能成立的无罪判决。"虽然依然没有直接规定举证责任的承担者,但是学术界一般认为该规定实际上表明了证明被告人有罪的责任由控诉方承担的内容,并且体现了无罪推定的精神。关于自诉案件的举证责任,1996 年《刑事诉讼法》第 170 条、第 171 条的内容有所体现。1996 年《刑事诉讼法》第 170 条规定的"被害人有证据证明的轻微刑事案件;被害人有证据证明对被告人侵犯自己人身、财产权利的行为应当依法追究刑事责任,而公安机关或者人民检察院不予追究被告人刑事责任的案件"属于自诉案件,第 171 条第 1 款第 2 项规定:"缺乏罪证的自诉案件,如果自诉人提不出补充证据,应当说服自诉人撤回自诉,或者裁定驳回。"虽然这两条并未明确采用"自诉案件中被告人有罪的举证责任由自诉人承担"的表述,但是从条文内容来看,自诉人应当对起

---

① 陈光中主编:《〈中华人民共和国刑事诉讼法〉修改条文注释与点评》,人民法院出版社 2012 年版,第 54 页。

诉的案件事实提供足够充分的证据证明,否则法院不会立案受理,隐含了自诉人应当负举证责任的意思。

由于《刑事诉讼法》未明确规定举证责任,可能会导致实践中不能很好贯彻无罪推定原则,甚至让被告人承担举证责任。尤其是1996年《刑事诉讼法》第35条规定:"辩护人的责任是根据事实和法律,提出证明犯罪嫌疑人、被告人无罪、罪轻或者减轻、免除其刑事责任的材料和意见,维护犯罪嫌疑人、被告人的合法权益。"其中"证明"一词表明让辩护人承担犯罪嫌疑人、被告人无罪、罪轻或者减轻、免除其刑事责任的材料和意见,实际上是让辩护人承担举证责任,尽管不是证明犯罪嫌疑人、被告人有罪,但是让辩护方证明犯罪嫌疑人、被告人无罪、罪轻也是有违无罪推定原则的。因此,2012年《刑事诉讼法》不仅将该条中的"证明"一词删除,彻底贯彻无罪推定原则,并且与第49条规定的举证责任相协调。

由控诉方承担证明被告人有罪的举证责任是贯彻无罪推定原则的要求,体现了现代刑事诉讼的发展规律。无罪推定原则是当今世界各国普遍实行的一条刑事诉讼原则,我国加入或缔结的许多国际条约要求在刑事诉讼中贯彻无罪推定原则,而且我国1996年《刑事诉讼法》已经在第12条中体现该原则的精神。因此,2012年《刑事诉讼法》明确规定控诉方承担被告人有罪的举证责任是进一步贯彻无罪推定原则的体现。无罪推定既然假定被告人在法院依法作出有罪判决前是无罪的人,那么,在任何具体案件中要推翻这一推定,就必须有确实、充分的证据,而推翻这项推定的责任在控诉方。公诉人和自诉人是刑事诉讼程序的启动者,要求法院判决被告人有罪,所以他们应当向法庭提供证据支持其要求和主张。如果控诉方不能举出证据并达到法定的证明要求,被告人将被判决无罪。在刑事诉讼中,被告人既不应承担自认有罪的责任,也不应承担证明自己无罪的责任。这是由控诉方和被告方在刑事诉讼中所处的地位决定的。被告人的诉讼主张是否定控诉方指控的犯罪事实,而单纯否定某事实的存在往往难以举证。诚然,被告人在审判中可以举出证据证明自己无罪或者罪轻。但是,这属于法律赋予被告人的辩护权,是权利而不是责任或义务。被告人既可以选择行使辩护权,也可以选择放弃,不能仅仅因为其不行使辩护权就对其作出不利的事实认定或判决。

四、不得强迫任何人证实自己有罪原则

公检法机关办案人员依照法定程序收集证据的原则在1979年《刑事诉讼法》中首次进行规定，为我国刑事诉讼取证程序的规范化奠定了基础。1996年《刑事诉讼法》没有进行修改，但实事求是地说，《刑事诉讼法》基于程序正当性和保障公民基本权利的考虑，已经在一定程度上体现了不得强迫任何人证明自己有罪这一原则的精神和部分内容。1979年《刑事诉讼法》对于禁止刑讯逼供已经有所规定，"严禁刑讯逼供和以威胁、引诱、欺骗以及其他非法的方法收集证据"。而且在1979年9月9日中共中央《关于坚决保证刑法、刑事诉讼法切实实施的指示》中规定："严禁公、检、法机关以侮辱人格、变相体罚，刑讯逼供等非法手段对待违法犯罪人员或被拘留、逮捕、羁押人员。"1996年《刑事诉讼法》第43条严禁刑讯逼供和以威胁、引诱、欺骗以及其他非法的方法收集证据。必须保证一切与案件有关或者了解案情的公民，有客观地充分地提供证据的条件。对强迫被讯问人供述而构成犯罪的，还要依照刑法有关规定追究刑事责任。此外，根据有关司法解释，以刑讯等强制手段获得的供述，不得作为控诉和定罪的证据。这表明，我国《刑事诉讼法》已经严厉禁止任何违背人的意志而强迫其供述的行为。从这个角度讲，立法已体现了任何人不得强迫自证其罪原则的精神。2012年《刑事诉讼法》将这一原则进一步予以明确和深化，在原第43条的基础上增加了"不得强迫任何人证实自己有罪"，即从法律上明确了不得强迫自证其罪原则。

2012年《刑事诉讼法》的这一修改，体现了我国《刑事诉讼法》刑讯逼供等非法取证行为坚决否定和抵制的一贯立场，更加突出保障犯罪嫌疑人、被告人陈述自愿性，同时配合"严禁刑讯逼供和以威胁、引诱、欺骗以及其他非法方法收集证据"的规定，明确禁止一切形式的强迫陈述的行为，更好地平衡了保障人权、程序正义与发现真实的多元价值。近年来，我国学术界对于在我国《刑事诉讼法》中确立任何人不得强迫自证其罪原则已经达成共识，并为之大声疾呼，此次修改合理吸收了学术界的研究成果，符合现代刑事诉

讼法的发展规律和国际潮流。

不得强迫任何人证实自己有罪的规定也存在一些不足之处：一方面，是"证实"的措辞存在问题。在汉语中"证实"与"证明"存在本质上的差异，从立法精神上看，本条中的证实为证明，因此，在立法措辞上如采用"证明"二字，可能会显得更为准确。另一方面，基于对发现案件真实的追求，2012年《刑事诉讼法》第118条仍然保留了"犯罪嫌疑人对侦查人员的提问，应当如实回答。但是对与本案无关的问题，有拒绝回答的权利"的规定，由此导致新《刑事诉讼法》有关不被强迫自证其罪的规定尽管具有突破意义，但也在充分保障被追诉人陈述自愿性方面仍存在不足。可以说，严禁以强制等非法手段迫使供述人自我归罪与要求负如实陈述的义务，是我国刑事诉讼所追求的程序正当与发现真实的利益间的冲突在立法上的反映。随着我国刑事诉讼制度的完善和诉讼理念的更新，取消应当如实回答的规定是发展趋势。

五、证　明　标　准

为了解决刑事证明标准过于抽象和原则的问题，为司法实践提供具体的可操作的衡量方法与尺度，2012年《刑事诉讼法》第53条在继续沿用1979年、1996年《刑事诉讼法》关于证明标准的规定的基础上，对"证据确实、充分"应当符合的条件作出了具体规定：(1)定罪量刑的事实都有证据证明；(2)据以定案的证据均经法定程序查证属实；(3)综合全案证据，对所认定事实已排除合理怀疑。首次采用"排除合理怀疑"，作为法官综合全案证据，对案件事实最终形成确定无疑的内心确信提供指引。《刑事诉讼法》这一规定，合理吸收了司法解释中关于证据确实、充分的具体衡量标准的规定，对于统一司法实践部门对证明标准的认识具有重要的意义。

刑事案件的证明标准问题，长期以来是理论界和实务界关注的重点问题之一。由于1996年《刑事诉讼法》对证明标准的规定较为原则和抽象，被认为是总体性的政策要求，规范性和可操作性不强。学者们从理论上通常将这种法定的证明标准概括为"客观真实"或者"实事求是"标准。为了解决《刑事诉讼法》规定的证明标准缺乏可操作性问题,实务界做了有益的尝试。1999年《最高检察院规则》第286条第2款具体规定了属于"证据不足"的情形:据以定罪的证据存在疑问,无法查证属实的;犯罪构成要件事实缺乏必要的证据予以证明的;据以定罪的证据之间的矛盾不能合理排除的;根据证据得出的结论具有其他可能性的。这是从反面对1996年《刑事诉讼法》规定的证明标准内涵的一种阐释。2010年最高人民法院、最高人民检察院、公安部、国家安全部、司法部发布的《关于办理死刑案件审查判断证据若干问题的规定》第5条第1款、第2款对死刑案件中的证据确实、充分规定的条件是:定罪量刑的事实都有证据证明;每一个定案的证据均已经法定程序查证属实;证据与证据之间、证据与案件事实之间不存在矛盾或者矛盾得以合理排除;共同犯罪案件中,被告人的地位、作用均已查清;根据证据认定案件事实的过程符合逻辑和经验规则,由证据得出的结论为唯一结论。上述两个法条从正反两个方面对证据确实、充分的具体衡量标准进行阐释,体现了人民检察院和人民法院对证明标准的理解和实践经验。上述两个司法解释都对矛盾的合理排除问题进行了规定,可以说为本法首次采用"排除合理怀疑"的标准奠定了基础。本条规定吸收了上述司法解释中较为一致并且易于把握的内容,在一定程度上统一了司法实践部门对证明标准的认识,便于在司法实践中应用。

《刑事诉讼法》关于证明标准的具体化,体现了以下两个方面的基本规律:

一方面,"排除合理怀疑"与"案件事实清楚,证据确实、充分"相结合,可以更加全面系统地阐释刑事诉讼证明标准。增加"排除合理怀疑"的证明标准,是刑事诉讼立法充分借鉴和吸收学术界关于"排除合理怀疑"的研究成果的表现。"排除合理怀疑"滥觞于英美刑事诉讼的"排除合理怀疑"或者"超越合理怀疑"的证明标准。排除合理怀疑的证明标准要求排除的并不是"一切怀疑",也并不要求排除只有微弱可能性的怀疑,更不是想象的怀疑或者无端的猜测,而是有事实根据和逻辑依据的合理怀疑,它要求达到道德上的确信无疑的程度。本条采用的"排除合理怀疑"与英美刑事诉讼中的排除合理怀疑没有本质的区别。所不同的是,我们更加强调合理排除证据之间的矛盾,得出的结论为唯一结论。而且本条所明确的证明标准并不是单一的"排除合理怀疑"标准,而是将其作为"证据确实、充分"的具体衡量标准,与"案件事实清楚,证据确实、充分"一起,共同组成了我国刑事诉讼证明标准。从正面来说,要求对有罪事实的认定必须达到"确定"的程度,结论唯一;而从反向来说,必须是排除合理怀疑。《布莱克法律词典》对排除合理怀疑的定义中,包括"全面的证实、完全的确信或者一种道德上的确定性;这一词汇与准确、清楚、无可置疑这些词相当"。英国学者理查德·梅对"确定"与"超越合理怀疑"的解释也可资参考:"你们不能定罪,除非你们对被告的罪过已满意到确定的程度,即满意到超越合理怀疑的程度。"①因此,可以说排除合理怀疑与本条规定的"案件事实清楚、证据确实、充分"有密切的联系,两者结合可以更加清楚而全面地阐释刑事诉讼证明标准,将一个问题的两个方面予以揭示。

另一方面,合理规范法官的自由裁量权。可以说,"排除合理怀疑"既对法官形成案件事实清楚的心证提出了总体要求,又为法官心证的形成提供了指引,即应当综合全案证据,对案件事实中的合理怀疑都予以排除,才算达到了认定的犯罪事实清楚,证据确实、充分的要求,有利于统一法律适用标准。长期以来,由于原《刑事诉讼法》对于对证据确实、充分的具体衡量标准没有作出明确规定,导致对其存在不同的理解,造成实践中具体办理案件时,掌握的标准不尽一致。基于此,同样或者类似的案件,由于办案人员对于证明标准的不同理解,最终可能会产生不同的处理结果。明确证据确实、充分的条件,有利于在司法实践中统一法律适用标准,合理规范法官的自由裁量权。

在司法实践中,应当将"证据确实、充分"与"案件事实清楚"结合起来理解和运用。证据确实、充分与案件事实清楚两者相互依存、缺一不可,共同构成了证明标准的完整内容。只有证据达到确实、充分的程度,案件的事实真相才可能查清,如果证据尚不确实、充分,那么案件事实无法达到清楚的程度。只有案件事实清楚了,"证据确实、充分"的证明标准才具有现实意义。证据确实、充分的详细阐释,兼具形式和实质、证据的质和量、客观性和主观性的双重要求。证据确实,要求每个证据具有证据能力和证明力,即

---

① 〔英〕理查德·梅:《刑事证据》,王丽、李贵方译,法律出版社2004年版,第82页。

"定罪量刑的事实都有证据证明,据以定案的证据均已经法定程序查证属实"。证据充分,是要求全案证据的证明力足以证明案件事实,也就是 2012 年《刑事诉讼法》第 53 条第 2 款第 3 项规定的"综合全案证据,对所认定事实已排除合理怀疑"。在对事实的综合认定上,结论是唯一的,合理排除了其他可能性。

六、非法证据排除规则

(一) 非法证据排除的基本原则

1979 年《刑事诉讼法》第 32 条、1996 年《刑事诉讼法》第 43 条仅原则性地规定严禁刑讯逼供和以威胁、引诱、欺骗以及其他非法的方法收集证据,即"严禁刑讯逼供和以威胁、引诱、欺骗以及其他非法的方法收集证据"。但立法对非法获得的证据经查证属实,而没有具体规定非法获得的证据如何处理,导致这一条规定无法真正起到遏制非法取证的作用。1998 年《最高法院解释》第 61 条和 1999 年《最高检察院规则》第 265 条在此基础上增加了非法取证的法律后果,即凡经查证确实属于采用刑讯逼供或者威胁、引诱、欺骗等非法的方法取得的证人证言、被害人陈述、被告人供述,不能作为定案的根据。2010 年《办理刑事案件排除非法证据若干问题的规定》第 1 条、第 2 条、第 3 条和第 14 条分别规定了非法言词证据的范围、非法取得的物证、书证的排除条件和相应的排除原则,并且将非法证据排除适用范围拓展到人民检察院在审查批准逮捕、审查起诉中,对于非法言词证据应当依法予以排除,不能作为批准逮捕、提起公诉的根据,为从立法上建立具有可操作性的非法证据排除规则积累了经验。2012 年《刑事诉讼法》第 54 条合理吸收了上述司法解释的内容尤其是《办理刑事案件排除非法证据若干问题的规定》中为司法实践所证明具有可操作性的规则并有所发展,进一步明确了非法证据的范围、排除后果和适用的程序,使得非法证据及其排除程序的内涵和外延更加清晰,更加便于实践操作。2012 年《刑事诉讼法》第 54 条规定:"采用刑讯逼供等非法方法收集的犯罪嫌疑人、被告人供述和采用暴力、威胁等非法方法收集的证人证言、被害人陈述,应当予以排除。收集物证、书证不符合法定程序,可能严重影响司法公正的,应当予以补正或者作出合理解释;不能补正或者作出合理解释的,对该证据应当予以排除。在侦查、审查起诉、审判时发现有应当排除的证据的,应当依法予以排除,不得作为起诉意见、起诉决定和判决的依据。"为了给司法实践中准确把握"刑讯逼供""其他非法方法"提供可操作的标准,2012年《最高法院解释》和《最高检察院规则》进一步对此进行细化。根据2012年《最高法院解释》第95条第1款的规定:"使用肉刑或者变相肉刑,或者采用其他使被告人在肉体或者精神上遭受剧烈疼痛或者痛苦的方法,迫使被告人违背意愿供述的,应当认定为刑事诉讼法第54条规定的'刑讯逼供等非法方法'。"2012年《最高检察院规则》第65条对刑讯逼供的界定与《最高法院解释》基本相同,所不同的是在第2款、第3款分别对"刑讯逼供"和"其他非法方法"进行了界定:"刑讯逼供是指使用肉刑或者变相使用肉刑,使犯罪嫌疑人在肉体或者精神上遭受剧烈疼痛或者痛苦以逼取供述的行为。其他非法方法是指违法程度和对犯罪嫌疑人的强迫程度与刑讯逼供或者暴力、威胁相当而迫使其违背意愿供述的方法。"

确立非法证据排除规则是2012年《刑事诉讼法》修改的重要进步之一,主要体现了以下基本规律:

第一,排除非法取得的证据是抑制违法侦查、促进侦查行为规范化的重要手段,也有助于保障犯罪嫌疑人、被告人、证人和被害人的人权,从而维护程序正义。采用刑讯逼供等非法手段获取犯罪嫌疑人供述、以及采用暴力、威胁等非法方法获取证人证言、被害人陈述,获得背离事实真相的虚假陈述的可能性较大,一律排除非法言词证据,可以保障证据的真实性和可靠性,保证事实认定的准确性,从而维护实体正义。

第二,符合现代国际刑事诉讼制度的发展趋势。反对刑讯逼供等酷刑是联合国刑事司法准则的要求,也是现代国际刑事诉讼发展潮流。联合国《禁止酷刑和其他残忍、不人道或有辱人格的待遇或处罚公约》也规定了这一规则。我国是该公约的缔约国,在《刑事诉讼法》中增加非法证据排除规则,既是履行遵守公约的义务,又符合刑事诉讼国际发展趋势。

第三,在排除阶段上,遵循了刑事诉讼程序推进和运行的基本规律,既保证了非法证据及时发现、尽早排除的效果,又可以提高诉讼效率。将排除非法证据的诉讼阶段从审判阶段扩展到侦查和审查起诉阶段,既可以尽早将非法证据排除在诉讼程序之外,又可以起到最大限度遏制非法取证的效果。通过明确侦查机关、检察机关和人民法院在排除非法证据上各自的责任,可以增强三机关在各自负责的诉讼阶段发挥主动排除非法证据的作用,可以使非法证据排除规则的效果最大化。以检察机关在审查批捕和审查起诉中排除非法证据为例,人民检察院在侦查监督过程中,对于侦查机关的违法取证行为通常采用发出纠正违法意见书或违法通知书的方式进行监督,由于体制上的原因,导致监督效果不佳。通过赋予检察机关在审查批捕和审查起诉中排除非法证据的权力势必促使侦查机关改变办案方式,依法收集证据。检察机关既负有证明被告人有罪的举证责任,又负有证明证据合法性的举证责任,这促使检察机关在审查批捕和审查起诉过程中就要对证据的合法性进行审查,争取在审查批捕和审查起诉过程中尽早将非法证据预先排除,避免在庭审过程中陷于被动地位。这一规定拓展了传统意义上的非法证据排除的程序空间,使得非法证据得以尽早排除,不仅可以发挥侦查机关的自我纠错和检察机关的监督职能,而且可以提高诉讼效率。

第四,体现了吸收西方国家的先进经验与中国现阶段司法实践相结合的基本规律。允许对存在程序瑕疵的实物证据予以补正或者作出合理解释,较为适合我国国情。违法取得的实物证据由法官自由裁量是否排除,既有国外的经验可以参照,又符合我国司法实践状况。对非法取得的物证、书证是否要予以排除,国内外都存在较大争议,大部分国家均将是否排除的裁量权交给法官。2012年《刑事诉讼法》原则性地规定了非法取得的物证、书证排除的条件,只有严重影响司法公正,不能补正或作出合理解释的,才由法官根据案件的具体情况自由裁量是否排除。在我国目前的情况下,一律严格排除因取证手段违法所导致的瑕疵物证、书证不现实,对查清案件事实和正确惩罚犯罪会带来消极影响,通过立法要求提供证据这对该物证、书证因取证手段违法所导致的瑕疵予以补正或作出合理解释,则可能在一定程度上起到抑制违法取证的效果。

第五,体现了"法律的生命在于实施"的基本规律,提高了非法证据排除的可操作性。《刑事诉讼法》尽管规定了非法取得的物证、书证的排除规则,但是并没有明确规定"可能严重影响司法公正""补正"及"合理解释"的原则和具体标准。为了更好地在司法实践中统一把握"可能严重影响司法公正""补正"与"合理解释"的标准,2012年《最高法院解释》和《最高检察院规则》对《刑事诉讼法》的相关条文进行了细化,弥补了上述缺陷。根据《最高检察院规则》第66条第3款的规定,"可能严重影响司法公正"是指收集物证、书证不符合法定程序的行为明显违法或者情节严重,可能对司法机关办理案件的公正性造成严重损害。对此,《最高法院解释》第95条还规定了"可能严重影响司法公正"的衡量因素,即应当综合考虑收集物证、书证违反法定程序及所造成后果的严重程度等情况;"补正"是指对取证程序上的非实质性瑕疵进行补救;"合理解释"是指对取证程序的瑕疵作出符合常理及逻辑的解释。这些司法解释较为清晰地界定了在实践操作中容易产生模糊认识从而导致无法落实的问题,在很大程度上统一了司法人员的认识和衡量标准,提高了非法证据排除原则可操作性。从立法和司法解释的层面保证了非法证据排除规则从"立法"走向"实施"。

(二) 非法证据排除的程序

1979年和1996年《刑事诉讼法》没有涉及非法证据排除的程序。2010年《关于办理刑事案件排除非法证据若干问题的规定》(以下简称2010年《非法证据排除规定》)第5条第1款和第8条对此作出了较为明确的规定。2010年《非法证据排除规定》第5条第1款规定:"被告人及其辩护人在开庭审理前或者庭审中,提出被告人审判前供述是非法取得的,法庭在公诉人宣读起诉书之后,应当先行当庭调查。"该条只规定对非法取得的被告人审前供述进行调查,并没有对违法取得的其他言词证据以及实物证据的启动程序进行规定。2012年《刑事诉讼法》第56条第1款规定:"法庭审理过程中,审判人员认为可能存在本法第54条规定的以非法方法收集证据的情形的,应当对证据收集的合法性进行法庭调查。"为了进一步明确提出非法证据排除申请的一方在启动非法证据排除程序上的责任,该条第2款规定:"当事人及其辩护人、诉讼代理人有权申请人民法院对以非法方法收集的证据依法予以排除。申请排除以非法方法收集的证据的,应当提供相关线索或者材料"。为了进一步明确线索或者材料的范围,2012年《最高法院解释》第96条将其具体化为"涉嫌非法取证的人员、时间、地点、方式、内容等相关线索或者材料。"2012年《刑事诉讼法》细化了非法证据排除的程序,将其分为非法证据排除的启动程序、非法证据排除的法庭调查程序两个方面。同时,《最高法院解释》和《最高检察院规则》在《刑事诉讼法》的基础上对非法证据排除程序更加细化,使得非法证据排除真正从原则走向了规则,具有很强的可操作性。这体现了刑事诉讼法修改更加注重细节、更加注重制度的可操作性和现实可行性的发展趋势。

从1979年和1996年《刑事诉讼法》仅原则规定禁止采用刑讯逼供以及威胁、引诱、欺骗等非法方法获取证据而并未规定非法取证的法律后果,到2012年《刑事诉讼法》明确规定非法证据排除的程序,再到通过2012年《最高法院解释》《最高检察院规则》等司法解释进一步细化非法证据排除程序,体现了刑事诉讼法修改的以下基本规律和发展趋势:

第一,注重刑事诉讼立法的技术性,立法技术不断提高。主要体现在两个方面:一方面,通过刑事诉讼法修改,规定非法证据排除规则的基本程序、更加细致的程序规则,尤其是公检法机关各自的操作程序由各机关的司法解释来规定,这样既保证非法证据排除程序有法可依,又防止《刑事诉讼法》规定的排除程序过于详细而带来的立法技术问题,充分发挥立法和司法解释各自的作用。另一方面,提高程序的可操作性必须建立在程序设计具备完整性、协调性和逻辑性的基础之上。2012年《刑事诉讼法》和相关司法解释所确立的非法证据排除程序很好地体现了这一规律和趋势。非法证据排除的程序更加完整,包括当事人提出排除非法证据的启动程序、人民法院的审查程序、人民检察院的调查程序、法庭组织证据调查程序等,而且各程序之间有序衔接,具有较强的协调性和逻辑性。这些都是非法证据排除规则在司法实践中得到贯彻落实并发挥实效的重要保障。以证据合法性调查的启动程序为例。对于证据是否为非法手段取得和应否予以排除,需要通过一个公正但又不至于无端妨碍诉讼效率的程序来予以审查和决定,因此除了要设计一套科学、公正的程序来对证据合法性问题进行公正的调查与判断外,还需要对启动该程序的条件与方式作出明确的规定,以使排除非法证据这一原则性规定可以通过一个具体的、具有可行性的程序予以落实,防止其由于没有具体程序运作而沦为口号和空谈,同时又可以防止无端、随意地启动该程序而对诉讼效率和诉讼顺利进行造成不必要的影响。《刑事诉讼法》规定由申请排除非法证据的当事人及其辩护人、诉讼代理人提供非法取证的线索或者材料,符合刑事诉讼原理和基本规律:首先,对证据的合法性进行审查和裁决是一种程序性事实的证明,这种裁决活动只解决证据取得合法性的问题,不以追究其刑事责任为目的。提出非法取证的动议是一种程序性的主张,按照"谁主张,谁举证"的举证责任分配的基本原理,同时要求申请启动这一程序的一方承担初步证明责任并不违反无罪推定原则。其次,申请人尤其是被告人具有提供线索或者证据的便利,因为被告人对诉讼过程发生的非法取证行为更为清楚,也更为敏感,有接触证据、提供线索的便利,更容易从反方向揭示控诉方取证行为的非法或者瑕疵。再次,要求申请人提供涉嫌非法取证的线索或者证据,可以有效地防止启动证据合法性审查程序的随意性。同时,考虑到被告人及其辩护人所处的不利诉讼地位和取证困难,对这种初步责任又不能规定得过于严苛。最后,申请人提供涉嫌非法取证的线索或证据,可以使检察机关的举证和法庭审理活动更具有针对性,保障诉讼活动顺利进行。

　　第二,体现了非法证据排除调查程序自身的证明规律。非法证据排除属于程序性事项,在证明对象、举证责任和证据调查程序等方面与实体法事实的证明存在较大差异。因此,对非法证据排除程序的规定,应当遵循其自身的证明规律。首先,从2010年《非法证据排除规定》到2012年《刑事诉讼法》和相关司法解释都将启动证据合法性调查程序的提供线索或材料的责任与证据合法性的举证责任加以区分。2010年《非法证据排除规定》第6条规定了辩护方提供线索或者证据的责任并明确列举了线索或证据的类型,即"被告人及其辩护人提出被告人审判前供述是非法取得的,法庭应当要求其提供涉嫌非法取证的人员、时间、地点、方式、内容等相关线索或者证据"。这里仅要求辩方提供涉嫌违法取证的人员等线索或者证据,并不要求辩方以确实、充分的证据来证明确实存在非法取证的事实。同时,由于被告人有可能被多人刑讯而并不一定知道所有人的姓名,甚至有可能被带到其所不知道的地点进行刑讯,因此也不应要求辩方必须明确提供非法取证的人员的姓名、被刑讯的具体地点等细节。其次,规定检察机关对侦查人员取证行为的合法性承担举证责任,符合举证责任分配的基本规律。1979年和1996年《刑事诉讼法》对非法证据排除的举证责任并未明确规定。由于立法及司法解释没有对非法证据排除中的举证责任分配作出明确,司法实践中,当被告人及其辩护人提出控方证据系以非法手段取得并要求予以排除时,法院经常责令被告人及其辩护人举证证明,或者法院自行调查。但是,由于被告人被限制人身自由,根本没有取证能力;辩护人以及法官虽然可以进行调查取证,但往往因时过境迁或者有关侦查机关及看守所不愿配合,因而难以证明控方证据非法取得,结果使得控方提交的非法证据因诉讼证明困难而难以被排除。正是为了解决实践中的这一难题,2010年《非法证据排除规定》第11条规定,对被告人审判前供述的合法性,公诉人不提供证据加以证明,或者已提供的证据不够确实、充分的,该供述不能作为定案的根据。这一规定尽管没有明确检察机关对证据合法性承担举证责任,并且仅限于对被告人审判前供述合法性的证明,但是,已经表明了检察机关应当对审前供述的合法性应当负举证责任。2012年《刑事诉讼法》吸收司法解释的合理因素,在第57条第1款规定:"在对证据收集的合法性进行法庭调查的过程中,人民检察院应当对证据收集的合法性加以证明。"新法对举证责任的表述更加明确,也更具有原则性,而且其范围是所有证据的收集合法性问题。这一规定,体现了刑事诉讼立法在举证责任分配问题上更加成熟和理性,综合考虑了多种因素来配置非法证据的举证责任。因为在某些情况下,出于举证的难度、事实发生的盖然性大小以及刑事政策等因素的考虑,法律规定不由提出主张一方就该事实存在承担举证责任,而由否认该事实存在的对方就该事实不存在承担举证责任。具体来说,被告人、辩护人、被害人及其诉讼代理人主张证据是非法取得的,也即主张存在刑讯逼供等违法取证的事实,根据举证责任分配的基本原理,本来应由申请人就存在刑讯逼供等违法取证的事实承担举证责任,但由于犯罪嫌疑人在侦查阶段处于被调查的地位,尤其是在接受讯问的时候,其处于完全由讯问人员控制或主导的环境中,很难取得可以证明存在违法取证事实的确实、充分的证据。被害人与被告人在这方面的举证能力上基本相同,让其承担举证责任也不合理。因此,2012年《刑事诉讼法》规定被告人及其辩护人、被害人及其诉讼代理人作为启动非法证据调查程序的申请方,不需要以确实充分的证据来证明其主张的非法取证的事实确实存在。相反,只要法庭对取证手段的合法性产生了疑问,检察机关就需要以确实、充分的证据来证明其取证手段合法,消除法官对于存在违法取证行为的怀疑,否则,法官即可认定非法取证行为存在,相关证据应当予以排除。

第三,非法证据排除程序应当与中国国情相适应。因为非法证据排除规则是舶来品,所以为了避免产生法律移植过程中的"排异反应",在建立我国非法证据排除规则时必须注重与中国国情相适应。首先,2012年《刑事诉讼法》关于非法证据排除启动程序和举证责任的规定符合我国国情。一方面,我国侦查公开的程度较低,辩护方对抗控方非法取证行为的能力还非常有限。在这种情况下,由辩护方承担控方证据系非法所得的举证责任不现实。另一方面,随着我国对讯问过程进行录音录像制度的推广,看守所人身检查、拍照制度的实施以及侦查行为规范化的发展,由控方证明其证据收集程序的合法性也相对比较容易。其次,关于侦查人员或其他有关人员的出庭说明情况的规定符合诉讼法理,也比较切合我国当前的司法实际。2012年《刑事诉讼法》吸收了《关于办理刑事案件排除非法证据若干问题的规定》中的"经依法通知,讯问人员或者其他人员应当出庭作证"的规定。但是,与《关于办理刑事案件排除非法证据若干问题的规定》规定不同的是,2012年《刑事诉讼法》的措辞是"出庭说明情况"而不是"出庭作证",这更加符合诉讼法理。出庭说明情况是指有关侦查人员或者其他人员来到法庭,在控辩审三方面前,就其收集有关证据的过程、手段等情况向法庭陈述并接受各方的询问。因为侦查人员的取证行为是否合法,最清楚的无疑是侦查人员本人以及被取证人。因此,侦查人员取证行为合法性争议的解决,最好的办法就是让双方当事人当面对质。由讯问人员出庭对取证过程进行说明,接受双方质询,是查明是否存在非法取证事实的最有效手段,也是抑制讯问人员刑讯逼供,非法取证的有效手段。但是为了避免给讯问人员的正常工作造成不必要的干扰,以及考虑诉讼成本和效率等因素,2012年《刑事诉讼法》规定,只有在控方提供的现有证据不能证明取证行为合法性,不能消除法庭对取证手段合法性的疑问时,并且经过人民检察院申请,才需要通知讯问人员出庭。当然,在现有材料不能证明证据收集的合法性时,讯问人员或者其他人员也可以主动要求出庭说明情况。

(三)非法证据排除的证明标准

1996年《刑事诉讼法》对于非法证据排除的证明责任没有涉及。1996

年《最高法院解释》尽管规定了非法取得的言词证据规定不能作为定案根据,但是对于排除非法证据的证明标准也未作出明确规定。2010年《非法证据排除规定》第11条规定:"对被告人审判前供述的合法性,公诉人不提供证据加以证明,或者已提供的证据不够确实、充分的,该供述不能作为定案的根据。"2012年《刑事诉讼法》规定的非法证据排除的证明标准比2010年《关于办理刑事案件排除非法证据若干问题的规定》所规定的证明标准适用范围更广泛、证明标准的可操作性更强。两者都规定了排除非法证据的两种证明程度,但是具体内容不同。前者是确认或者不能排除存在非法取证行为;后者是公诉人不提供证据加以证明或者已经提供的证据不够确实、充分。前者是"确认"或者"不能排除存在"非法取证行为;后者是"公诉人不提供证据加以证明"或者"已经提供的证据不够确实、充分"。2012年《刑事诉讼法》第58条从正反两个方面确立了非法证据排除的证明标准。"确认"是正面的描述,即现有证据能够充分证明取证程序合法,达到了确实的程度。"不能排除"是从反面描述,当现有证据不能充分证明取证程序合法,排除不了非法取证的可能性的,法庭对控诉方取证行为合法性存在疑问,而公诉人无法提供证据或者提供的证据无法消除该疑问,根据证明责任的原理,即应认定承担证明责任的检察机关所主张的事实不成立,该证据系通过非法方法取得,应当予以排除。可见,只要法庭不能确信证据系合法取得的,不管是已经确认证据系非法取得,还是怀疑取证非法的,在处理结果上都是一样的,合法性有争议的证据应当予以排除。这是对"已经提供的证据不够确实、充分"的补充和完善,使得非法证据排除证明标准更有可操作性。

从1979年《刑事诉讼法》到1996年《刑事诉讼法》,尽管都禁止刑讯逼供,但却均未规定排除非法证据的规则,更遑论非法证据排除的证明标准了;从2010年《关于办理刑事案件排除非法证据若干问题的规定》首次规定排除非法证据的证明标准,到2012年《刑事诉讼法》对非法证据的证明标准的科学构建,体现了以下三个基本规律:

其一,与取证行为合法性的事实证明难度相适应,便于实践中操作和执行。由于刑事诉讼中的取证权基本上由侦查机关和检察机关垄断,而且上述两机关在取证能力和手段上占据绝对的主动权和控制权,在很多情况下,取证行为是在其控制的范围内进行的,外在力量很难介入和监督,充分证明取证非法较为困难。如果对证据合法性的证明标准降低,仅要求控诉方达到优势证明标准,意味着控诉方对犯罪构成事实所附带证据事实的证明没有排除被告人提出的合理怀疑,从而对犯罪构成事实本身的证明也因此未能排除被告方的合理怀疑。在这种情况下,如果法庭未予排除涉嫌非法取证的口供这一证据并最终将其作为定案根据而对被告人作有罪判决,必然导致客观上被告方承担证明责任。

其二,符合非法证据排除的证明方法的要求。在取证合法性的认定上,实行的是反向证明,即只要辩方提出线索或者证据,法官对取证合法性产生怀疑,即推定非法取证行为存在,然后由控诉方承担推翻"非法取证推定"的责任,如果控诉方不能充分证明取证行为合法,即存在非法取证的可能性的,就可以认定推定事实存在,即存在"第54条规定的以非法方法收集证据情形"。

其三,符合程序法治和人权保障的政策考量。《刑事诉讼法》严格规定了侦查取证行为的程序规范,按照程序法治的要求,这些取证规范必须得到严格遵守和执行,否则即为程序违法,应当承担相应的法律后果,非法证据排除即为法律后果之一。这在一定程度上保证了取证程序规范被严格遵守。刑事诉讼法的任务是保障人权和惩罚犯罪的统一和平衡,由于刑讯逼供等非法取证行为严重侵犯当事人的合法权利,在一定程度上,通过排除非法证据的方法以保障当事人人权的价值占据主导地位。为此,应当通过证明标准的合理规定实现对侦查人员取证行为的规范以及增强保存证明取证行为合法性的证据的意识。由于控诉方对取证行为的合法性负证明责任,因此其应当提供充分证据证明取证行为的合法性,对于是否存在非法取证行为真伪不明,不能排除法官对于非法取证的合理怀疑的,也应当排除该证据。

七、行政证据在刑事诉讼中的运用

1979年、1996年《刑事诉讼法》未规定行政机关在执法过程中所收集的证据在刑事诉讼中的证据资格。2012年《刑事诉讼法》第52条新增一款,规定"行政机关在行政执法和查办案件过程中收集的物证、书证、视听资料、电子数据等证据材料,在刑事诉讼中可以作为证据使用"。这是《刑事诉讼法》首次规定行政机关在行政执法和查办案件过程中收集的证据材料在刑事诉讼中的证据资格。本条所说的"行政执法"是指行政机关和法律、法规授权的组织在行政管理活动中行使行政职权,依照法定程序,将法律、法规和规章直接应用于个人或组织,使国家行政管理职能得以实现的活动。拥有行政执法权的机关对于违法案件有权进行查办和处理,例如,相关部门围绕工程建设、土地出让、产权交易、政府采购、医药购销、资源开发和经销等容易发生商业贿赂的重点领域以及银行信贷、证券期货、商业保险、出版发行、体育、电信、电力、质检、环保等方面对商业贿赂行为开展检查和专项治理,发现违法案件依法进行查办,对于构成犯罪的,移交司法机关处理。这就涉及行政执法和查办案件过程中所获取的证据在刑事诉讼中使用的问题。行政机关的行政执法和查办案件活动所依据的事实必须有充分的证据证明,因此,在行政执法和查办案件过程中,行政机关也需要调取物证、书证、视听资料、电子数据等证据材料。如果行政执法和查办案件过程中所涉及的事实成为刑事诉讼案件的证明对象,根据本款的规定,行政执法机关收集的证据材料,可以在刑事诉讼中作为证据使用。

行政执法机关收集的证据材料在刑事诉讼中作为证据使用,对于提高诉讼效率和有效保全证据具有重要的意义。根据行政法和相关法律、法规,行政机关在行政执法过程中必须以事实为根据,因此需要收集物证、书证、视听资料、电子数据等证据材料证明其具体行政行为的合法性与合理性。如果与行政执法有关的事实成为刑事诉讼的证明对象,那么行政执法机关收集的相关证据材料就可以在刑事诉讼中作为证据使用,而不必由刑事诉讼中的办案机关重新调取。这具有两方面的价值:一方面,行政执法和刑事诉讼得以衔接,避免重复劳动和资源浪费,从而提高效率;另一方面,可以有效保全证据,提高刑事诉讼证据的客观性和全面性。因为行政执法过程中收集的证据离案发时间更近,可以在证据信息没有变化或者变化较小的时候提取和固定,这样取得的证据更客观、更全面。如果在刑事诉讼中不承认行政执法中所取得的证据的效力,而是由侦查机关、人民检察院或者人民法院重新调取,随着时间的推移和环境的变化,现场很可能已经不存在或者被破坏，证据已经灭失，从而失去了取证的最佳时机。因此，有必要承认行政执法机关所调取的实物证据在刑事诉讼中的证据资格。

行政机关在行政执法和查办案件过程中收集的证据材料的证据效力问题。在刑事诉讼中运用行政机关在行政执法和查办案件过程中收集的物证、书证、视听资料、电子数据等证据材料，需要注意三个问题：一是对于行政执法机关取得的证据，侦查机关、人民检察院或者人民法院应当对其真实性进行审查，经过法庭质证之后，才能作为定案的根据。二是注意审查其取证过程和取证行为的合法性。如果行政机关的执法人员违反法律规定的程序或者采用非法的方法收集证据，那么也应当依照本法关于非法证据排除的规定进行调查核实，该排除的也应当予以排除。三是行政机关在行政执法和查办案件过程中收集的物证、书证、视听资料、电子数据证据材料，应当以该机关的名义移送，经人民检察院审查符合法定要求的，可以作为证据使用。行政机关在行政执法和查办案件过程中收集的鉴定意见、勘验、检查笔录，经人民检察院审查符合法定要求的，可以作为证据使用。人民检察院办理直接受理立案侦查的案件，对于有关机关在行政执法和查办案件过程中收集的涉案人员供述或者相关人员的证言、陈述，应当重新收集；确有证据证实涉案人员或者相关人员因路途遥远、死亡、失踪或者丧失作证能力，无法重新收集，但供述、证言或者陈述的来源、收集程序合法，并有其他证据相印证，经人民检察院审查符合法定要求的，可以作为证据使用。

八、证人保护和证人作证的经济补偿

（一）证人保护

1979年《刑事诉讼法》只规定证人作证资格和作证义务但未规定证人保护，1996年《刑事诉讼法》第49条增加了关于证人保护的原则性规定，"人民法院、人民检察院和公安机关应当保障证人及其近亲属的安全。对证人及其近亲属进行威胁、侮辱、殴打或者打击报复，构成犯罪的，依法追究刑事责任；尚不够刑事处罚的，依法给予治安管理处罚。"2012年《刑事诉讼法》第61条继承了该条内容，新增了第62条，从证人保护适用的案件范围、保护对象范围和具体保护措施上对证人保护的原则性规定进行了具体化。根据2012年《刑事诉讼法》第62条规定,证人保护适用的案件范围包括危害国家安全犯罪、恐怖活动犯罪、黑社会性质的组织犯罪、毒品犯罪等案件;保护对象包括证人、鉴定人、被害人及其近亲属;保护的前提条件是证人、鉴定人、被害人因在诉讼中作证,本人或者其近亲属的人身安全面临危险的;证人保护的责任主体是人民法院、人民检察院和公安机关;证人保护的措施包括:不公开真实姓名、住址和工作单位等个人信息,采取不暴露外貌、真实声音等出庭作证措施,禁止特定的人员接触证人、鉴定人、被害人及其近亲属,对人身和住宅采取专门性保护措施及其他必要的保护措施;证人保护的启动方式为相关人员申请,即证人、鉴定人、被害人认为因在诉讼中作证,本人或者其近亲属的人身安全面临危险的,可以向人民法院、人民检察院、公安机关请求予以保护。

解决证人不愿出庭作证的问题,非常重要的一项措施就是为证人及其近亲属提供保护。证人不愿出庭作证的原因之一,就是担心其本人及其近亲属遭受打击报复,在司法实践中,存在证人在作证前自己或者自己的近亲属的人身安全遭受威胁的现象,也存在证人在作证后遭到打击报复,自己或者自己的近亲属的人身安全遭受损害的事实。在有组织犯罪的侦查、起诉和审判中,这一现象更加严重,证人顾虑更多。事实证明,只有为证人解除后顾之忧,为其自己或者自己的近亲属的人身安全提供切实的保障,才有利于解决证人作证难的问题。如果法律上缺乏切实保障证人及其近亲属安全的有效措施,则不利于切实保护证人及其近亲属的合法权益,难以解决证人不愿出庭作证的问题。2012年《刑事诉讼法》第61条规定了保护证人的原则性规定,如果不规定保障证人及其近亲属安全的具体措施,会使对证人及其近亲属的安全保障成为空话。为了给证人及其近亲属的人身安全提供切实可行、有效的保护,本条明确规定了保护证人的一系列具体措施及适用的规则。

为证人作证提供保密措施的规定,有利于使证人解除顾虑,积极配合侦查机关、审查起诉机关和审判机关的取证活动,保证正确认定案件事实,实现司法公正。在侦查和审查起诉中,许多证人担心自己的安全受到威胁或者工作、生活受到影响,不愿公开自己的姓名、住址和单位等个人信息。事实证明,在一些案件中,正是由于过早披露证人真实身份和地址,给证人带来了不应有的损害。为了保护证人的人身安全和其他利益不因作证而受到损害,侦查机关和审查起诉机关应当为其保守秘密,不能泄露可能引致损害的证人真实身份或者其他基本情况。为了避免公开审判时出庭作证给证人带来的潜在危险,许多国家和地区在重大案件中采取多种形式的证人匿名措施。2012年《刑事诉讼法》对此予以借鉴,其第62条第1款第1项规定:"不公开真实姓名、住址和工作单位等个人信息"。

保护出庭作证的证人身份信息不被泄露的特殊作证方式也是证人保护制度的重要内容。除了上述对证人个人信息保密措施之外,还应当设立防止由于证人出庭作证而被认出所导致的危险的措施。为了确保证人在出庭作证时泄露身份,许多国家和地区还规定了特殊的作证方式。2012年《刑事诉讼法》第62条第1款第2项规定的"采取不暴露外貌、真实声音等出庭作证措施",可以在很大程度上满足保护出庭证人身份信息不被泄露的需要。当证人、鉴定人、被害人的身份信息已经泄露,或者无法采取保密措施的情况下,意图实施危害行为的人就可能对证人及其近亲属的人身安全造成危害,就应当采取对人身安全的保护性较强的措施。因此,2012年《刑事诉讼法》第62条第1款第3项和第4项规定了两种直接对证人及其近亲属的人身安全进行保护的措施,即禁止特定的人员接触证人、鉴定人、被害人及其近亲属,对人身和住宅采取专门性保护措施。这是非常必要的。在保护证人及其近亲属人身安全的措施中,国外的禁止令和贴身保护等措施为本条规定提供了借鉴。美国证人保护制度中有一种措施是人身保护,由警察或其他组织在一定时间内对证人及其有密切关系的人提供人身安全保障。本法在吸收国外和地区的有益经验的基础上,明确规定了四种通常的保护措施。

此外,为了适应社会生活和司法实践的变化,根据案件具体情况和保护证人及其近亲属安全的特殊需要,负有证人保护责任的机关可以根据案件具体情况和当地的实际,可以采用其他特殊保护措施。因此,2012年《刑事诉讼法》第62条第1款第5项以开放式的条文规定了可以采取"其他必要的保护措施",为特殊情况下证人保护措施的有效采用提供了空间。

（二）证人作证的经济补偿

1979 年和 1996 年《刑事诉讼法》虽然规定了证人作证义务,但是对于证人因履行作证义务的经济补助并未涉及。这在一定程度上成为证人不愿出庭作证的原因之一。为了解决证人出庭率极低的问题,在司法实践中,有些地方进行了证人作证补助的探索,积累了一些有益的经验。同时,近年来刑事诉讼法学理论界对证人作证的经济补偿进行了较为深入地研究,为《刑事诉讼法》规定证人补助奠定了实践和理论基础。2012 年《刑事诉讼法》在新增的第 63 条中规定了证人作证的经济补助的范围、经费保障,并且为了防止证人单位因为证人作证而克扣工资和其他福利待遇,明确规定"有工作单位的证人作证,所在单位不得克扣或者变相克扣其工资、奖金及其他福利待遇"。

增设证人作证经济补偿制度表明我国刑事诉讼立法愈加符合人性化、注重从细微之处保障公民权利的刑事诉讼发展趋势,从具体制度上体现了尊重与保障人权。首先,继规定了证人保护制度之后,增加了对证人作证的经济补助,更加体现了刑事诉讼立法坚持以人为本的理念,从人之常情的角度,承认并尊重了人性中的合理需求,使我国刑事诉讼立法朝着更加人性化的方向前进了一步,并且符合社会伦理价值取向。公民向公安司法机关提供证言本身就已经履行了作证义务,如果再由证人自己承担交通费、住宿费等费用,那就不合常理。其次,体现了刑事诉讼立法注重从细微之处保障公民权利的价值取向,从制度上细化了人权的内容,更加有利于切实保障人权。因为证人支出作证的交通、食宿等费用,是在履行法律义务的过程中额外付出的,属于财产上的损失,国家对此进行补偿,就充分保障了公民的财产权不受损害。长期以来,存在一种占据主导地位的思想,即不太重视个人的物质利益,在制度上过高要求甚至依靠公民的觉悟和无私奉献精神,忽视对于个人利益的保护。随着法制观念的增强和权利义务观念的转变,尤其是随着市场经济的建立和发展,立法上适应形势变化和发展,对于证人履行作证义务而遭受的经济损失给予补偿,充分体现了以人为本的理念,有利于调动证人作证、依法同犯罪分子作斗争的积极性。

对证人提供经济补助体现了刑事诉讼立法技术的提高,更加符合基本法理——权利义务相统一的原则,这也是法律发展的基本规律。因为法律的精髓在于以规范人们权利和义务的方式来调整社会关系,而权利和义务相一致是一项基本法律原则。对证人因作证而支出的合理费用予以补助,体现了对证人作证法律属性的观念转变。传统观念认为,作证既然是法律规定的证人义务,对于履行义务所造成的经济损失,不必予以补偿。随着国家法治理念的逐渐深入人心,理论界和立法者对于证人作证的法律属性有了更深入而全面的认识。证人的作证义务是提供证言,也就是应有关机关的通知到场或到庭作证的义务以及如实提供证言,但这并不意味着证人因履行作证义务而引起的经济损失就应当自己负担。如果证人自己承担作证的费用,则有违权利义务相一致的基本法律原则。因履行作证义务而获得一定经济补助,是证人的权利。与此相对,为证人作证提供经济补助,是国家的义务。国家对于证人因履行作证义务而使自身经济利益遭受的损失予以补偿,对于消除证人作证的顾虑,实现权利义务相协调具有重要的意义。可见,无论从法理上、情理上,还是从立法技术上看,建立证人作证的补助制度都体现了我国刑事诉讼更加符合注重权利义务相统一的立法规律,也体现了更加注重将尊重和保障人权落到实处的发展趋势。

第七章 强制措施

一、概 述

刑事诉讼中的强制措施,是指公安机关、人民检察院和人民法院为了保证刑事诉讼的顺利进行,依法对刑事案件的犯罪嫌疑人、被告人的人身自由进行限制或者剥夺的各种强制性方法。我国《刑事诉讼法》规定了五种强制措施,按照强制程度高低的顺序排列依次为拘传、取保候审、监视居住、拘留、逮捕。

1979年《刑事诉讼法》对拘传规定了适用主体、对象;对取保候审,规定了适用主体、对象及其变更、撤销;对监视居住,规定了适用主体、执行主体、适用对象、不得离开的区域以及变更、撤销;对于拘留,规定了适用主体、对象、先行拘留的情形、适用程序、拘留后的讯问和通知;对于逮捕,规定了其适用主体、执行主体、适用条件、提请批捕和审查批捕的程序、执行程序、逮捕后的讯问和通知等。

1996年《刑事诉讼法》总结司法实践的需要和经验,增加了拘传时间的规定;进一步细化了取保候审、监视居住的适用对象、解除,明确了取保候审、监视居住的执行机关、申请取保候审的主体、保证方式、保证人的条件和义务、被取保候审、监视居住人应当遵守的规定以及违反规定的法律后果、适用期限；修改了先行拘留的情形、拘留的期限，增加了检察院拘留程序、期限的规定；增加了异地逮捕、拘留的程序；降低了逮捕的证据要件；完善了审查批捕的程序。

2012年《刑事诉讼法》延长了特殊情况下的传唤、拘传的持续时间，而且强调公检法机关"应当保证犯罪嫌疑人的饮食和必要的休息时间"；对于取保候审，进一步明确了取保候审的适用对象，确定保证金数额应考虑的因素，收取、退还保证金的程序，以及完善了被取保候审人的法定义务和酌定义务；对监视居住，将其定位为逮捕的替代措施，规定了不同于取保候审的适用条件，区分指定居所监视居住和住所监视居住，规定了指定居所监视居住的适用条件、折抵刑期和适用后的通知家属的程序，完善了被监视居住人应当遵守的规定、监视居住的执行方法；对于拘留，规定了违反取保候审、监视居住期间的规定且需要逮捕的，可以先行拘留，同时，延长了检察院适用拘留的期限，修改了拘留后通知家属的规定；对于逮捕，进一步明确了逮捕的适用条件，尤其是细化了逮捕的社会危险性要件，规定了应当逮捕的法定情形，进一步完善了检察院审查批准逮捕的程序，增加了检察院对羁押必要性的审查制度，修改了逮捕后通知家属的规定；完善了强制措施的变更、解除程序。

立法修改情况如下表所示：

1979年《刑事诉讼法》	1996年《刑事诉讼法》	2012年《刑事诉讼法》
第六十三条　对于不需要逮捕、拘留的被告人，可以传唤到指定的地点或者到他的住处、所在单位进行讯问，但是应当出示人民检察院或者公安机关的证明文件。	第九十二条　对于不需要逮捕、拘留的**犯罪嫌疑人**，可以传唤到**犯罪嫌疑人所在市、县内**的指定地点或者到他的住处进行讯问，但是应当出示人民检察院或者公安机关的证明文件。**传唤、拘传持续的时间最长不得超过十二小时。不得以连续传唤、拘传的形式变相拘禁犯罪嫌疑人。**	第一百一十七条　对不需要逮捕、拘留的犯罪嫌疑人，可以传唤到犯罪嫌疑人所在市、县内的指定地点或者到他的住处进行讯问，但是应当出示人民检察院或者公安机关的证明文件。对在现场发现的犯罪嫌疑人，经出示工作证件，可以口头传唤，但应当在讯问笔录中注明。

（续表）

1979年《刑事诉讼法》	1996年《刑事诉讼法》	2012年《刑事诉讼法》
		传唤、拘传持续的时间不得超过十二小时；案情特别重大、复杂，需要采取拘留、逮捕措施的，传唤、拘传持续的时间不得超过二十四小时。 不得以连续传唤、拘传的形式变相拘禁犯罪嫌疑人。**传唤、拘传犯罪嫌疑人，应当保证犯罪嫌疑人的饮食和必要的休息时间。**
第六章　强制措施	第六章　强制措施	第六章　强制措施
第三十八条　人民法院、人民检察院和公安机关根据案件情况，对被告人可以拘传、取保候审或者监视居住。 被监视居住的被告人不得离开指定的区域。监视居住由当地公安派出所执行，或者由受委托的人民公社、被告人的所在单位执行。 对被告人采取取保候审、监视居住的，如果情况发生变化，应当撤销或者变更。	第五十条　人民法院、人民检察院和公安机关根据案件情况，对**犯罪嫌疑人**、被告人可以拘传、取保候审或者监视居住。	第六十四条　人民法院、人民检察院和公安机关根据案件情况，对犯罪嫌疑人、被告人可以拘传、取保候审或者监视居住。
	第五十一条　人民法院、人民检察院和公安机关对于有下列情形之一的犯罪嫌疑人、被告人，可以取保候审或者监视居住： （一）**可能判处管制、拘役或者独立适用附加刑的**； （二）**可能判处有期徒刑以上刑罚，采取取保候审、监视居住不致发生社会危险性的**。 取保候审、监视居住由公安机关执行。	第六十五条　人民法院、人民检察院和公安机关对有下列情形之一的犯罪嫌疑人、被告人，可以取保候审： （一）可能判处管制、拘役或者独立适用附加刑的； （二）可能判处有期徒刑以上刑罚，采取取保候审不致发生社会危险性的； （三）**患有严重疾病、生活不能自理，怀孕或者正在哺乳自己婴儿的妇女，采取取保候审不致发生社会危险性的**；

1979年《刑事诉讼法》	1996年《刑事诉讼法》	2012年《刑事诉讼法》
		（四）羁押期限届满，案件尚未办结，需要采取取保候审的。 取保候审由公安机关执行。
	第五十二条 被羁押的犯罪嫌疑人、被告人及其法定代理人、近亲属有权申请取保候审。	
	第五十三条 人民法院、人民检察院和公安机关决定对犯罪嫌疑人、被告人取保候审，应当责令犯罪嫌疑人、被告人提出保证人或者交纳保证金。	第六十六条 人民法院、人民检察院和公安机关决定对犯罪嫌疑人、被告人取保候审，应当责令犯罪嫌疑人、被告人提出保证人或者交纳保证金。
	第五十四条 保证人必须符合下列条件： （一）与本案无牵连； （二）有能力履行保证义务； （三）享有政治权利，人身自由未受到限制； （四）有固定的住处和收入。	第六十七条 保证人必须符合下列条件： （一）与本案无牵连； （二）有能力履行保证义务； （三）享有政治权利，人身自由未受到限制； （四）有固定的住处和收入。
	第五十五条 保证人应当履行以下义务： （一）监督被保证人遵守本法第五十六条的规定； （二）发现被保证人可能发生或者已经发生违反本法第五十六条规定的行为的，应当及时向执行机关报告。 被保证人有违反本法第五十六条规定的行为，保证人未及时报告的，对保证人处以罚款，构成犯罪的，依法追究刑事责任。	第六十八条 保证人应当履行以下义务： （一）监督被保证人遵守本法第六十九条的规定； （二）发现被保证人可能发生或者已经发生违反本法第六十九条规定的行为的，应当及时向执行机关报告。 被保证人有违反本法第六十九条规定的行为，保证人未履行保证义务的，对保证人处以罚款，构成犯罪的，依法追究刑事责任。

(续表)

1979年《刑事诉讼法》	1996年《刑事诉讼法》	2012年《刑事诉讼法》
	第五十六条　被取保候审的犯罪嫌疑人、被告人应当遵守以下规定： （一）未经执行机关批准不得离开所居住的市、县； （二）在传讯的时候及时到案； （三）不得以任何形式干扰证人作证； （四）不得毁灭、伪造证据或者串供。 被取保候审的犯罪嫌疑人、被告人违反前款规定，已交纳保证金的，没收保证金，并且区别情形，责令犯罪嫌疑人、被告人具结悔过，重新交纳保证金、提出保证人或者监视居住、予以逮捕。犯罪嫌疑人、被告人在取保候审期间未违反前款规定的，取保候审结束的时候，应当退还保证金。	第六十九条　被取保候审的犯罪嫌疑人、被告人应当遵守以下规定： （一）未经执行机关批准不得离开所居住的市、县； （二）住址、工作单位和联系方式发生变动的，在二十四小时以内向执行机关报告； （三）在传讯的时候及时到案； （四）不得以任何形式干扰证人作证； （五）不得毁灭、伪造证据或者串供。 人民法院、人民检察院和公安机关可以根据案件情况，责令被取保候审的犯罪嫌疑人、被告人遵守以下一项或者多项规定： （一）不得进入特定的场所； （二）不得与特定的人员会见或者通信； （三）不得从事特定的活动； （四）将护照等出入境证件、驾驶证件交执行机关保存。 被取保候审的犯罪嫌疑人、被告人违反前两款规定，已交纳保证金的，没收部分或者全部保证金，并且区别情形，责令犯罪嫌疑人、被告人具结悔过，重新交纳保证金、提出保证人，或者监视居住、予以逮捕。 对违反取保候审规定，需要予以逮捕的，可以对犯罪嫌疑人、被告人先行拘留。

（续表）

1979 年《刑事诉讼法》	1996 年《刑事诉讼法》	2012 年《刑事诉讼法》
		第七十条　取保候审的决定机关应当综合考虑保证诉讼活动正常进行的需要，被取保候审人的社会危险性，案件的性质、情节，可能判处刑罚的轻重，被取保候审人的经济状况等情况，确定保证金的数额。 提供保证金的人应当将保证金存入执行机关指定银行的专门账户。
		第七十一条　犯罪嫌疑人、被告人在取保候审期间未违反本法第六十九条规定的，取保候审结束的时候，凭解除取保候审的通知或者有关法律文书到银行领取退还的保证金。
		第七十二条　人民法院、人民检察院和公安机关对符合逮捕条件，有下列情形之一的犯罪嫌疑人、被告人，可以监视居住： （一）患有严重疾病、生活不能自理的； （二）怀孕或者正在哺乳自己婴儿的妇女； （三）系生活不能自理的人的唯一扶养人； （四）因为案件的特殊情况或者办理案件的需要，采取监视居住措施更为适宜的； （五）羁押期限届满，案件尚未办结，需要采取监视居住措施的。 对符合取保候审条件，但犯罪嫌疑人、被告人不能提出保证人，也不交纳保证金的，可以监视居住。 监视居住由公安机关执行。

（续表）

1979年《刑事诉讼法》	1996年《刑事诉讼法》	2012年《刑事诉讼法》
		第七十三条 监视居住应当在犯罪嫌疑人、被告人的住处执行；无固定住处的，可以在指定的居所执行。对于涉嫌危害国家安全犯罪、恐怖活动犯罪、特别重大贿赂犯罪，在住处执行可能有碍侦查的，经上一级人民检察院或者公安机关批准，也可以在指定的居所执行。但是，不得在羁押场所、专门的办案场所执行。指定居所监视居住的，除无法通知的以外，应当在执行监视居住后二十四小时以内，通知被监视居住人的家属。被监视居住的犯罪嫌疑人、被告人委托辩护人，适用本法第三十三条的规定。人民检察院对指定居所监视居住的决定和执行是否合法实行监督。
		第七十四条 指定居所监视居住的期限应当折抵刑期。被判处管制的，监视居住一日折抵刑期一日；被判处拘役、有期徒刑的，监视居住二日折抵刑期一日。

（续表）

1979年《刑事诉讼法》	1996年《刑事诉讼法》	2012年《刑事诉讼法》
	第五十七条 被监视居住的犯罪嫌疑人、被告人应当遵守以下规定： （一）未经执行机关批准不得离开住处，无固定住处的，未经批准不得离开指定的居所； （二）未经执行机关批准不得会见他人； （三）在传讯的时候及时到案； （四）不得以任何形式干扰证人作证； （五）不得毁灭、伪造证据或者串供。 被监视居住的犯罪嫌疑人、被告人违反前款规定，情节严重的，予以逮捕。	第七十五条 被监视居住的犯罪嫌疑人、被告人应当遵守以下规定： （一）未经执行机关批准不得离开执行监视居住的处所； （二）未经执行机关批准不得会见他人或者通信； （三）在传讯的时候及时到案； （四）不得以任何形式干扰证人作证； （五）不得毁灭、伪造证据或者串供； （六）将护照等出入境证件、身份证件、驾驶证件交执行机关保存。 被监视居住的犯罪嫌疑人、被告人违反前款规定，情节严重的，可以予以逮捕；需要予以逮捕的，可以对犯罪嫌疑人、被告人先行拘留。
		第七十六条 执行机关对被监视居住的犯罪嫌疑人、被告人，可以采取电子监控、不定期检查等监视方法对其遵守监视居住规定的情况进行监督；在侦查期间，可以对被监视居住的犯罪嫌疑人的通信进行监控。

（续表）

1979年《刑事诉讼法》	1996年《刑事诉讼法》	2012年《刑事诉讼法》
	第五十八条　人民法院、人民检察院和公安机关对犯罪嫌疑人、被告人取保候审最长不得超过十二个月，监视居住最长不得超过六个月。 在取保候审、监视居住期间，不得中断对案件的侦查、起诉和审理。对于发现不应当追究刑事责任或者取保候审、监视居住期限届满的，应当及时解除取保候审、监视居住。解除取保候审、监视居住，应当及时通知被取保候审、监视居住人和有关单位。	第七十七条　人民法院、人民检察院和公安机关对犯罪嫌疑人、被告人取保候审最长不得超过十二个月，监视居住最长不得超过六个月。 在取保候审、监视居住期间，不得中断对案件的侦查、起诉和审理。对于发现不应当追究刑事责任或者取保候审、监视居住期限届满的，应当及时解除取保候审、监视居住。解除取保候审、监视居住，应当及时通知被取保候审、监视居住人和有关单位。
第三十九条　逮捕人犯，必须经过人民检察院批准或者人民法院决定，由公安机关执行。	第五十九条　逮捕**犯罪嫌疑人、被告人**，必须经过人民检察院批准或者人民法院决定，由公安机关执行。	第七十八条　逮捕犯罪嫌疑人、被告人，必须经过人民检察院批准或者人民法院决定，由公安机关执行。
第四十条　对主要犯罪事实已经查清，可能判处徒刑以上刑罚的人犯，采取保候审、监视居住等方法，尚不足以防止发生社会危险性，而有逮捕必要的，应即依法逮捕。 对应当逮捕的人犯，如果患有严重疾病，或者是正在怀孕、哺乳自己婴儿的妇女，可以采用取保候审或者监视居住的办法。	第六十条　对**有证据证明有犯罪事实**，可能判处徒刑以上刑罚的**犯罪嫌疑人、被告人**，采取取保候审、监视居住等方法，尚不足以防止发生社会危险性，而有逮捕必要的，应即依法逮捕。 对应当逮捕的**犯罪嫌疑人、被告人**，如果患有严重疾病，或者是正在怀孕、哺乳自己婴儿的妇女，可以采用取保候审或者监视居住的办法。	第七十九条　对有证据证明有犯罪事实，可能判处徒刑以上刑罚的犯罪嫌疑人、被告人，采取取保候审尚不足以防止发生下列社会危险性的，应当予以逮捕： （一）可能实施新的犯罪的； （二）有危害国家安全、公共安全或者社会秩序的现实危险的； （三）可能毁灭、伪造证据，干扰证人作证或者串供的； （四）可能对被害人、举报人、控告人实施打击报复的； （五）企图自杀或者逃跑的。

(续表)

1979年《刑事诉讼法》	1996年《刑事诉讼法》	2012年《刑事诉讼法》
		对有证据证明有犯罪事实,可能判处十年有期徒刑以上刑罚的,或者有证据证明有犯罪事实,可能判处徒刑以上刑罚,曾经故意犯罪或者身份不明的,应当予以逮捕。 被取保候审、监视居住的犯罪嫌疑人、被告人违反取保候审、监视居住规定,情节严重的,可以予以逮捕。
第四十一条　公安机关对于罪该逮捕的现行犯或者重大嫌疑分子,如果有下列情形之一的,可以先行拘留: (一)正在预备犯罪、实行犯罪或者在犯罪后即时被发觉的; (二)被害人或者在场亲眼看见的人指认他犯罪的; (三)在身边或者住处发现有犯罪证据的; (四)犯罪后企图自杀、逃跑或者在逃的; (五)有毁灭、伪造证据或者串供可能的; (六)身份不明有流窜作案重大嫌疑的; (七)正在进行"打砸抢"和严重破坏工作、生产、社会秩序的。	第六十一条　公安机关对于现行犯或者重大嫌疑分子,如果有下列情形之一的,可以先行拘留: (一)正在预备犯罪、实行犯罪或者在犯罪后即时被发觉的; (二)被害人或者在场亲眼看见的人指认他犯罪的; (三)在身边或者住处发现有犯罪证据的; (四)犯罪后企图自杀、逃跑或者在逃的; (五)有毁灭、伪造证据或者串供可能的; (六)**不讲真实姓名、住址,身份不明的;** (七)**有流窜作案、多次作案、结伙作案重大嫌疑的。**	第八十条　公安机关对于现行犯或者重大嫌疑分子,如果有下列情形之一的,可以先行拘留: (一)正在预备犯罪、实行犯罪或者在犯罪后即时被发觉的; (二)被害人或者在场亲眼看见的人指认他犯罪的; (三)在身边或者住处发现有犯罪证据的; (四)犯罪后企图自杀、逃跑或者在逃的; (五)有毁灭、伪造证据或者串供可能的; (六)不讲真实姓名、住址,身份不明的; (七)有流窜作案、多次作案、结伙作案重大嫌疑的。
	第六十二条　公安机关在异地执行拘留、逮捕的时候,应当通知被拘留、逮捕人所在地的公安机关,被拘留、逮捕人所在地的公安机关应当予以配合。	第八十一条　公安机关在异地执行拘留、逮捕的时候,应当通知被拘留、逮捕人所在地的公安机关,被拘留、逮捕人所在地的公安机关应当予以配合。

（续表）

1979年《刑事诉讼法》	1996年《刑事诉讼法》	2012年《刑事诉讼法》
第四十五条　公安机关要求逮捕人犯的时候，应当写出提请批准逮捕书，连同案卷材料、证据，一并移送同级人民检察院审查批准。必要时，人民检察院可以派人参加公安机关对于重大案件的讨论。	第六十六条　公安机关要求逮捕犯罪嫌疑人的时候，应当写出提请批准逮捕书，连同案卷材料、证据，一并移送同级人民检察院审查批准。必要的时候，人民检察院可以派人参加公安机关对于重大案件的讨论。	第八十五条　公安机关要求逮捕犯罪嫌疑人的时候，应当写出提请批准逮捕书，连同案卷材料、证据，一并移送同级人民检察院审查批准。必要的时候，人民检察院可以派人参加公安机关对于重大案件的讨论。
		第八十六条　人民检察院审查批准逮捕，可以讯问犯罪嫌疑人；有下列情形之一的，应当讯问犯罪嫌疑人： （一）对是否符合逮捕条件有疑问的； （二）犯罪嫌疑人要求向检察人员当面陈述的； （三）侦查活动可能有重大违法行为的。 人民检察院审查批准逮捕，可以询问证人等诉讼参与人，听取辩护律师的意见；辩护律师提出要求的，应当听取辩护律师的意见。
第四十六条　人民检察院审查批准逮捕人犯由检察长决定。重大案件应当提交检察委员会讨论决定。	第六十七条　人民检察院审查批准逮捕犯罪嫌疑人由检察长决定。重大案件应当提交检察委员会讨论决定。	第八十七条　人民检察院审查批准逮捕犯罪嫌疑人由检察长决定。重大案件应当提交检察委员会讨论决定。
第四十七条　人民检察院对于公安机关提请批准逮捕的案件进行审查后，应当根据情况分别作出批准逮捕，不批准逮捕或者补充侦查的决定。	第六十八条　人民检察院对于公安机关提请批准逮捕的案件进行审查后，应当根据情况分别作出批准逮捕或者不批准逮捕的决定。对于批准逮捕的决定，公安机关应当立即执行，并且将执行情况及时通知人民检察院。对于不批准逮捕的，人民检察院应当说明理由，需要补充侦查的，应当同时通知公安机关。	第八十八条　人民检察院对于公安机关提请批准逮捕的案件进行审查后，应当根据情况分别作出批准逮捕或者不批准逮捕的决定。对于批准逮捕的决定，公安机关应当立即执行，并且将执行情况及时通知人民检察院。对于不批准逮捕的，人民检察院应当说明理由，需要补充侦查的，应当同时通知公安机关。

(续表)

1979年《刑事诉讼法》	1996年《刑事诉讼法》	2012年《刑事诉讼法》
第四十三条　公安机关拘留人的时候，必须出示拘留证。 拘留后，除有碍侦查或者无法通知的情形以外，应当把拘留的原因和羁押的处所，在二十四小时以内，通知被拘留人的家属或者他的所在单位。	第六十四条　公安机关拘留人的时候，必须出示拘留证。 拘留后，除有碍侦查或者无法通知的情形以外，应当把拘留的原因和羁押的处所，在二十四小时以内，通知被拘留人的家属或者他的所在单位。	第八十三条　公安机关拘留人的时候，必须出示拘留证。 拘留后，**应当立即将被拘留人送看守所羁押，至迟不得超过二十四小时。除无法通知或者涉嫌危害国家安全犯罪、恐怖活动犯罪通知可能有碍侦查的情形**以外，应当在拘留后二十四小时以内，通知被拘留人的家属。**有碍侦查的情形消失以后，应当立即通知被拘留人的家属。**
第四十四条　公安机关对于被拘留的人，应当在拘留后的二十四小时以内进行讯问。在发现不应当拘留的时候，必须立即释放，发给释放证明。对需要逮捕而证据还不充足的，可以取保候审或者监视居住。	第六十五条　公安机关对于被拘留的人，应当在拘留后的二十四小时以内进行讯问。在发现不应当拘留的时候，必须立即释放，发给释放证明。对需要逮捕而证据还不充足的，可以取保候审或者监视居住。	第八十四条　公安机关对被拘留的人，应当在拘留后的二十四小时以内进行讯问。在发现不应当拘留的时候，必须立即释放，发给释放证明。
第四十八条　公安机关对被拘留的人，认为需要逮捕的，应当在拘留后的三日以内，提请人民检察院审查批准。在特殊情况下，提请审查批准的时间可以延长一日至四日。人民检察院应当在接到公安机关提请批准逮捕书后的三日以内，作出批准逮捕或者不批准逮捕的决定。人民检察院不批准逮捕的，公安机关应当在接到通知后立即释放，发给释放证明。	第六十九条　公安机关对被拘留的人，认为需要逮捕的，应当在拘留后的三日以内，提请人民检察院审查批准。在特殊情况下，提请审查批准的时间可以延长一日至四日。**对于流窜作案、多次作案、结伙作案的重大嫌疑分子，提请审查批准的时间可以延长至三十日。**人民检察院应当自接到公安机关提请批准逮捕书后的七日以内，作出批准逮捕	第八十九条　公安机关对被拘留的人，认为需要逮捕的，应当在拘留后的三日以内，提请人民检察院审查批准。在特殊情况下，提请审查批准的时间可以延长一日至四日。对于流窜作案、多次作案、结伙作案的重大嫌疑分子，提请审查批准的时间可以延长至三十日。人民检察院应当自接到公安机关提请批准逮捕书后的七日以内，作出批准逮捕

(续表)

1979年《刑事诉讼法》	1996年《刑事诉讼法》	2012年《刑事诉讼法》
公安机关或者人民检察院如果没有按照前款规定办理,被拘留的人或者他的家属有权要求释放,公安机关或者人民检察院应当立即释放。	或者不批准逮捕的决定。人民检察院不批准逮捕的,公安机关应当在接到通知后立即释放,**并且将执行情况及时通知人民检察院。对于需要继续侦查,并且符合取保候审、监视居住条件的,依法取保候审或者监视居住**。	或者不批准逮捕的决定。人民检察院不批准逮捕的,公安机关应当在接到通知后立即释放,并且将执行情况及时通知人民检察院。对于需要继续侦查,并且符合取保候审、监视居住条件的,依法取保候审或者监视居住。
第四十九条 公安机关对人民检察院不批准逮捕的决定,认为有错误的时候,可以要求复议,但是必须将被拘留的人立即释放。如果意见不被接受,可以向上一级人民检察院提请复核。上级人民检察院应当立即复核,作出是否变更的决定,通知下级人民检察院和公安机关执行。	第七十条 公安机关对人民检察院不批准逮捕的决定,认为有错误的时候,可以要求复议,但是必须将被拘留的人立即释放。如果意见不被接受,可以向上一级人民检察院提请复核。上级人民检察院应当立即复核,作出是否变更的决定,通知下级人民检察院和公安机关执行。	第九十条 公安机关对人民检察院不批准逮捕的决定,认为有错误的时候,可以要求复议,但是必须将被拘留的人立即释放。如果意见不被接受,可以向上一级人民检察院提请复核。上级人民检察院应当立即复核,作出是否变更的决定,通知下级人民检察院和公安机关执行。
第五十条 公安机关逮捕人的时候,必须出示逮捕证。 逮捕后,除有碍侦查或者无法通知的情形以外,应当把逮捕的原因和羁押的处所,在二十四小时以内通知被逮捕人的家属或者他的所在单位。	第七十一条 公安机关逮捕人的时候,必须出示逮捕证。 逮捕后,除有碍侦查或者无法通知的情形以外,应当把逮捕的原因和羁押的处所,在二十四小时以内通知被逮捕人的家属或者他的所在单位。	第九十一条 公安机关逮捕人的时候,必须出示逮捕证。 逮捕后,**应当立即将被逮捕人送看守所羁押**。除无法通知的以外,应当在逮捕后二十四小时以内,通知被逮捕人的家属。
第五十一条 人民法院、人民检察院对于各自决定逮捕的人,公安机关对于经人民检察院批准逮捕的人,都必须在逮捕后的二十四小时以内进行讯问。在发现不应当逮捕的时候,必须立即释放,发给释放证明。	第七十二条 人民法院、人民检察院对于各自决定逮捕的人,公安机关对于经人民检察院批准逮捕的人,都必须在逮捕后的二十四小时以内进行讯问。在发现不应当逮捕的时候,必须立即释放,发给释放证明。	第九十二条 人民法院、人民检察院对于各自决定逮捕的人,公安机关对于经人民检察院批准逮捕的人,都必须在逮捕后的二十四小时以内进行讯问。在发现不应当逮捕的时候,必须立即释放,发给释放证明。

（续表）

1979年《刑事诉讼法》	1996年《刑事诉讼法》	2012年《刑事诉讼法》
		第九十三条 犯罪嫌疑人、被告人被逮捕后，人民检察院仍应当对羁押的必要性进行审查。对不需要继续羁押的，应当建议予以释放或者变更强制措施。有关机关应当在十日以内将处理情况通知人民检察院。
	第七十三条 人民法院、人民检察院和公安机关如果发现对犯罪嫌疑人、被告人采取强制措施不当的，应当及时撤销或者变更。公安机关释放被逮捕的人或者变更逮捕措施的，应当通知原批准的人民检察院。	第九十四条 人民法院、人民检察院和公安机关如果发现对犯罪嫌疑人、被告人采取强制措施不当的，应当及时撤销或者变更。公安机关释放被逮捕的人或者变更逮捕措施的，应当通知原批准的人民检察院。
		第九十五条 犯罪嫌疑人、被告人及其法定代理人、近亲属或者辩护人有权申请变更强制措施。人民法院、人民检察院和公安机关收到申请后，应当在三日以内作出决定；不同意变更强制措施的，应当告知申请人，并说明不同意的理由。
	第七十四条 犯罪嫌疑人、被告人被羁押的案件，不能在本法规定的侦查羁押、审查起诉、一审、二审期限内办结，需要继续查证、审理的，对犯罪嫌疑人、被告人可以取保候审或者监视居住。	第九十六条 犯罪嫌疑人、被告人被羁押的案件，不能在本法规定的侦查羁押、审查起诉、一审、二审期限内办结的，对犯罪嫌疑人、被告人应当予以释放；需要继续查证、审理的，对犯罪嫌疑人、被告人可以取保候审或者监视居住。

（续表）

1979年《刑事诉讼法》	1996年《刑事诉讼法》	2012年《刑事诉讼法》
	第七十五条　犯罪嫌疑人、被告人及其法定代理人、近亲属或者犯罪嫌疑人、被告人委托的律师及其他辩护人对于人民法院、人民检察院或者公安机关采取强制措施超过法定期限的，有权要求解除强制措施。人民法院、人民检察院或者公安机关对于被采取强制措施超过法定期限的犯罪嫌疑人、被告人应当予以释放、解除取保候审、监视居住或者依法变更强制措施。	第九十七条　人民法院、人民检察院或者公安机关对被采取强制措施**法定期限届满**的犯罪嫌疑人、被告人,应当予以释放、解除取保候审、监视居住或者依法变更强制措施。犯罪嫌疑人、被告人及其法定代理人、近亲属或者**辩护人**对于人民法院、人民检察院或者公安机关采取强制措施**法定期限届满的**,有权要求解除强制措施。
第五十二条　人民检察院在审查批准逮捕工作中,如果发现公安机关的侦查活动有违法情况,应当通知公安机关予以纠正,公安机关应当将纠正情况通知人民检察院。	第七十六条　人民检察院在审查批准逮捕工作中,如果发现公安机关的侦查活动有违法情况,应当通知公安机关予以纠正,公安机关应当将纠正情况通知人民检察院。	第九十八条　人民检察院在审查批准逮捕工作中,如果发现公安机关的侦查活动有违法情况,应当通知公安机关予以纠正,公安机关应当将纠正情况通知人民检察院。
	第一百三十二条　人民检察院直接受理的案件中符合本法第六十条、第六十一条第四项、第五项规定情形,需要逮捕、拘留犯罪嫌疑人的,由人民检察院作出决定,由公安机关执行。	第一百六十三条　人民检察院直接受理的案件中符合本法第七十九条、第八十条第四项、第五项规定情形,需要逮捕、拘留犯罪嫌疑人的,由人民检察院作出决定,由公安机关执行。
	第一百三十三条　人民检察院对直接受理的案件中被拘留的人,应当在拘留后的二十四小时以内进行讯问。在发现不应当拘留的时候,必须立即释放,发给释放证明。对需要逮捕而证据还不充足的,可以取保候审或者监视居住。	第一百六十四条　人民检察院对直接受理的案件中被拘留的人,应当在拘留后的二十四小时以内进行讯问。在发现不应当拘留的时候,必须立即释放,发给释放证明。

（续表）

1979年《刑事诉讼法》	1996年《刑事诉讼法》	2012年《刑事诉讼法》
	第一百三十四条　人民检察院对直接受理的案件中被拘留的人，认为需要逮捕的，应当在十日以内作出决定。在特殊情况下，决定逮捕的时间可以延长一日至四日。对不需要逮捕的，应当立即释放；对于需要继续侦查，并且符合取保候审、监视居住条件的，依法取保候审或者监视居住。	第一百六十五条　人民检察院对直接受理的案件中被拘留的人，认为需要逮捕的，应当在十四日以内作出决定。在特殊情况下，决定逮捕的时间可以延长一日至三日。对不需要逮捕的，应当立即释放；对需要继续侦查，并且符合取保候审、监视居住条件的，依法取保候审或者监视居住。

　　历次《刑事诉讼法》对强制措施的修改均呈现如下特点：第一，对每种强制措施准确地进行定位。1996年《刑事诉讼法》修改先行拘留的对象以及2012年《刑事诉讼法》将先行拘留作为取保候审、监视居住转为逮捕的过渡手段，2012年《刑事诉讼法》对监视居住单独规定了不同于取保候审的条件、单独规定了指定居所监视居住的适用对象和通知家属、直抵刑期等问题，都体现了这一特点。第二，细化每种强制措施的适用程序。比如，1996年《刑事诉讼法》规定取保候审的保证方式、被取保候审、监视居住人应当遵守的规定以及违反规定的法律后果、适用期限，等等，让强制措施更具有可操作性。第三，强化了刑事强制措施的约束和监督作用，保障追诉和审判活动的顺利进行。比如，2012年《刑事诉讼法》完善被取保候审人的义务和逮捕的条件，等等。第四，强化了对被强制处分人的人权保障。比如，2012年《刑事诉讼法》取消了在"有碍侦查"的情况下不通知被逮捕人的家属，增加逮捕后羁押必要性审查的规定，等等，都是旨在防止公权力的滥用，保障被逮捕人的权利免受侵犯。总之，刑事强制措施的修改，兼顾了司法实践中打击犯罪和保障人权的需要，突出地解决了我国强制措施实践中面临的问题，对于保障刑事诉讼顺利进行，实现刑事诉讼目的，有着重要的意义。

二、拘　　传

1979 年《刑事诉讼法》规定了公检法三机关都可以对被告人适用拘传，但是未明确拘传的具体适用程序。

为了防止公安机关、检察院以连续拘传的形式，变相拘禁犯罪嫌疑人，1996 年《刑事诉讼法》规定，传唤和拘传的持续时间，不得超过 12 小时，并且，不得以连续传唤、拘传的形式变相拘禁犯罪嫌疑人。

2012 年《刑事诉讼法》针对"案情特别重大、复杂，需要采取拘留、逮捕措施的犯罪嫌疑人"，需要充足的时间来核实证据和办理拘留的手续，将传唤、拘传的时间延长到 24 小时。必须明确的是，传唤、拘传持续 24 小时的前提有两个："案情特别重大、复杂"和"需要采取拘留、逮捕的"，这两个条件必须同时具备，缺一不可。传唤不属于强制措施，拘传是一种较轻的强制措施，为了将传唤、拘传持续 24 小时限制在较窄的范围中，未来的立法和司法解释，应当对"案情特别重大、复杂"作出具体的解释，比如此类案件的犯罪嫌疑人、被告人可能判处 10 年有期徒刑以上刑罚、属于多次作案、结伙作案、流窜作案以及危害国家安全、恐怖活动犯罪等情形。而且，延长 24 小时应当经过县级以上的公安机关、检察院、法院予以批准。

针对司法实践中出现的连续审讯等侵犯犯罪嫌疑人基本权利的现象，2012 年《刑事诉讼法》还增加了"传唤、拘传犯罪嫌疑人，应当保证犯罪嫌疑人的饮食和必要的休息时间"之规定。之所以作出这一规定，是因为《刑事诉讼法》在修改之前的实践中，有时出现侦查机关及其办案人员，由于传唤、拘传的时间紧，往往在讯问时采取连续审讯，甚至不能保证犯罪嫌疑人必要的饮食、休息和日常生活需求的现象。比如不允许吃饭，不让犯罪嫌疑人上厕所等。这样做严重侵犯了犯罪嫌疑人的合法权益。[①] 所以，2012 年《刑事诉讼法》要求，公检法机关应当保证犯罪嫌疑人的饮食和必要的休息时间。但是，该规定十分模糊，究竟何为"必要"，有必要通过立法和司法解释来明

[①] 全国人大常委会法制工作委员会刑法室编：《关于修改中华人民共和国刑事诉讼法的决定：条文说明、立法理由及相关规定》，北京大学出版社 2012 年版，第 151 页。

确规定,我们认为,这里的休息时间应为 6 小时左右,而且,原则上应当禁止夜间讯问。

随着关于拘传措施的条文数量越来越多,刑事诉讼法对传唤、拘传的规定愈加周密。对拘传时间以及被传唤、拘传的犯罪嫌疑人的饮食和休息上时间的规定,都有利于约束公检法机关权力的滥用,防止拘传这种较轻的限制人身自由的措施演变为剥夺人身自由的强制措施,从而保障被传唤、拘传的犯罪嫌疑人的基本权益。当然,2012 年《刑事诉讼法》中对特殊案件中传唤、拘传时间延长的规定也兼顾了打击犯罪的需要。

在司法实践中,拘传应当经公安机关负责人或者检察长、院长批准,签发拘传证。拘传时,应当向被拘传的犯罪嫌疑人出示拘传证。对抗拒拘传的,可以使用械具,强制到案。执行拘传的人员不得少于二人。拘传持续的时间从犯罪嫌疑人到案时开始计算。犯罪嫌疑人到案后,应当责令其在拘传证上填写到案时间,并在拘传证上签名、捺指印或者盖章,然后立即讯问。讯问结束后,应当责令犯罪嫌疑人在拘传证上填写讯问结束时间。犯罪嫌疑人拒绝填写的,办案人员应当在拘传证上注明。两次拘传间隔的时间一般不得少于 12 小时。拘传犯罪嫌疑人,应当在犯罪嫌疑人所在市、县内的地点进行。犯罪嫌疑人的工作单位与居住地不在同一市、县的,拘传应当在犯罪嫌疑人的工作单位所在的市、县进行;特殊情况下,也可以在犯罪嫌疑人居住地所在的市、县内进行。需要对被拘传的犯罪嫌疑人变更强制措施的,应当在拘传期限内办理变更手续。在拘传期间内决定不采取其他强制措施的,拘传期限届满,应当结束拘传。

三、取保候审

(一) 取保候审的适用条件

1979 年《刑事诉讼法》未规定取保候审的适用条件,导致司法实践中出现了两种现象:一方面,有些司法机关不敢用取保候审,将无需羁押的嫌疑人、被告人羁押起来;另一方面,司法机关适用取保候审的条件不统一,有的司法机关将符合拘留、逮捕条件的嫌疑人、被告人予以取保候审,以至于出现脱保,甚至重新实施犯罪等现象。

为了解决 1979 年《刑事诉讼法》实施中出现的问题,1996 年《刑事诉讼法》明确规定了取保候审适用的条件。主要包括两种情形:一种是可能判处管制、拘役或者独立适用附加刑的;另外一种是可能判处有期徒刑以上刑罚,采取取保候审、监视居住不致发生社会危险性的。在实践中,司法机关对于以下几类人也适用取保候审:对被拘留的人,需要逮捕而证据尚不符合逮捕条件的;应当逮捕但患有严重疾病的;应当逮捕但正在怀孕或者哺乳自己婴儿的;被羁押的犯罪嫌疑人不能在法定侦查羁押、审查起诉期限内结案,需要继续侦查或者审查起诉的;持有有效护照或者其他有效出境证件,可能出境逃避侦查,但不需要逮捕的。但是,对累犯、犯罪集团的主犯,以自伤、自残办法逃避侦查的犯罪嫌疑人,危害国家安全的犯罪、暴力犯罪,以及其他严重犯罪的犯罪嫌疑人,不适用取保候审。

2012 年《刑事诉讼法》结合司法实践的需要,为了更好发挥取保候审作为非羁押强制措施的作用,在取保候审的适用对象中增加了"患有严重疾病、生活不能自理,怀孕或者正在哺乳自己婴儿的妇女,采取取保候审不致发生社会危险性的"和"羁押期限届满,案件尚未办结,需要采取取保候审的"这两类人员。这里的"严重疾病"指病情严重、有生命危险或者传染性疾病等,"生活不能自理"主要指因年老、残疾等原因导致无法照料自己的生活,此类人员人身危险性较小,对其适用取保候审,也体现了法律的人道性。这里的"羁押期限"包括侦查羁押、审查起诉、一审、二审等期限。"尚未办结"是指案件需要继续侦查、审查起诉或者审判。此项规定实际是与 2012 年《刑事诉讼法》第 96 条的规定相衔接。而且,即使对累犯,犯罪集团的主犯,以自伤、自残办法逃避侦查的犯罪嫌疑人,严重暴力犯罪以及其他严重犯罪的犯罪嫌疑人,如果其"患有严重疾病、生活不能自理,怀孕或者正在哺乳自己婴儿的妇女,采取取保候审不致发生社会危险性的"或者"羁押期限届满,案件尚未办结,需要继续侦查的",也可以适用取保候审。

(二)被取保候审人的义务

1979 年《刑事诉讼法》未对被取保候审人应当遵守的规定以及违反规定的法律后果作出规定,导致执行机关对被取保候审人的监督缺乏法律依据,使得嫌疑人、被告人在被取保候审之后放任自流,无法对被取保候审人起到约束作用。

1996年《刑事诉讼法》增加了被取保候审人应当遵守的规定以及违反规定的法律后果,被取保候审人应当遵守的规定包括:未经执行机关批准不得离开所居住的市、县;在传讯的时候及时到案;不得以任何形式干扰证人作证;不得毁灭、伪造证据或者串供。被取保候审的犯罪嫌疑人、被告人若违反这些规定,可以没收保证金,或者责令犯罪嫌疑人、被告人具结悔过,重新交纳保证金、提出保证人或者监视居住、予以逮捕。犯罪嫌疑人、被告人在取保候审期间若未违反这些规定,取保候审结束的时候,应当退还保证金。上述规定在一定程度上防止了被取保候审的犯罪嫌疑人、被告人逃避追诉和审判。

2012年《刑事诉讼法》将被取保候审人的义务分为法定义务和酌定义务。由于我国当前经济发展迅速,导致人口流动性较大,人们的住址、工作单位和联系方式经常发生变动。如果取保候审的执行机关对该变动情况未予掌握,则不利于对其的监督和约束。为了解决这一问题,2012年《刑事诉讼法》在被取保候审人的法定义务中增加了"住址、工作单位和联系方式发生变动的,在24小时以内向执行机关报告"。值得注意的是,被取保候审人的住址、工作单位和联系方式发生变动,在24小时以内向执行机关报告,而不是经执行机关批准,必须与被取保候审人的第一项法定义务区别开。此外,2012年《刑事诉讼法》还增设了被取保候审的酌定义务,即公检法可以根据案件情况,责令被取保候审的犯罪嫌疑人、被告人遵守特定的规定,这些规定不是所有的被取保候审人都应当遵守的规定,公检法在适用这些规定时,只有在十分必要的情况下才能加以适用。具体包括:其一,不得进入特定的场所。这里的"特定的场所",是指根据犯罪的性质及犯罪嫌疑人的个人倾向、心理状态等,可能会对这一场所正常的生产、生活或者学习造成不利影响,比如引起恐慌等,或者导致犯罪嫌疑人因为场景刺激而再次犯罪的地点。比如禁止猥亵儿童犯罪、毒品犯罪的犯罪嫌疑人、被告人进入学校、医院等场所;禁止盗窃犯罪的犯罪嫌疑人、被告人进入商场、车站等大型人员密集型场所;禁止进入犯罪现场等可能与被指控的犯罪有关的场所或者地点,防止毁坏现场、毁弃证据等行为的发生等。① 其二,不得与特定的人员会见或者通信。这里的"特定人员"是指与案件有关的人员,主要包括证人、鉴定人、被害人、嫌疑人等。之所以规定不得与这些人员会见或者通信,是为了防止被取保候审人与同案犯串供,或者打击报复证人、鉴定人、被害人,或者引诱、威胁证人作伪证等。公检法机关在适用这一规定时,不得将这里的特定人员扩大解释至与案件无关的人员。其三,不得从事特定的活动。这里的"特定的活动"主要是指与被指控的犯罪有关的活动,或者是与被指控的犯罪为一类或者相似的行为,可能会引发犯罪嫌疑人、被告人新的犯意,或者可能对正常的社会生产、生活秩序造成不利影响。比如对于涉嫌证券犯罪的,禁止从事证券交易;对于涉嫌贩毒、吸毒的,禁止从事医药卫生工作中接触精神药品和麻醉药品的活动;对于涉嫌拐卖妇女儿童的,禁止参加与儿童接触的教学活动等。② 其四,将护照等出入境证件、驾驶证件交执行机关保存。这里规定的"出入境证件""驾驶证件"是指出入中国国(边)境需要的证件,包括护照、海员证、签证等能够证明其身份以及允许进出中国的证件,港澳通行证、台胞证等允许进出大陆内地的证件,交通运输管理部门颁发的允许驾驶机动车(船)的驾驶证等证件。《刑事诉讼法》没有规定被取保候审的犯罪嫌疑人、被告人要将身份证件交执行机关保存,主要是考虑到《刑事诉讼法》允许被取保候审的犯罪嫌疑人、被告人可以在其居住的市、县活动,不收缴其身份证件是为保障其生活、工作所需。这与《居民身份证法》关于扣押居民身份证的规定是一致的。根据《居民身份证法》第15条第3款的规定,任何组织或者个人不得扣押居民身份证。但是,公安机关依照《刑事诉讼法》执行监视居住强制措施的情形除外。③ 公检法机关在对被取保候审人适用酌定义务时,应当根据犯罪嫌疑人、被告人涉嫌犯罪案件的性质、情节、社会影响、危害程度、可能影响刑事诉讼顺利进行的程度,以及认识能力、行为倾向、特殊身份等,有针对性地决定禁止其在取保候审期间进入特定场所、与特定的人员会见或者通信或者从事特定的活动、将何种

---

① 郎胜主编:《中华人民共和国刑事诉讼法修改与适用》,新华出版社2012年版,第149—150页。
② 同上。
③ 全国人大常委会法制工作委员会刑法室编:《关于修改中华人民共和国刑事诉讼法的决定:条文说明、立法理由及相关规定》,北京大学出版社2012年版,第81页。

证件交给执行机关保存。最高人民法院、最高人民检察院、公安部应当通过相应的司法解释、指导性案例或者规定来确立酌定义务适用的原则,针对不同类型的案件、被取保候审人规定具体的酌定义务内容,防止公检法机关办案的不统一,甚至滥用酌定义务。

针对在被取保候审的犯罪嫌疑人、被告人违反取保候审期间的规定,1996年《刑事诉讼法》未规定究竟没收全部还是部分保证金,导致实践中在执法时对没收保证金的数额不统一,有的个别执行机关不分具体情形一律全部没收保证金的现象,2012年《刑事诉讼法》吸收了1999年最高人民法院、最高人民检察院、公安部、国家安全部联合出台的《关于取保候审若干问题的规定》第10条的规定,规定执行机关可以根据案件情形,没收部分或者全部保证金。

(三)保证方式

1979年《刑事诉讼法》未规定取保候审的保证方式,对被取保候审人缺乏约束力,导致实践中出现取而不保的现象。

1996年《刑事诉讼法》为了解决取而不保的问题,明确规定了保证人和保证金两种保证方式。对于保证人保证,1996年《刑事诉讼法》还规定了保证人的条件、义务和责任。1996年《刑事诉讼法》尽管规定了保证金这一保证方式,但是未对保证金的具体数额和收取保证金应考虑的因素加以规定,这就导致实践中出现两种现象:有的司法机关收取的保证金过低,无法约束被取保候审遵守规定,出现弃保潜逃的现象;有的司法机关对收取过高的保证金,给被取保候审人及其家庭造成了很大的经济负担,还导致有些犯罪嫌疑人、被告人无力缴纳保证金而被羁押。种种现象造成了法律适用上的不平等,也导致取保候审的适用率低下。为了解决这一问题,《关于取保候审若干问题的规定》第5条规定:"采取保证金形式取保候审的,保证金的起点数额为一千元。决定机关应当以保证被取保候审人不逃避、不妨碍刑事诉讼活动为原则,综合考虑犯罪嫌疑人、被告人的社会危险性,案件的情节、性质,可能判处刑罚的轻重,犯罪嫌疑人、被告人经济状况,当地的经济发展水平等情况,确定收取保证金的数额。"1996年《刑事诉讼法》尽管规定了保证金制度,但是,未规定保证金的缴纳、退还的具体程序。司法实践中,保证金一般直接交给取保候审的执行机关,再由执行机关存入银行专门账户。由于执行机关直接经手保证金,造成个别执行机关或者执行人员截留、坐支、私分、挪用或者以其他方式侵吞保证金,或者对应当退还保证金的,个别办案机关或者办案人员由于利益驱动,故意刁难犯罪嫌疑人、被告人,拒绝签发《退还保证金决定书》,或者采取相互推诿、拒绝会见等各种方式,变相不签发《退还保证金决定书》,导致被取保候审的犯罪嫌疑人、被告人及其近亲属无法领取保证金的情况。① 1999 年《关于取保候审若干问题的规定》第 7 条第 1 款规定:"县级以上执行机关应当在其指定的银行设立取保候审保证金专户,委托银行代为收取和保管保证金,并将指定银行的名称通知人民检察院、人民法院。"第 8 条规定:"决定机关作出取保候审收取保证金的决定后,应当及时将《取保候审决定书》送达被取保候审人和为其提供保证金的单位或者个人,责令其向执行机关指定的银行一次性交纳保证金。决定机关核实保证金已经交纳到执行机关指定银行的凭证后,应当将《取保候审决定书》《取保候审执行通知书》和银行出具的收款凭证及其他有关材料一并送交执行机关执行。"第 21 条第 2 款规定:"执行机关应当及时向被取保候审人宣布退还保证金的决定,并书面通知其到银行领取退还的保证金"。上述规定符合我国财经管理制度,有利于加强对保证金的管理,杜绝违法处理保证金的行为。

2012 年《刑事诉讼法》将《关于取保候审若干问题的规定》中确立的原则和基本精神吸收到立法的层面,明确规定了确定保证金应当考虑的因素以及保证金的缴纳和退还的程序。依据 2012 年《刑事诉讼法》,确定保证金的数额应考虑如下因素:(1) 保证诉讼活动正常进行的需要。如果被取保候审人逃避追诉和审判、妨碍诉讼秩序的可能性大,则收取的保证金数额就相应较高;如果被取保候审人逃避追诉和审判、妨碍诉讼秩序的可能性小,则收取的保证金数额就相应较低。(2) 被取保候审人的社会危险性。社会危险性应根据其人格、一贯表现、所犯罪行的性质等因素进行综合评估。如果社会危险性大,则应收取较高的保证金,否则,应收取数额较低的保证金。(3) 案件的性质、情节,可能判处刑罚的轻重。一般而言,基于趋利避害的

---

① 郎胜主编:《中华人民共和国刑事诉讼法修改与适用》,新华出版社 2012 年版,第 155 页。

人性特点,涉嫌较为严重犯罪、可能判处刑罚较重的被取保候审人逃避追诉、妨碍诉讼秩序的可能性较大,应收取较高的保证金对其才能起到约束作用。(4)被取保候审人的经济状况。不同经济能力的犯罪嫌疑人、被告人对没收保证金的心理承受能力不同,即使社会危险性、犯罪性质、情节等因素基本相同的犯罪嫌疑人、被告人,因为经济能力不同,其遵守有关规定的心理倾向也会产生差异。① 除此之外,公检法机关还应考虑被取保候审人当地的经济发展水平,保证金的数额应当与当地的经济发展水平相适应。总之,对保证金数额的确定,公检法机关应当兼顾上述各种因素,不能以偏概全。最高人民法院、最高人民检察院和公安部应联合制定确定保证金数额的细则,以指导各地方司法机关准确、合理地确定保证金的数额,发挥取保候审的应有作用。

2012年《刑事诉讼法》第70条中"提供保证金的人"是指交纳保证金的犯罪嫌疑人、被告人或者因为犯罪嫌疑人、被告人被拘留、逮捕无法亲自交纳保证金而接受委托代其交纳保证金的人。"执行机关指定银行的专门账户"是指执行机关在银行开立的专门用来收取取保候审保证金的专用账户。根据《刑事诉讼法》的规定,办案机关在作出取保候审决定并确定保证金的金额后,应当将决定书送达给犯罪嫌疑人、被告人,由提供保证金的人根据取保候审决定书上确定的保证金数额,直接将保证金存入取保候审保证金专用账户,银行直接开具有关凭证,而不需要先交给执行机关。②

2012年《刑事诉讼法》还补充规定了领取退还的保证金的手续和凭证,即"犯罪嫌疑人、被告人在取保候审期间未违反本法第69条规定的,取保候审结束的时候,凭解除取保候审的通知或者有关法律文书到银行领取退还的保证金"。

另外,在司法实践中,公安司法机关对下列犯罪嫌疑人、被告人决定取保候审的,可以责令其提出一至二名保证人:(1)无力交纳保证金的;(2)未成年或者已满75周岁的;(3)不宜收取保证金的其他犯罪嫌疑人、被告人。

---

① 郎胜主编:《中华人民共和国刑事诉讼法修改与适用》,新华出版社2012年版,第153页。
② 全国人大常委会法制工作委员会刑法室编:《关于修改中华人民共和国刑事诉讼法的决定:条文说明、立法理由及相关规定》,北京大学出版社2012年版,第90页。

四、监视居住

(一) 监视居住的适用条件

1979年《刑事诉讼法》未规定监视居住的适用条件,导致司法实践中对监视居住的适用不统一。

1996年《刑事诉讼法》明确了监视居住与取保候审同样的适用条件。在实践中,对于多数较轻的犯罪,采用监视居住这种限制人身自由较多的措施往往没有必要,且随着现在通讯、交通日益发达,监视居住"未经批准不得离开住所或者指定的居所""不得会见他人"等规定也难以落实,导致监视居住在实践中对犯罪嫌疑人缺乏必要的约束,公安机关往往不愿意采取监视居住措施。另外,由于监视居住是以不符合逮捕条件为前提采取的强制措施,对于在办理案件过程中有的犯罪嫌疑人、被告人符合逮捕条件,但因为案件的特殊情况、办理案件的需要等不宜采取逮捕措施的,缺乏必要的替代措施。①

监视居住相比取保候审更为严厉,为了体现强制措施适用的比例原则,2012年《刑事诉讼法》将监视居住定位为逮捕的替代措施,单独规定了不同于取保候审的适用条件。具体而言,监视居住的条件有以下两方面:

1. 符合逮捕条件

这一规定将监视居住定位为逮捕的替代措施。公检法机关在适用监视居住措施的时候,必须审查犯罪嫌疑人、被告人是否符合2012年《刑事诉讼法》第79条规定的逮捕条件。当然,这里的是否符合逮捕条件,无需检察院或者法院来批准、决定,而是由公检法自己来对其作出是否符合逮捕条件的判断。

2. 具有法定情形之一

第一,患有严重疾病、生活不能自理的。"严重疾病"指病情严重、有生命危险或者传染性疾病等,"生活不能自理"主要指因年老、残疾等原因导致

---

① 郎胜主编:《中华人民共和国刑事诉讼法修改与适用》,新华出版社2012年版,第157页。

无法照料自己的生活,此类人员人身危险性较小,对其适用监视居住,有利于其疾病的治愈和生活的照顾,体现了法律的人道性。第二,怀孕或者正在哺乳自己婴儿的妇女。此处的婴儿是指不满1周岁的孩子。之所以规定此种情形可以适用监视居住,是因为:其一,随着怀孕或者正在哺乳婴儿的妇女在生理和心理上的变化,其社会危险性减小。其二,妇女在怀孕和哺乳期间需要给予特殊的照顾,对其适用非羁押措施,有利于妇女的健康和胎儿或者婴儿的发育和成长。总之,对于此种妇女使用监视居住,也是人道主义的体现。第三,系生活不能自理的人的唯一扶养人。扶养是指家庭成员以及亲属之间依据法律所进行的共同生活、互相照顾、互相帮助的权利和义务。这里所说的"扶养"包括父母、祖父母、外祖父母对子女、孙子女、外孙子女的抚养和子女、孙子女、外孙子女对父母、祖父母、外祖父母的赡养以及配偶、兄弟姐妹之间的相互扶养。另外,我国《继承法》规定,丧偶的儿媳、女婿对公婆、岳父母尽了主要赡养义务的,在继承的时候应当分给适当的遗产份额。这种情况也是我国法律规定的法律上的扶养关系。此种人员适用监视居住必须满足两个条件:一是要求被扶养人丧失生活自理能力,比如因为疾病、残疾、年老丧失生活能力或者行动能力、年幼等无法照顾自己基本生活的情况;二是犯罪嫌疑人、被告人系该生活不能自理的人的唯一扶养人,即除该犯罪嫌疑人、被告人之外,没有其他人对该生活不能自理的人负有法律上的抚养义务。① 第四,因为案件的特殊情况或者办理案件的需要,采取监视居住措施更为适宜的。此款所规定的情形与前三种情形所不同的是,前三种可以适用监视居住的情形均是因为涉案犯罪嫌疑人、被告人自身出现特殊情况而需要适用监视居住,而此款系案件本身出现了需要适用监视居住的特殊情形而需要采取监视居住。此款所规定的情形留给了公检法机关较大的裁量权,需要司法解释对其加以细化。这里的"案件的特殊情况"指的是,有的案件性质或者情节较为严重,已经达到了逮捕条件,但是适用相比逮捕较轻的强制措施不至于发生社会危险,或者适用较轻的强制措施能够取得更好的社会效果等。"办理案件的需要"是指为了顺利查获犯罪证据或者同案嫌疑人、被告人,对本来应当逮捕的犯罪嫌疑人、被告人采取监视

---

① 郎胜主编:《中华人民共和国刑事诉讼法修改与适用》,新华出版社2012年版,第158页。

居住措施。① 总之，公检法在确定个案是否有适用监视居住的需要以及是否"更为适宜"时，要结合犯罪嫌疑人、被告人的社会危险性、逃避追诉和审判的可能性、案件的性质、情节，可能判处刑罚的轻重等因素，综合考虑适用监视居住措施是否适宜，既要避免适用监视居住而产生的社会危险，又要尽可能对犯罪嫌疑人、被告人减少羁押措施的适用。第五，羁押期限届满，案件尚未办结，需要采取监视居住措施的。"羁押期限"包括侦查羁押、审查起诉、一审、二审等期限。"尚未办结"是指案件需要继续侦查、审查起诉或者审判。此项规定实际是与 2012 年《刑事诉讼法》第 96 条的规定相衔接。

除了适用监视居住的上述情形之外，结合司法实践的经验，2012 年《刑事诉讼法》第 72 条第 2 款还规定：对符合取保候审条件，但犯罪嫌疑人、被告人不能提出保证人，也不交纳保证金的，可以监视居住。此类人员适用监视居住就无需符合逮捕条件，而是必须符合取保候审条件，但是无法满足两种保证方式之一，需要对其适用强制措施防止其妨碍诉讼秩序时，公检法机关才可对此类人员监视居住。

（二）被监视居住人的义务

1979 年《刑事诉讼法》未对被监视居住人应当遵守的规定以及违反规定的法律后果作出规定，导致有的执行机关把被监视居住的对象关进看守所、拘留所，有的则在招待所、旅馆，甚至在私设的"小黑屋"搞所谓的监视居住，让监视居住成了变相羁押。②

1996 年《刑事诉讼法》增加了被监视居住人应当遵守的规定以及违反规定的法律后果，被监视居住人应当遵守的规定包括：未经执行机关批准不得离开住处，无固定住处的，未经批准不得离开指定的居所；未经执行机关批准不得会见他人；在传讯的时候及时到案；不得以任何形式干扰证人作证；不得毁灭、伪造证据或者串供。被监视居住的犯罪嫌疑人、被告人违反前款规定，情节严重的，予以逮捕。上述规定填补了立法的空白，在一定程度上防止了被监视居住的犯罪嫌疑人、被告人逃避追诉和审判。

---

① 全国人大常委会法制工作委员会刑法室编：《关于修改中华人民共和国刑事诉讼法的决定：条文说明、立法理由及相关规定》，北京大学出版社 2012 年版，第 96—97 页。
② 郎胜主编：《中华人民共和国刑事诉讼法修改与适用》，新华出版社 2012 年版，第 165 页。

为了顺应我国经济、社会、科学技术的新发展及其犯罪形式的新变化，加强对被监视居住人的约束，2012年《刑事诉讼法》对被监视居住人的义务进一步作出了修改，具体而言：第一，将"未经执行机关批准不得离开住所，无固定住所的，未经批准不得离开指定的居所"修改为"未经执行机关批准不得离开执行监视居住的处所"。这一修改实际与2012年《刑事诉讼法》第73条相衔接，因为第73条中已经明确了监视居住的地点就是住所或者指定的居所，所以，此处无需在赘述监视居住的地点。第二，增加规定"未经执行机关批准不得通信"。此处应理解为，未经执行机关批准，被监视居住人不得与自己居住在一起的家庭成员和已经聘请的辩护律师以外的人通信。这里的通讯方式包括打电话、发手机短信、传真、邮件等。但是，需要注意的是，依据2012年《刑事诉讼法》的规定，危害国家安全犯罪、恐怖活动犯罪、特别重大贿赂犯罪案件，在侦查期间辩护律师会见被监视居住的犯罪嫌疑人，应当经侦查机关许可。上述案件，侦查机关应当事先通知看守所。辩护律师会见被监视居住的犯罪嫌疑人、被告人，可以了解案件有关情况，提供法律咨询等；自案件移送审查起诉之日起，可以向犯罪嫌疑人、被告人核实有关证据。辩护律师会见犯罪嫌疑人、被告人时不被监听。第三，增加规定"将护照等出入境证件、身份证件、驾驶证件交执行机关保存"。这一规定为了在人口流动和对外交流日益频繁、交通日益便利的情况下强化对被监视居住人的人身控制，防止其逃避追诉和审判，保证诉讼顺利进行。需要注意的是，相比被取保候审人的酌定义务，此处增加了将身份证件交给执行机关保存，这是与《居民身份证法》第15条第3款相一致的规定。

（三）指定居所监视居住

对于监视居住的地点，1979年《刑事诉讼法》第38条第2款规定，被监视居住的被告人不得离开指定的区域。究竟指定在哪些区域，1979年《刑事诉讼法》未作出明确的规定。

1996年《刑事诉讼法》第57条规定，未经执行机关批准不得离开住处，无固定住处的，未经批准不得离开指定的居所。这一条款明确了监视居住的地点是住所和指定居所，而且对指定居所监视居住适用的条件作出了初步规定。

实际上，住所监视居住和指定居所监视居住的严厉程度是不同的，指定居所监视居住相比住所监视居住更为严厉。为了体现强制措施适用的比例原则，2012年《刑事诉讼法》从适用条件、通知家属、折抵刑期、委托辩护人、法律监督等多方面对指定居所监视居住作出了不同于住所监视居住的规定。

1. 指定居所监视居住适用的条件

按照2012年《刑事诉讼法》，指定居所监视居住适用以下两种情形：第一，符合监视居住条件，但是没有固定住所的。这里的"固定住处"是指犯罪嫌疑人在办案机关所在地的市、县内工作、生活的合法居所。第二，涉嫌危害国家安全犯罪、恐怖活动犯罪、特别重大贿赂犯罪，在住处执行可能有碍侦查的，经上一级人民检察院或者公安机关批准的情形。此种人员适用指定居所监视居住必须同时满足以下四个条件：其一，符合监视居住的适用条件，也就是2012年《刑事诉讼法》第72条规定的条件。其二，涉嫌危害国家安全犯罪、恐怖活动犯罪、特别重大贿赂犯罪三类犯罪。这三类犯罪有其不同于一般犯罪的特点：危害国家安全犯罪触及国家赖以生存和发展的政治基础和物质基础的安全，是一切犯罪中最为严重的犯罪。恐怖活动犯罪以制造社会恐慌、危害公共安全或者胁迫国家机关、国际组织为目的，其社会危害性也相当严重。而且，这两类犯罪的犯罪嫌疑人、被告人的主观恶性一般较深，对其适用住所监视居住，不足以防止其继续实施危害社会的行为、妨碍诉讼秩序。贿赂犯罪案件往往以言词证据为主，具有单一性和对合性、不稳定性，行贿和受贿的双方容易串供、建立攻守同盟，为了防止类似行为的出现，有必要对特别重大贿赂犯罪的犯罪嫌疑人、被告人在特定情形下适用指定居所监视居住措施。但是，需要注意的是：危害国家安全犯罪是指《刑法》分则第一章规定的一系列犯罪；恐怖活动犯罪主要是指《刑法》分则第二章危害公共安全罪中的第120条组织、领导恐怖活动罪和第120条之一的资助恐怖活动罪的规定，以及《全国人大常委会关于加强反恐怖工作有关问题的决定》中所规定的"以制造社会恐慌、危害公共安全或者胁迫国家机关、国际组织为目的，采取暴力、破坏、恐吓等手段，造成或者意图造成人员伤亡、重大财产损失、公共设施损坏、社会秩序混乱等严重社会危害的行为，以及煽动、资助或者以其他方式协助实施上述活动的行为"。特别重大贿赂犯罪是指具有下列情形之一的,属于特别重大贿赂犯罪:(1)涉嫌贿赂犯罪数额在50万元以上,犯罪情节恶劣的;(2)有重大社会影响的;(3)涉及国家重大利益的。其三,在住处执行可能有碍侦查。这里的"有碍侦查"是指具备以下情形之一:可能毁灭、伪造证据,干扰证人作证或者串供的;可能自杀或者逃跑的;可能导致同案犯逃避侦查的;在住处执行监视居住可能导致犯罪嫌疑人面临人身危险的;犯罪嫌疑人的家属或者其所在单位的人员与犯罪有牵连的;可能对举报人、控告人、证人及其他人员等实施打击报复的。其四,应当经过严格的批准手续。这三类案件的指定居所监视居住,需经上一级检察机关或者公安机关批准。在实践中,对犯罪嫌疑人在指定的居所执行监视居住,由办案人员提出审查意见,经部门负责人审核,报经公安机关或者检察机关负责人审批后,再连同案卷材料一并报请上一级检察机关或者公安机关批准。

2. 指定监视居住的执行地点

2012年《刑事诉讼法》第73条第1款规定,监视居住不得在羁押场所、专门的办案场所执行。这一规定实际上是为了防止监视居住沦为变相羁押,剥夺被监视居住人的自由,甚至出现刑讯逼供等侵犯犯罪嫌疑人、被告人合法权益的行为。按照这一条款的要求,采取指定居所监视居住的,不得在看守所、拘留所、监狱等羁押、监管场所以及留置室、讯问室等专门的办案场所、办公区域执行。指定的居所应当符合下列条件:具备正常的生活、休息条件;便于监视、管理;能够保证办案安全。

3. 指定居所监视居住后通知家属

为了保障被监视居住人的家属的知情权,便于被监视居住人的家属根据情况为其聘请律师或者提供其他帮助,充分保护被监视居住人的合法权益,避免秘密拘捕现象的出现,2012年《刑事诉讼法》第73条第2款规定,对于指定居所监视居住的,除无法通知的以外,应当在执行监视居住后24小时以内,通知被监视居住人的家属。这里规定的"无法通知"是指被监视居住人无家属的;与其家属无法取得联系的;受自然灾害等不可抗力阻碍的。但是,按照2012年《刑事诉讼法》第158条第2款的规定,犯罪嫌疑人不讲真实姓名、住址,身份不明的,应当对其身份进行调查,并且不得停止对其犯罪行为的侦查取证。公检法机关不得未经调查就直接以"无法通知"为由不通知家属。

4. 指定居所监视居住的犯罪嫌疑人、被告人委托辩护人

为了更好地保护被监视居住人的辩护权实现,2012年《刑事诉讼法》第73条第3款规定,被监视居住的犯罪嫌疑人、被告人委托辩护人,适用2012年《刑事诉讼法》第33条的规定。这就意味着,被指定居所监视居住的犯罪嫌疑人、被告人可以根据2012年《刑事诉讼法》第33条的规定委托辩护人,也可以由其近亲属代为委托辩护人。办案机关也应当根据该规定告知犯罪嫌疑人、被告人委托辩护人的权利。犯罪嫌疑人、被告人在押期间要求委托辩护人的,人民法院、人民检察院、公安机关应当及时转达其要求。

5. 指定居所监视居住的期限折抵刑期

刑事强制措施尽管与刑罚的目的不一样,但是从表面上看,强制措施作为限制或者剥夺犯罪嫌疑人、被告人人身自由的强制方法,其与剥夺和限制人身自由的刑罚有相似之处。为了保障被追诉人的合法权益,我国《刑法》第41条、第44条、第47条规定,剥夺人身自由的拘留、逮捕引起的羁押期限折抵管制、拘役、有期徒刑的刑期。2012年《刑事诉讼法》第74条规定了指定居所监视居住折抵刑期,具体而言,指定居所监视居住1日折抵管制1日,指定居所监视居住2日折抵拘役、有期徒刑1日。之所以作出这种规定,是因为指定居所监视居住比拘留、逮捕等措施轻,所以,在折抵刑期的标准上要低于拘留、逮捕等羁押措施。

6. 检察院对指定居所监视居住合法性的法律监督

我国《宪法》和《刑事诉讼法》都规定,检察机关是国家的法律监督机关,依法对刑事诉讼实行法律监督。为了防止指定居所监视居住措施的滥用,2012年《刑事诉讼法》第73条第4款规定,人民检察院对指定居所监视居住的决定和执行是否合法实行监督。在监督主体上,对于下级人民检察院报请指定居所监视居住的案件,由上一级人民检察院侦查监督部门依法对决定是否合法进行监督。对于公安机关决定指定居所监视居住的案件,由作出批准决定公安机关的同级人民检察院侦查监督部门依法对决定是否合法进行监督。对于人民法院因被告人无固定住处而指定居所监视居住的,由同级人民检察院公诉部门依法对决定是否合法进行监督。在监督的方式上,人民检察院可以要求侦查机关、人民法院提供指定居所监视居住决定书和相关案件材料。经审查,发现存在下列违法情形的,应当及时通知有关机关纠正:不符合指定居所监视居住的适用条件的;未按法定程序履行批准手续的;在决定过程中有其他违反《刑事诉讼法》规定的行为的。人民检察院监所检察部门依法对指定居所监视居住的执行活动是否合法实行监督。发现下列违法情形的,应当及时提出纠正意见:在执行指定居所监视居住后 24 小时以内没有通知被监视居住人的家属的;在羁押场所、专门的办案场所执行监视居住的;为被监视居住人通风报信、私自传递信件、物品的;对被监视居住人刑讯逼供、体罚、虐待或者变相体罚、虐待的;有其他侵犯被监视居住人合法权利或者其他违法行为的。被监视居住人及其法定代理人、近亲属或者辩护人对于公安机关、本院侦查部门或者侦查人员存在上述违法情形提出控告的,人民检察院控告检察部门应当受理并及时移送监所检察部门处理。

此外,对于指定居所监视居住的,侦查机关应当自决定指定居所监视居住之日起每 2 个月对指定居所监视居住的必要性进行审查,没有必要继续指定居所监视居住或者案件已经办结的,应当解除指定居所监视居住或者变更强制措施。指定居所监视居住的,不得要求被监视居住人支付费用。

(四)监视居住的执行机关

1979 年《刑事诉讼法》第 38 条第 2 款规定,监视居住由当地公安派出所执行,或者由受委托的人民公社、被告人的所在单位执行。由派出所或者委托的人民公社、被告人的所在单位执行在当时的社会条件下,能够对被监视居住人起到约束作用。但是,随着人口流动性增大,基层组织不如过去健全,人民公社于 1985 年最终退出历史舞台,该规定逐渐不符合司法实践的需要。

1996 年《刑事诉讼法》第 51 条第 2 款将监视居住统一规定由公安机关执行。之所以这样规定,是因为公安机关在各个区域都设有派出机构,同时,公安机关与居民委员会、村民委员会等基层组织也有密切的联系,并且有拘留、执行逮捕的权力,因此,公安机关执行便于加强对被监视居住人的监督和考察,一旦发现违反规定者或者不该监视居住的,可以及时依法处理。①

2012年《刑事诉讼法》维持了1996年《刑事诉讼法》关于监视居住执行机关的规定。

(五)监视居住的执行方法

1979年、1996年《刑事诉讼法》未规定公安机关如何监督犯罪嫌疑人、被告人遵守监视居住期间的规定。实践中,一般认为,公安机关派员监视被监视居住人遵守规定。由于监视居住的适用成本较大,我国公安机关肩负着繁重的治安保卫、打击犯罪的任务,监视居住适用比率较低,即使有执法机关适用监视居住,也演变成为变相羁押。

随着高科技的不断发展,为了更好地监督被监视居住人遵守监视居住期间的规定,一些国家发展了电子手镯等监控方式,通过电子定位的方式对他们遵守法律的情况进行监视。我国在试行社区矫正的过程中,有些地方也尝试这种方法,取得很好的效果,有必要在监视居住措施中推广。② 2012年《刑事诉讼法》将这一做法吸收到监视居住的执行方式中,旨在利用高科技的方法代替传统的方式,降低监视居住适用的成本,发挥监视居住的应有作用。该法第76条规定,执行机关对被监视居住的犯罪嫌疑人、被告人,可以采取电子监控、不定期检查等监视方法对其遵守监视居住规定的情况进行监督;在侦查期间,可以对被监视居住的犯罪嫌疑人的通信进行监控。在监视居住的执行中,应当注意:第一,这里的"电子监控",包括采取在被监视居住人身上或者住所内安装电子定位装置等电子科技手段对其行踪进行的监视。"不定期检查"是指执行机关对其行踪和遵守有关规定的情况进行的随机的、不确定的检查和监视,既可以是随时到执行处所进行检查,也可以是通过电话等进行随机抽查。"通信监控"是指对被监视居住人的通信、电话、电子邮件等与外界的交流、沟通进行的监控。③ 第二,只能在侦查阶段对

---

① 全国人大常委会法制工作委员会刑法室编:《关于修改中华人民共和国刑事诉讼法的决定:条文说明、立法理由及相关规定》,北京大学出版社2012年版,第137页。
② 郎胜主编:《中华人民共和国刑事诉讼法修改与适用》,新华出版社2012年版,第168页。
③ 同上。

被监视居住人的通信进行监控,到了审查起诉和审判阶段,不得再对被监视居住人的通信进行监控。

五、拘　　留

(一) 先行拘留适用的对象

1979 年《刑事诉讼法》第 41 条规定,先行拘留适用于符合以下两个条件的现行犯或者重大嫌疑分子:第一,罪该逮捕。第二,具备以下情形之一:正在预备犯罪、实行犯罪或者在犯罪后即时被发觉的;被害人或者在场亲眼看见的人指认他犯罪的;在身边或者住处发现有犯罪证据的;犯罪后企图自杀、逃跑或者在逃的;有毁灭、伪造证据或者串供可能的;身份不明有流窜作案重大嫌疑的;正在进行"打砸抢"和严重破坏工作、生产、社会秩序的。

1996 年《刑事诉讼法》在修改先行拘留适用条件时,取消了"罪该逮捕"这一前提条件,同时,将 1979 年《刑事诉讼法》第 41 条第(七)项"正在进行'打砸抢'和严重破坏工作、生产、社会秩序的"情形删除了。主要是因为,此种情形本身就是构成犯罪的行为,而且是正在进行中,显然已经为 1979 年《刑事诉讼法》第 41 条第(一)项的"正在实行犯罪"所包括,没有单独存在的必要。另外,"打砸抢"是特定历史条件下的产物,并非严格的科学的犯罪概念。这种行为本身就是已经被其他犯罪行为所吸收,根本没有独立存在的价值。① 同时,1980 年《国务院关于将强制劳动和收容审查两项措施统一于劳动教养的通知》规定的收容审查是一种行政性强制手段,主要适用于有轻微违法犯罪行为又不讲真实姓名、住址、来历不明的人,或者有轻微违法犯罪行为又有流窜作案、多次作案、结伙作案嫌疑需要收容查清罪行的人。收容审查由公安机关决定,也就意味着公安机关对公民的人身财产等自由享有部分的司法权。由于需要查明被收审者的身份及作案事实等,羁押时间最长可达 3 个月。这种做法缺乏有效的监督制约机制。为了进一步

---

① 陈光中、严端主编:《中华人民共和国刑事诉讼法修改建议稿与论证》,中国方正出版社 1995 年版,第 203 页。

加强社会主义民主和法制建设,更好地保护公民的人身权利,1996 年《刑事诉讼法》将收容审查中与犯罪斗争有实际需要的内容,吸收到《刑事诉讼法》中,对有关刑事强制措施进行补充修改,不再保留作为行政强制手段的收容审查。主要是,对不讲真实姓名、住址,身份不明和有流窜作案、多次作案、结伙作案的现行犯或者重大嫌疑分子,过去公安机关可以收容审查,现在改为公安机关可以先行拘留。并规定,这几种对象的拘留期限,可以延长至 30 日。[①] 这里的"流窜作案",是指跨市、县管辖范围连续作案,或者在居住地作案后逃跑到外市、县继续作案;"多次作案",是指三次以上作案;"结伙作案",是指二人以上共同作案。

2012 年《刑事诉讼法》在维持 1996 年《刑事诉讼法》关于先行拘留适用对象的规定的基础上,还将先行拘留作为取保候审、监视居住转为逮捕的过渡手段。2012 年《刑事诉讼法》第 69 条第 4 款规定:"对违反取保候审规定,需要予以逮捕的,可以对犯罪嫌疑人、被告人先行拘留。"第 75 条第 2 款同样规定:"被监视居住的犯罪嫌疑人、被告人违反前款规定,情节严重的,可以予以逮捕;需要予以逮捕的,可以对犯罪嫌疑人、被告人先行拘留。"这两款规定是为了更好地衔接取保候审、监视居住和逮捕两种措施,因为逮捕的审批需要一定的时间,如果不将拘留作为前置程序,无法对违反规定的被取保候审人、被监视居住人作出相应处理,防止其妨碍诉讼秩序,乃至危害社会秩序。此种先行拘留措施的决定和执行,还应当遵循《刑事诉讼法》关于拘留的程序的相关规定。

(二)将被拘留的人立即送看守所羁押

1996 年《刑事诉讼法》的实践中,个别执法机关将被拘留人关押在办案场所或者看守所以外的其他场所,在没有任何监督机制的情况下,执法人员对被拘留人讯问时实施刑讯逼供等非法取证行为,甚至出现被拘留人非正常死亡等事件。为了避免上述现象的发生,强化对被拘留人合法权利的保护,1998 年《公安部规定》第 145 条早已明确规定,对被拘留的犯罪嫌疑人应当立即送看守所羁押。

[①] 顾昂然:《关于〈中华人民共和国刑事诉讼法修正案(草案)〉的说明》,载顾昂然:《立法札记——关于我国部分法律制定情况的介绍》,法律出版社 2006 年版,第 516 页。

2012年《刑事诉讼法》第83条第2款将该规定吸收到了立法层面,同时补充规定了送往看守所的时限,即:拘留后,应当立即将被拘留人送看守所羁押,至迟不得超过24小时。之所以作出这种规定,是因为,拘留作为一种限制人身自由的强制措施,应当在依法设立的专门场所中执行。看守所作为专门的羁押场所,看押、提讯设施、安全警戒、监所监督人员等都是按照有关规定建设和配备的,有条件保证被拘留人人身安全,防止脱逃,保障讯问等工作依法顺利进行。之所以规定至迟不得超过24小时,主要是考虑到实践中情况比较复杂,如执行拘留的地点距离看守所较远,需要一定的路途时间;在犯罪现场被拘留需要当场指认、协助抓获同案犯等。①

(三) 拘留后的通知

按照1979年、1996年《刑事诉讼法》的规定,公安机关、检察院在拘留犯罪嫌疑人之后24小时内一般都应通知被拘留人的家属或者他的所在单位,但是,有碍侦查或者无法通知的情形下,可不通知被拘留人的家属或者他的所在单位。在司法实践中,对于何谓"有碍侦查""无法通知",在理解上不统一,甚至在一些本该通知的案件中,个别侦查机关也以"有碍侦查""无法通知"为借口不通知被拘留人家属或者他的所在单位。

为了防止秘密拘捕现象的出现,约束拘留权的滥用,充分保护被拘留人及其家属合法权利,一方面,2012年《刑事诉讼法》对"有碍侦查"的范围作出限定,只有因涉嫌"危害国家安全犯罪、恐怖活动犯罪",通知可能有碍侦查的,才可以不通知;另一方面,2012年《刑事诉讼法》增加规定,因有碍侦查未通知被拘留人家属的,在有碍侦查的情形消失后,应当立即通知被拘留人的家属。在理解和适用这一规定时,应当注意以下几点:第一,此处的"无法通知"主要指被拘留人无家属的;与其家属无法取得联系的;受自然灾害等不可抗力阻碍的情形。第二,"涉嫌危害国家安全犯罪、恐怖活动犯罪通知可能有碍侦查"这一规定有两个要求:(1)只有在危害国家安全犯罪、恐怖活动犯罪这两类犯罪案件中,才可以不通知被拘留人家属。之所以规定这两类犯罪,是因为其社会危害性严重,而且这两类犯罪的犯罪嫌疑人、被

---

① 全国人大常委会法制工作委员会刑法室编:《关于修改中华人民共和国刑事诉讼法的决定:条文说明、立法理由及相关规定》,北京大学出版社2012年版,第115页。

告人的主观恶性一般较深,通知家属后极易出现有碍侦查的情形。(2)必须存在通知可能妨碍侦查的情况的,才可以不通知被拘留人的家属。这里的"有碍侦查"是指通知可能会毁灭、伪造证据,干扰证人作证或者串供的;可能自杀或者逃跑的;可能导致同案犯逃避侦查的;在住处执行监视居住可能导致犯罪嫌疑人面临人身危险的;犯罪嫌疑人的家属或者其所在单位的人员与犯罪有牵连的;可能对举报人、控告人、证人及其他人员等实施打击报复的。此外,2012 年《刑事诉讼法》第 83 条第 2 款还规定,有碍侦查的情形消失以后,应当立即通知被拘留人的家属。这一规定旨在消除侦查机关不通知被拘留人家属的负面影响,更好地保护被拘留人的合法权益。毕竟,随着侦查工作的不断向前推进,同案嫌疑人逐步归案,侦查机关对证据的收集愈加充分,有碍侦查的情形会消失,应当及时通知被拘留人家属。此外,相比 1996 年《刑事诉讼法》而言,2012 年《刑事诉讼法》还删除了通知被拘留人所在单位以及通知的具体内容的规定。之所以删除通知的具体内容,主要原因是:在司法实践中,刑事案件本身的情况非常复杂,有的需要通知被拘留的原因,有的需要通知羁押的处所,有的需要通知家属有权代为委托律师,这些不可能在法律里作出详尽的规定。而且,有的案件随着侦查的不断进行,犯罪嫌疑人涉嫌的罪名以及案情会发生变化,所以为了适应各种复杂的情况,法律作了原则性的规定。当然,在具体通知时,公检法机关至少应当将被拘留的原因和羁押的处所通知被逮捕人家属,以便于保护犯罪嫌疑人家属的知情权,进一步维护犯罪嫌疑人的合法权益。公安司法机关对被监视居住人的家属的通知内容也应当作类似的理解。

(四)检察院的拘留程序

1979 年《刑事诉讼法》未对检察院对直接受理的案件的拘留程序作出规定。

1996 年《刑事诉讼法》为了适应检察院办理自侦案件的需要,在"侦查"一章中设专节规定"人民检察院对直接受理的案件的侦查",在该节中明确规定了以下几个方面:第一,基于检察院直接受理的案件的特点,检察院只能对以下两种情形进行先行拘留:犯罪后企图自杀、逃跑或者在逃的;有毁灭、伪造证据或者串供可能的。第二,规定检察院决定的拘留应交给公安机关执行。第三,规定检察院在拘留嫌疑人后24小时内应进行讯问,发现不应当拘留的,必须立即释放,对于需要逮捕而证据不足的,可以取保候审或者监视居住。第四,规定了检察院的拘留期限。即人民检察院对直接受理的案件中被拘留的人,认为需要逮捕的,应当在10日以内作出决定。但在一些重大、复杂案件等特殊情况下,决定逮捕的时间可以延长1日至4日。也就意味着,检察院拘留的期限最长为14天。此外,对不需要逮捕的,应当立即释放;对于需要继续侦查,并且符合取保候审、监视居住条件的,依法取保候审或者监视居住。

为了保证逮捕的质量,防止检察院自侦案件逮捕权的滥用,2009年,最高人民检察院出台了《关于省级以下人民检察院立案侦查的案件由上一级人民检察院审查决定逮捕的规定(试行)》,强化了上级检察院对下级检察院自侦案件逮捕的监督,明确规定省级以下(不含省级)检察院立案侦查的案件,需要逮捕犯罪嫌疑人的,应报请上一级检察院审查决定。由于程序的复杂化,引起检察机关决定逮捕超期的问题。2012年《刑事诉讼法》延长了检察院拘留的期限,主要体现在:第一,对检察院直接受理的案件中被拘留的人,认为需要逮捕的,将原规定的决定期限从10日修改为14日;第二,对特殊情况下,决定逮捕的时间从可以延长1至4日修改为1至3日。这一修改是根据落实司法改革任务和当前检察工作的实际情况作出的。

必须明确的是,下级人民检察院报请审查逮捕的案件,由侦查部门制作报请逮捕书,报检察长或者检察委员会审批后,连同案卷材料、讯问犯罪嫌疑人录音、录像一并报上一级人民检察院审查,报请逮捕时应当说明犯罪嫌疑人的社会危险性并附相关证据材料。侦查部门报请审查逮捕时,应当同时将报请情况告知犯罪嫌疑人及其辩护律师。犯罪嫌疑人已被拘留的,下级人民检察院侦查部门应当在拘留后7日以内报上一级人民检察院审查逮捕。上一级人民检察院应当在收到报请逮捕书后7日以内作出是否逮捕的决定,特殊情况下,决定逮捕的时间可以延长1日至3日。犯罪嫌疑人未被拘留的,上一级人民检察院应当在收到报请逮捕书后15日以内作出是否逮捕决定,重大、复杂的案件,不得超过20日。报送案卷材料、送达法律文书的路途时间计算在上一级人民检察院审查逮捕期限以内。对于重大、疑难、复杂的案件,下级人民检察院侦查部门可以提请上一级人民检察院侦查监督部门和本院侦查监督部门派员介入侦查,参加案件讨论。上一级人民检察院侦查监督部门和下级人民检察院侦查监督部门认为必要时,可以报经检察长批准,派员介入侦查,对收集证据、适用法律提出意见,监督侦查活动是否合法。

六、逮　　捕

(一)逮捕的条件

逮捕条件的设置是否科学事关逮捕制度本身是否科学、正当,以及逮捕措施在实践中是否会被非法使用或者不合理使用,还关系着被羁押公民的人权是否可能得到切实的保护。

1979年《刑事诉讼法》规定,对主要犯罪事实已经查清,可能判处徒刑以上刑罚的人犯,采取取保候审、监视居住等方法,尚不足以防止发生社会危险性,而有逮捕必要的,应即依法逮捕。其中,将"对主要犯罪事实已经查清",作为逮捕的一个基本条件。逮捕的条件规定较严格,对防止以捕代侦有好处,但在实践中,某些犯罪嫌疑人的犯罪事实,有些已经查明,虽然主要犯罪事实尚未完全查清,仍然需要逮捕。

1996年《刑事诉讼法》将1979年《刑事诉讼法》规定的逮捕的证据条件从"主要犯罪事实已经查清"修改为"有证据证明有犯罪事实"。一般认为,"有证据证明有犯罪事实"是指同时具备下列情形,即有证据证明发生了犯罪事实;有证据证明犯罪事实是犯罪嫌疑人实施的;证明犯罪嫌疑人实施犯罪行为的证据已有查证属实的。犯罪事实可以是犯罪嫌疑人实施的数个犯罪行为中的一个。在我国司法实践中,由于害怕国家赔偿和错案追究,司法人员往往将"有证据证明有犯罪事实"这一条件把握过严,几乎将其等同于起诉或定罪时的标准,殊少有司法人员在"八九不离十"的例外情形下批准逮捕,通常都是以是否真正构成犯罪作为批捕的标准。逮捕的必要性条件的具体表述为"采取取保候审、监视居住等方法,尚不足以防止发生社会危险性,而有逮捕必要"。法律规定对必要性条件规定不甚明确,实践中不太好把握。在司法实践中,公检法机关一旦适用"无逮捕必要"不予逮捕,发生犯罪嫌疑人外逃、自杀或再次危害社会等情形,办案人员承受的压力很大。这就导致在司法实践中逮捕的滥用,甚至有时将逮捕作为打击犯罪、维护社会稳定的工具或一种惩罚方式。某些地方的办案人员甚至只片面强调"证据要件"和"刑罚要件",或仅强调"证据要件",而极少考虑或根本就不考虑"必要性"标准,这就使得我国有些地方的逮捕率居高不下。① 2001 年最高人民检察院《关于依法适用逮捕措施有关问题的规定》将《刑事诉讼法》第 60 条规定的"有逮捕必要"解释为以下符合以下情形之一:可能继续实施犯罪行为,危害社会的;可能毁灭、伪造证据、干扰证人作证或者串供的;可能自杀或逃跑的;可能实施打击报复行为的;可能有碍其他案件侦查的;其他可能发生社会危险性的情形。

2012 年《刑事诉讼法》吸收了《关于依法适用逮捕措施有关问题的规定》的规定,将"社会危险性"细化规定为五种情形;同时,增加了三种绝对逮捕的情形,而且,为了更好的衔接取保候审、监视居住和逮捕措施,规定"对违反取保候审、监视居住规定,情节严重的",可以予以逮捕。在理解 2012 年《刑事诉讼法》第 79 条第 1 款规定的五种社会危险性情形时,应当注意以下几点:

(1) 可能实施新的犯罪。犯罪嫌疑人、被告人再犯的可能性必须进行科学的评估,司法机关主要应当考虑犯罪嫌疑人、被告人的生活史、涉案史、个性特征、目前身处的环境和现实表现客观确定犯罪嫌疑人、被告人再犯可能性大小。(2) 有危害国家安全、公共安全或者社会秩序的现实危险的。如果有证据显示犯罪嫌疑人、被告人正在积极策划、组织或者进行准备危害国家安全或者不特定多数人的人身、财产安全以及社会秩序的行为时,司法机关就有必要对其采取逮捕措施。②(3) 可能毁灭、伪造证据,干扰证人作证或者串供的。具体包括:可能销毁已经存在的证据,制造假的证据或者对证据进行伪造、变造等改变证据本来特征和信息;可能利用自己未被羁押的便利条件与其他同案犯建立攻守同盟、统一口径;可能以口头、书面或者以

---

① 当然,多年来,我国的司法机关一直把高批捕率视为打击犯罪力度的标志,以批捕数量的多少作为衡量案件质量和考核工作成绩的标准,这也导致了办案部门片面追求案件的批捕数和批捕率。王维志:《逮捕强制措施普遍化的实证分析》,载《中国检察官》2006 年第 9 期。
② 全国人大常委会法制工作委员会刑法室编:《关于修改中华人民共和国刑事诉讼法的决定:条文说明、立法理由及相关规定》,北京大学出版社 2012 年版,第 112 页。

暴力、威胁、恫吓、引诱、收买证人等形式对共同被告人、证人或者专家证人施加不当影响，阻挠证人作证或者不如实作证，或者指使、威胁、贿赂他人采取这些方式阻挠证人作证或者不如实作证，等等。① （4）可能对被害人、举报人、控告人实施打击报复的。被害人、举报人、控告人系刑事案件中重要的证据来源，犯罪嫌疑人、被告人若采取暴力、威胁等方法对被害人、举报人、控告人进行人身、名誉等方面的攻击和伤害，可能导致被害人、举报人、控告人如实提供证据，妨碍司法机关查明案件事实真相，所以，对于存在这种妨碍诉讼秩序可能的，需要对其采取逮捕措施。（5）企图自杀或者逃跑的。在诉讼意义上，刑事案件由两个核心要素组成：犯罪人和犯罪事实。如果犯罪嫌疑人、被告人在立案以后企图自杀、逃跑，就表明其试图逃避追诉和审判，其结果是刑罚无法落实到犯罪人的个体之上。因此，司法机关有必要对其采取逮捕措施。

上述五种具有社会危险性的情形，应当有一定的证据证明或者有一定的迹象表明。

此外，基于打击犯罪的需要，总结司法实践经验，2012 年《刑事诉讼法》第 79 条第 2 款规定了三种应当逮捕的情形：（1）重罪逮捕。即对有证据证明有犯罪事实，可能判处 10 年有期徒刑以上刑罚的，应当予以逮捕。基于趋利避害的人性，可能判处的刑罚越重，犯罪嫌疑人、被告人逃避追诉的可能性越大，"可能判处 10 年有期徒刑以上刑罚"本身就意味着犯罪嫌疑人、被告人的人身危险性较大，故需要予以逮捕。（2）有证据证明有犯罪事实，可能判处徒刑以上刑罚，曾经故意犯罪的，应当予以逮捕。对于有故意犯罪前科的犯罪嫌疑人、被告人，可能是惯犯，也可能是累犯，主观恶性较深，人身危险性较大，如果未对其采取羁押性强制措施，可能再实施危害国家安全、公共安全或者社会秩序的故意犯罪。（3）有证据证明有犯罪事实，可能判处徒刑以上刑罚，身份不明的，应当予以逮捕。"在实践中，很多身份不明的犯罪嫌疑人、被告人，本身就是因为强烈的逃避追究的心理驱使而拒绝向办案机关承认自己的真实身份、住址等信息，导致身份无法查明，可能判处徒刑以上刑罚这种较重的刑罚的事实，更有可能强化犯罪嫌疑人、被告人的

---

① 郎胜主编：《中华人民共和国刑事诉讼法修改与适用》，新华出版社 2012 年版，第 175—176 页。

这种心理,因此有必要对这类犯罪嫌疑人、被告人予以羁押。"①

　　2012年《刑事诉讼法》第79条第3款规定,被取保候审、监视居住的犯罪嫌疑人、被告人违反取保候审、监视居住规定,情节严重的,可以予以逮捕。取保候审、监视居住是较轻的强制措施,如果这两种强制措施无法对犯罪嫌疑人、被告人起到约束作用,就有必要对其适用更为严厉的强制措施。当然,被取保候审、监视居住的犯罪嫌疑人、被告人违反取保候审、监视居住规定的情节较轻,司法机关可以对其重新适用取保候审、监视居住措施。只有情节严重的,才应当对其予以逮捕。依据2012年《刑事诉讼法》第69条、第75条的规定,对违反取保候审、监视居住规定,需要予以逮捕的,可以对犯罪嫌疑人、被告人先行拘留。

　　此外,2014年4月24日全国人民代表大会常务委员会通过的立法解释也专门对上述第79条第3款的适用范围作出明确的规定,即被取保候审、监视居住的可能判处徒刑以下刑罚的犯罪嫌疑人、被告人同样适用该规定,如果他们违反取保候审、监视居住规定,严重影响诉讼活动正常进行的,也可以予以逮捕。

　　在司法实践中,犯罪嫌疑人涉嫌的罪行较轻,且没有其他重大犯罪嫌疑,具有以下情形之一的,可以作出不批准逮捕的决定或者不予逮捕:(1)属于预备犯、中止犯,或者防卫过当、避险过当的;(2)主观恶性较小的初犯,共同犯罪中的从犯、胁从犯,犯罪后自首、有立功表现或者积极退赃、赔偿损失、确有悔罪表现的;(3)过失犯罪的犯罪嫌疑人,犯罪后有悔罪表现,有效控制损失或者积极赔偿损失的;(4)犯罪嫌疑人与被害人双方根据《刑事诉讼法》的有关规定达成和解协议,经审查,认为和解系自愿、合法且已经履行或者提供担保的;(5)犯罪嫌疑人系已满14周岁未满18周岁的未成年人或者在校学生,本人有悔罪表现,其家庭、学校或者所在社区、居民委员会、村民委员会具备监护、帮教条件的;(6)年满75周岁以上的老年人。对符合《刑事诉讼法》第72条第1款规定的犯罪嫌疑人,人民检察院经审查认为不需要逮捕的,可以在作出不批准逮捕或者不予逮捕决定的同时,向侦查机关提出监视居住的建议。

---

① 郎胜主编:《中华人民共和国刑事诉讼法修改与适用》,新华出版社2012年版,第176—177页。

(二) 审查批捕的程序

1979年《刑事诉讼法》规定了公安机关报请检察院审查批捕的程序、期限，检察院审查批捕的主体以及在审查后的处理方式和公安机关对于不批捕决定的救济程序。

1996年《刑事诉讼法》第68条对检察院审查后的处理方式进行了修改，主要有以下几点：第一，删除了审查后作出补充侦查的处理方式。规定人民检察院对于公安机关提请批准逮捕的案件进行审查后，应当根据情况分别作出批准逮捕或者不批准逮捕的决定。对于不批准逮捕的，人民检察院应当说明理由，需要补充侦查的，应当同时通知公安机关。1998年《六机关规定》第27条进一步解释，人民检察院审查公安机关提请批准逮捕的案件，应当作出批准或者不批准逮捕的决定，对报请批准逮捕的案件不另行侦查。第二，针对实践中，有的公安机关在接到批捕决定后不及时执行逮捕的现象，1996年《刑事诉讼法》增加规定，对于批准逮捕的决定，公安机关应当立即执行，并且将执行情况及时通知人民检察院。在1996年《刑事诉讼法》的实践中，检察院审查批准逮捕的程序往往采取阅卷这种书面化的审查方式，这种书面化的审查批捕方式无法全面掌握案件以及犯罪嫌疑人自身的情况，尤其案卷材料中一般缺乏关于逮捕必要性的材料，而且，犯罪嫌疑人及其聘请的律师无法参与到这种书面化的审查批捕程序中来，此种审查批捕方式的程序正当性备受质疑。针对这种审查批捕程序的缺陷和问题，学者们提出以听证的方式改造我国的审查批捕程序。2010年8月，最高人民检察院、公安部制定了《关于审查逮捕阶段讯问犯罪嫌疑人的规定》，对检察院审查逮捕的程序予以细化，尤其是建立了审查逮捕阶段的讯问犯罪嫌疑人、听取律师意见的机制，这些规定无疑有利于我国审查逮捕程序摆脱行政化的色彩，进一步朝着司法化的方向发展。

2012年《刑事诉讼法》吸收了《关于审查逮捕阶段讯问犯罪嫌疑人的规定》的相关条款，增加人民检察院审查批准逮捕时讯问犯罪嫌疑人、询问证人等诉讼参与人、听取辩护律师意见的规定。

1. 讯问犯罪嫌疑人

2012年《刑事诉讼法》第86条第1款规定，检察院在审查批准逮捕时可以讯问犯罪嫌疑人。此规定主要考虑到有些案件案情简单,通过阅卷就能确定犯罪嫌疑人是否符合逮捕条件,犯罪嫌疑人也未要求向检察人员当面陈述,人民检察院在审查批准逮捕时,就可以不讯问犯罪嫌疑人。

此外,2012年《刑事诉讼法》第86条第1款还规定,在以下三种情形下"应当"讯问犯罪嫌疑人:

第一,对犯罪嫌疑人是否符合逮捕条件存有疑问。这一规定意味着,检察机关对犯罪嫌疑人是否符合《刑事诉讼法》第79条规定的逮捕的证据要件、刑罚要件、社会危险性要件有疑问,无法作出是否批准逮捕的决定时,应当通过讯问犯罪嫌疑人,查清逮捕的相关事实。是否符合逮捕条件有疑问主要包括罪与非罪界限不清的,据以定罪的证据之间存在矛盾的,犯罪嫌疑人的供述前后矛盾或者违背常理的,有无社会危险性难以把握的,以及犯罪嫌疑人是否达到刑事责任年龄需要确认等情形。第二,犯罪嫌疑人要求向检察人员当面陈述的。犯罪嫌疑人向检察人员当面陈述,可以是关于所涉嫌犯罪事实的辩护,如犯罪行为并非自己所为,侦查机关据以提请批准逮捕的证据不足等,也可以是陈述自己符合取保候审、监视居住的条件,不应采取逮捕措施,如患有严重疾病、生活不能自理,怀孕或者正在哺乳自己的婴儿等等。① 检察机关不能以案卷材料中已经犯罪嫌疑人反映相关的情况,而拒绝讯问犯罪嫌疑人。第三,侦查活动可能有重大违法行为的。这里的"重大违法行为"是指,重大违法行为是指办案严重违反法律规定的程序,或者存在刑讯逼供等严重侵犯犯罪嫌疑人人身权利和其他诉讼权利等情形。人民检察院作为国家法律监督机关,应当通过讯问犯罪嫌疑人,进行调查核实,对于确有以非法方法收集证据情形的,应当提出纠正意见;构成犯罪的,依法追究刑事责任。需要注意的是,依据2012年《刑事诉讼法》第269条第1款的规定,在未成年刑事案件中,人民检察院审查批准逮捕和人民法院决定逮捕,应当讯问未成年犯罪嫌疑人、被告人。这一规定体现了对未成年犯罪嫌疑人、被告人合法权益的特殊保护。此外,在审查批捕阶段讯问犯罪嫌疑人时,应当遵循《刑事诉讼法》"侦查"一章关于讯问犯罪嫌疑人的相关规定。

---

① 全国人大常委会法制工作委员会刑法室编:《关于修改中华人民共和国刑事诉讼法的决定:条文说明、立法理由及相关规定》,北京大学出版社2012年版,第119页。

在实践中,对于案情重大疑难复杂的以及犯罪嫌疑人是盲、聋、哑人或者是尚未完全丧失辨认或者控制自己行为能力的精神病人的,检察院侦查监督部门办理审查逮捕案件也应当讯问犯罪嫌疑人。讯问未被拘留的犯罪嫌疑人,讯问前应当征求侦查机关的意见,并做好办案安全风险评估预警工作。在审查逮捕中对被拘留的犯罪嫌疑人不予讯问的,应当送达听取犯罪嫌疑人意见书,由犯罪嫌疑人填写后及时收回审查并附卷。经审查发现应当讯问犯罪嫌疑人的,应当及时讯问。讯问犯罪嫌疑人时,检察人员不得少于二人。犯罪嫌疑人被送交看守所羁押后,讯问应当在看守所内进行。讯问时,应当首先查明犯罪嫌疑人的基本情况,依法告知犯罪嫌疑人的诉讼权利和义务,听取其供述和辩解,有检举揭发他人犯罪线索的,应当予以记录,并依照有关规定移送有关部门处理。讯问犯罪嫌疑人应当制作讯问笔录,并交犯罪嫌疑人核对或者向其宣读,经核对无误后逐页签名、盖章或者捺指印并附卷。犯罪嫌疑人请求自行书写供述的,应当准许,但不得以自行书写的供述代替讯问笔录。

2. 询问证人等诉讼参与人

2012年《刑事诉讼法》第86条第2款规定,人民检察院审查批准逮捕,可以询问证人等诉讼参与人。如前所述,逮捕犯罪嫌疑人必须"有证据证明有犯罪事实"。在刑事案件中,除了犯罪嫌疑人的供述和辩解之外,证人、被害人等诉讼参与人是重要的证据来源。在审查批捕阶段,检察人员询问证人等诉讼参与人,无疑有助于全面、准确认定案件事实和犯罪嫌疑人的自身情况,适用逮捕措施,防止错误逮捕和不当逮捕。此处没有规定"应当"询问证人等诉讼参与人,而只是规定了"可以"询问证人等诉讼参与人,主要是考虑到实践中有些案件中案卷材料中证人证言、被害人陈述的真实性、合法性等较为清楚,不存在疑问的,为了提高诉讼效率,就没有必要再询问证人等诉讼参与人。

3. 听取辩护律师的意见

2012年《刑事诉讼法》第86条第2款规定,人民检察院审查批准逮捕,可以听取辩护律师的意见;辩护律师提出要求的,应当听取辩护律师的意见。此条规定强化了辩护律师对审查批捕程序的参与,发挥辩护律师在侦查阶段的作用,有利于辩护律师在逮捕的适用上提出有利于犯罪嫌疑人的意见,也有利于避免检察人员先入为主,正确适用逮捕措施。按照2012年《刑事诉讼法》第86条第2款的规定,检察院审查批捕时原则上可以听取辩护律师的意见,但是,辩护律师提出要求的,检察院就应当听取辩护律师的意见。在理解和运用这一规定时,检察院主要应在以下场合下,应当听取辩护律师的意见:对是否符合逮捕条件有疑问的;辩护律师提出要求的,等等。检察院既可以书面也可以口头听取辩护律师的意见。辩护律师提出不构成犯罪、无社会危险性、不适宜羁押、侦查活动有违法犯罪情形等书面意见的,办案人员应当审查,并在审查逮捕意见书中说明是否采纳的情况和理由。

(三)将被逮捕的人立即送看守所羁押

1979年、1996年《刑事诉讼法》未规定逮捕后应将被逮捕人立即送看守所羁押。在司法实践中,有的公安机关将被逮捕人关押在办案场所或者看守所以外的其他场所,在没有任何监督机制的情况下,执法人员对被逮捕人讯问时实施刑讯逼供等非法取证行为,甚至出现被拘留人非正常死亡等事件。为了避免上述现象的发生,强化对被逮捕人合法权利的保护,1998年《公安部规定》第145条早已明确规定,对被逮捕的犯罪嫌疑人、被告人应当立即送看守所羁押。

2012年《刑事诉讼法》吸收了1998年《公安部规定》的规定,该法第91条第2款规定,逮捕后,应当立即将被逮捕人送看守所羁押。增加规定逮捕后立即送看守所羁押,理由同增加规定拘留后应当立即送看守所羁押一样,主要是考虑到看守所作为专门的羁押场所,看押、提讯设施、安全警戒、监所监督人员等都是按照有关规定建设和配备的,有条件保证被逮捕人人身安全,防止脱逃,保障讯问等工作依法顺利进行,不仅有利于防止发生被逮捕人逃跑、自杀、突发疾病死亡等情况,而且能有效防止对被逮捕人刑讯逼供的情况发生。与拘留不同的是,拘留后送看守所的时限为24小时以内,逮捕后则必须毫不迟延地立即送往看守所羁押。这样规定主要是考虑到,拘留是较逮捕更具紧迫性的强制措施,有时需要在被拘留的人协助下立即开展收集证据、抓获同案犯等侦查活动,而采取逮捕措施的,事先已经掌握了必要的证据,并经人民检察院批准、决定或人民法院决定,一般不具有先行拘留的那种紧迫性,而且实践中多数被逮捕的犯罪嫌疑人,在被批准逮捕之前已经被先行采取了拘留措施,羁押在了看守所,没有必要再规定较长的时限。①

(四)逮捕后的通知

按照1979年、1996年《刑事诉讼法》的规定,逮捕后,除有碍侦查或者无法通知的情形以外,应当把逮捕的原因和羁押的处所,在24小时以内通知被逮捕人的家属或者他的所在单位。在司法实践中,对于何谓"有碍侦查""无法通知",在理解上不统一,甚至在一些本该通知的案件中,个别侦查机关也以"有碍侦查""无法通知"为借口不通知被逮捕人家属或者他的所在单位。

针对上述问题,2012年《刑事诉讼法》第91条第2款规定,除无法通知的以外,应当在逮捕后24小时以内,通知被逮捕人的家属。该条款取消了"有碍侦查"可以不通知被逮捕人家属的规定。之所以作出此种修改,原因在于:逮捕与拘留不同,司法实践中侦查机关提请批准逮捕时,刑事案件一般已经经过了较长一段时间的侦查,犯罪嫌疑人往往已经被拘留一定时间,相当部分的侦查工作已经完成,一律通知其家属,一般也不会发生妨碍侦查的情况。② 此处的"无法通知"主要指,被逮捕人无家属的;与其家属无法取得联系的;受自然灾害等不可抗力阻碍的。

2012年《刑事诉讼法》还删除了通知被逮捕人所在单位以及通知的具体内容的规定,其主要原因与删除了拘留后通知家属的内容相同,此处不再赘述。

(五)异地拘留、逮捕

1979年《刑事诉讼法》未规定异地拘留、逮捕的程序。在司法实践中,犯罪嫌疑人为了逃避追诉和审判,往往会从犯罪地逃往异地,公安机关在异地拘捕犯罪嫌疑人时,必须得到异地公安机关的配合,但是,有些地方公安机关出于地方保护以及其他因素的考虑,不予配合,造成犯罪嫌疑人长期无

---

① 全国人大常委会法制工作委员会刑法室编:《关于修改中华人民共和国刑事诉讼法的决定:条文说明、立法理由及相关规定》,北京大学出版社2012年版,第123页。

② 同上。

法归案。

针对上述问题,1996年《刑事诉讼法》增加了异地拘留、逮捕的程序。该法第62条规定,公安机关在异地执行拘留、逮捕的时候,应当通知被拘留、逮捕人所在地的公安机关,被拘留、逮捕人所在地的公安机关应当予以配合。此条文中的"异地"是指立案侦查的公安机关所在地以外的其他地区;"被拘留、逮捕人所在地"是指嫌疑人、被告人居住或者藏匿的地点;"通知"是指告知并出示有关的拘留、逮捕证书及公安机关的证明文件等;"配合"是指派出为保证顺利完成拘留、逮捕任务所必需的人员、车辆,提供必要的警械等。①

(六)逮捕后的羁押必要性审查

1979年、1996年《刑事诉讼法》均未规定逮捕后的羁押必要性审查制度。实践中,羁押不需要单独进行司法审查,对拘留和逮捕的审查,就是对羁押的审查。"构罪即捕""一捕到底""一押到底"几乎是刑事司法实践的常态。为了解决这种"一劳永逸"式的羁押适用方式,我国一些地方基层检察院开始积极探索以驻看守所检察室为主导,侦查监督、公诉部门密切配合,分段负责的内部联动机制,对在押犯罪嫌疑人的审前羁押必要性实行审查的试点工作。

为了促进羁押措施的正确适用,2012年《刑事诉讼法》吸收试点的经验,明确规定了检察机关对羁押必要性的审查机制,即"犯罪嫌疑人、被告人被逮捕后,人民检察院仍应当对羁押的必要性进行审查。对不需要继续羁押的,应当建议予以释放或者变更强制措施。有关机关应当在10日内将处理情况通知人民检察院"。羁押必要性审查制度,有利于减少非法羁押和无必要羁押,降低羁押率,保障犯罪嫌疑人的合法权益,缓解了看守所的羁押压力。

在我国逮捕和羁押未分离的情况下,对于羁押的必要性进行审查,与逮捕条件的审查存在异同之处。具体而言,二者的相似之处在于,对羁押的审查内容依然是证据要件、刑罚要件和社会危险性要件,尤其应侧重于社会危

---

① 全国人大常委会法制工作委员会刑法室编:《关于修改中华人民共和国刑事诉讼法的决定:条文说明、立法理由及相关规定》,北京大学出版社2012年版,第182页。

险性要件的审查。当然,与逮捕的审查有别的地方在于,随着诉讼的逐步推进,案件事实愈发清楚,司法机关对羁押必要性的审查标准要比逮捕更高,在具体把握上要更加严谨。所以,对于一般逮捕要审查是否符合"社会危险性要件",对于"重罪逮捕"和"有故意犯罪前科或者身份不明的逮捕",更要审查是否符合"社会危险性要件"。也就是,是否有足够的事实足以认定犯罪嫌疑人、被告人有逃避追诉、审判、执行,是否有足够的事实足以认定其可能毁灭、伪造证据或者串供,是否有可能对被害人、举报人、控告人实施打击报复的。除此之外,还应审查在过去的羁押期间内,司法机关有没有对犯罪嫌疑人、被告人所涉嫌案件进行积极的取证、调查和审判行为,若未尽其责,甚至怠于履行职责,均构成没有继续羁押的理由。最后,因为作为最严厉的剥夺人身自由的强制措施,羁押的适用应当是最后的选择,检察机关还应审查有无可能对犯罪嫌疑人、被告人适用取保候审、监视居住等羁押替代措施,以体现强制措施适用的比例性原则。

在理解和运用逮捕后羁押必要性审查这一条款时,必须注意,检察院在对羁押必要性审查后,只能以检察建议的方式建议有关机关对被逮捕人予以释放或者变更强制措施,而不得代替其他机关直接决定对被逮捕人予以释放或者变更强制措施。之所以规定检察建议这种监督方式,主要是考虑到我国公检法三机关之间分工负责、相互配合、相互制约的司法体制以及我国检察机关的法律监督地位。对于检察机关提出的"予以释放或者变更强制措施"的检察建议,有关机关必须本着认真负责的态度,对建议的要求及所根据的事实、证据等进行研究和考虑,从而全面就羁押必要性进行审查,及时作出正确决定。不能因为属于"建议"就以"可听可不听"的态度对待。检察机关提出建议后,有关机关应当将处理结果通知人民检察院,并将通知的时限明确限定为 10 日以内。有关机关未采纳检察机关的建议的,必须说明理由和根据。①

在司法实践中,检察机关对羁押的必要性进行审查,不仅要遵循一定的程序规则和证据规则,而且应当探索具体的工作机制,促进羁押必要性审查制度的真正落实,实现其应有的功能。这些工作机制不仅包括检察机关各

---

① 全国人大常委会法制工作委员会刑法室编:《关于修改中华人民共和国刑事诉讼法的决定:条文说明、立法理由及相关规定》,北京大学出版社 2012 年版,第 125 页。

职能部门内部的协调机制,还包括公检法三机关之间的联动机制。

1. 明确羁押必要性审查主体

总体而言,检察机关多个部门应参与到羁押必要性审查制度的运作中来,具体包括侦查监督、监所检察、公诉等职能部门。在《刑事诉讼法》再修改之前,我国很多地方检察机关已经开始探索羁押必要性审查的工作机制,比如:山东省烟台市芝罘区检察院探索出的羁押必要性审查的"芝罘模式",该模式确定了由侦监、公诉和监所部门作为羁押必要性进行审查的主体,并根据三部门的法定职能,划分了三部门在对羁押必要性审查工作中的职能。其中,监所部门的职责是将其定位为调节员,包括调查在押人员的羁押表现、接受在押人员要求解除羁押的申请,以及将上述信息传递给侦监、公诉部门的职责。[①] 湖北省宜昌市检察院探索出的羁押必要性审查模式,要求监所检察部门负责对被羁押者有无羁押必要进行监督;检委会办公室负责对监所部门制作的《羁押必要性综合评估报告》《检察建议书》或《纠正违法通知书》进行审查,统一管理法律文书;分管检察长决定是否启动羁押必要性调查;检察长或检察委员会决定是否发出《检察建议书》或《纠正违法通知书》。[②] 前一种做法更加符合检察机关各业务部门的职责分工,并能够提高诉讼效率。也就是说,尽管监所检察部门比较熟知被羁押的犯罪嫌疑人、被告人从被逮捕后到判决前的全面情况,以及其身体情况和羁押期限等,但是,监所检察部门不如侦查监督部门、公诉部门了解被羁押的犯罪嫌疑人、被告人的案件事实和证据情况。所以,侦查阶段的羁押必要性审查由侦查监督部门负责;审判阶段的羁押必要性审查由公诉部门负责。监所检察部门在监所检察工作中发现不需要继续羁押的,可以提出释放犯罪嫌疑人、被告人或者变更强制措施的建议。当然,在进行羁押必要性审查时,检察机关的各个业务部门应当通力协作,在信息上及时互通有无。而且,各个业务部门应当尽到客观的义务,不可以追诉为目的而应当以监督为目的中立地进行羁押必要性审查。

2. 明确羁押必要性的审查机制

首先,羁押必要性审查的启动模式,是采取依职权启动,还是依申请启

---

① 卢金增、之剑:《山东烟台芝罘区院羁押必要性审查取成效》,参见 http://www.jcrb.com/procuratorate/jckx/201112/t20111220_776064.html,访问时间:2013 年 8 月 10 日。

② 王会甫:《继续羁押必要性检察监督机制构建设想》,载《人民检察》2010 年第 5 期。

动模式呢？一般而言，羁押审查既是司法机关不可推卸的职责，也是被羁押人的一项重要诉讼权利。在我国司法实践中，有些犯罪嫌疑人、被告人缺乏法律常识，也没有辩护律师的提供法律帮助。所以，人民检察院发现或者根据犯罪嫌疑人、被告人及其法定代理人、近亲属或者辩护人的申请，经审查认为不需要继续羁押的，应当建议有关机关予以释放或者变更强制措施。也就是说，检察机关应当定期进行羁押必要性审查，同时，对于被羁押的犯罪嫌疑人、被告人及其法定代理人、近亲属、辩护人有权随时主动提出审查申请，检察机关也应进行审查。犯罪嫌疑人、被告人及其法定代理人、近亲属或者辩护人申请时，应当说明不需要继续羁押的理由，有相关证据或者其他材料的，应当提供。

其次，羁押必要性的审查模式。究竟采取诉讼化的审查模式，还是采取行政化的单方审查模式，抑或采取听证式的审查模式呢？借鉴域外各国羁押必要性审查的做法，囿于诉讼资源的有限性以及羁押必要性审查时间的短暂，我国原则上可以采取依职权阅卷和听取被羁押人及相关主体意见的方式进行审查，但是，在必要的情况下，羁押的主体（侦查阶段的公安机关以及审判阶段的法院）有义务参与到该程序之中，采取听证式的审查模式，双方可以针对羁押必要性相关的理由和证据、事实进行辩论。人民检察院可以采取以下方式进行羁押必要性审查：(1) 对犯罪嫌疑人、被告人进行羁押必要性评估；(2) 向侦查机关了解侦查取证的进展情况；(3) 听取有关办案机关、办案人员的意见；(4) 听取犯罪嫌疑人、被告人及其法定代理人、近亲属、辩护人，被害人及其诉讼代理人或者其他有关人员的意见；(5) 调查核实犯罪嫌疑人、被告人的身体健康状况；(6) 查阅有关案卷材料，审查有关人员提供的证明不需要继续羁押犯罪嫌疑人、被告人的有关证明材料；(7) 其他方式。

最后，羁押必要性审查后的裁决方式。检察院在对羁押必要性审查后，发现有下列情形之一的，可以向有关机关提出予以释放或者变更强制措施的书面建议：(1) 案件证据发生重大变化，不足以证明有犯罪事实或者犯罪行为系犯罪嫌疑人、被告人所为的；(2) 案件事实或者情节发生变化，犯罪嫌疑人、被告人可能被判处管制、拘役、独立适用附加刑、免予刑事处罚或者判决无罪的；(3) 犯罪嫌疑人、被告人实施新的犯罪，毁灭、伪造证据，干扰证人作证,串供,对被害人、举报人、控告人实施打击报复,自杀或者逃跑等的可能性已被排除的;(4)案件事实基本查清,证据已经收集固定,符合取保候审或者监视居住条件的;(5)继续羁押犯罪嫌疑人、被告人,羁押期限将超过依法可能判处的刑期的;(6)羁押期限届满的;(7)因为案件的特殊情况或者办理案件的需要,变更强制措施更为适宜的;(8)其他不需要继续羁押犯罪嫌疑人、被告人的情形。释放或者变更强制措施的建议书应当说明不需要继续羁押犯罪嫌疑人、被告人的理由及法律依据。人民检察院向有关办案机关提出对犯罪嫌疑人、被告人予以释放或者变更强制措施的建议的,应当要求有关办案机关在 10 日以内将处理情况通知本院。有关办案机关没有采纳人民检察院建议的,应当要求其说明理由和依据。对人民检察院办理的案件,经审查认为不需要继续羁押犯罪嫌疑人的,也应当建议办案部门予以释放或者变更强制措施。

七、强制措施的变更和解除

强制措施的变更,是指公安司法机关采取强制措施后,因发生了法定事由而改用新的强制措施的诉讼行为。强制措施的解除,是指公安司法机关采取强制措施后,因发生了法定事由,没有必要继续适用强制措施而决定予以撤销的诉讼行为。强制措施的变更和解除,是强制措施适用中的重要诉讼行为,有利于切实有效地保护公民权利,保障刑事诉讼活动的顺利进行。

(一)申请变更强制措施及其处理程序

1979 年《刑事诉讼法》未规定当事人等申请解除强制措施的权利。

1996 年《刑事诉讼法》第 52 条赋予了被羁押的犯罪嫌疑人、被告人及其法定代理人、近亲属申请取保候审的权利。这里的申请取保候审一般是指从逮捕、拘留变更为取保候审。

2012 年《刑事诉讼法》第 95 条规定"犯罪嫌疑人、被告人及其法定代理人、近亲属或者辩护人有权申请变更强制措施",该规定一方面扩大了申请主体范围,尤其是增加了辩护人均有权申请变更强制措施,这里的辩护人包括,"辩护人"是指受犯罪嫌疑人、被告人委托为其辩护的律师、人民团体或者犯罪嫌疑人、被告人所在单位推荐的人或者受犯罪嫌疑人、被告人委托为其辩护的犯罪嫌疑人、被告人的监护人、亲友,以及受法律援助机构指派为犯罪嫌疑人、被告人提供法律援助的律师。另一方面,扩大了申请变更的范围。相比申请取保候审而言,申请变更强制措施既包括强制措施种类的变更,如将逮捕、拘留变更为监视居住、取保候审,将监视居住变更为取保候审,还包括是强制措施执行方式的变更,如由指定居所监视居住变更为住所监视居住。

2012年《刑事诉讼法》还增加了强制措施变更程序的规定,即"人民法院、人民检察院和公安机关收到申请后,应当在3日以内作出决定;不同意变更强制措施的,应当告知申请人,并说明不同意的理由"。这一规定是为了防止公检法对犯罪嫌疑人、被告人一方的强制措施变更申请束之高阁,或者不附加任何理由的无理驳回等行为,有助于保障申请变更强制措施的救济权得到实现。在理解和运用这一条款时,应当注意:第一,公检法机关在收到变更强制措施的申请后,必须及时审查,根据相关的案卷材料、证据和事实,在3日内作出是否变更强制措施的决定。第二,公检法机关若不同意变更强制措施,应当以书面的方式将不同意变更强制措施的决定书送达给申请人,不同意变更强制措施的决定书中,应详细阐明不同意的理由。不同意的理由具体主要包括,应当采取继续强制措施的法律和事实依据。

(二)因羁押期限届满未能结案的强制措施变更、解除

1979年《刑事诉讼法》对于因羁押期限届满未能结案的犯罪嫌疑人、被告人究竟是变更为取保候审、监视居住,还是继续羁押,未作出规定。1984年全国人大常委会《关于刑事案件办案期限的补充规定》第4条规定:"对被羁押正在受侦查、起诉、一审、二审的被告人,不能在刑事诉讼法规定的期限内办结,采取取保候审、监视居住的办法对社会没有危险性的,可以取保候审或者监视居住。取保候审或者监视居住期间,不计入刑事诉讼法规定的办案期限,但是不能中断对案件的审理。"

1996年《刑事诉讼法》将《关于刑事案件办案期限的补充规定》第4条的规定吸收到立法之中,该法第74条规定:"犯罪嫌疑人、被告人被羁押的

案件,不能在本法规定的侦查羁押、审查起诉、一审、二审期限内办结,需要继续查证、审理的,对犯罪嫌疑人、被告人可以取保候审或者监视居住。"但是,我国司法实践中,一些地方超期羁押现象仍不同程度地存在,甚至"边清边超"。最高人民法院、最高人民检察院、公安部在不同时期纷纷采取一轮又一轮的清理超期羁押专项行动。但是,这些措施都无法从根本上解决问题。

针对上述问题,2012年《刑事诉讼法》第96条对1996年《刑事诉讼法》第74条进行了修改,规定:"犯罪嫌疑人、被告人被羁押的案件,不能在本法规定的侦查羁押、审查起诉、一审、二审期限内办结的,对犯罪嫌疑人、被告人应当予以释放;需要继续查证、审理的,对犯罪嫌疑人、被告人可以取保候审或者监视居住。"由此可见,犯罪嫌疑人、被告人被羁押的案件,不能在《刑事诉讼法》规定的羁押期限或者办案期限内办结的,对犯罪嫌疑人、被告人应当予以释放。只有需要继续查证、审理的情况下,才可以变更为取保候审或者监视居住。

(三) 强制措施法定期限届满后的处理

1979年《刑事诉讼法》未对强制措施法定期限届满应当如何处理作出规定。

为了防止超期羁押,更好地保护被采取强制措施的嫌疑人、被告人的合法权益,督促公安司法机关依法适用强制措施,1996年《刑事诉讼法》增加第75条的规定,赋予了犯罪嫌疑人、被告人及其法定代理人、近亲属或者犯罪嫌疑人、被告人委托的律师及其他辩护人针对人民法院、人民检察院或者公安机关采取强制措施超过法定期限的行为,申请解除强制措施的权利。同时,要求公安司法机关有义务对被采取强制措施超过法定期限的犯罪嫌疑人、被告人予以释放、解除取保候审、监视居住或者依法变更强制措施。

2012年《刑事诉讼法》第97条将1996年《刑事诉讼法》第75条中的"超过法定期限"这一不太严谨的表述改为"期限届满",这就意味着,对犯罪嫌疑人、被告人的适用的强制措施期限届满就立即释放,解除或者变更强制措施,而不是超过了法定期限,才予以变更或者释放、解除。第97条将公检法机关应当予以释放的规定与犯罪嫌疑人、被告人及其法定代理人、近亲属或者辩护人有权请求解除强制措施的规定作了顺序调整,首先规定了公检法机关的释放义务,然后再规定犯罪嫌疑人、被告人及其法定代理人、近亲属或者辩护人有权请求解除强制措施,这一顺序调整也体现,公检法机关在强制措施期限届满应当主动地依职权解除强制措施,而不是必须等到相关人员申请后才解除期限届满的强制措施。

  从上述立法变化中,可以看出,我国《刑事诉讼法》对强制措施的变更和解除制度的规定,经历了从无到有的过程,一方面逐步赋予了犯罪嫌疑人、被告人及其法定代理人、近亲属和辩护人申请变更、解除强制措施的救济权利;另一方面,要求公检法机关尽到诉讼照顾的义务,或者依据申请或者职权及时变更或者解除强制措施。这些规定,都有利于保障犯罪嫌疑人、被告人的权利免受不合法或者不当强制措施的侵犯。

第八章 附带民事诉讼

一、概 述

附带民事诉讼是指司法机关在刑事诉讼过程中,在依法解决被告人刑事责任的同时,附带解决被害人由于被告人的犯罪行为而遭受的物质损失的赔偿问题所进行的诉讼活动。附带民事诉讼制度是我国刑事诉讼的一项基本制度,其设立意义在于保障国家、集体以及公民个人的合法财产,同时节约诉讼成本,提高诉讼效率。

我国1979年《刑事诉讼法》确立了附带民事诉讼制度,第53条规定了附带民事诉讼的赔偿范围、有权提起附带民事诉讼的主体以及人民法院必要时可以查封、扣押被告人的财产。第54条规定了附带民事诉讼的审理原则,即附带民事诉讼应当与刑事案件一并审判,只有为了防止刑事案件审判的过分迟延,才可以在刑事案件审判后,由同一审判组织继续审理附带民事诉讼。

1996年《刑事诉讼法》继承了1979年《刑事诉讼法》有关附带民事诉讼的规定,未加以改动。

2012年《刑事诉讼法》在保留原有的两个条文的基础上,扩大了附带民事诉讼的提起主体,完善了附带民事诉讼中的财产保全措施、增加规定了附带民事诉讼采取调解与裁判相结合的审判方式。

立法修改情况如下表所示:

1979年《刑事诉讼法》	1996年《刑事诉讼法》	2012年《刑事诉讼法》
第七章　附带民事诉讼	第七章　附带民事诉讼	第七章　附带民事诉讼
第五十三条　被害人由于被告人的犯罪行为而遭受物质损失的,在刑事诉讼过程中,有权提起附带民事诉讼。 如果是国家财产、集体财产遭受损失的,人民检察院在提起公诉的时候,可以提起附带民事诉讼。 人民法院在必要的时候,可以查封或者扣押被告人的财产。	第七十七条　被害人由于被告人的犯罪行为而遭受物质损失的,在刑事诉讼过程中,有权提起附带民事诉讼。 如果是国家财产、集体财产遭受损失的,人民检察院在提起公诉的时候,可以提起附带民事诉讼。 人民法院在必要的时候,可以查封或者扣押被告人的财产。	第九十九条　被害人由于被告人的犯罪行为而遭受物质损失的,在刑事诉讼过程中,有权提起附带民事诉讼。**被害人死亡或者丧失行为能力的,被害人的法定代理人、近亲属有权提起附带民事诉讼。** 如果是国家财产、集体财产遭受损失的,人民检察院在提起公诉的时候,可以提起附带民事诉讼。
		第一百条　人民法院在必要的时候,可以**采取保全措施,**查封、扣押或者冻结被告人的财产。附带民事诉讼原告人或者人民检察院可以申请人民法院采取保全措施。人民法院采取保全措施,适用民事诉讼法的有关规定。
		第一百零一条　人民法院审理附带民事诉讼案件,可以进行调解,或者根据物质损失情况作出判决、裁定。
第五十四条　附带民事诉讼应当同刑事案件一并审判,只有为了防止刑事案件审判的过分迟延,才可以在刑事案件审判后,由同一审判组织继续审理附带民事诉讼。	第七十八条　附带民事诉讼应当同刑事案件一并审判,只有为了防止刑事案件审判的过分迟延,才可以在刑事案件审判后,由同一审判组织继续审理附带民事诉讼。	第一百零二条　附带民事诉讼应当同刑事案件一并审判,只有为了防止刑事案件审判的过分迟延,才可以在刑事案件审判后,由同一审判组织继续审理附带民事诉讼。

以上条文对比体现了我国附带民事诉讼制度发展的几个特点:第一,在附带民事诉讼赔偿范围问题上,尽管在实践中颇多争议,但前后三次法律始

终保持了一致,即限于被害人因犯罪行为而遭受的物质损失,从而将精神损害赔偿排除在外;第二,在附带民事诉讼的审理原则上,三次法律也保持了始终如一的态度,即附带民事诉讼应当与刑事案件一并审判,只有在对于被害人遭受的物质损失或者被告人的赔偿能力一时难以确定,以及附带民事诉讼当事人因故不能到庭等案件中,为了防止刑事案件审判的过迟延,附带民事诉讼才可以在刑事案件审判后,由同一审判组织继续审理。第三,附带民事诉讼制度在实践中遇到的种种障碍是2012年《刑事诉讼法》对该制度加以完善的主要动因,比如被害人死亡或丧失行为能力情况下应当由谁提起附带民事诉讼,如何防止实践中因犯罪嫌疑人、被告人隐匿、转移财产而导致附带民事判决无法执行,如何界定附带民事诉讼调解和裁判的赔偿范围等等。

二、附带民事诉讼的提起主体

附带民事诉讼的提起主体是指在刑事诉讼中有权提起附带民事诉讼赔偿请求的个人或者组织。1979年《刑事诉讼法》第53条第1款规定:"被害人由于被告人的犯罪行为而遭受物质损失的,在刑事诉讼过程中,有权提起附带民事诉讼。"从该款条文的字面上理解,提起附带民事诉讼的主体仅限于刑事案件中因犯罪行为而遭受物质损失的被害人。由于当时法律上尚无单位犯罪的概念,相应的,单位作为犯罪的被害人也未得到普遍的认可。因此,1979年《刑事诉讼法》所规定的有权提起附带民事诉讼的被害人一般被理解为自然人。这样一来,因犯罪行为而遭受物质损失的法人或者其他组织能否提起附带民事诉讼,在实践中就存在着较多争议。另外,在被害人死亡或者丧失行为能力的情况下,其近亲属或者法定代理人等其他公民能否提起附带民事诉讼也无法从第53条的规定中找到答案。

1996年《刑事诉讼法》修改之时,就有专家在修改建议稿中提出,我国原刑事诉讼法典中的"被害人"概念的范围过于笼统,不仅不完整,而且不规范,建议修改为:"由于嫌疑人、被告人的犯罪行为而直接遭受损失的公民、法人或其他组织在刑事诉讼中可以提起附带民事诉讼"[1]。从而将因犯罪行为而受到损失的其他公民、法人和组织包括在附带民事诉讼提起主体的范围之内。但是立法机关并未采纳这项建议,最终以"上述建议的基本精神,已包含在原有立法中,有些是属于具体操作问题,可由司法解释作出规定"的理由未对此条加以修改。1996年《刑事诉讼法》修正后,最高人民法院通过司法解释的形式对有权提起附带民事诉讼主体作出了规定,例如,1998年《最高法院解释》第84条规定:"人民法院受理刑事案件后,可以告知因犯罪行为遭受物质损失的被害人(公民、法人和其他组织)、已死亡被害人的近亲属、无行为能力人或者限制行为能力被害人的法定代理人,有权提起附带民事诉讼"。本条解释不仅将被害人的范围扩大到单位被害人,而且解决了被害人死亡或丧失行为能力的情况下由谁提起附带民事诉讼的问题。

2012年《刑事诉讼法》吸收了司法解释的上述内容,除保留了"被害人由于被告人的犯罪行为而遭受物质损失的,在刑事诉讼过程中,有权提起附带民事诉讼"之外,还增加规定了"被害人死亡或者丧失行为能力的,被害人的法定代理人、近亲属有权提起附带民事诉讼"。因此,根据目前的法律规定,附带民事诉讼的提起主体包括以下几类:(1)因犯罪行为而遭受物质损失的被害人,这里的被害人既包括自然人,也包括单位。(2)如果被害人是无行为能力人或者限制行为能力人的,其法定代理人有权代为提起附带民事诉讼。(3)在被害人死亡的情况下,其近亲属即夫、妻、父、母、子、女、同胞兄弟姐妹作为被害人的法定继承人,为挽回经济损失,有权提起附带民事诉讼,要求获得赔偿。(4)在国家财产、集体财产遭受损失的情况下,如果受损失的单位没有提起附带民事诉讼,为维护国家、集体财产,人民检察院在提起公诉时,可以一并提起附带民事诉讼。

2012年《刑事诉讼法》关于附带民事诉讼提起主体的范围界定,相对而言较为全面,但也并未能解决司法实践中的全部问题。比如在交通肇事案件中已经对被害人支付保险金的保险机构、为受犯罪行为侵害的流浪人员垫付医疗费的民政部门等,能否取得代位求偿权并在刑事诉讼中代为提起

---

[1] 陈光中、严端主编:《中华人民共和国刑事诉讼法修改建议稿与论证》,中国方正出版社1995年出版,第24页。

附带民事诉讼？从法律进一步发展和完善的角度来看,未来《刑事诉讼法》修改应进一步扩大提起刑事附带民事诉讼的主体范围,将"确因犯罪行为而遭受物质损失的其他受害人"也作为能提起刑事附带民事诉讼的主体之一。

关于附带民事诉讼的被告人,即应当对犯罪行为所造成的物质损失承担赔偿责任的人,无论是 1979 年、1996 年还是 2012 年《刑事诉讼法》均未明确加以规定。一般情况下,附带民事诉讼的被告人就是刑事诉讼的被告人,但除了刑事被告人之外的人,其他单位或个人也有可能会成为附带民事诉讼的被告人。从司法实践的角度来看,具体包括下列各种情形:(1)作为刑事被告人的公民、法人、其他组织及没有被追究刑事责任的其他共同致害人;(2)未成年人、患精神病的刑事被告人的法定代理人或者监护人;(3)已被执行死刑的罪犯的遗产继承人;(4)共同犯罪案件中,案件审结前已死亡的被告人的遗产继承人;(5)协助被保释的犯罪嫌疑人、被告人逃匿以及明知其藏匿地点而拒绝向司法机关提供,依法应当追究其刑事责任的保证人;(6)其他对刑事被告人的犯罪行为依法应当承担民事赔偿责任的单位和个人。从附带民事诉讼制度体系完整性的角度来看,未来《刑事诉讼法》修改时应将上述附带民事诉讼被告的范围纳入规定之中。

三、附带民事诉讼中的财产保全

附带民事诉讼中的财产保全是指人民法院在附带民事诉讼开始后,或者在诉讼开始前,为保证将来判决的顺利执行,面对争议财产或与案件有关的财产,依法采取的查封、扣押、冻结等各种强制性保护措施的总称。设立财产保全程序的目的是为了保证将来依法作出的生效判决能够全面地、顺利地得到执行,从而维护生效判决的严肃性和权威性,真正地保护胜诉一方当事人的合法权益。

我国 1979 年《刑事诉讼法》没有明确规定附带民事诉讼中的财产保全措施,但是法律第 53 条规定了"人民法院在必要的时候,可以查封或者扣押被告人的财产",这里的查封、扣押实际上就是财产保全措施,对于防止被告人转移、隐匿、毁灭财产,确保附带民事判决执行具有积极意义。但是这一规定在司法实践中存在三个问题：第一，在刑事诉讼中，法院只有在审判阶段才会介入案件，其查封、扣押被告人财产的命令也只能在审判阶段才能发出，对于防止被告人在审前转移财产毫无作用。在立案、侦查、起诉阶段，公安机关和人民检察院只能查封、扣押与犯罪有关的物品或财产，对与犯罪无关的财产无权采取保全措施。这使得犯罪嫌疑人、被告人在审前有足够的时间处置个人的财产以逃避赔偿责任的承担。第二，人民法院可以采取的财产保全措施仅限于查封、扣押措施，不包括冻结被告人的财产。这不利于防止被告人转移、抽逃银行的存款或资金。第三，依本条规定，查封、扣押措施只能由法院依职权而决定适用，当事人没有申请法院采取财产保全的权利。基于以上三个方面的原因，附带民事诉讼中的财产保全措施很难有效发挥其应有的作用。

1996年《刑事诉讼法》并没有对附带民事诉讼中的财产保全措施进一步加以完善。在实践中，犯罪嫌疑人、被告人在审前或审判过程中转移、隐匿、毁灭财产的现象日益严重，从而在一定程度上造成了附带民事判决的执行难问题。

为解决这一问题，2012年《刑事诉讼法》第100条在很大程度上完善了财产保全制度，这主要体现在以下几个方面：第一，明确规定了"人民法院在必要的时候，可以采取保全措施"，正式确立了附带民事诉讼中的财产保全制度；第二，在查封、扣押之外，增加规定了"冻结"这种保全措施，使得财产保全措施的体系更加完善；第三，赋予了附带民事诉讼原告人和人民检察院申请采取保全措施的权利；第四，规定了申请人民法院采取保全措施应当依照《民事诉讼法》的规定，从而将民事诉讼中的诉前财产保全和诉中财产保全制度引入附带民事诉讼之中，使得附带民事诉讼的诉前财产保全成为可能。

为使得上述法律规定具有可操作性，2012年《最高法院解释》第152条进一步明确了人民法院依申请或依职权采取保全措施的情形以及诉前财产保全应如何申请的问题。根据本条规定：第一，人民法院对可能因被告人的行为或者其他原因，使附带民事判决难以执行的案件，根据附带民事诉讼原告人的申请，可以裁定采取保全措施，查封、扣押或者冻结被告人的财产；附带民事诉讼原告人未提出申请的，必要时，人民法院也可以采取保全措施。

第二,有权提起附带民事诉讼的人因情况紧急,不立即申请保全将会使其合法权益受到难以弥补的损害的,可以在提起附带民事诉讼前,向被保全财产所在地、被申请人居住地或者对案件有管辖权的人民法院申请采取保全措施。第三,(诉前财产保全)申请人在人民法院受理刑事案件后15日内未提起附带民事诉讼的,人民法院应当解除保全措施。第四,人民法院采取保全措施,适用《民事诉讼法》第100条至第105条的规定,但是第101条第3款规定除外,即申请人在人民法院采取保全措施后的30日内不依法提起诉讼或者申请仲裁的,人民法院应当解除保全。上述规定对《刑事诉讼法》起到了非常重要的补充作用,特别是对于诉前财产保全措施的明确规定,将有力地防止犯罪嫌疑人、被告人为逃避赔偿责任而在审前转移或者隐匿财产,这对于切实提高附带民事判决的执行率,保护附带民事诉讼原告的合法利益具有十分积极的作用。

但是,毕竟附带民事诉讼不同于单纯的民事诉讼,上述法律和司法解释虽然在一定程度上协调了民事诉讼法和刑事诉讼法的关系,但并没有解决两法衔接中存在的所有问题,其中一个主要问题就是关于申请财产保全是否需要提供担保的问题。《民事诉讼法》第100条和第101条均规定人民法院在依当事人或利害关系人申请而采取保全措施,特别是采取诉前保全措施时应当责令申请人提供担保。在诉讼中申请财产保全需依法院的要求提供担保,目的主要是为了保护被保全人的合法财产权利,防止因财产保全措施不当给被保全人造成不应有的损失,并确保财产保全措施不当给被保全人造成损失的情况下申请人能够履行相应的赔偿责任。那么,这种提供担保的规定是否应适用于附带民事诉讼之中?从理论上来讲,在附带民事诉讼中,有权提起附带民事诉讼的人申请财产保全措施,也存在着给财产所有人造成财产损失的可能性,因此也应当提供担保。但是这一规定适用于附带民事诉讼可能存在着两个方面的障碍:第一,附带民事诉讼的原告往往是受犯罪行为侵害的被害人,在实践中,这些被害人或者因为人身受到犯罪行为侵害而需要花费巨额医疗费用,或者因为财物被犯罪毁损而蒙受巨大经济损失,以至于个人或者家庭陷入经济困难状态,若责令其就财产保全申请提供担保,无疑将雪上加霜,这只会迫使其放弃申请财产保全的权利;第二,人民检察院作为国家的法律监督机关,其财产属于国家所有,提起附带民事诉讼也是基于公益目的,即为了维护国家、集体的财产。因此在人民检察院提出诉前财产保全申请的情况下,检察院的财产显然不宜成为担保物。上述两种特殊情况导致民事诉讼法的规定很难直接在附带民事诉讼中得以适用,未来的法律或者司法解释应对这一问题提出进一步解决的方案。

四、附带民事诉讼的调解

调解指当事人就可处分的纠纷,在第三方的主持或参与下,以合意的方式解决权利义务争议的纠纷解决方式。与裁判相比,调解尊重了争议双方当事人对程序和实体权利的处分权,不仅需要投入的司法成本比较低,而且有利于化解当事人之间的矛盾,彻底解决纠纷。近年来,我国民事诉讼领域越来越重视调解的作用,我国《民事诉讼法》也规定,当事人在民事诉讼中可以请求法院进行调解,法院审判人员也可以依职权进行调解。附带民事诉讼从本质上是民事诉讼,理论上也应允许采取调解的方式处理案件,但由于其附着于刑事诉讼的过程中,且对刑事案件的处理存在一定影响,因此较之民事诉讼中的调解更为复杂,比如是否所有的案件都适用调解?人民检察院提起的附带民事诉讼能否调解?调解赔偿的范围和数额是否受法律规定的附带民事诉讼赔偿范围的限制?诉前调解是否具有终局效力?对这些问题的解答,《刑事诉讼法》及有关的司法解释经过了一个历史演变的过程,其总体趋势是附带民事诉讼调解的作用日益受到重视,其适用范围不断扩大。

1979年和1996年《刑事诉讼法》对于附带民事诉讼能否适用调解未作规定。1998年《最高法院解释》第90条规定:"……经公安机关、人民检察院调解,当事人双方达成协议并已给付,被害人又坚持向法院提起附带民事诉讼的,人民法院也可以受理。"第96条规定:"审理附带民事诉讼案件,除人民检察院提起的以外,可以调解……"按照这两条司法解释的规定,在附带民事诉讼的庭审前和庭审中都可以进行调解,但是审前调解不具有终局效力,调解达成协议的,被害人仍有权向法院提起附带民事诉讼。对于人民检察院提起的附带民事诉讼,不允许采取调解方式,主要是因为人民检察院是代表国家或者集体提起附带民事诉讼,只是形式上的原告人,而不是实体权利的所有者,不享有对公共财产的处分权。

关于附带民事诉讼审前调解的问题,2012年《刑事诉讼法》没有加以明确规定。2012年《最高法院解释》第148条规定:"侦查、审查起诉期间,有权提起附带民事诉讼的人提出赔偿要求,经公安机关、人民检察院调解,当事人双方已经达成协议并全部履行,被害人或者其法定代理人、近亲属又提起附带民事诉讼的,人民法院不予受理,但有证据证明调解违反自愿、合法原则的除外。"根据本条规定,公安机关、人民检察院可以在审前就附带民事赔偿要求进行调解,这继承了1998年解释的规定。但是与1998年解释不同的是,上述规定赋予了审前调解终局效力。根据本条规定,对于侦查、审查起诉期间经调解达成协议并已经全部履行的,被害人或其法定代理人、近亲属无权再向法院提起附带民事诉讼,除非其能够提出证据证明调解违反自愿、合法原则。

对于附带民事诉讼审判中的调解,2012年《刑事诉讼法》第101条进行了规定,即"人民法院审理附带民事诉讼案件,可以进行调解,或者根据物质损失情况作出判决、裁定"。根据本条规定,人民法院审理附带民事诉讼案件,可以进行调解。这里并没有限制适用调解的附带民事诉讼案件范围,因此对于人民检察院提起的附带民事诉讼,也可以适用调解。调解应当在自愿合法的基础上进行。经调解达成协议的,审判人员应当及时制作调解书。调解书经双方当事人签收后即发生法律效力。调解达成协议并当庭执行完毕的,可以不制作调解书,但应当记入笔录,经双方当事人、审判人员、书记员签名或者盖章即发生法律效力。

至于附带民事诉讼调解的赔偿范围和数额是否应限于被告人的犯罪行为造成的"物质损失",2012年《刑事诉讼法》中并无直接规定,但是从第101条规定的"根据物质损失情况作出判决、裁定"来看,调解并非必须建立在"物质损失情况"之上。从理论上来讲,只要双方当事人在自愿、合法的基础上达成调解协议,其协议的内容就不一定限于"物质损失",也可以包括被告人自愿给付的精神损害赔偿。

五、附带民事诉讼的裁判

对于经调解无法达成协议或者调解书签收前当事人反悔的,附带民事诉讼应当同刑事诉讼一并裁判。调解是建立在当事人双方自愿的基础之上的,当事人有权选择是否通过调解方式结案。如果当事人不接受法院的调解,或者经调解双方当事人无法达成合意,或者当事人在签收调解书之前反悔的,人民法院应当及时对附带民事诉讼作出裁判。

附带民事诉讼裁判所要解决的核心问题就是赔偿范围和数额的确定。虽然 1979 年、1996 年《刑事诉讼法》均将附带民事诉讼的赔偿范围限定于"物质损失",但对于什么是物质损失并没有进一步明确的规定。就此问题,最高人民法院于 2000 年出台了《关于刑事附带民事诉讼范围问题的规定》,该规定一方面将精神损害赔偿明确排除在附带民事诉讼赔偿范围之外,另一方面则对什么是犯罪行为造成的"物质损失"进行了规定。根据该规定的第 1 条、第 2 条和第 5 条的规定:第一,附带民事诉讼中的物质损失限于因人身权利受到犯罪侵犯而遭受的物质损失或者财物被犯罪分子毁坏而遭受的物质损失,不包括犯罪分子非法占有、处置被害人财产而使其遭受的物质损失。对于后者,人民法院应当依法予以追缴或者责令退赔,经过追缴或者退赔仍不能弥补损失的,被害人需向人民法院民事审判庭另行提起民事诉讼。第二,被害人因犯罪行为遭受的物质损失,是指被害人因犯罪行为已经遭受的实际损失和必然遭受的损失。上述规定对于"物质损失"进行了较为明确的界定,为实践中人民法院确定附带民事诉讼赔偿范围指明了方向。但是这并没有解决附带民事诉讼赔偿范围的全部问题,其中争议较大的是死亡赔偿金和伤残赔偿金是否属于被害人已经遭受或者必然遭受的物质损失问题。

一直以来,理论界对于死亡赔偿金和残疾赔偿金是否属于物质损失都存在争议,从总体上来看对残疾赔偿金和死亡赔偿金的性质界定有精神损害赔偿金和物质损害赔偿金两种观点。对此问题最高人民法院出台的司法解释之间也不一致:2001 年最高法院《关于确定民事侵权精神损害赔偿责任若干问题的解释》第 9 条规定,"精神损害抚慰金包括以下方式:(1)致人残疾的,为残疾赔偿金;(2)致人死亡的,为死亡赔偿金;(3)其他损害情形的精神抚慰金。"根据这一规定,残疾赔偿金和死亡赔偿金因属于精神损害抚慰金而不被包括在附带民事诉讼的赔偿范围之内。但2003年最高法院《关于审理人身损害赔偿案的司法解释》第17条则规定,人身伤害的财产赔偿范围包括受害人因伤致残情况下的残疾赔偿金和被害人死亡情况下的死亡补偿费。根据这一规定,残疾赔偿金和死亡赔偿金属于物质损害赔偿金,理应包括在附带民事诉讼的赔偿范围之内。上述司法解释的不一致导致了实践中不同的法院对此问题的不同处理:有的法院认为残疾赔偿金和死亡赔偿金并不属于被害人遭受的物质损失,因此将其排除在附带民事诉讼的赔偿范围之外;有的法院则认为残疾赔偿金和死亡赔偿金属于被害人遭受的物质损失,应计入附带民事诉讼的赔偿范围。

2012年《刑事诉讼法》第101条规定:"人民法院根据物质损失情况作出判决、裁定。"由于何为物质损失这一问题并不明确,2012年《最高法院解释》第155条第2款做了进一步规定:"犯罪行为造成被害人人身损害的,应当赔偿医疗费、护理费、交通费等为治疗和康复支付的合理费用,以及因误工减少的收入。造成被害人残疾的,还应当赔偿残疾生活辅助具费等费用;造成被害人死亡的,还应当赔偿丧葬费等费用"。上述规定对犯罪行为造成的人身损害赔偿范围进行了较为明确的界定,其中医疗费、护理费、交通费等属于被害人已经遭受的积极损失,因误工减少的收入则属于必然要遭受的消极损失。对于造成被害人残疾或死亡的,除了赔偿以上损失之外,还应赔偿残疾生活辅助具费、丧葬费等费用,但是不包括残疾赔偿金和死亡赔偿金。这将在很大程度上消除实践中各个法院的不同做法,保持司法裁判的统一性和权威性。

从以上附带民事诉讼裁判范围的历史演变过程来看,法律和司法解释的总体趋势是不断限缩附带民事诉讼的赔偿范围,随着精神损害赔偿、死亡赔偿金、残疾赔偿金被排除在外,被害人及其法定代理人、近亲属从附带民事诉讼裁判中获得的赔偿数额将极其有限。为切实保护被害人的利益,尽量消除犯罪行为给被害人及其家庭造成的伤害,未来的法律应一方面进一步扩大刑事和解、附带民事诉讼调解适用的范围和空间,另一方面则应建立完善的被害人国家救助制度。

第九章 立 案

一、概 述

刑事诉讼中的立案，是指公安机关、人民检察院或者人民法院对于报案、控告、举报、自首以及自己发现的材料，依据管辖范围进行审查，以判明有无犯罪事实和应否追究刑事责任，并决定是否作为刑事案件进行侦查或审判的诉讼活动和诉讼阶段。

在1979年《刑事诉讼法》中，立案程序作为刑事诉讼的开始阶段，虽然规定较为简陋，但体现了当时立法者对"文化大革命"时期法律虚无主义的反思，也体现了立法者对公民权利保护的重视。1979年《刑事诉讼法》确立了立案程序的基本框架：一是规定了立案的材料来源及其管辖主体，规定了公安机关、人民检察院或者人民法院对控告、检举和犯罪人的自首的处理方式；二是规定了控告、检举的程序要求、法律责任以及在侦查阶段的保密义务；三是规定了应当立案、不立案的条件，赋予了控告人对不立案的知情权和申请复议权。

1996年《刑事诉讼法》进一步规范了立案程序。其修改之处主要体现在：一是在立案的材料来源上，增加了专门机关自行发现犯罪事实，区分了报案、控告、举报，进一步强化了被害人的权利保障；二是在立案程序上，进一步明确了公安机关、人民检察院或者人民法院对报案人、控告人、举报人的通知义务,规范了对他们及其近亲属的安全保障义务,延长履行保密义务的诉讼阶段;三是增加了检察机关的立案监督权;四是增加了自诉案件中被害人向人民法院直接起诉以及特定情况下由其法定代理人、近亲属起诉的规定。在实务操作中,相关司法解释等对立案审查的手段、方式、期限等进行了进一步的明确。

2012年《刑事诉讼法》在立案程序的法律条文上延续了1996年《刑事诉讼法》的规定,没有进行修改。

立法修改情况如下表所示:

1979年《刑事诉讼法》	1996年《刑事诉讼法》	2012年《刑事诉讼法》
第二编 立案、侦查和提起公诉	第二编 立案、侦查和提起公诉	第二编 立案、侦查和提起公诉
第一章 立案	第一章 立案	第一章 立案
第五十九条 机关、团体、企业、事业单位和公民发现有犯罪事实或者犯罪嫌疑人,有权利也有义务按照本法第十三条规定的管辖范围,向公安机关、人民检察院或者人民法院提出控告和检举。公安机关、人民检察院或者人民法院对于控告、检举和犯罪人的自首,都应当接受。对于不属于自己管辖的,应当移送主管机关处理,并且通知控告人、检举人;对于不属于自己管辖而又必须采取紧急措施的,应当先采取紧急措施,然后移送主管机关。	第八十三条 公安机关或者人民检察院发现犯罪事实或者犯罪嫌疑人,应当按照管辖范围,立案侦查。第八十四条 任何单位和个人发现有犯罪事实或者犯罪嫌疑人,有权利也有义务向公安机关、人民检察院或者人民法院报案或者举报。被害人对侵犯其人身、财产权利的犯罪事实或者犯罪嫌疑人,有权向公安机关、人民检察院或者人民法院报案或者控告。公安机关、人民检察院或者人民法院对于报案、控告、举报,都应当接受。对于不属于自己管辖的,应当移送主管机关处理,并且通知报案人、控告人、举报人;对于不属于自己管辖而又必须采取紧急措施的,应当先采取紧急措施,然后移送主管机关。	第一百零七条 公安机关或者人民检察院发现犯罪事实或者犯罪嫌疑人,应当按照管辖范围,立案侦查。第一百零八条 任何单位和个人发现有犯罪事实或者犯罪嫌疑人,有权利也有义务向公安机关、人民检察院或者人民法院报案或者举报。被害人对侵犯其人身、财产权利的犯罪事实或者犯罪嫌疑人,有权向公安机关、人民检察院或者人民法院报案或者控告。公安机关、人民检察院或者人民法院对于报案、控告、举报,都应当接受。对于不属于自己管辖的,应当移送主管机关处理,并且通知报案人、控告人、举报人;对于不属于自己管辖而又必须采取紧急措施的,应当先采取紧急措施,然后移送主管机关。

(续表)

1979年《刑事诉讼法》	1996年《刑事诉讼法》	2012年《刑事诉讼法》
	犯罪人向公安机关、人民检察院或者人民法院自首的,适用第三款规定。	犯罪人向公安机关、人民检察院或者人民法院自首的,适用第三款规定。
第六十条 控告、检举可以用书面或者口头提出。接受口头控告、检举的工作人员,应当写成笔录,经宣读无误后,由控告人、检举人签名或者盖章。 接受控告、检举的工作人员,应当向控告人、检举人说明诬告应负的法律责任。但是,只要不是捏造事实,伪造证据,即使控告、检举的事实有出入,甚至是错告的,也要和诬告严格加以区别。 控告人、检举人如果不愿公开自己的姓名,在侦查期间,应当为他保守秘密。	第八十五条 报案、控告、举报可以用书面或者口头提出。接受口头报案、控告、举报的工作人员,应当写成笔录,经宣读无误后,由报案人、控告人、举报人签名或者盖章。 接受控告、举报的工作人员,应当向控告人、举报人说明诬告应负的法律责任。但是,只要不是捏造事实,伪造证据,即使控告、举报的事实有出入,甚至是错告的,也要和诬告严格加以区别。 公安机关、人民检察院或者人民法院应当保障报案人、控告人、举报人及其近亲属的安全。报案人、控告人、举报人如果不愿公开自己的姓名和报案、控告、举报的行为,应当为他保守秘密。	第一百零九条 报案、控告、举报可以用书面或者口头提出。接受口头报案、控告、举报的工作人员,应当写成笔录,经宣读无误后,由报案人、控告人、举报人签名或者盖章。 接受控告、举报的工作人员,应当向控告人、举报人说明诬告应负的法律责任。但是,只要不是捏造事实,伪造证据,即使控告、举报的事实有出入,甚至是错告的,也要和诬告严格加以区别。 公安机关、人民检察院或者人民法院应当保障报案人、控告人、举报人及其近亲属的安全。报案人、控告人、举报人如果不愿公开自己的姓名和报案、控告、举报的行为,应当为他保守秘密。
第六十一条 人民法院、人民检察院或者公安机关对于控告、检举和自首的材料,应当按照管辖范围,迅速进行审查,认为有犯罪事实需要追究刑事责任的时候,应当立案;认为没有犯罪事实,或者犯罪事实显著轻微,不需要追究刑事责任的时候,不予立案,并且将不立案的原因通知控告人。控告人如果不服,可以申请复议。	第八十六条 人民法院、人民检察院或者公安机关对于报案、控告、举报和自首的材料,应当按照管辖范围,迅速进行审查,认为有犯罪事实需要追究刑事责任的时候,应当立案;认为没有犯罪事实,或者犯罪事实显著轻微,不需要追究刑事责任的时候,不予立案,并且将不立案的原因通知控告人。控告人如果不服,可以申请复议。	第一百一十条 人民法院、人民检察院或者公安机关对于报案、控告、举报和自首的材料,应当按照管辖范围,迅速进行审查,认为有犯罪事实需要追究刑事责任的时候,应当立案;认为没有犯罪事实,或者犯罪事实显著轻微,不需要追究刑事责任的时候,不予立案,并且将不立案的原因通知控告人。控告人如果不服,可以申请复议。

(续表)

1979年《刑事诉讼法》	1996年《刑事诉讼法》	2012年《刑事诉讼法》
	第八十七条 人民检察院认为公安机关对应当立案侦查的案件而不立案侦查的,或者被害人认为公安机关对应当立案侦查的案件而不立案侦查,向人民检察院提出的,人民检察院应当要求公安机关说明不立案的理由。人民检察院认为公安机关不立案理由不能成立的,应当通知公安机关立案,公安机关接到通知后应当立案。	第一百一十一条 人民检察院认为公安机关对应当立案侦查的案件而不立案侦查的,或者被害人认为公安机关对应当立案侦查的案件而不立案侦查,向人民检察院提出的,人民检察院应当要求公安机关说明不立案的理由。人民检察院认为公安机关不立案理由不能成立的,应当通知公安机关立案,公安机关接到通知后应当立案。
	第八十八条 对于自诉案件,被害人有权向人民法院直接起诉。被害人死亡或者丧失行为能力的,被害人的法定代理人、近亲属有权向人民法院起诉。人民法院应当依法受理。	第一百一十二条 对于自诉案件,被害人有权向人民法院直接起诉。被害人死亡或者丧失行为能力的,被害人的法定代理人、近亲属有权向人民法院起诉。人民法院应当依法受理。

综上可以发现,我国立案程序在历次《刑事诉讼法》修改中体现出以下规律:

一是立案程序一直被定位为独立的、必经的启动程序。在1979年《刑事诉讼法》的制定过程中,在立案程序上强调学习苏联立法。在法典体例上,前苏联刑事诉讼法专章规定了"提起刑事诉讼的程序",具体包括提起刑事诉讼的材料来源和根据,对相关材料的审查及处理,提起刑事诉讼的程序、提起诉讼后对案件的处理,对是否提起诉讼的合法性进行监督等内容。苏联一些学者将"提起刑事诉讼程序"视为一种十分重要的人权保障机制:"苏维埃刑事诉讼的结构总是把提起刑事诉讼作为它的开始阶段。在尚未按照适当的程序提起刑事诉讼以前,无论是调查,还是侦查都不得进行,当然也就更谈不到进行审判了。在刑事诉讼中,这是保障法制和增强对人身权利的保障的一个重要途径,这种认识是完全正确的。"① 在立案程序的定位上,我国立法机关从 1979 年以来的思路是比较连贯的,即一直将立案程序作为刑事诉讼的开始阶段。也就是说,立案与侦查、起诉和审判程序一样,是我国刑事诉讼中一个独立、必经的启动程序。这与域外许多国家的定位有一定的差异。

二是立案程序的功能设置体现了多元化、立体化特征。从 1979 年《刑事诉讼法》制定至今,立案程序一直被设置具有以下法律功能:案件输入功能,即发现业已发生的犯罪行为并将其输入到刑事诉讼程序之中;案件屏蔽功能,即通过排除不得或不应进行刑事诉讼的案件,保证追诉的准确性,降低刑事诉讼的成本。立案程序不仅影响着被追诉人及其他诉讼参与人的权利义务关系,也影响着国家为追诉犯罪所支出的实际成本。正确、及时立案,被认为有利于迅速揭露犯罪、证实犯罪和惩罚犯罪,有利于保护公民的人身权利、民主权利和其他合法权益不受侵犯,有利于公安司法机关及时掌握一定时期内各种违法犯罪活动的基本情况与发展态势,有利于加强社会治安综合治理。当然,需要注意的是,在司法实践中,违法立案、不作为(如行政执法移送中以罚代刑)等问题还较为突出,上述法律功能并没有得到充分实现。

当前,学术界和实务界对于立案程序的存与废的争议依旧相当激烈。在刑事诉讼启动程序与侦查的关系、立案的条件和具体标准的设定、立案监督的力度与效果等问题上,大家仍然存在较多分歧。立案程序何去何从,学术界大致有肯定说②、否定说③和保留完善说④等观点。在中国的国情和司法语境下,立法机关采纳了保留完善说。解决我国立案程序问题,需要对其修改历史进行梳理,对其未来发展作出进一步的厘定。

---

① 〔苏〕И.В.蒂里切夫等编著:《苏维埃刑事诉讼》,张仲麟等译,法律出版社 1984 年版,第 204 页。
② 参见陈光中、徐静村主编:《刑事诉讼法学》,中国政法大学出版社 1999 年版,第 267—268 页;陈卫东主编:《刑事诉讼法资料汇编》,法律出版社 2005 年版,第 334 页。
③ 参见陈瑞华:《刑事诉讼的前沿问题》,中国人民大学出版社 2000 年版,第 275 页;吕萍:《刑事立案程序的独立性质疑》,载《法学研究》2002 年第 3 期;万毅:《侦查启动程序探析》,载《人民检察》2003 年第 3 期。
④ 参见李建明:《论立案审查程序中的人权保障》,载《南京师范大学学报》(社会科学版) 2003 年第 1 期。

二、立案的材料来源

立案的材料来源,是指公安机关、人民检察院或者人民法院获取有关犯罪事实、犯罪嫌疑人情况等犯罪线索、犯罪消息的渠道或途径。

1979年《刑事诉讼法》第59条第1款主要规定了控告、检举和犯罪人的自首三种情形:即机关、团体、企业、事业单位和公民发现有犯罪事实或者犯罪嫌疑人,有权利也有义务按照本法第13条规定的管辖范围,向公安机关、人民检察院或者人民法院提出控告和检举。

1996年《刑事诉讼法》对立案的材料来源进行了扩展,主要体现在以下两个方面:

(1)增加专门机关自行发现犯罪事实或者犯罪嫌疑人。1996年《刑事诉讼法》第83条规定:"公安机关或者人民检察院发现犯罪事实或者犯罪嫌疑人,应当按照管辖范围,立案侦查。"如此修改,主要是考虑到,实践中许多案件来源于一线司法实务部门。公安机关是国家的治安保卫机关,处在与犯罪作斗争的第一线。在日常的工作中,特别是执勤、巡逻等治安管理工作中,可能发现一些犯罪迹象或犯罪线索。对于这些犯罪迹象和犯罪线索,公安机关必须按照管辖范围进行主动、迅速的追查,以确定是否存在犯罪事实。人民检察院对贪污贿赂、《刑法》分则第九章规定的渎职犯罪,国家机关工作人员利用职权实施的非法拘禁、刑讯逼供、报复陷害、非法搜查等侵害公民人身权利、民主权利的犯罪应当积极主动地进行立案侦查。人民检察院在审查批捕、审查起诉等活动中发现有犯罪事实,需要追究刑事责任的,也应当按照管辖范围迅速进行立案侦查。对于人民法院在审理案件过程中,以及国家安全机关、军队保卫部门、监狱等在依照《刑事诉讼法》的有关规定办理刑事案件过程中,发现的犯罪事实及犯罪嫌疑人的有关材料,应当按照管辖的规定及时进行立案侦查或者移送有关主管机关。

(2)区分报案、控告、举报,注重被害人权利保障。1979年《刑事诉讼法》在报案或者举报权利、义务上设定主体是"机关、团体、企业、事业单位和公民",随着诉讼主体理论与实践的发展,这一界定并不周延,必然排除了一些主体。1996年《刑事诉讼法》强调任何单位和个人均有这样的权利和义务。此外,1996年《刑事诉讼法》的特色之一是区分了报案、控告、举报。这样规定,既反映了不同主体的权利义务要求,也体现了对被害人权利的特别保障。其中,报案是指单位和个人以及被害人发现有犯罪事实发生但尚不知道犯罪嫌疑人为何人时,向公安机关、人民检察院或者人民法院进行告发的行为;举报是指被害人以外的单位和个人出于社会责任感,对其发现、知晓的犯罪事实和犯罪嫌疑人向公安机关、人民检察院或者人民法院进行告发、揭露的行为。控告是指被害人(包括自然人与法人),以及被害人死亡或丧失行为能力时被害人的法定代理人、近亲属,就其人身权利、财产权利遭受不法侵害的事实以及犯罪嫌疑人的有关情况,向公安机关、人民检察院或者人民法院进行揭露与告发,要求依法追究犯罪嫌疑人刑事责任的诉讼行为。与报案相比,控告要求被害人不仅提供遭受不法侵害的有关事实,还要提供谁为犯罪嫌疑人以及犯罪嫌疑人的某些具体情况。

2012年《刑事诉讼法》在立案的材料来源上未作修改。

三、立案的条件

在1979年《刑事诉讼法》中,关于立案的条件,包括两个方面:认为有犯罪事实需要追究刑事责任的时候,应当立案;认为没有犯罪事实,或者犯罪事实显著轻微,不需要追究刑事责任的时候,不予立案。在立案时,需要达到的两个条件如下:一是有犯罪事实。"有犯罪事实"是立案必须具备的事实条件,即在刑事诉讼中,需要立案追究刑事责任的必须是依照《刑法》规定构成犯罪的行为;犯罪事实必须有一定的证据予以证明。二是需要追究刑事责任。"需要追究刑事责任"是立案必须具备的法律条件,是指行为人的行为已经构成犯罪,并且依照法律规定应当追究其刑事责任。

在1996年《刑事诉讼法》中,没有针对上述立案条件进行修改,但增加了自诉案件的特别补充规定。由于自诉案件不必经过侦查程序,在自诉人向人民法院起诉后,人民法院经审查如认为符合立案条件就应当予以受理,并直接进入审判程序。根据1996年《刑事诉讼法》第171条的规定,符合立案条件的自诉案件应为"犯罪事实清楚,有足够证据的案件"。实务操作中,人民法院受理的自诉案件一般还应符合下列条件:属于本院管辖的;刑事案件的被害人告诉的;有明确的被告人、具体的诉讼请求和能证明被告人犯罪事实的证据;等等。人民法院受理1996年《刑事诉讼法》第170条第3项规定的自诉案件,还应当符合该法第86条、第145条的规定。

在实务操作中,公安司法机关根据司法解释、行政规章和司法习惯等对具体的立案标准进行了规范。例如,最高人民法院、最高人民检察院和公安部1999年2月4日发布的《关于铁路运输过程中盗窃罪数额认定标准问题的规定》,最高人民检察院、公安部2001年4月18日印发的《关于经济犯罪案件追诉标准的规定》,最高人民检察院1999年9月9日印发的《关于人民检察院直接受理立案侦查案件立案标准的规定(试行)》、2000年12月22日印发的《关于行贿罪立案标准的规定》和2006年7月26日印发的《关于渎职侵权犯罪案件立案标准的规定》等。

2012年《刑事诉讼法》对立案的条件未作修改。

针对立案条件的完善,学术界提出了许多改革建议。如尊重司法规律,不宜将立案条件与拘留、逮捕、提起公诉、有罪判决等作同一化理解或适用;积极改革刑事立案考核制度,在观念上进一步明确立案不等于破案,撤案不等于瑕疵,立案的结果不等于查获了真正的罪犯。此外,在实践中,一些党委、政府部门负责人在公安司法机关行使刑事立案侦查权的过程中可能基于各种因素干预立案程序的依法开展,在不符合法定条件的情况下指示立案或者撤案,出现一些冤假错案。为保障立案的法律功能顺利实现,我国还需通过宪法性立法或有关行政立法等,进一步完善党对司法工作的领导方式,限制党委、政府部门负责人对具体刑事案件立案的干预,强化公安司法机关在立案上的自主性和独立性。

四、立案的程序

1979年《刑事诉讼法》在立案的程序上进行了规范。其内容包括受案、审查和处理三个方面:(1)受案,即对立案材料的接受。对于控告、检举和犯罪人的自首,公安司法机关应当接受,同时严格区分误告、错告和诬告。对于不属于自己管辖而又必须采取紧急措施的,应当先采取紧急措施,然后移送主管机关。这样规定的目的是防止发生犯罪嫌疑人逃跑、自杀、行凶、毁灭罪证等妨碍或逃避侦查、起诉和审判的行为。(2)审查。对立案材料进行审查的内容主要包括该案件是否属于本部门管辖、是否符合立案条件等,其中有关证据的审查是其重点与核心。(3)处理,即对立案材料进行审查后,根据事实、证据和法律所作出的立案或者不立案的决定。认为有犯罪事实需要追究刑事责任的时候,应当立案;认为没有犯罪事实,或者犯罪事实显著轻微,不需要追究刑事责任的时候,不予立案,并且将不立案的原因通知控告人。控告人如果不服,可以申请复议。

1996年《刑事诉讼法》在立案的程序上,除了延续其基本的程序规定外,主要有以下变化:(1)补充规定了公安机关、人民检察院或者人民法院对于报案、控告、举报,都应当接受。犯罪人向公安机关、人民检察院或者人民法院自首的,适用该款规定。如此规定主要是因为,刑事诉讼法关于管辖的划分是针对公、检、法三机关的职责权限而言的,单位、个人或被害人的报案、举报、控告以及犯罪人的自首并不受此限制。况且,严格要求按立案管辖规定进行报案、举报、控告或者自首,也不利于及时、高效地追惩犯罪。在实务操作中,公安机关对于公民扭送、犯罪嫌疑人自首的,也应当立即接受,问明情况,并制作笔录,经宣读后由扭送人、自首人签名或者盖章。必要时,公安机关还可以进行录音。(2)进一步明确了公安机关、人民检察院或者人民法院对报案人、控告人、举报人的通知义务,规范了对他们及其近亲属的安全保障义务,延长了对不公开姓名的保护期限,不再限于侦查阶段。这主要是考虑到:一是从诉讼公正、公开的角度,报案人、控告人、举报人对公安司法机关立案与否等信息应当享有基本的知情权;二是在实践中,许多报案人、控告人、举报人及其近亲属受到罪犯及有关人员的打击报复,影响了他们对抗犯罪行为的信心和勇气,也使其人身、财产、隐私等权利遭受威胁。在一些案件中,有的打击报复行为相当隐蔽,时间跨度也很漫长,不仅局限在侦查阶段。

在实务操作中,立案程序中审查的手段、方式、期限,不立案决定的程序等得到进一步的明确。公、检、法机关在调查、核实立案材料过程中,可以采取勘验、检查、查询、鉴定、询问知情人等非强制性调查措施,而原则上不能采取限制被调查对象人身、财产权利的强制性措施,例如拘留、逮捕被调查人的措施,查封、扣押、冻结被调查对象财产的措施等。如在举报线索的初查过程中,可以进行询问、查询、勘验、鉴定、调取证据材料等不限制被查对象人身、财产权利的措施。不得对被查对象采取强制措施,不得查封、扣押、冻结被查对象的财产。公安机关接受涉嫌经济犯罪线索的报案、控告、举报、自首后,应当进行审查,于7日内决定是否立案……公安机关接受行政执法机关移送的涉嫌经济犯罪案件,应当在3日内审查完毕,并决定是否立案。如公安机关认为不符合立案条件的,接受单位应当制作"呈请不予立案报告书",经县级以上公安机关负责人批准后正式作出不予立案的决定;对于有控告人的案件,决定不予立案的,公安机关应当制作"不予立案通知书",送达控告人。控告人对于不立案决定不服的,可以在收到"不予立案通知书"后向原决定的公案机关申请复议。原决定的公案机关应当在收到复议申请后作出决定,并书面通知控告人。人民检察院决定不予立案的,如果是被害人控告的,应当制作不立案通知书,写明案由和案件来源、决定不立案的原因和法律依据,由侦查部门送达控告人,同时告知本院控告申诉检察部门。控告人如果不服,可以在收到不立案通知书后申请复议。对于不立案的复议,由人民检察院控告申诉检察部门办理,并在收到复议申请后一定期限内作出复议决定。

2012年《刑事诉讼法》对立案的程序没有作出修改。但在实务操作中,对初查的程序、手段、处理方式等进行了补充规定。如检察机关侦查部门对举报中心移交的举报线索进行审查后,认为有犯罪事实需要初查的,应当报检察长或者检察委员会决定。初查一般应当秘密进行,不得擅自接触初查对象。公开进行初查或者接触初查对象,应当经检察长批准。在初查过程中,可以采取询问、查询、勘验、检查、鉴定、调取证据材料等不限制初查对象人身、财产权利的措施。不得对初查对象采取强制措施,不得查封、扣押、冻结初查对象的财产,不得采取技术侦查措施。侦查部门对举报线索初查后,认为有犯罪事实需要追究刑事责任的,应当制作审查报告,提请批准立案侦查,报检察长决定。对具有下列情形之一的,提请批准不予立案:(1)具有《刑事诉讼法》第15条规定情形之一的;(2)认为没有犯罪事实的;(3)事实或者证据尚不符合立案条件的。初查终结后,相关材料应当立卷归档。立案进入侦查程序的,对于作为诉讼证据以外的其他材料应当归入侦查内卷。

在我国立案的程序中,确切地说,在作出刑事立案决定之前,一般不得采取强制性侦查手段。可以说,作为时空上的分界点,立案与否在很大程度上决定着法定强制性侦查手段的适用范围。对此,学术界有所批评,认为在职务犯罪案件、恐怖主义犯罪犯罪、毒品案件等严重犯罪案件中,应当允许强制性侦查手段的介入。当然,比较一致的观点是,在普通刑事犯罪案件中,在立案程序中应强化任意性侦查手段的适用,尽量减少对公民基本权利的干预。

五、立案的监督

立案监督,是指人民检察院依法对公安机关的立案活动是否合法进行监督。我国1979年《刑事诉讼法》没有明确规定人民检察院对公安机关实行立案监督。人民检察院在法律监督活动中发现不应立案而公安机关已立案侦查的案件时,主要通过审查批捕、审查起诉等环节予以纠正。

1996年《刑事诉讼法》增加了立案监督方面的规定。人民检察院认为公安机关对应当立案侦查的案件而不立案侦查的,或者被害人认为公安机关对应当立案侦查的案件而不立案侦查,向人民检察院提出的,人民检察院应当要求公安机关说明不立案的理由。人民检察院认为公安机关不立案理由不能成立的,应当通知公安机关立案,公安机关接到通知后应当立案。这一规定使人民检察院对公安机关的立案监督有了明确的法律依据,这不仅有利于完善人民检察院的法律监督职能,促进公安机关依法进行立案活动,也有利于更加有效地打击、惩罚犯罪,保证国家法律的统一、正确实施。在司法实践中,除了不应立案而立案的情况外,"有案不立""不破不立""以罚代刑"等问题较为严重,致使许多被害人告状无门,许多犯罪分子逍遥法外,影响了社会秩序的和谐稳定。鉴于《刑事诉讼法》有关立案监督的规定并不全面、完善,最高人民检察院、公安部于2010年7月26日联合印发了《关于刑事立案监督有关问题的规定(试行)》,该规定对刑事立案监督工作中涉及检察机关、公安机关工作关系的重大问题进行了明确和细化,主要内容包括:(1)拓宽了检察机关立案监督工作的知情渠道。(2)增加了对不应当立案而立案的监督。该规定从实现打击犯罪与保障人权的统一出发,明确了检察机关对不应当立案而立案进行监督的条件、范围和程序。(3)明确了公安机关说明不立案或者立案理由的时限、内容和形式,以保证立案监督落到实处。(4)明确了检察机关开展立案监督的调查职责,并对调查的方式和公安机关配合调查的义务提出要求。(5)明确了检察机关纠正违法和公安机关进行纠正的具体程序和期限。(6)新增了公安机关对通知撤案决定不服可以提请检察院复议、复核的程序。此外,该规定还对检察机关在刑事立案监督案件中的后续督促、催办程序,公安机关对检察机关监督立案案件应当及时侦查等内容作出了规定。

2012年《刑事诉讼法》在立案监督上没有进行修改。

在司法实践中,立案仍然存在许多问题。对此,许多学者主张,在立案程序中,需要继续强化检察机关的法律监督能力,并对有关司法体制和警检关系作出进一步的调整。① 我国有必要积极完善刑事立案程序与行政执法的衔接机制,强化对初查合法性的监督,强化对违法立案、不作为(如行政执法移送中以罚代刑)、违法插手经济纠纷的监督,强化对检察机关纠正后立案而又撤案情形的监督。

---

① 徐静村主编:《中国刑事诉讼法〈第二修正案〉学者拟制稿及立法理由》,法律出版社2005年版,第129页。

第十章 侦 查

一、概 述

侦查是指公安机关（包括国家安全机关）、人民检察院和军队保卫部门等依法进行的专门调查和采取有关强制性措施的活动。它是侦查机关在刑事案件立案后、起诉前收集证据，查明案情，确定是否起诉的准备程序，是刑事诉讼程序的一个重要阶段。

在1979年《刑事诉讼法》中，"侦查"章共33条，占据了1979年《刑事诉讼法》总共164条的20%，规定了一系列的侦查措施，开启了当代中国刑事侦查程序法治化历史进程的"闸门"。

1996年《刑事诉讼法》将"侦查"作为重点修改的章节，除对1979年《刑事诉讼法》的条文进行修改外，新增了14个条文，修改后的"侦查"章达到47条。主要修改的内容包括：(1)将"被告人"的称呼变更为"犯罪嫌疑人"；(2)增加了"一般规定"，对侦查和预审的任务进行了规定；(3)增加了犯罪嫌疑人聘请律师提供法律帮助的规定；(4)增加了传唤、拘传讯问时间的规定；(5)增加了询问未成年证人通知法定代理人到场的规定；(6)增加了查询、冻结的规定；(7)增加了重新鉴定或者精神病医学鉴定的规定；(8)完善了人民检察院侦查羁押期限的规定;(9)完善了人民检察院对直接受理的案件的侦查的规定。

2012年《刑事诉讼法》也将"侦查"作为重点修改的章节,除对1996年《刑事诉讼法》的条文进行修改外,又新增了7个条文,既完善了侦查措施,进一步赋予侦查机关必要的侦查手段,又强化了对侦查措施的规范、制约和监督。主要修改的内容包括:(1)完善讯问犯罪嫌疑人的规定,包括讯问地点、讯问时间、讯问的同步录音录像等内容;(2)完善询问证人的规定,增加规定侦查人员可以在现场或者证人提出的地点询问证人;(3)扩大了查询、冻结的财产范围,增加规定债券、股票、基金份额等财产;(4)明确了特殊侦查措施,增加"技术侦查措施"专节,对技术侦查、隐匿身份侦查和控制下交付等措施进行了规定。

立法修改情况如下表所示:

1979年《刑事诉讼法》	1996年《刑事诉讼法》	2012年《刑事诉讼法》
第二章 侦查	第二章 侦查	第二章 侦查
	第一节 一般规定	第一节 一般规定
	第八十九条 公安机关对已经立案的刑事案件,应当进行侦查,收集、调取犯罪嫌疑人有罪或者无罪、罪轻或者罪重的证据材料。对现行犯或者重大嫌疑分子可以依法先行拘留,对符合逮捕条件的犯罪嫌疑人,应当依法逮捕。	第一百一十三条 公安机关对已经立案的刑事案件,应当进行侦查,收集、调取犯罪嫌疑人有罪或者无罪、罪轻或者罪重的证据材料。对现行犯或者重大嫌疑分子可以依法先行拘留,对符合逮捕条件的犯罪嫌疑人,应当依法逮捕。
	第九十条 公安机关经过侦查,对有证据证明有犯罪事实的案件,应当进行预审,对收集、调取的证据材料予以核实。	第一百一十四条 公安机关经过侦查,对有证据证明有犯罪事实的案件,应当进行预审,对收集、调取的证据材料予以核实。
		第一百一十五条 当事人和辩护人、诉讼代理人、利害关系人对于司法机关及其工作人员有下列行为之一的,有权向该机关申诉或者控告:

（续表）

1979年《刑事诉讼法》	1996年《刑事诉讼法》	2012年《刑事诉讼法》
		（一）采取强制措施法定期限届满，不予以释放、解除或者变更的； （二）应当退还取保候审保证金不退还的； （三）对与案件无关的财物采取查封、扣押、冻结措施的； （四）应当解除查封、扣押、冻结不解除的； （五）贪污、挪用、私分、调换、违反规定使用查封、扣押、冻结的财物的。 受理申诉或者控告的机关应当及时处理。对处理不服的，可以向同级人民检察院申诉；人民检察院直接受理的案件，可以向上一级人民检察院申诉。人民检察院对申诉应当及时进行审查，情况属实的，通知有关机关予以纠正。
第一节　讯问被告人	第二节　讯问犯罪嫌疑人	第二节　讯问犯罪嫌疑人
第六十二条　讯问被告人必须由人民检察院或者公安机关的侦查人员负责进行。讯问的时候，侦查人员不得少于二人。	第九十一条　讯问犯罪嫌疑人必须由人民检察院或者公安机关的侦查人员负责进行。讯问的时候，侦查人员不得少于二人。	第一百一十六条　讯问犯罪嫌疑人必须由人民检察院或者公安机关的侦查人员负责进行。讯问的时候，侦查人员不得少于二人。 犯罪嫌疑人被送交看守所羁押以后，侦查人员对其进行讯问，应当在看守所内进行。

(续表)

1979年《刑事诉讼法》	1996年《刑事诉讼法》	2012年《刑事诉讼法》
第六十三条　对于不需要逮捕、拘留的被告人，可以传唤到指定的地点或者到他的住处、所在单位进行讯问，但是应当出示人民检察院或者公安机关的证明文件。	第九十二条　对于不需要逮捕、拘留的**犯罪嫌疑人**，可以传唤到犯罪嫌疑人所在市、县内的指定地点或者到他的住处进行讯问，但是应当出示人民检察院或者公安机关的证明文件。**传唤、拘传持续的时间最长不得超过十二小时。不得以连续传唤、拘传的形式变相拘禁犯罪嫌疑人。**	第一百一十七条　对不需要逮捕、拘留的犯罪嫌疑人，可以传唤到犯罪嫌疑人所在市、县内的指定地点或者到他的住处进行讯问，但是应当出示人民检察院或者公安机关的证明文件。**对在现场发现的犯罪嫌疑人，经出示工作证件，可以口头传唤，但应当在讯问笔录中注明。**传唤、拘传持续的时间不得超过十二小时；**案情特别重大、复杂，需要采取拘留、逮捕措施的，传唤、拘传持续的时间不得超过二十四小时。**不得以连续传唤、拘传的形式变相拘禁犯罪嫌疑人。**传唤、拘传犯罪嫌疑人，应当保证犯罪嫌疑人的饮食和必要的休息时间。**
第六十四条　侦查人员在讯问被告人的时候，应当首先讯问被告人是否有犯罪行为，让他陈述有罪的情节或者无罪的辩解，然后向他提出问题。被告人对侦查人员的提问，应当如实回答。但是对与本案无关的问题，有拒绝回答的权利。	第九十三条　侦查人员在讯问**犯罪嫌疑人**的时候，应当首先讯问犯罪嫌疑人是否有犯罪行为，让他陈述有罪的情节或者无罪的辩解，然后向他提出问题。**犯罪嫌疑人**对侦查人员的提问，应当如实回答。但是对与本案无关的问题，有拒绝回答的权利。	第一百一十八条　侦查人员在讯问犯罪嫌疑人的时候，应当首先讯问犯罪嫌疑人是否有犯罪行为，让他陈述有罪的情节或者无罪的辩解，然后向他提出问题。犯罪嫌疑人对侦查人员的提问，应当如实回答。但是对与本案无关的问题，有拒绝回答的权利。**侦查人员在讯问犯罪嫌疑人的时候，应当告知犯罪嫌疑人如实供述自己罪行可以从宽处理的法律规定。**

（续表）

1979年《刑事诉讼法》	1996年《刑事诉讼法》	2012年《刑事诉讼法》
第六十五条　讯问聋、哑的被告人，应当有通晓聋、哑手势的人参加，并且将这种情况记明笔录。	第九十四条　讯问聋、哑的**犯罪嫌疑人**，应当有通晓聋、哑手势的人参加，并且将这种情况记明笔录。	第一百一十九条　讯问聋、哑的犯罪嫌疑人，应当有通晓聋、哑手势的人参加，并且将这种情况记明笔录。
第六十六条　讯问笔录应当交被告人核对，对于没有阅读能力的，应当向他宣读。如果记载有遗漏或者差错，被告人可以提出补充或者改正。被告人承认笔录没有错误后，应当签名或者盖章。侦查人员也应当在笔录上签名。被告人请求自行书写供述的，应当准许。必要的时候，侦查人员也可以要被告人亲笔书写供词。	第九十五条　讯问笔录应当交**犯罪嫌疑人**核对，对于没有阅读能力的，应当向他宣读。如果记载有遗漏或者差错，**犯罪嫌疑人**可以提出补充或者改正。**犯罪嫌疑人**承认笔录没有错误后，应当签名或者盖章。侦查人员也应当在笔录上签名。**犯罪嫌疑人**请求自行书写供述的，应当准许。必要的时候，侦查人员也可以要**犯罪嫌疑人**亲笔书写供词。	第一百二十条　讯问笔录应当交犯罪嫌疑人核对，对于没有阅读能力的，应当向他宣读。如果记载有遗漏或者差错，犯罪嫌疑人可以提出补充或者改正。犯罪嫌疑人承认笔录没有错误后，应当签名或者盖章。侦查人员也应当在笔录上签名。犯罪嫌疑人请求自行书写供述的，应当准许。必要的时候，侦查人员也可以要犯罪嫌疑人亲笔书写供词。
		第一百二十一条　侦查人员在讯问犯罪嫌疑人的时候，可以对讯问过程进行录音或者录像；对于可能判处无期徒刑、死刑的案件或者其他重大犯罪案件，应当对讯问过程进行录音或者录像。 录音或者录像应当全程进行，保持完整性。
	第九十六条　犯罪嫌疑人在被侦查机关第一次讯问后或者采取强制措施之日起，可以聘请律师为其提供法律咨询、代理申诉、控告。犯罪嫌疑人被逮捕的，聘请的律师可以为其申请取保候审。涉及国家秘密的案件，犯罪嫌疑人聘请律师，	

（续表）

1979年《刑事诉讼法》	1996年《刑事诉讼法》	2012年《刑事诉讼法》
	应当经侦查机关批准。受委托的律师有权向侦查机关了解犯罪嫌疑人涉嫌的罪名，可以会见在押的犯罪嫌疑人，向犯罪嫌疑人了解有关案件情况。律师会见在押的犯罪嫌疑人，侦查机关根据案件情况和需要可以派员在场。涉及国家秘密的案件，律师会见在押的犯罪嫌疑人，应当经侦查机关批准。	
第二节　询问证人	第三节　询问证人	第三节　询问证人
第六十七条　侦查人员询问证人，可以到证人的所在单位或者住处进行，但是必须出示人民检察院或者公安机关的证明文件。在必要的时候，也可以通知证人到人民检察院或者公安机关提供证言。 询问证人应当个别进行。	第九十七条　侦查人员询问证人，可以到证人的所在单位或者住处进行，但是必须出示人民检察院或者公安机关的证明文件。在必要的时候，也可以通知证人到人民检察院或者公安机关提供证言。 询问证人应当个别进行。	第一百二十二条　侦查人员询问证人，**可以在现场进行**，也可以到证人所在单位、住处**或者证人提出的地点进行**，在必要的时候，可以通知证人到人民检察院或者公安机关提供证言。**在现场询问证人，应当出示工作证件，到证人所在单位、住处或者证人提出的地点询问证人，应当出示人民检察院或者公安机关的证明文件。** 询问证人应当个别进行。
第六十八条　询问证人，应当告知他应当如实地提供证据、证言和有意作伪证或者隐匿罪证要负的法律责任。	第九十八条　询问证人，应当告知他应当如实地提供证据、证言和有意作伪证或者隐匿罪证要负的法律责任。 询问不满十八岁的证人，可以通知其法定代理人到场。	第一百二十三条　询问证人，应当告知他应当如实地提供证据、证言和有意作伪证或者隐匿罪证要负的法律责任。
第六十九条　本法第六十六条的规定，也适用于询问证人。	第九十九条　本法第九十五条的规定，也适用于询问证人。	第一百二十四条　本法第一百二十条的规定，也适用于询问证人。

（续表）

1979年《刑事诉讼法》	1996年《刑事诉讼法》	2012年《刑事诉讼法》
第七十条　询问被害人,适用本节各条规定。	第一百条　询问被害人,适用本节各条规定。	第一百二十五条　询问被害人,适用本节各条规定。
第三节　勘验、检查	第四节　勘验、检查	第四节　勘验、检查
第七十一条　侦查人员对于与犯罪有关的场所、物品、人身、尸体应当进行勘验或者检查。在必要的时候,可以指派或者聘请具有专门知识的人,在侦查人员的主持下进行勘验、检查。	第一百零一条　侦查人员对于与犯罪有关的场所、物品、人身、尸体应当进行勘验或者检查。在必要的时候,可以指派或者聘请具有专门知识的人,在侦查人员的主持下进行勘验、检查。	第一百二十六条　侦查人员对于与犯罪有关的场所、物品、人身、尸体应当进行勘验或者检查。在必要的时候,可以指派或者聘请具有专门知识的人,在侦查人员的主持下进行勘验、检查。
第七十二条　任何单位和个人,都有义务保护犯罪现场,并且立即通知公安机关派员勘验。	第一百零二条　任何单位和个人,都有义务保护犯罪现场,并且立即通知公安机关派员勘验。	第一百二十七条　任何单位和个人,都有义务保护犯罪现场,并且立即通知公安机关派员勘验。
第七十三条　侦查人员执行勘验、检查,必须持有公安机关的证明文件。	第一百零三条　侦查人员执行勘验、检查,必须持有**人民检察院或者**公安机关的证明文件。	第一百二十八条　侦查人员执行勘验、检查,必须持有人民检察院或者公安机关的证明文件。
第七十四条　对于死因不明的尸体,公安机关有权决定解剖,并通知死者家属到场。	第一百零四条　对于死因不明的尸体,公安机关有权决定解剖,并且通知死者家属到场。	第一百二十九条　对于死因不明的尸体,公安机关有权决定解剖,并且通知死者家属到场。
第七十五条　为了确定被害人、被告人的某些特征、伤害情况或者生理状态,可以对人身进行检查。 被告人如果拒绝检查,侦查人员认为必要的时候,可以强制检查。 检查妇女的身体,应当由女工作人员或者医师进行。	第一百零五条　为了确定被害人、犯罪嫌疑人的某些特征、伤害情况或者生理状态,可以对人身进行检查。 犯罪嫌疑人如果拒绝检查,侦查人员认为必要的时候,可以强制检查。 检查妇女的身体,应当由女工作人员或者医师进行。	第一百三十条　为了确定被害人、犯罪嫌疑人的某些特征、伤害情况或者生理状态,可以对人身进行检查,**可以提取指纹信息,采集血液、尿液等生物样本。** 犯罪嫌疑人如果拒绝检查,侦查人员认为必要的时候,可以强制检查。 检查妇女的身体,应当由女工作人员或者医师进行。

(续表)

1979年《刑事诉讼法》	1996年《刑事诉讼法》	2012年《刑事诉讼法》
第七十六条　勘验、检查和情况应当写成笔录,由参加勘验、检查的人和见证人签名或者盖章。	第一百零六条　勘验、检查的情况应当写成笔录,由参加勘验、检查的人和见证人签名或者盖章。	第一百三十一条　勘验、检查的情况应当写成笔录,由参加勘验、检查的人和见证人签名或者盖章。
第七十七条　人民检察院审查案件时,对公安机关的勘验、检查,认为需要复验、复查时,可以要求公安机关复验、复查,并且可以派检察人员参加。	第一百零七条　人民检察院审查案件的时候,对公安机关的勘验、检查,认为需要复验、复查时,可以要求公安机关复验、复查,并且可以派检察人员参加。	第一百三十二条　人民检察院审查案件的时候,对公安机关的勘验、检查,认为需要复验、复查时,可以要求公安机关复验、复查,并且可以派检察人员参加。
第七十八条　为了查明案情,在必要的时候,经公安局长批准,可以进行侦查实验。 侦查实验,禁止一切足以造成危险、侮辱人格或者有伤风化的行为。	第一百零八条　为了查明案情,在必要的时候,经公安局长批准,可以进行侦查实验。 侦查实验,禁止一切足以造成危险、侮辱人格或者有伤风化的行为。	第一百三十三条　为了查明案情,在必要的时候,**经公安机关负责人批准,**可以进行侦查实验。 **侦查实验的情况应当写成笔录,由参加实验的人签名或者盖章。** 侦查实验,禁止一切足以造成危险、侮辱人格或者有伤风化的行为。
第四节　搜查	第五节　搜查	第五节　搜查
第七十九条　为了收集犯罪证据、查获犯罪人,侦查人员可以对被告人以及可能隐藏罪犯或者犯罪证据的人的身体、物品、住处和其他有关的地方进行搜查。	第一百零九条　为了收集犯罪证据、查获犯罪人,侦查人员可以对**犯罪嫌疑人**以及可能隐藏罪犯或者犯罪证据的人的身体、物品、住处和其他有关的地方进行搜查。	第一百三十四条　为了收集犯罪证据、查获犯罪人,侦查人员可以对犯罪嫌疑人以及可能隐藏罪犯或者犯罪证据的人的身体、物品、住处和其他有关的地方进行搜查。
第八十条　任何单位和个人,有义务按照人民检察院和公安机关的要求,交出可以证明被告人有罪或者无罪的物证、书证。	第一百一十条　任何单位和个人,有义务按照人民检察院和公安机关的要求,交出可以证明犯罪嫌疑人有罪或者无罪的物证、书证、**视听资料**。	第一百三十五条　任何单位和个人,有义务按照人民检察院和公安机关的要求,交出可以证明犯罪嫌疑人有罪或者无罪的物证、书证、视听资料**等证据**。

(续表)

1979年《刑事诉讼法》	1996年《刑事诉讼法》	2012年《刑事诉讼法》
第八十一条 进行搜查,必须向被搜查人出示搜查证。 在执行逮捕、拘留的时候,遇有紧急情况,不另用搜查证也可以进行搜查。	第一百一十一条 进行搜查,必须向被搜查人出示搜查证。 在执行逮捕、拘留的时候,遇有紧急情况,不另用搜查证也可以进行搜查。	第一百三十六条 进行搜查,必须向被搜查人出示搜查证。 在执行逮捕、拘留的时候,遇有紧急情况,不另用搜查证也可以进行搜查。
第八十二条 在搜查的时候,应当有被搜查人或者他的家属,邻居或者其他见证人在场。 搜查妇女的身体,应当由女工作人员进行。	第一百一十二条 在搜查的时候,应当有被搜查人或者他的家属,邻居或者其他见证人在场。 搜查妇女的身体,应当由女工作人员进行。	第一百三十七条 在搜查的时候,应当有被搜查人或者他的家属,邻居或者其他见证人在场。 搜查妇女的身体,应当由女工作人员进行。
第八十三条 搜查的情况应当写成笔录,由侦查人员和被搜查人或者他的家属,邻居或者其他见证人签名或者盖章。如果被搜查人或者他的家属在逃或者拒绝签名、盖章,应当在笔录上注明。	第一百一十三条 搜查的情况应当写成笔录,由侦查人员和被搜查人或者他的家属,邻居或者其他见证人签名或者盖章。如果被搜查人或者他的家属在逃或者拒绝签名、盖章,应当在笔录上注明。	第一百三十八条 搜查的情况应当写成笔录,由侦查人员和被搜查人或者他的家属,邻居或者其他见证人签名或者盖章。如果被搜查人或者他的家属在逃或者拒绝签名、盖章,应当在笔录上注明。
第五节 扣押物证、书证	第六节 扣押物证、书证	第六节 **查封**、扣押物证、书证
第八十四条 在勘验、搜查中发现的可用以证明被告人有罪或者无罪的各种物品和文件,应当扣押;与案件无关的物品、文件,不得扣押。 对于扣押的物品、文件,要妥善保管或者封存,不得使用或者损毁。	第一百一十四条 在勘验、搜查中发现的可用以证明犯罪嫌疑人有罪或者无罪的各种物品和文件,应当扣押;与案件无关的物品、文件,不得扣押。 对于扣押的物品、文件,要妥善保管或者封存,不得使用或者损毁。	第一百三十九条 在侦查活动中发现的可用以证明犯罪嫌疑人有罪或者无罪的各种财物、文件,应当查封、扣押;与案件无关的财物、文件,不得查封、扣押。 对查封、扣押的财物、文件,要妥善保管或者封存,不得使用、调换或者损毁。

(续表)

1979年《刑事诉讼法》	1996年《刑事诉讼法》	2012年《刑事诉讼法》
第八十五条　对于扣押的物品和文件，应当会同在场见证人和被扣押物品持有人查点清楚，当场开列清单一式二份，由侦查人员、见证人和持有人签名或者盖章，一份交给持有人，另一份附卷备查。	第一百一十五条　对于扣押的物品和文件，应当会同在场见证人和被扣押物品持有人查点清楚，当场开列清单一式二份，由侦查人员、见证人和持有人签名或者盖章，一份交给持有人，另一份附卷备查。	第一百四十条　对查封、扣押的财物、文件，应当会同在场见证人和被查封、扣押财物、文件持有人查点清楚，当场开列清单一式二份，由侦查人员、见证人和持有人签名或者盖章，一份交给持有人，另一份附卷备查。
第八十六条　侦查人员认为需要扣押被告人的邮件、电报的时候，经公安机关或者人民检察院批准，即可通知邮电机关将有关的邮件、电报检交扣押。 不需要继续扣押的时候，应即通知邮电机关。	第一百一十六条　侦查人员认为需要扣押犯罪嫌疑人的邮件、电报的时候，经公安机关或者人民检察院批准，即可通知邮电机关将有关的邮件、电报检交扣押。 不需要继续扣押的时候，应即通知邮电机关。	第一百四十一条　侦查人员认为需要扣押犯罪嫌疑人的邮件、电报的时候，经公安机关或者人民检察院批准，即可通知邮电机关将有关的邮件、电报检交扣押。 不需要继续扣押的时候，应即通知邮电机关。
	第一百一十七条　人民检察院、公安机关根据侦查犯罪的需要，可以依照规定查询、冻结犯罪嫌疑人的存款、汇款。 **犯罪嫌疑人的存款、汇款已被冻结的，不得重复冻结。**	第一百四十二条　人民检察院、公安机关根据侦查犯罪的需要，可以依照规定查询、冻结犯罪嫌疑人的存款、汇款、**债券、股票、基金份额等**财产。**有关单位和个人应当配合。** 犯罪嫌疑人的存款、汇款、**债券、股票、基金份额等财产**已被冻结的，不得重复冻结。
第八十七条　对于扣押的物品、文件、邮件、电报，经查明确实与案件无关的，应当迅速退还原主或者原邮电机关。	第一百一十八条　对于扣押的物品、文件、邮件、电报**或者冻结的存款、汇款**，经查明确实与案件无关的，应当**在三日以内解除扣押、冻结**，退还原主或者原邮电机关。	第一百四十三条　对查封、扣押的财物、文件、邮件、电报或者冻结的存款、汇款、**债券、股票、基金份额等财产**，经查明确实与案件无关的，应当在三日以内解除**查封**、扣押、冻结，**予以退还**。

（续表）

1979年《刑事诉讼法》	1996年《刑事诉讼法》	2012年《刑事诉讼法》
第六节　鉴定	第七节　鉴定	第七节　鉴定
第八十八条　为了查明案情,需要解决案件中某些专门性问题的时候,应当指派、聘请有专门知识的人进行鉴定。	第一百一十九条　为了查明案情,需要解决案件中某些专门性问题的时候,应当指派、聘请有专门知识的人进行鉴定。	第一百四十四条　为了查明案情,需要解决案件中某些专门性问题的时候,应当指派、聘请有专门知识的人进行鉴定。
第八十九条　鉴定人进行鉴定后,应当写出鉴定结论,并签名。	第一百二十条　鉴定人进行鉴定后,应当写出鉴定结论,并且签名。 对人身伤害的医学鉴定有争议需要重新鉴定或者对精神病的医学鉴定,由省级人民政府指定的医院进行。 鉴定人进行鉴定后,应当写出鉴定结论,并且由鉴定人签名,医院加盖公章。 鉴定人故意作虚假鉴定的,应当承担法律责任。	第一百四十五条　鉴定人进行鉴定后,应当写出鉴定意见,并且签名。 鉴定人故意作虚假鉴定的,应当承担法律责任。
第九十条　用作证据的鉴定结论应当告知被告人。如果被告人提出申请,可以补充鉴定或者重新鉴定。	第一百二十一条　侦查机关应当将用作证据的鉴定结论告知犯罪嫌疑人、被害人。如果犯罪嫌疑人、被害人提出申请,可以补充鉴定或者重新鉴定。	第一百四十六条　侦查机关应当将用作证据的鉴定意见告知犯罪嫌疑人、被害人。如果犯罪嫌疑人、被害人提出申请,可以补充鉴定或者重新鉴定。
	第一百二十二条　对犯罪嫌疑人作精神病鉴定的期间不计入办案期限。	第一百四十七条　对犯罪嫌疑人作精神病鉴定的期间不计入办案期限。
		第八节　技术侦查措施
		第一百四十八条　公安机关在立案后,对于危害国家安全犯罪、恐怖活动犯罪、黑社会性质的组织犯罪、重大毒品犯罪或者其他严重危害社会的犯罪案件,根据侦查犯罪的需要,经过严格的批准手续,可以采取技术侦查措施。

(续表)

1979年《刑事诉讼法》	1996年《刑事诉讼法》	2012年《刑事诉讼法》
		人民检察院在立案后,对于重大的贪污、贿赂犯罪案件以及利用职权实施的严重侵犯公民人身权利的重大犯罪案件,根据侦查犯罪的需要,经过严格的批准手续,可以采取技术侦查措施,按照规定交有关机关执行。 追捕被通缉或者批准、决定逮捕的在逃的犯罪嫌疑人、被告人,经过批准,可以采取追捕所必需的技术侦查措施。
		第一百四十九条 批准决定应当根据侦查犯罪的需要,确定采取技术侦查措施的种类和适用对象。批准决定自签发之日起三个月以内有效。对于不需要继续采取技术侦查措施的,应当及时解除;对于复杂、疑难案件,期限届满仍有必要继续采取技术侦查措施的,经过批准,有效期可以延长,每次不得超过三个月。
		第一百五十条 采取技术侦查措施,必须严格按照批准的措施种类、适用对象和期限执行。 侦查人员对采取技术侦查措施过程中知悉的国家秘密、商业秘密和个人隐私,应当保密;对采取技术侦查措施获取的与案件无关的材料,必须及时销毁。

（续表）

1979年《刑事诉讼法》	1996年《刑事诉讼法》	2012年《刑事诉讼法》
		采取技术侦查措施获取的材料,只能用于对犯罪的侦查、起诉和审判,不得用于其他用途。 公安机关依法采取技术侦查措施,有关单位和个人应当配合,并对有关情况予以保密。
		第一百五十一条　为了查明案情,在必要的时候,经公安机关负责人决定,可以由有关人员隐匿其身份实施侦查。但是,不得诱使他人犯罪,不得采用可能危害公共安全或者发生重大人身危险的方法。 对涉及给付毒品等违禁品或者财物的犯罪活动,公安机关根据侦查犯罪的需要,可以依照规定实施控制下交付。
		第一百五十二条　依照本节规定采取侦查措施收集的材料在刑事诉讼中可以作为证据使用。如果使用该证据可能危及有关人员的人身安全,或者可能产生其他严重后果的,应当采取不暴露有关人员身份、技术方法等保护措施,必要的时候,可以由审判人员在庭外对证据进行核实。

（续表）

1979年《刑事诉讼法》	1996年《刑事诉讼法》	2012年《刑事诉讼法》
第七节　通缉	第八节　通缉	第九节　通缉
第九十一条　应当逮捕的被告人如果在逃,公安机关可以发布通缉令,采取有效措施,追捕归案。 各级公安机关在自己管辖的地区以内,可以直接发布通缉令;超出自己管辖的地区,应当报请有权决定的上级机关发布。	第一百二十三条　应当逮捕的犯罪嫌疑人如果在逃,公安机关可以发布通缉令,采取有效措施,追捕归案。 各级公安机关在自己管辖的地区以内,可以直接发布通缉令;超出自己管辖的地区,应当报请有权决定的上级机关发布。	第一百五十三条　应当逮捕的犯罪嫌疑人如果在逃,公安机关可以发布通缉令,采取有效措施,追捕归案。 各级公安机关在自己管辖的地区以内,可以直接发布通缉令;超出自己管辖的地区,应当报请有权决定的上级机关发布。
第八节　侦查终结	第九节　侦查终结	第十节　侦查终结
第九十二条　对被告人在侦查中的羁押期限不得超过二月。案情复杂、期限届满不能终结的案件,可以经上一级人民检察院批准延长一个月。 特别重大、复杂的案件,依照前款规定延长后仍不能终结的,由最高人民检察院报请全国人民代表大会常务委员会批准延期审理。	第一百二十四条　对犯罪嫌疑人逮捕后的侦查羁押期限不得超过二月。案情复杂、期限届满不能终结的案件,可以经上一级人民检察院批准延长一个月。 第一百二十五条　因为特殊原因,在较长时间内不宜交付审判的特别重大复杂的案件,由最高人民检察院报请全国人民代表大会常务委员会批准延期审理。	第一百五十四条　对犯罪嫌疑人逮捕后的侦查羁押期限不得超过二月。案情复杂、期限届满不能终结的案件,可以经上一级人民检察院批准延长一个月。 第一百五十五条　因为特殊原因,在较长时间内不宜交付审判的特别重大复杂的案件,由最高人民检察院报请全国人民代表大会常务委员会批准延期审理。
	第一百二十六条　下列案件在本法第一百二十四条规定的期限届满不能侦查终结的,经省、自治区、直辖市人民检察院批准或者决定,可以延长二个月： (一)交通十分不便的边远地区的重大复杂案件; (二)重大的犯罪集团案件; (三)流窜作案的重大复杂案件; (四)犯罪涉及面广,取证困难的重大复杂案件。	第一百五十六条　下列案件在本法第一百五十四条规定的期限届满不能侦查终结的,经省、自治区、直辖市人民检察院批准或者决定,可以延长二个月： (一)交通十分不便的边远地区的重大复杂案件; (二)重大的犯罪集团案件; (三)流窜作案的重大复杂案件; (四)犯罪涉及面广,取证困难的重大复杂案件。

（续表）

1979年《刑事诉讼法》	1996年《刑事诉讼法》	2012年《刑事诉讼法》
	第一百二十七条　对犯罪嫌疑人可能判处十年有期徒刑以上刑罚，依照本法第一百二十六条规定延长期限届满，仍不能侦查终结的，经省、自治区、直辖市人民检察院批准或者决定，可以再延长二个月。	第一百五十七条　对犯罪嫌疑人可能判处十年有期徒刑以上刑罚，依照本法第一百五十六条规定延长期限届满，仍不能侦查终结的，经省、自治区、直辖市人民检察院批准或者决定，可以再延长二个月。
	第一百二十八条　在侦查期间，发现犯罪嫌疑人另有重要罪行的，自发现之日起依照本法第一百二十四条的规定重新计算侦查羁押期限。 犯罪嫌疑人不讲真实姓名、住址，身份不明的，侦查羁押期限自查清其身份之日起计算，但是不得停止对其犯罪行为的侦查取证。对于犯罪事实清楚，证据确实、充分的，也可以按其自报的姓名移送人民检察院审查起诉。	第一百五十八条　在侦查期间，发现犯罪嫌疑人另有重要罪行的，自发现之日起依照本法第一百五十四条的规定重新计算侦查羁押期限。 犯罪嫌疑人不讲真实姓名、住址，身份不明的，应当对其身份进行调查，侦查羁押期限自查清其身份之日起计算，但是不得停止对其犯罪行为的侦查取证。对于犯罪事实清楚，证据确实、充分，确实无法查明其身份的，也可以按其自报的姓名起诉、审判。
		第一百五十九条　在案件侦查终结前，辩护律师提出要求的，侦查机关应当听取辩护律师的意见，并记录在案。辩护律师提出书面意见的，应当附卷。

（续表）

1979年《刑事诉讼法》	1996年《刑事诉讼法》	2012年《刑事诉讼法》
第九十三条第2款　公安机关侦查的案件,侦查终结后,应当写出起诉意见书或者免予起诉意见书,连同卷材料、证据一并移送同级人民检察院审查决定。	第一百二十九条　公安机关侦查终结的案件,**应当做到犯罪事实清楚,证据确实、充分,并且写出起诉意见书**,连同案卷材料、证据一并移送同级人民检察院审查决定。	第一百六十条　公安机关侦查终结的案件,应当做到犯罪事实清楚,证据确实、充分,并且写出起诉意见书,连同案卷材料、证据一并移送同级人民检察院审查决定;**同时将案件移送情况告知犯罪嫌疑人及其辩护律师**。
第九十四条　在侦查过程中,发现不应对被告人追究刑事责任的,应当撤销案件;被告人已被逮捕的,应当立即释放,发给释放证明,并且通知原批准逮捕的人民检察院。	第一百三十条　在侦查过程中,发现不应对**犯罪嫌疑**人追究刑事责任的,应当撤销案件;**犯罪嫌疑人**已被逮捕的,应当立即释放,发给释放证明,并且通知原批准逮捕的人民检察院。	第一百六十一条　在侦查过程中,发现不应对犯罪嫌疑人追究刑事责任的,应当撤销案件;犯罪嫌疑人已被逮捕的,应当立即释放,发给释放证明,并且通知原批准逮捕的人民检察院。
	第十节　人民检察院对直接受理的案件的侦查	第十一节　人民检察院对直接受理的案件的侦查
	第一百三十一条　人民检察院对直接受理的案件的侦查适用本章规定。	第一百六十二条　人民检察院对直接受理的案件的侦查适用本章规定。
	第一百三十二条　人民检察院直接受理的案件中符合本法第六十条、第六十一条第四项、第五项规定情形,需要逮捕、拘留犯罪嫌疑人的,由人民检察院作出决定,由公安机关执行。	第一百六十三条　人民检察院直接受理的案件中符合本法第七十九条、第八十条第四项、第五项规定情形,需要逮捕、拘留犯罪嫌疑人的,由人民检察院作出决定,由公安机关执行。
	第一百三十三条　人民检察院对直接受理的案件中被拘留的人,应当在拘留后的二十四小时以内进行讯问。在发现不应当拘留的时候,必须立即释放,发给释放证明。对需要逮捕而证据还不充足的,可以取保候审或者监视居住。	第一百六十四条　人民检察院对直接受理的案件中被拘留的人,应当在拘留后的二十四小时以内进行讯问。在发现不应当拘留的时候,必须立即释放,发给释放证明。

（续表）

1979年《刑事诉讼法》	1996年《刑事诉讼法》	2012年《刑事诉讼法》
	第一百三十四条 人民检察院对直接受理的案件中被拘留的人，认为需要逮捕的，应当在十日以内作出决定。在特殊情况下，决定逮捕的时间可以延长一日至四日。对不需要逮捕的，应当立即释放；对于需要继续侦查，并且符合取保候审、监视居住条件的，依法取保候审或者监视居住。	第一百六十五条 人民检察院对直接受理的案件中被拘留的人，认为需要逮捕的，应当在十四日以内作出决定。在特殊情况下，决定逮捕的时间可以延长一日至三日。对不需要逮捕的，应当立即释放；对需要继续侦查，并且符合取保候审、监视居住条件的，依法取保候审或者监视居住。
第九十三条第1款 人民检察院侦查的案件，侦查终结后，应当作出提起公诉、免予起诉或者撤销案件的决定。	第一百三十五条 人民检察院侦查终结的案件，应当作出提起公诉、不起诉或者撤销案件的决定。	第一百六十六条 人民检察院侦查终结的案件，应当作出提起公诉、不起诉或者撤销案件的决定。

侦查程序也许是我国刑事司法实践中存在问题最多的程序。对1979年《刑事诉讼法》、1996年《刑事诉讼法》、2012年《刑事诉讼法》"侦查"章的规定进行梳理，可以发现，侦查法治化和规范化是侦查程序改革的方向。1996年《刑事诉讼法》"侦查"章的规定与1979年《刑事诉讼法》"侦查"章的规定相比，有很大进步；2012年《刑事诉讼法》"侦查"章的规定与1996年《刑事诉讼法》"侦查"章的规定相比，也有很大进步，它们的进步主要体现在《刑事诉讼法》关于侦查的规定越来越法治化、越来越规范化。

在肯定这种进步的同时，也必须承认，2012年《刑事诉讼法》对于"侦查"章的修改，仍然存在着很多不足，例如，辨认作为一种重要的侦查措施，没有在"侦查"章中规定，而辨认错误是除刑讯逼供外，冤假错案发生的最为重要的原因。又如，2012年《刑事诉讼法》的条文中，模糊的措辞很多，以"技术侦查措施"专节为例，"根据侦查犯罪的需要""经过严格的批准手续"等可能会给技术侦查措施等特殊侦查措施的滥用留下空间。

对于我国侦查程序中存在的种种问题，对于2012年《刑事诉讼法》仍然存在的不足，应当确立的正确意识是，罗马不是一日建成的，制度的完善也不是一朝一夕之功，不能指望一次修法就能解决全部问题。修法是接力赛，社会发展了,时机成熟了,还会对《刑事诉讼法》进行第三次大修,但不论何时再修法,侦查程序的法治化和规范化永远是现代法治国家发展的方向和趋势。

二、侦查的一般规定

1979年《刑事诉讼法》第二章没有"一般规定"这一节,1996年《刑事诉讼法》第二章将"一般规定"作为第一节,其中,第89条是对侦查活动的原则性规定。侦查的任务包括两方面:一是收集、调取证据材料,查清案件事实;二是查获犯罪嫌疑人。侦查活动包括专门调查工作和采取的强制性措施。为了保证侦查任务的完成,对符合拘留条件的现行犯或者重大嫌疑分子可以先行拘留,对于符合逮捕条件的犯罪嫌疑人,应当依法逮捕。此外,第89条还明确了侦查的全面原则,即侦查机关在收集证据时要注意收集正反两方面的证据,既要收集证明犯罪嫌疑人有罪、罪重的证据,又要收集证明犯罪嫌疑人无罪、罪轻的证据;既要认真听取控诉一方的意见,也要认真听取辩护一方的意见;既要防止放纵罪犯,也要防止冤枉好人。

第90条明确了预审的诉讼地位和任务。预审是侦查活动的一个环节,是以前期侦查为基础而展开的证据核实和线索发掘活动。预审的前提是案件经过侦查,有证据证明有犯罪事实,而且犯罪嫌疑人已经到案。预审的任务有两项:一是对已经收集、调取的证据材料进行核实,进一步复核案件事实,保证案件的侦查质量;二是发掘案件线索,检查有无遗漏罪行和遗漏的犯罪嫌疑人,扩大侦查成果。

2012年《刑事诉讼法》保留了这两条规定,将1996年《刑事诉讼法》第89条作为2012年《刑事诉讼法》第113条,将1996年《刑事诉讼法》第90条作为2012年《刑事诉讼法》第114条。

除这两条外,2012年《刑事诉讼法》增加了一条,即第115条,明确了对违法侦查活动的申诉、控告机制以及检察机关对侦查活动进行法律监督的程序。此前,对违法侦查活动的监督存在着监督范围不明确、知情渠道不畅通、监督手段不够、监督机制不健全等问题。该条一是明确了可以申诉、控告的五种违法侦查行为,明确了侦查监督的范围。根据2012年《刑事诉讼法》第115条,可以申诉、控告的五种违法侦查行为可以分为两类:(1)采取强制措施过程中的违法行为,具体包括不依法予以释放、解除、变更强制措施,不依法退还取保候审保证金。(2)对财物采取查封、扣押、冻结措施中的违法行为,具体包括违法对与案件无关的财物采取搜查、查封、扣押、冻结,不依法解除查封、扣押、冻结,贪污、挪用、私分、调换、违反规定使用查封、扣押、冻结的财物三种情形。二是建立了当事人及利害关系人对违法侦查行为的申诉、控告机制,并将侦查机关对申诉或者控告的处理作为检察机关进行监督的前置程序。以公安机关的侦查为例,受理申诉或者控告的公安机关应当及时进行调查核实,并在收到申诉、控告之日起30日以内作出处理决定,书面回复申诉人、控告人。发现公安机关及其侦查人员有上述行为之一的,应当立即纠正。上级公安机关发现下级公安机关存在本规定前述违法行为或者对申诉、控告事项不按照规定处理的,应当责令下级公安机关限期纠正,下级公安机关应当立即执行。必要时,上级公安机关可以就申诉、控告事项直接作出处理决定。

设置这样的前置程序,既有利于侦查机关及时发现侦查活动中存在的问题并自查自纠,及时有效地保障诉讼参与人的合法权利;也体现了检察机关对侦查机关的尊重,符合刑事诉讼法规定的"分工负责、互相配合、互相制约"的原则。如果申诉人、控告人对侦查机关的处理意见不服,再向检察机关申诉,检察机关可以对侦查机关的处理意见及申诉人的申诉事项、理由一并进行审查,这样有利于客观公正并提高效率。

三、常规侦查措施

(一)讯问犯罪嫌疑人

讯问犯罪嫌疑人是指侦查人员依照法定程序,以言词方式向犯罪嫌疑人查问案件事实和其他与案件有关问题的一种侦查活动。1979年《刑事诉讼法》第二章第一节名为"讯问被告人",1996年《刑事诉讼法》更名为"讯问犯罪嫌疑人"并作为第二节。2012年《刑事诉讼法》仍然将"讯问犯罪嫌疑人"作为第二章第二节,"讯问犯罪嫌疑人"是 2012 年《刑事诉讼法》修改变动较大的一节。从讯问的具体规则和程序来看:

(1) 在讯问的主体方面,1979 年《刑事诉讼法》规定侦查中讯问犯罪嫌疑人的权力专属于人民检察院或者公安机关的侦查人员,其他任何机关、团体和个人都无权对犯罪嫌疑人进行讯问;并且,讯问的侦查人员不得少于两人。1996 年《刑事诉讼法》和 2012 年《刑事诉讼法》均保留了 1979 年《刑事诉讼法》的规定,未作修改。

(2) 在讯问的时限方面,1979 年《刑事诉讼法》仅规定被拘留、被逮捕的人应当在拘留、逮捕后的 24 小时以内讯问,对拘传、拘留的时限没有规定。1996 年《刑事诉讼法》除保留被拘留、被逮捕的人应当在拘留、逮捕后的 24 小时以内讯问的规定外,还规定了传唤、拘传持续的时限最长为 12 小时,不得以连续传唤、拘传的形式变相拘禁犯罪嫌疑人。2012 年《刑事诉讼法》在保留 1996 年《刑事诉讼法》规定的基础上,将案情特别重大、复杂,需要采取拘留、逮捕措施的犯罪嫌疑人传唤、拘传持续的时限延长为 24 小时。案件性质不同,复杂程度不同,讯问需要的时间也不同,重大、复杂的案件,讯问犯罪嫌疑人 12 小时明显不够用,需要延长讯问的时间。考虑到侦查工作的实际需要,2012 年《刑事诉讼法》将重大、复杂案件传唤、拘传犯罪嫌疑人持续的最长时间延长到 24 小时,但同时严格限制条件,必须是案情特别重大、复杂,且需要采取拘留、逮捕措施的,才能延长传唤、拘传持续的时间。

此外,2012 年《刑事诉讼法》增加了关于犯罪嫌疑人饮食和必要的休息时间的规定。这是出于保证犯罪嫌疑人人身健康和休息权利的考虑,有非常大的进步意义。

(3) 在讯问的地点方面,1979 年《刑事诉讼法》将不需要拘留、逮捕的人的讯问地点规定为侦查机关指定的地点或者到被讯问人的住处、所在单位。1996 年《刑事诉讼法》将不需要逮捕、拘留的犯罪嫌疑人的讯问地点规定为犯罪嫌疑人所在市、县内的指定地点或者到他的住处。实务操作中,讯问在押的犯罪嫌疑人在看守所或者公安机关的工作场所。而根据 2012 年《刑事诉讼法》,犯罪嫌疑人被送交看守所羁押以后,讯问只能在看守所内进行,不得以其他理由将犯罪嫌疑人带出看守所进行讯问。也就是说,对于被羁押犯罪嫌疑人的讯问,应当在看守所内进行。把讯问地点限定在看守所内,可以从空间上避免侦查人员对犯罪嫌疑人的绝对控制,也可以进一步发挥看守所管理制度对不当讯问的制约作用,有利于防止讯问中出现刑讯逼供、体罚、虐待、侮辱等违法行为,可以更好地保障被羁押者的合法权利。同时,在看守所内讯问,简化了提押犯罪嫌疑人的过程,可以降低犯罪嫌疑人脱逃的风险。

此外,2012年《刑事诉讼法》还增加了口头传唤的规定,亦即对于在现场发现的犯罪嫌疑人,经出示工作证件,可以口头传唤,但应当在讯问笔录中注明。现场口头传唤原本在《中华人民共和国治安管理处罚法》第82条中有所规定,适用于人民警察传唤违反治安管理的行为人。2012年《刑事诉讼法》在刑事案件侦查中增加了现场口头传唤的规定,有利于提高侦查效率,更加符合侦查办案工作实际。同时为防止口头传唤的滥用,要求侦查人员口头传唤嫌疑人时必须出示工作证件,并在讯问笔录中注明口头传唤的情况。

(4) 在讯问的程序方面,1996年《刑事诉讼法》第93条保留了1979年《刑事诉讼法》第64条的规定,2012年《刑事诉讼法》除保留该规定外,增加了侦查人员告知犯罪嫌疑人坦白从宽法律规定的义务,即侦查人员在讯问犯罪嫌疑人的时候,应当告知犯罪嫌疑人如实供述自己罪行可以从宽处理的法律规定。这样规定的目的在于为了更好地执行坦白从宽的法律政策,让犯罪嫌疑人了解坦白从宽的法律规定,消除其对坦白从宽的误解和疑虑;有利于鼓励犯罪嫌疑人如实供述自己的罪行,给业已走上了犯罪道路的人留下一条悔罪自新之路,同时也有利于从心理上分化瓦解犯罪分子。

(5) 对特殊犯罪嫌疑人的讯问。对于聋、哑的犯罪嫌疑人的讯问,2012年《刑事诉讼法》和1996年《刑事诉讼法》、1979年《刑事诉讼法》的规定完全相同,即应当有通晓聋、哑手势的人参加,并且将这种情况记明笔录。但是,对于未成年犯罪嫌疑人的讯问,2012年《刑事诉讼法》有比较大的变化,并将其放在第五篇"特别程序"的第一章"未成年人刑事案件诉讼程序"中。这里不再赘述。

(6) 讯问过程的录音录像。2012年《刑事诉讼法》第121条增加了讯问过程录音录像的规定。对犯罪嫌疑人全程录音录像的目的是为了进一步规范执法行为,杜绝刑讯逼供和威胁、引诱、欺骗犯罪嫌疑人、被告人行为的发生,保证讯问过程的合法性,提高办案质量。此外,侦查机关、检察机关在侦查阶段、审查起诉阶段获取的犯罪嫌疑人供述或辩解潜在地存在着不稳定性,犯罪嫌疑人、被告人难免反复或翻供,为了更好地固定证据,侦查机关、检察机关在文字记录的同时通过录音录像对犯罪嫌疑人、被告人供述与辩解加以固定,这样在后续阶段,尤其在审判过程中,一旦犯罪嫌疑人、被告人翻供,可以出示录音录像以证明其在侦查阶段、检察阶段所作供述的真实性和可靠性。

在2012年《刑事诉讼法》修改之前,相关解释已对讯问的录音录像制度进行了规定。例如,最高人民法院、最高人民检察院、公安部、司法部2007年颁布的《关于进一步严格依法办案确保办理死刑案件质量的意见》第11条规定:"讯问犯罪嫌疑人,在文字记录的同时,可以根据需要录音录像。"1998年《最高检察院规则》第144条规定:"讯问犯罪嫌疑人,可以同时采用录音、录像的记录方式。"1998年《公安部规定》第184条第3款规定:"讯问犯罪嫌疑人,在文字记录的同时,可以根据需要录音、录像。"最高人民检察院2005年颁布的《人民检察院讯问职务犯罪嫌疑人实行全程同步录音录像的规定(试行)》规定:"人民检察院办理直接受理侦查的职务犯罪案件,每次讯问犯罪嫌疑人时,应当对讯问全过程实施不间断的录音、录像。"2005年《人民检察院讯问职务犯罪嫌疑人实行全程同步录音录像的规定(试行)》并对全程同步录音录像的程序以及录音录像资料的使用作了详细的规定。

2012年《刑事诉讼法》吸收了此前相关解释的相关规定,在总结各地经验的基础上,规定了讯问过程的录音录像制度。考虑到录音、录像的技术和设备要求以及经济成本,2012年《刑事诉讼法》并没有强制规定所有案件都要进行录音、录像,而是进行了选择性的规定。一般案件,讯问犯罪嫌疑人时可以进行录音或者录像,条件不具备的也可以不进行录音、录像;对于可能判处无期徒刑、死刑的案件或者其他重大犯罪案件,则是强制性的,必须对讯问过程进行录音或者录像。一般理解,这里的"可能判处无期徒刑、死刑的案件",是指应当适用的法定刑或者量刑档次包含无期徒刑、死刑的案件。"其他重大犯罪案件",是指致人重伤、死亡的严重危害公共安全犯罪、严重侵犯公民人身权利犯罪,以及黑社会性质组织犯罪、严重毒品犯罪等重大故意犯罪案件。

按照2012年《刑事诉讼法》第121条规定,录音、录像并不必须同时进行,二者择一而用即可。为了规范操作,防止录音、录像流于形式,第121条第2款进一步规定,录音或者录像应当全程进行,并且要保持完整性。一般理解,对讯问过程录音或者录像的,应当对每一次讯问全程不间断进行,保持完整性。不得选择性地录制,不得剪接、删改。

在实务操作中,侦查人员对讯问过程进行录音或者录像的,应当在讯问笔录中注明。人民检察院、人民法院可以根据需要调取讯问犯罪嫌疑人的录音或者录像,有关机关应当及时提供。

(7)侦查阶段的律师参与。1979年《刑事诉讼法》在"讯问犯罪嫌疑人"专节没有关于律师参与的规定,1996年《刑事诉讼法》第96条则就侦查阶段的律师参与专门进行了规定。不过,1996年《刑事诉讼法》第96条关于侦查阶段律师参与的规定与"讯问犯罪嫌疑人"并无太大关系。因此,2012年《刑事诉讼法》将1996年《刑事诉讼法》第96条关于侦查阶段律师参与的规定分别移至2012年《刑事诉讼法》第33、36、37条,并进行了若干修改。这里不再赘述。

(二)询问证人

询问证人是指侦查人员依照法定程序,以言词方式向证人调查了解案件情况的一种侦查行为。在"询问证人"专节,2012年《刑事诉讼法》修改变动最大的就是询问的地点和形式。1996年《刑事诉讼法》第97条与1979年《刑事诉讼法》第67条均是关于询问地点和形式的规定,并且完全相同,2012年《刑事诉讼法》则在此基础上进行了三个方面的修订。

(1)增加了现场询问证人的规定,侦查人员询问证人,可以在现场进行。"在现场进行"是指侦查人员可以根据实际情况在犯罪现场对证人进行询问。在现场询问证人,可以保证询问的及时性,避免证人因遗忘而影响证言的准确性。对侦查而言,现场及时收集证人证言有助于全面了解案件情况,可以有针对性的采取下一步侦查措施。

(2)增加了询问证人的地点,询问证人可以到证人提出的地点进行。"证人提出的地点"是指证人提出的自己认为合适的地点。

（3）对现场询问证人和在其他地点询问证人提出了不同的要求。到证人所在单位、住处或者证人提出的地点询问证人，应当出示人民检察院或者公安机关的证明文件；在现场询问证人，应当出示工作证件，但不需要出示证明文件，这样规定可以简化手续，提高侦查的工作效率，满足侦查工作的及时性要求。

此外，对于未成年证人的询问，1996年《刑事诉讼法》规定，询问不满十八岁的证人，可以通知其法定代理人到场。2012年《刑事诉讼法》则有比较大变化，并将其移至第五篇"特别程序"的第一章"未成年人刑事案件诉讼程序"中。

（三）勘验、检查

勘验、检查是指侦查人员对与犯罪有关的场所、物品、尸体、人身等亲临查看、了解与检验，以发现、收集和固定犯罪活动所遗留下来的各种痕迹和物品的一种侦查行为。

1996年《刑事诉讼法》第103条将1979年《刑事诉讼法》第73条从"由侦查人员执行勘验、检查，必须持有公安机关的证明文件"修改为"侦查人员执行勘验、检查，必须持有人民检察院或者公安机关的证明文件"。2012年《刑事诉讼法》在勘验、检查部分则主要进行了两处修订，一是增加了采集生物样本的规定；二是对侦查实验的程序和要求进行了修订。

1. 采集生物样本

增加采集生物样本的规定是2012年《刑事诉讼法》在勘验、检查部分的最大变化。

人体生物样本检验是利用现代高科技手段获取犯罪信息，查明案件事实真相的重要手段。通过样本检验，可以确定特定人员与犯罪行为或犯罪现场的关联关系，有助于案件事实的查明，也有助于提高侦查工作的效率。在我国的侦查实践中，采集指纹、毛发、特定体液的做法业已存在，有的已经相当普遍，有必要在法律上予以规范。因此，2012年《刑事诉讼法》第130条在1996年《刑事诉讼法》第105条的基础上，增加了采集生物样本的规定。亦即，为了确定被害人、犯罪嫌疑人的某些特征、伤害情况或者生理状态，可以对人身进行检查，提取指纹信息，采集血液、尿液等生物样本。被害人死亡的,应当通过被害人近亲属辨认、提取生物样本鉴定等方式确定被害人身份。

"生物样本"是指包含有个人生物信息的脱落物、分泌物、排泄物、机体组织、血液、体纹、印记等样本。通常包括毛发、指纹、血液、粪便等。"采集"包括提取、抽取、粘附等多种手段。采集生物样本是体征检验的一个环节,是人身检查的手段之一,应当遵守人身检查的相关规定。

采集样本应当征得被害人、犯罪嫌疑人的同意才能进行。因此,在采集样本之前,侦查人员应当告知被害人、犯罪嫌疑人提取样本的原因、样本的用途,以消除被害人、犯罪嫌疑人的疑虑。对于犯罪嫌疑人而言,如果拒绝检查、提取、采集的,侦查人员认为必要的时候,经办案部门负责人批准,可以强制检查、提取、采集。

此外,应当认真保管采集的指纹、血液、尿液等生物样本,避免生物样本因保管不当或其他原因遭到污染、变质,从而无法作为证据使用。应当确保仅系出于办案需要而使用所采集的生物样本,不得用作其他用途。因侦查人员保管不当造成生物样本污染、变质,或者侦查人员将所采集的生物样本用作其他用途的,应当依法追究责任。

2. 侦查实验

侦查实验是指侦查人员为了确定和判明与案件有关的某些事实或行为在某种情况下能否发生或怎样发生,而按照当时的情况和条件实验性地重演的一种侦查活动。

1996年《刑事诉讼法》第108条与1979年《刑事诉讼法》第78条对于侦查实验的规定是完全相同的,2012年《刑事诉讼法》则在此基础上进行了两处修订,一是将侦查实验的批准人由公安局长改为公安机关负责人。1996年《刑事诉讼法》和1979年《刑事诉讼法》规定,经公安局长批准,可以进行侦查实验。很多地方的公安机关负责人不叫公安局长,例如,省公安厅的负责人称为公安厅长,地区公安处的负责人称为公安处长,森林、铁路、民航等系统公安部门的负责人称为公安处长,因此,"公安局长"一词表述不够准确,易产生歧义。2012年《刑事诉讼法》将"公安局长"改为"公安机关负责人",更为准确,也与《刑事诉讼法》其他条文的规定一致。在实务操作中,如果是检察机关对直接受理的案件的侦查,则经过检察长批准,可以进行侦查实验。

二是增加了侦查实验笔录的相关规定,要求侦查实验的情况应当写成笔录,由参加实验的人签名或者盖章。侦查实验虽然规定在勘验、检查一节中,但其本身的性质、功能和任务与一般的勘验、检查不同,因此有必要增加侦查实验应当制作笔录的规定。同时,这也符合2012年《刑事诉讼法》第48条增加侦查实验笔录作为一种法定的证据的变化。

(四) 查封、扣押物证、书证

查封、扣押物证、书证是指侦查机关依法对与案件有关的物品、文件、款项等强制查封、扣留或者冻结的一种侦查行为。

1979年《刑事诉讼法》"侦查"章第五节和1996年《刑事诉讼法》"侦查"章第六节的节名均为"扣押物证、书证",2012年《刑事诉讼法》则将节名修改为"查封、扣押物证、书证"。与之相对应,在具体条文中,也均将"扣押物证、书证"修改为"查封、扣押物证、书证"。

1. 查封、扣押

1979年《刑事诉讼法》和1996年《刑事诉讼法》的规定均是,在勘验、搜查中发现的可用以证明被告人有罪或者无罪的各种物品和文件,应当扣押。2012年《刑事诉讼法》将"在勘验、搜查中"改为"在侦查活动中"。查封、扣押活动通常与勘验、搜查同时进行,但查封、扣押活动并不仅限于在勘验、搜查活动中才能进行,在其他侦查活动中发现可疑查封、扣押的情形,也可以单独进行查封、扣押。侦查实践中有时也需要单独进行查封、扣押。因此,2012年《刑事诉讼法》将"在勘验、搜查中发现"改为"在侦查活动中发现",这种规定更为全面,更为符合侦查实践。

此外,鉴于实践中存在调换查封、扣押财物的现象,除禁止使用或者毁损外,2012年《刑事诉讼法》将"调换"查封、扣押财物的行为也列入法律禁止之列。

2. 查询、冻结

1979年《刑事诉讼法》没有对查询、冻结作出规定。1996年《刑事诉讼法》规定可以查询、冻结犯罪嫌疑人的存款、汇款。2012年《刑事诉讼法》在1996年《刑事诉讼法》第117条的基础上进行了两方面的修改,一是扩展了查询、冻结犯罪嫌疑人财产的规定,将查询、冻结的对象由"存款、汇款"修改为"存款、汇款、债券、股票、基金份额等财产"。这是因为,随着市场经济的发展,财产的形式和载体发生了变化,刑事案件中涉案的财产形态也出现了新的变化。除了汇款、存款外,债券、股票、基金份额以及其他形式的财产也可能成为涉案财产或证据。考虑到犯罪嫌疑人财产形态的实际变化,2012年《刑事诉讼法》在查询、冻结的范围中增加规定债券、股票、基金份额等财产。二是增加规定了有关单位和个人的配合义务。这是因为,查询、扣押犯罪嫌疑人的财产,涉及公民的财产权,也涉及银行、债券、股票、基金等金融行业的正常运行。查询、扣押犯罪嫌疑人的财产,需要有关单位和个人的配合和支持,有必要明确有关单位和个人的配合义务。因此,2012年《刑事诉讼法》增加规定,人民检察院、公安机关对犯罪嫌疑人财产的查询、冻结,有关单位和个人应当配合。

(五) 鉴定

鉴定是指侦查机关为了查明案情,指派或聘请具有专门知识的人就案件中某些专门性问题进行科学鉴别和判断并作出鉴定意见的一种侦查行为。

1979年《刑事诉讼法》没有关于人身伤害的医学鉴定有争议需要重新鉴定或者对精神病的医学鉴定,由省级人民政府指定的医院进行的规定。1996年《刑事诉讼法》第120条第2款规定:对人身伤害的医学鉴定有争议需要重新鉴定或者对精神病的医学鉴定,由省级人民政府指定的医院进行。鉴定人进行鉴定后,应当写出鉴定结论,并且由鉴定人签名,医院加盖公章。2011年8月30日公布的《刑事诉讼法修正案(草案)》征求意见稿对该条第2款作了修改,规定:对人身伤害的医学鉴定有争议需要重新鉴定或者对精神病的医学鉴定,由省级人民政府指定的医院进行。省级人民政府指定的医院,从事上述鉴定工作,应当依照国家关于司法鉴定管理的规定执行。对此,在修订过程中,有委员提出,1996年《刑事诉讼法》第120条的规定实践中没有很好执行,原因是省级人民政府指定的医院虽然医疗水平很高,但不一定具备法医专业方面的技术力量,卫生部门和医院也缺乏积极性。人身伤害鉴定不仅涉及医学,还涉及物理学、化学等,"医学鉴定"的提法也不科学。此外,还有观点认为,根据2005年《全国人大常委会关于司法鉴定管理问题的决定》,对法医类鉴定应当委托列入鉴定人名册的鉴定人进行鉴定,可不再规定由省级人民政府指定的医院进行。① 2012年《刑事诉讼法》最终决定删去1996年《刑事诉讼法》第120条第2款的规定,这是2012年《刑事诉讼法》在"侦查"章"鉴定"部分最大的变化。

四、特殊侦查措施

1979年《刑事诉讼法》和1996年《刑事诉讼法》均未规定技术侦查措施等特殊侦查措施。2012年《刑事诉讼法》用专节对"技术侦查措施"等特殊侦查措施进行了规定,有着非常积极的意义。

首先,2012年《刑事诉讼法》增加规定技术侦查措施等特殊侦查措施是打击犯罪的需要。随着社会的发展和科学技术的不断进步,犯罪领域也相应地呈现出一些新的变化。犯罪分子越来越狡猾,其作案手段越来越复杂,犯罪的智能化、组织化、隐蔽化、国际化程度日益增强,从而使常规的侦查措施遭遇了前所未有的挑战。如果不提高侦查破案的能力,就无法在与犯罪的"动态对抗"中保持优势地位,社会的安全、人民的安危就会处于非常不稳定的状态。实践证明,技术侦查措施等特殊侦查措施的使用对查获赃证赃物和抓获犯罪嫌疑人非常有效,是侦破毒品犯罪、黑社会性质组织犯罪、危害国家安全犯罪、腐败犯罪等隐蔽犯罪或重大复杂犯罪的重要方法,是有效打击此类犯罪的一把利剑。

其次,2012年《刑事诉讼法》增加规定技术侦查措施等特殊侦查措施是我国履行国际公约义务的要求。2000年11月15日第55届联合国大会通过、同年12月12日中国政府签署,2003年8月27日通过第十届全国人民代表大会常务委员会第四次会议批准的《联合国打击跨国有组织犯罪公约》第20条规定:"一、各缔约国均应在其本国法律基本原则许可的情况下,视可能并根据本国法律所规定的条件采取必要措施,允许其主管当局在其境

---

① 宋英辉主编:《中华人民共和国刑事诉讼法精解》,中国政法大学出版社2012年版,第182页。

内适当使用控制下交付并在其认为适当的情况下使用其他特殊侦查手段,如电子或其他形式的监视和特工行动,以有效地打击有组织犯罪……"2003年10月31日在第58届联合国大会上通过,2005年10月27日第十届全国人民代表大会常务委员会第十八次会议批准的《联合国反腐败公约》第50条也作出了类似规定。根据缔约国义务,我国刑事诉讼法应该将《联合国打击跨国有组织犯罪公约》和《联合国反腐败公约》关于特殊侦查手段的规定转化适用。

实际上,在2012年《刑事诉讼法》对技术侦查措施等特殊侦查措施规定前,我国已有技术侦查措施等特殊侦查措施的相关规定。1989年,为严厉打击职务犯罪,最高人民检察院、公安部颁布《关于公安机关协助人民检察院对重大经济案件使用技侦手段有关问题的通知》,首次提出"用技术手段侦查案件"的思路。1993年颁布的《中华人民共和国国家安全法》第10条规定:"国家安全机关因侦察危害国家安全行为的需要,根据国家有关规定,经过严格的批准手续,可以采取技术侦察措施。"不久,为贯彻实施《国家安全法》,公安部向全国各级公安机关下发通知提及:"公安机关使用技术侦察手段,必须严格按照党中央、国务院的有关规定,履行审批手续。对违法违纪、滥用职权的,要严肃查处。"此后,1995年颁布的《中华人民共和国人民警察法》第16条规定:"公安机关因侦查犯罪的需要,根据国家有关规定,经过严格的批准手续,可以采取技术侦察措施。"[1]

可以说,我国在2012年《刑事诉讼法》修改前,关于技术侦查措施等特殊侦查措施的立法探索已有多年,技术侦查措施等特殊侦查措施在办理危害国家安全犯罪、黑社会性质组织犯罪、毒品犯罪等重大危险犯罪中也广泛使用。但《中华人民共和国国家安全法》第10条和《中华人民共和国人民警察法》第16条的规定过于原则,这两条简单的概括性授权条款赖以实施的细则,主要是公安部制定的部门规章。一方面,浓厚的部门色彩使其重犯罪打击、轻人权保障;另一方面,这些规定由公安机关内部掌握对外保密,难

---

[1] 虽然《国家安全法》和《警察法》采用了半军事化的称谓"技术侦察",但这主要是考虑到"技术侦察"一词是我国司法实务中的习惯用法,并无特殊的含义。这里的"技术侦察"与"技术侦查"并无区别。参见郎胜、王尚新主编:《〈中华人民共和国国家安全法〉释义》,法律出版社1993年版,第72页以下;郎胜主编:《〈中华人民共和国人民警察法〉实用问题解析》,中国民主法制出版社1995年版,第80页。

以实现有效的监督。实践中,技术侦查措施等特殊侦查措施的使用容易出现三种可能:一是该使用的时候不使用;二是不该使用的时候误用;三是使用的时候滥用,既不能够起到打击犯罪的应有功效,也容易由于误用滥用而导致侵犯公民的合法权益。此外,由于刑事诉讼法没有规定,采取技术侦查措施等特殊侦查措施取得的材料可以直接作为证据使用,在很大程度上降低了诉讼效率。

实现侦查法治化的前提是立法,"有法必依"的前提是"有法可依"。倘若连"有法可依"都没有做到,"有法必依"自然就成了一句空话。2012年《刑事诉讼法》对技术侦查措施等特殊侦查措施从立法上予以明确,有利于技术侦查措施等特殊侦查措施的依法开展,既有利于侦查机关更好地利用这些手段打击犯罪,也有利于加强对这些手段的程序控制从而保障人权。

(一)技术侦查措施

2012年《刑事诉讼法》第148条、第149条、第150分别规定的是技术侦查措施的适用范围和批准手续、技术侦查措施的有效期限及其延长程序、技术侦查措施的执行、保密及获取材料的用途限制。

关于"技术侦查措施"的概念,立法上没有进一步明确。一般认为,技术侦查措施有广义和狭义之分,广义的技术侦查措施是指利用现代科学知识、方法和技术的各种侦查手段的总称。狭义的技术侦查措施则专指侦查中运用的某些特殊侦查手段。《中华人民共和国国家安全法》和《中华人民共和国人民警察法》中采用的"技术侦察措施"就是属于狭义的技术侦查措施,即"是指国家安全机关和公安机关为了侦查犯罪而采取的特殊侦察措施,包括电子侦听、电话监听、电子监控、秘密拍照或录像、秘密获取某些物证、邮件检查等秘密的专门技术手段。"[①]2012年《刑事诉讼法》所用的"技术侦查措施"属于狭义的概念。一般理解,技术侦查措施是指由设区的市一级以上公安机关负责技术侦查的部门实施的记录监控、行踪监控、通信监控、场所监控等措施。

1. 技术侦查措施的适用范围

技术侦查措施在案件适用范围上有着严格的限制,只有社会危害性较

---

① 宋英辉:《刑事程序中的技术侦查研究》,载《法学研究》2000年第3期,第73—74页。

大的重大犯罪案件才可以适用,轻罪不得适用。

根据2012年《刑事诉讼法》第148条第1款规定,公安机关采取技术侦查措施的案件范围是危害国家安全犯罪、恐怖活动犯罪、黑社会性质的组织犯罪、重大毒品犯罪或者其他严重危害社会的犯罪案件。一般认为,公安机关可以对下列严重危害社会的犯罪案件采取技术侦查措施:(1)危害国家安全犯罪、恐怖活动犯罪、黑社会性质的组织犯罪、重大毒品犯罪案件;(2)故意杀人、故意伤害致人重伤或者死亡、强奸、抢劫、绑架、放火、爆炸、投放危险物质等严重暴力犯罪案件;(3)集团性、系列性、跨区域性重大犯罪案件;(4)利用电信、计算机网络、寄递渠道等实施的重大犯罪案件,以及针对计算机网络实施的重大犯罪案件;(5)其他严重危害社会的犯罪案件,依法可能判处7年以上有期徒刑的。

根据第2款规定,检察机关采取技术侦查措施的案件范围是重大的贪污、贿赂犯罪案件以及利用职权实施的严重侵犯公民人身权利的重大犯罪案件。由于彭真同志曾指出:"党内一律不准搞侦听、搞技术侦查,这是党中央决定的。在这个问题上,敌我、内外界限要分明,不能混淆。"因此,对于检察机关能否采取技术侦查措施,在理论界和实务界有过争议。然而,彭真同志所说的党内问题,是指可以由党章调整和规范的党内事务,同党员干部涉嫌犯罪应当依照刑法惩处的问题有着本质区别。现实中,少数党员干部大肆进行职务犯罪,已成为当前腐败现象的最严重表现,严重动摇党的执政根基,在性质上早已不是党内问题。从法律上赋予检察机关技术侦查措施,使检察机关侦查职务犯罪的能力与所承担的反腐败职责相适应,不仅不违背党内不准搞技术侦查的政治纪律,而且是检察机关通过法律监督职能维护党的执政基础的必要措施。① 一般认为,本条规定的"重大的贪污、贿赂犯罪案件"指的是涉案数额在10万元以上、采取其他方法难以收集证据的重大贪污、贿赂犯罪案件;这里的"贪污、贿赂犯罪"包括刑法分则第八章规定的贪污罪、受贿罪、单位受贿罪、行贿罪、对单位行贿罪、介绍贿赂罪、单位行贿罪、利用影响力受贿罪。本条规定的"利用职权实施的严重侵犯公民人身权利的重大犯罪案件"包括有重大社会影响的、造成严重后果的或者情节特

---

① 蕑改言:《侦查职务犯罪亟需技术侦查措施》,载《检察日报》2004年11月22日。

别严重的非法拘禁、非法搜查、刑讯逼供、暴力取证、虐待被监管人、报复陷害等案件。

此外,第148条第3款规定,公安机关和人民检察院在追捕被通缉或者被批准、决定逮捕的在逃的犯罪嫌疑人、被告人时,经过相应的审批程序,可以采取追捕所必需的技术侦查措施。根据该款规定,只有追捕被通缉或者被批准、决定逮捕的在逃的犯罪嫌疑人、被告人时,才可以采用追捕所必需的技术侦查措施。所谓被通缉的犯罪嫌疑人、被告人是指被公安机关发布通缉令通令缉拿的犯罪嫌疑人、被告人。被批准、决定逮捕的在逃的犯罪嫌疑人、被告人是指被人民检察院批准或人民法院决定逮捕而在逃的犯罪嫌疑人、被告人。实践中,追捕没有被批捕或决定逮捕的犯罪嫌疑人、被告人,一般用通报协查的形式进行,不能采用技术侦查措施。

2. 技术侦查措施的适用时间

根据第148条的规定,采取技术侦查措施,必须在立案以后的侦查过程中才能使用。未经立案,不得使用技术侦查措施,尤其是在立案前,不得采取技术侦查措施收集案件线索。这就意味着,尚不符合立案条件的案件不得采取技术侦查措施,防止侦查人员以办案为借口侵犯他人隐私。

3. 技术侦查措施的适用条件

对于第148条第1款和第2款规定的案件范围,公安机关和检察机关采取技术侦查措施必须是"根据侦查犯罪的需要"。所谓"侦查犯罪的需要"在这里应当是指使用其他侦查手段难以达到侦查目的或者存在重大危险,因而有必要使用技术侦查措施。

对于第148条第3款所规定的案件范围,则无"根据侦查犯罪的需要"的限制。

第149条规定,批准决定应当根据侦查犯罪的需要,确定采取技术侦查措施的种类和适用对象。据此,审批技术侦查措施,应当坚持比例原则,综合考虑可能判处的刑罚、案件的性质、犯罪行为的严重性、人身的危险性和技术侦查措施的有效性等因素来加以确定,保持技术侦查措施和侦查目的的相称性。出于保障公民安全感和隐私权的需要,在能不采用某种技术侦查措施也能达到侦查目的的情况下,就不采用该措施。在技术侦查措施种类的选择上,应当尽量选择对公民权利侵害最低的措施。

此外,根据第148条第1款,追捕被通缉或者批准、决定逮捕的在逃的犯罪嫌疑人、被告人,所采取的技术侦查措施只能用于追捕,且为追捕工作所必须,不能采用追捕之外的技术侦查措施,也不能在采取其他措施可以达到追捕目的的情况下,采用技术侦查措施。

4. 技术侦查措施的批准手续

对于第148条第1款和第2款规定的案件范围,公安机关和检察机关采取技术侦查措施,必须经过严格的批准手续。对于第148条第3款规定的案件范围,采取技术侦查措施,也要经过批准。然而,仅仅规定"经过严格的批准手续"过于宏观,没有任何的约束力。实际上,在修订过程中和征求意见过程中,对于"经过严格的批准手续"的批评和建议非常之多。例如,何晔晖、李祖沛委员提出,"严格的批准手续"不具体,没有明确的界定,建议增加具体审批程序的规定,如规定经省级检察机关和公安机关主要负责人审批等。周声涛委员提出,采取技术侦查措施要经过什么程序审批,哪一级可以实施,建议作出明确规定。有的部门、地方、单位提出,"严格的批准手续"表述不明确,建议明确"严格的批准手续"的具体内容,或者规定具体的批准手续,防止实践中滥用。然而,最后通过的修改决定仍然保留了"经过严格的批准手续"的表述。根据全国人大常委会法制工作委员会刑法室的解释,这是由于实际情况较为复杂,针对不同的适用对象、不同的犯罪情况采取的技术侦查措施种类是不同的,要经过的批准程序也不尽相同,所以法律上采取了目前的原则表述的方法。[①]

技术侦查措施属于强制侦查行为,西方法治发达国家往往通过司法审查制度或司法令状主义加以严格控制,由具有侦查权的机关提出书面申请,经过中立的法定机关(一般是预审法官)批准。我国在2012年《刑事诉讼法》生效之前的司法实践中,采取的是侦查机关内部层级审批制度。[②] 2012年《刑事诉讼法》生效之后,在实务操作中,公安机关需要采取技术侦查措施的,应当制作呈请采取技术侦查措施报告书,报设区的市一级以上公安机关负责人批准,制作采取技术侦查措施决定书。检察机关需要采取技术侦查

---

① 全国人大常委会法制工作委员会工作委员会刑法室编著:《中华人民共和国刑事诉讼法解读》,中国法制出版社2012年版,第333页。
② 樊崇义主编:《2012刑事诉讼法:解读与适用》,法律出版社2012年版,第207页。

措施的,则是按照有关规定报请批准。此外,采取技术侦查措施收集的材料作为证据使用的,批准采取技术侦查措施的法律文书应当附卷,辩护律师可以依法查阅、摘抄、复制,在审判过程中可以向法庭出示。

审批程序是侦查权控制的重要内容。对于技术侦查措施,如果由公安机关和检察机关自己决定、自己审批,缺乏有效的监督和制约,最后的结果就可能变成怎么方便怎么来,公民的自由和权利难以得到保障,甚至陷入"灾难"。因此,审批程序至少应当做到审批权和执行权的分离,不能由侦查人员自己审批,自己执行。

5. 技术侦查措施的适用期限

技术侦查措施的使用会严重干涉公民的私生活,应当有严格的时间限制;否则,公民将整日生活在没有安全感和信任感的国度里,其基本权利名存实亡。2012年《刑事诉讼法》第149条对技术侦查措施的适用期限及延长作出了规定:

(1)批准决定的有效期为3个月,自决定签发之日起计算。

(2)在采用技术侦查措施过程中,对于不需要继续采取技术侦查措施的,应当及时解除,不受3个月期限的限制。即便不到3个月,如果没有继续采取技术侦查措施的必要,也应当及时解除。所谓"不需要继续采取技术侦查措施"通常是指以下情形:① 侦查目的已经达到,如证据已经收集完毕、犯罪嫌疑人已经到案,不需要再继续采用该措施。② 侦查目的虽然没有达到,但采用其他常规侦查手段也能达到预期目的,没有再继续采用该措施的必要。③ 案件撤销,已无继续侦查的必要。实务操作中,在有效期限内,对不需要继续采取技术侦查措施的,办案部门应当立即书面通知负责技术侦查的部门解除技术侦查措施;负责技术侦查的部门认为需要解除技术侦查措施的,报批准机关负责人批准,制作解除技术侦查措施决定书,并及时通知办案部门。

(3)对于复杂、疑难案件,批准决定的有效期限届满,仍有必要继续采取技术侦查措施的,经过批准,可以延长有效期,但每次不得超过3个月。

(4)有效期限届满,负责技术侦查的部门应当立即解除技术侦查措施。

6. 技术侦查措施的适用对象

2012年《刑事诉讼法》第149条规定,批准决定要明确采取技术侦查措施的适用对象。根据全国人大常委会法工委刑法室的解释,这里的适用对象是指"人",也就是说,应根据侦查犯罪的需要,具体明确对案件中的哪个人采取,列明具体的姓名、性别、年龄等,而不是笼统地批准对哪个案件可以采取技术侦查措施。[①] 一般理解,技术侦查措施的适用对象是犯罪嫌疑人、被告人以及与犯罪活动直接关联的人员。

7. 技术侦查措施的执行主体

2011年8月30日公布的《刑事诉讼法修正案(草案)》征求意见稿规定,技术侦查措施由公安机关统一负责执行。然而,最后通过的修改决定删去了"技术侦查措施由公安机关执行"的规定,规定公安机关采取的技术侦查措施由公安机关执行,检察机关采取的技术侦查措施"按照规定交有关机关执行"。在实务操作中,人民检察院等部门决定采取技术侦查措施,交公安机关或国家安全机关执行。交公安机关执行的,由设区的市一级以上公安机关按照规定办理相关手续后,交负责技术侦查的部门执行,并将执行情况通知人民检察院等部门。

8. 技术侦查措施的执行

(1) 严格执行

根据第149条的规定,技术侦查措施的批准决定书带有一定的令状特点,其目的是在侦查机关和相对人之间起到制约和保障作用。因此,第150条第1款规定,侦查机关及其工作人员在执行技术侦查措施的时候,必须严格遵守法律规定和技术操作规范,按照批准的措施种类、适用对象和期限执行,不得擅自作任何改变。一般理解,在有效期限内,需要变更技术侦查措施种类或者适用对象的,应当重新办理批准手续。

(2) 信息保密与销毁

在使用技术侦查措施的过程中,侦查人员在获取与案件有关的证据和线索的同时,不可避免会知悉一些国家秘密、商业秘密和个人隐私,为维护国家安全,保护公民、企业的合法利益,在对技术侦查措施授权并限制其适用的同时,也应当加强对公民隐私权和有关秘密的保护。因此,2012年《刑事诉讼法》规定了信息保密与销毁制度,根据第150条第2款的规定,对于

[①] 全国人大常委会法制工作委员会工作委员会刑法室编著:《中华人民共和国刑事诉讼法解读》,中国法制出版社2012年版,第335页。

在采用技术侦查措施中知悉的隐私和秘密,要控制必要的知悉人员的范围并注意保密。从时间上看,无论是执行过程中还是执行结束以后,对收集到的隐私信息、秘密及其载体都应当妥善保管,防止泄密。对于与案件事实没有关联,既不能作为证据使用,又对案件事实的调查起不到促进作用的信息和材料,应当严格禁止以任何形式复制、传播,已经形成载体或记录的必须及时销毁,并制作销毁记录。

(3)限制用途

采取技术侦查措施收集到的材料,如果不当使用,可能对相关人的合法权益造成侵害,因此有必要严格限制所取得的材料的使用。2012年《刑事诉讼法》第150条第3款限制了技术侦查措施获得材料的用途,即采取技术侦查措施收集的证据、线索及其他有关材料,应当严格依照有关规定存放,只能用于对犯罪的侦查、起诉和审判,不得用于其他用途,包括行政管理和处罚、民事纠纷的调处解决、纪律惩戒、商业用途等。

(4)相关单位和个人的配合义务

技术侦查措施的实施依赖于科学技术手段,仅靠公安机关的力量是无法完成的,随着信息化社会进程的加快,技术侦查措施的运用将越来越依赖各种社会资源及社会化的信息。例如,进行电信监控、邮件检查等就需要借助电信运营商、邮递企业的设备或必要的支持与帮助。在有些情况下,还需要社会公众的配合。因此,2012年《刑事诉讼法》还规定了有关单位和个人的配合义务,根据第150条第4款的规定,在有关单位和个人接到公安机关提出的符合国家规定的请求时,都有义务进行配合,不得阻碍或刁难。此外,有关单位和个人还应当对技术侦查的实施情况保守秘密。

(二)隐匿身份实施侦查

隐匿身份实施侦查是一种秘密侦查措施,即侦查人员或者侦查机关授权的其他人员隐匿身份实施侦查活动,在被侦查人不知情的情况下调查案情,收集案件信息和证据。

如前所述,1996年《刑事诉讼法》中并没有关于隐匿身份实施侦查的法律规范,但在实践中,这一措施作为一种非常规的侦查手段,常常运用于毒品犯罪、黑社会性质组织犯罪、走私犯罪等案件的侦查中。由于没有统一的适用规范,该侦查措施的采用具有一定程度的随意性。为了充分发挥这一侦查措施在侦查中的作用,避免滥用,需要在刑事诉讼法中确认这一措施,明确相应的规范。

2012年《刑事诉讼法》第151条第1款明确了隐匿身份实施侦查的侦查措施。2011年8月30日公布的《刑事诉讼法修正案(草案)》征求意见稿中,使用的是"秘密侦查",在征求意见过程中,有意见提出,秘密是相对公开而言,技术侦查措施也是秘密进行的,"秘密侦查"的提法不准确,易引起误解,建议改为司法解释中使用过的"特情侦查",也有的地方建议将"秘密侦查"改为"特勤侦查"。为准确表述这一侦查措施的本质特征,最后通过的修改决定采用了"隐匿其身份实施侦查"的表述。

根据2012年《刑事诉讼法》第151条第1款的规定,在侦查工作中,可以由有关人员隐匿身份实施侦查。所谓"隐匿其身份实施侦查"是指有关人员隐藏其真实身份或乔装成其他身份进行侦查活动。"有关人员"是指侦查人员或者侦查机关授权的其他人员。实施隐匿身份侦查需要具备两项条件。首先,目的上必须是为了查明案情,客观上要确有采取这一措施的必要。其次,必须经公安机关负责人决定才能实施,侦查人员不得自行实施。在实务操作中,为了查明案情,在必要的时候,经县级以上公安机关负责人决定,可以由侦查人员或者公安机关指定的其他人员隐匿身份实施侦查。

隐匿身份侦查是在犯罪嫌疑人不知情的情况下进行的,因而在一定程度上会侵犯到犯罪嫌疑人享有的隐私权,甚至可能会影响到其他基本权利的行使。据此,2012年《刑事诉讼法》第151条第1款对隐匿身份实施侦查进行了限制性规定。即不得诱使他人犯罪,不得采用可能危害公共安全或者发生重大人身危险的方法。一般理解,所谓"不得诱使他人犯罪",是指不得使用促使他人产生犯罪意图的方法诱使他人犯罪;"可能危害公共安全或者发生重大人身危险的方法"是指所采用的方法可能危害到不特定多数人的生命和财产安全或者可能对人身安全造成重大威胁。

(三)控制下交付

作为一项新兴的特殊侦查手段,控制下交付是伴随着20世纪六七十年代毒品犯罪在世界范围内的激增而逐步发展起来的,并逐步得到一系列相关国际公约的认可。根据《联合国反腐败公约》和《联合国打击跨国有组织犯罪公约》的相关规定,"控制下交付"系指在主管机关知情并由其监控的情况下允许非法或可疑货物运出、通过或者运入一国或多国领域的做法,其目的在于侦查某项犯罪并查明参与该项犯罪的人员。

2012年《刑事诉讼法》增加规定了控制下交付的侦查措施,根据第151条第2款规定,公安机关对于涉及给付毒品等违禁品或者财物的犯罪活动,可以根据侦查工作需要实施控制下交付。实施控制下交付,必须遵循以下条件:(1)只能适用于侦查涉及给付毒品等违禁品或者财物的犯罪活动;(2)只能由公安机关实施,其他机关不得实施。(3)必须基于侦查犯罪的需要才能实施。

在实务操作中,对涉及给付毒品等违禁品或者财物的犯罪活动,为查明参与该项犯罪的人员和犯罪事实,根据侦查需要,经县级以上公安机关负责人决定,可以实施控制下交付。

(四) 特殊侦查措施所获证据的使用

1. 证据资格

技术侦查措施等特殊侦查措施的特殊功效就在于以特殊的方式获取犯罪证据,查明犯罪事实。通常情况下,这些侦查措施是在常规侦查措施难以达到侦查目的的情况下才采用的非常规手段,通过这类措施收集到的证据材料往往是指控犯罪的有力证据,有的甚至具有不可替代性。规定采用这些侦查措施所获取的证据材料可以在审判中使用,赋予这类证据以合法性,有利于犯罪控制,有利于充分发挥这些侦查措施在打击犯罪方面的特殊功效。

1996年《刑事诉讼法》没有规定采用技术侦查措施所收集的证据可以直接在法庭上使用,采用这种措施收集到的信息和证据只能用于侦查,相关的证据需要经过转化才能在审判中使用。实践中有些证据可以转化,有些证据根本无法转化。

2012年《刑事诉讼法》第152条明确规定采取技术侦查措施收集的材料可以直接作为证据在刑事诉讼中使用,省去了相应的转化环节,可以使更多的材料作为证据进入刑事诉讼,走向法庭,从而有利于查明案件事实。这样规定同时也简化了工作环节，节约了司法资源。

在实务操作中，采取特殊侦查措施收集的物证、书证及其他证据材料，侦查人员应当制作相应的说明材料，写明获取证据的时间、地点、数量、特征以及采取技术侦查措施的批准机关、种类等，并签名和盖章。此外，采取特殊侦查措施收集的材料作为证据使用的，采取技术侦查措施决定书应当附卷。

2. 证据使用的保护

由于技术侦查措施本身具有相应的危险性，如果证据使用不当，可能威胁到有关人员的人身安全，或者可能产生其他严重的后果。为了保证有关人员的人身安全和执行任务的积极性，使侦查工作能够顺利进行，在证据使用过程中应当采用必要的保护措施，为侦查人员和有关人员保密。

根据 2012 年《刑事诉讼法》第 152 条的规定，在刑事诉讼过程中，如果使用技术侦查措施收集的证据材料可能危及有关人员的人身安全，或者可能产生其他严重后果，应当采取相应的保护措施，包括对有关人员的身份保密、采取技术处理等等。如有必要，可以由审判人员在庭外对证据进行核实。这里的"可能产生其他严重后果"，一般理解，指的是涉及国家秘密或者公开后可能暴露侦查秘密或者严重损害商业秘密、个人隐私的。所谓"使用"证据是指用收集来的物证、书证、视听资料、电子数据、证人证言等证据材料证明案件事实，包括相关证据的出示以及相关人员的出庭作证"危及有关人员的人身安全"主要是指危及实施技术侦查措施的人员、线人以及其他有关人员的人身安全。具体的保护措施包括：(1) 限制公开部分信息，避免暴露有关人员身份；(2) 对有关材料、信息做技术转化处理，如声音转化，或者让有关人员以特殊的方式作证；(3) 其他技术保护方法。(4) 对于采取特殊侦查措施所收集的材料，必要的情况下，允许审判人员在庭外核实证据。

五、侦查羁押期限

1979 年《刑事诉讼法》第 92 条对一般情形下侦查羁押的期限以及特别重大复杂案件的侦查羁押期限进行了规定。1996 年《刑事诉讼法》第 124

条、第 125 条保留了 1979 年《刑事诉讼法》第 92 条的规定,除此外,第 126 条、第 127 规定了延长侦查羁押期限的情形,第 128 条规定了特殊情况下侦查羁押期限的计算。2012 年《刑事诉讼法》保留了 1996 年《刑事诉讼法》第 124 条、第 125 条、第 126 条、第 127 条、第 128 条的规定,分别作为 2012 年《刑事诉讼法》第 154 条、第 155 条、第 156 条、第 157 条、第 158 条的规定。

在实务操作中,公安机关对案件提请延长羁押期限的,应当在羁押期限届满 7 日前提出,并书面呈报延长羁押期限案件的主要案情和延长羁押期限的具体理由,人民检察院应当在羁押期限届满前作出决定。

此外,公安机关根据 2012 年《刑事诉讼法》第 158 条第 1 款的规定重新计算侦查羁押期限的,不需要经人民检察院批准,但应当报人民检察院备案,人民检察院可以进行监督。

六、辩护律师意见的听取

2012 年《刑事诉讼法》进一步完善了刑事辩护制度,规定在侦查阶段犯罪嫌疑人可以委托律师作为辩护人。为了保障律师执业权利,发挥辩护律师在侦查阶段的辩护作用,2012 年《刑事诉讼法》第 159 条增加规定侦查机关应当在侦查终结以前听取辩护律师意见的要求。为了使侦查机关充分听取辩护律师的意见,防止侦查人员故意拖延律师要求,同时也为了规范辩护律师的执业行为,使辩护活动有据可查,2012 年《刑事诉讼法》第 159 条规定,侦查机关听取辩护律师的意见,应当记录在案,对于辩护律师提出书面意见的,应当附卷保存。

第十一章 提起公诉

一、概 述

提起公诉是指国家法定机关依照法律规定向有管辖权的法院提出控告，要求该法院对被指控的被告人进行审判并予以刑事制裁的一种诉讼活动或程序。公诉程序是介于侦查程序和审判程序之间的一种程序，对侦查程序和审判程序都有影响。1979年《刑事诉讼法》将提起公诉程序规定在第二编第三章，从第95条至第104条，共10个条文，这是中华人民共和国成立以来首次以法典形式具体、集中规定检察机关提起公诉的内容。整体而言，1979年《刑事诉讼法》对公诉程序在实践中的做法进行归纳总结，并纳入法典。1979年《刑事诉讼法》对于提起公诉程序的内容规定是比较全面的，内容涉及审查起诉、起诉证明标准、移送起诉、免予起诉、不起诉等。

1996年对《刑事诉讼法》进行第一次修改，在1979年《刑事诉讼法》框架基础上，提起公诉部分增加了一个条文，修改了8个条文。在内容方面，最大的变化是废除免予起诉制度，扩大不起诉的范围，并对不起诉决定程序及救济程序作出明确具体规定，增加审查起诉程序的透明度，细化对犯罪的追诉机制。

2012年对《刑事诉讼法》进行第二次修改，在法律条文调整方面,同 1996 年《刑事诉讼法》相比,变化不是很大,条文没有增减;在内容方面,突出变化是将犯罪嫌疑人没有犯罪事实情形纳入法定不起诉范围以及检察机关提起公诉要移送全部案卷材料。2012 年《刑事诉讼法》就提起公诉具体程序进一步加以完善。立法修改情况如下表所示:

1979 年《刑事诉讼法》	1996 年《刑事诉讼法》	2012 年《刑事诉讼法》
第三章　提起公诉	第三章　提起公诉	第三章　提起公诉
第九十五条　凡需要提起公诉或者免予起诉的案件,一律由人民检察院审查决定。	第一百三十六条　凡需要**提起公诉**的案件,一律由人民检察院审查决定。	第一百六十七条　凡需要提起公诉的案件,一律由人民检察院审查决定。
第九十六条　人民检察院审查案件的时候,必须查明: (一)犯罪事实、情节是否清楚,证据是否确实、充分,犯罪性质和罪名的认定是否正确; (二)有无遗漏罪行和其他应当追究刑事责任的人; (三)是否属于不应追究刑事责任的; (四)有无附带民事诉讼; (五)侦查活动是否合法。	第一百三十七条　人民检察院审查案件的时候,必须查明: (一)犯罪事实、情节是否清楚,证据是否确实、充分,犯罪性质和罪名的认定是否正确; (二)有无遗漏罪行和其他应当追究刑事责任的人; (三)是否属于不应追究刑事责任的; (四)有无附带民事诉讼; (五)侦查活动是否合法。	第一百六十八条　人民检察院审查案件的时候,必须查明: (一)犯罪事实、情节是否清楚,证据是否确实、充分,犯罪性质和罪名的认定是否正确; (二)有无遗漏罪行和其他应当追究刑事责任的人; (三)是否属于不应追究刑事责任的; (四)有无附带民事诉讼; (五)侦查活动是否合法。
第九十七条　人民检察院对于公安机关移送起诉或者免予起诉的案件,应当在一个月以内作出决定,重大、复杂的案件,可以延长半个月。	第一百三十八条　人民检察院对于公安机关**移送起诉的案件,**应当在一个月以内作出决定,重大、复杂的案件,可以延长半个月。 人民检察院审查起诉的案件,改变管辖的,从改变后的人民检察院收到案件之日起计算审查起诉期限。	第一百六十九条　人民检察院对于公安机关移送起诉的案件,应当在一个月以内作出决定,重大、复杂的案件,可以延长半个月。 人民检察院审查起诉的案件,改变管辖的,从改变后的人民检察院收到案件之日起计算审查起诉期限。
第九十八条　人民检察院审查案件,应当讯问被告人。	第一百三十九条　人民检察院审查案件,应当讯问犯罪嫌疑人,听取被害人和犯罪嫌疑人、被害人委托的人的意见。	第一百七十条　人民检察院审查案件,应当讯问犯罪嫌疑人,听取辩护人、被害人及其诉讼代理人的意见,并记录在案。辩护人、被害人及其诉讼代理人提出书面意见的,应当附卷。

（续表）

1979年《刑事诉讼法》	1996年《刑事诉讼法》	2012年《刑事诉讼法》
第九十九条　人民检察院审查案件,对于需要补充侦查的,可以自行侦查,也可以退回公安机关补充侦查。对于补充侦查的案件,应当在一个月以内补充侦查完毕。	第一百四十条　人民检察院审查案件,**可以要求公安机关提供法庭审判所必需的证据材料。**人民检察院审查案件,对于需要补充侦查的,可以退回公安机关补充侦查,也可以自行侦查。对于补充侦查的案件,应当在一个月以内补充侦查完毕。**补充侦查以二次为限。补充侦查完毕移送人民检察院后,人民检察院重新计算审查起诉期限。**对于补充侦查的案件,人民检察院仍然认为证据不足,不符合起诉条件的,可以作出不起诉的决定。	第一百七十一条　人民检察院审查案件,可以要求公安机关提供法庭审判所必需的证据材料;**认为可能存在本法第五十四条规定的以非法方法收集证据情形的,可以要求其对证据收集的合法性作出说明。**人民检察院审查案件,对于需要补充侦查的,可以退回公安机关补充侦查,也可以自行侦查。对于补充侦查的案件,应当在一个月以内补充侦查完毕。补充侦查以二次为限。补充侦查完毕移送人民检察院后,人民检察院重新计算审查起诉期限。对于**二次**补充侦查的案件,人民检察院仍然认为证据不足,不符合起诉条件的,**应当作出不起诉的决定。**
第一百条　人民检察院认为被告人的犯罪事实已经查清,证据确实、充分,依法应当追究刑事责任的,应当作出起诉决定,按照审判管辖的规定,向人民法院提起公诉。	第一百四十一条　人民检察院认为**犯罪嫌疑人**的犯罪事实已经查清,证据确实、充分,依法应当追究刑事责任的,应当作出起诉决定,按照审判管辖的规定,向人民法院提起公诉。	第一百七十二条　人民检察院认为犯罪嫌疑人的犯罪事实已经查清,证据确实、充分,依法应当追究刑事责任的,应当作出起诉决定,按照审判管辖的规定,向人民法院提起公诉,**并将案卷材料、证据移送人民法院。**
第一百零一条　依照刑法规定不需要判处刑罚或者免除刑罚的,人民检察院可以免予起诉。	第一百四十二条　**犯罪嫌疑人有本法第十五条规定的情形之一的,人民检察院应当作出不起诉决定。**对于犯罪情节轻微,依照刑法规定不需要判处刑罚或者免除刑罚的,人民检察院**可以作出不起诉决定。**	第一百七十三条　犯罪嫌疑人**没有犯罪事实,或者有**本法第十五条规定的情形之一的,人民检察院应当作出不起诉决定。对于犯罪情节轻微,依照刑法规定不需要判处刑罚或者免除刑罚的,人民检察院可以作出不起诉决定。

（续表）

1979 年《刑事诉讼法》	1996 年《刑事诉讼法》	2012 年《刑事诉讼法》
	人民检察院决定不起诉的案件，应当同时对侦查中扣押、冻结的财物解除扣押、冻结。对被不起诉人需要给予行政处罚、行政处分或者需要没收其违法所得的，人民检察院应当提出检察意见，移送有关主管机关处理。有关主管机关应当将处理结果及时通知人民检察院。	人民检察院决定不起诉的案件，应当同时对侦查中**查封**、扣押、冻结的财物解除**查封**、扣押、冻结。对被不起诉人需要给予行政处罚、行政处分或者需要没收其违法所得的，人民检察院应当提出检察意见，移送有关主管机关处理。有关主管机关应当将处理结果及时通知人民检察院。
第一百零二条　免予起诉的决定，应当公开宣布，并且将免予起诉决定书交给被告人和他的所在单位。如果被告人在押，应当立即释放。 对于公安机关移送起诉的案件，人民检察院决定免予起诉的，应当将免予起诉决定书送公安机关。公安机关认为免予起诉的决定有错误的时候，可以要求复议，如果意见不被接受，可以向上一级人民检察院提请复核。 对于有被害人的案件，决定免予起诉的，人民检察院应当将免予起诉决定书送被害人。被害人如果不服，可以在收到后七日内向人民检察院申诉。人民检察院应当将复查结果告知被害人。	第一百四十三条　**不起诉**的决定，应当公开宣布，并且将**不起诉**决定书**送达不起诉人**和他的所在单位。如果**被不起诉人**在押，应当立即释放。 第一百四十四条　对于公安机关移送起诉的案件，人民检察院决定**不起诉**的，应当将**不起诉**决定书送达公安机关。公安机关认为**不起诉**的决定有错误的时候，可以要求复议，如果意见不被接受，可以向上一级人民检察院提请复核。 第一百四十五条　对于有被害人的案件，决定**不起诉**的，人民检察院应当将**不起诉**决定书送达被害人。被害人如果不服，可以自收到**决定书**后七日以内向上一级人民检察院申诉，**请求提起公诉**。人民检察院应当将复查**决定**告知被害人。**对人民检察院维持不起诉决定的，被害人可以向人民法院起诉。被害人也可以**	第一百七十四条　不起诉的决定，应当公开宣布，并且将不起诉决定书送达被不起诉人和他的所在单位。如果被不起诉人在押，应当立即释放。 第一百七十五条　对于公安机关移送起诉的案件，人民检察院决定不起诉的，应当将不起诉决定书送达公安机关。公安机关认为不起诉的决定有错误的时候，可以要求复议，如果意见不被接受，可以向上一级人民检察院提请复核。 第一百七十六条　对于有被害人的案件，决定不起诉的，人民检察院应当将不起诉决定书送达被害人。被害人如果不服，可以自收到决定书后七日以内向上一级人民检察院申诉，请求提起公诉。人民检察院应当将复查决定告知被害人。对人民检察院维持不起诉决定的，被害人可以向人民法院起诉。被害人也可以

（续表）

1979年《刑事诉讼法》	1996年《刑事诉讼法》	2012年《刑事诉讼法》
	不经申诉，直接向人民法院起诉。人民法院受理案件后，人民检察院应当将有关案件材料移送人民法院。	**不经申诉，直接向人民法院起诉。人民法院受理案件后，人民检察院应当将有关案件材料移送人民法院。**
第一百零三条　对于免予起诉的决定，被告人如果不服，可以在七日内向人民检察院申诉。人民检察院应当作出复查决定，通知被告人，同时抄送公安机关。	第一百四十六条　对于人民检察院依照本法第一百四十二条第二款规定作出的不起诉决定，被不起诉人如果不服，**可以自收到决定书后七日以内向人民检察院申诉**。人民检察院应当作出复查决定，通知被不起诉的人，同时抄送公安机关。	第一百七十七条　对于人民检察院依照本法第一百七十三条第二款规定作出的不起诉决定，被不起诉人如果不服，可以自收到决定书后七日以内向人民检察院申诉。人民检察院应当作出复查决定，通知被不起诉的人，同时抄送公安机关。
第一百零四条　被告人有本法第十一条规定的情形之一的，人民检察院应当作出不起诉决定。 本法第一百零二条的规定适用于不起诉的决定。		

总体而言，1979年《刑事诉讼法》确立了我国刑事案件提起公诉程序的基本框架，改变了以前无法可依的状况。1979年制定《刑事诉讼法》的一个考虑因素是法律条文的精简，因而一些主要涉及公安司法机关内部关系的诉讼活动在条文上尽量简化，提起公诉内容规定比较粗疏，一些程序性规定比较原则，带来的一个问题就是公诉程序的透明度不够，可操作性也比较差。[①] 1996年第一次修改《刑事诉讼法》和2012年第二次修改《刑事诉讼法》在制度构造上没有大的变化，变化集中体现于细化已有的诉讼程序，增加诉讼程序透明度，使提起公诉程序不断得到完善。

[①] 陈光中、严端：《中华人民共和国刑事诉讼法修改建议稿与论证》，中国方正出版社1999年版，第267页。

二、审查起诉程序

审查起诉是指人民检察院对侦查机关以及自侦部门侦查终结移送起诉的案件进行全面审查,以便决定是否将犯罪嫌疑人交付人民法院审判的一项诉讼活动。1979年《刑事诉讼法》对审查起诉程序的规定具有原则性,可操作性不强,1996年、2012年修改《刑事诉讼法》对审查起诉程序进一步具体化、明确化。

(一)审查起诉期限

1979年《刑事诉讼法》规定了审查起诉期限,普通案件1个月,重大、复杂案件可以延长半个月,但未对如何计算审查起诉期限作出规定。

1996年《刑事诉讼法》增加了关于计算审查起诉期限的规定。1996年《刑事诉讼法》对两类案件的审查起诉期限作了规定:(1)人民检察院审查起诉的案件,改变管辖的,从改变后的人民检察院收到案件之日起计算审查起诉期限。(2)对于补充侦查的案件,补充侦查完毕移送人民检察院后,人民检察院重新计算审查起诉期限。修改后的《刑事诉讼法》明确了改变管辖和补充侦查后的审查起诉期限计算,增强了程序的可操作性。2012年《刑事诉讼法》并未对审查起诉期限进行修改。

(二)审查起诉中讯问及听取意见

1979年《刑事诉讼法》第98条规定,人民检察院审查案件,应当讯问被告人。1996年《刑事诉讼法》,一方面改变了"被告人"称谓,在审查起诉阶段称为"犯罪嫌疑人";另一方面增加了在审查起诉程序中听取相关人员意见的规定。在司法实践中,审查起诉阶段询问被害人是司法机关常用的方法,目的是为了更好地查明案件事实、核实证据。1996年《刑事诉讼法》基于司法实践中这一经验,在立法上作出了明确的规定。人民检察院审查案件,应当听取被害人及其委托人的意见。同时增加规定,人民检察院审查案件,应当听取犯罪嫌疑人委托人的意见。增加这一规定,是考虑到在审查起诉阶段犯罪嫌疑人、被害人可以委托他人帮助他们行使诉讼权利。1996年《刑事诉讼法》关于在审查起诉中听取意见的规定，提高了犯罪嫌疑人、被害人及其委托的人在审查起诉阶段的诉讼地位，增强了审查起诉程序的透明度。

2012年《刑事诉讼法》进一步规定了审查起诉程序中讯问和听取意见的内容。2012年《刑事诉讼法》第170条明确规定，人民检察院在审查起诉中，应当听取辩护人、被害人及其诉讼代理人意见，并规定对于相关意见应当记录在案。辩护人、被害人及其诉讼代理人在审查起诉中就刑事案件除了可以口头提出意见外，还可以书面提出意见，对于提出的书面意见人民检察院应当附卷。2012年《最高检察院规则》第365条规定，直接听取辩护人、被害人及其诉讼代理人的意见有困难的，可以通知辩护人、被害人及其诉讼代理人提出书面意见，在指定期限内未提出意见的，应当记录在案。这一修改使得审查起诉中，犯罪嫌疑人、辩护人、被害人及其诉讼代理人对于检察机关是否起诉的意见不仅具有形式意义，而且有了诉讼的实质意义，使得审查起诉中听取被害人方和被告人方双方意见的程序更加明确、具体。

（三）补充侦查

补充侦查是人民检察院审查后，认为在侦查期间获得的证据还不确实、充分，难以对案件作出处理决定时，对案件作出继续侦查的决定。1979年《刑事诉讼法》规定，检察机关审查案件，对于需要补充侦查的，"可以自行侦查，也可以退回公安机关补充侦查"。可以自行侦查在前，退回公安机关补充侦查在后，没有规定补充侦查的次数。

1996年《刑事诉讼法》规定，退回公安机关补充侦查排列在前，自行侦查排列在后，同时限定补充侦查次数，并对经过补充侦查后仍然达不到起诉要求的案件处理结果作出规定，即补充侦查以二次为限，对于补充侦查的案件，人民检察院仍然认为证据不足，不符合起诉条件的，可以作出不起诉的决定。1996年《刑事诉讼法》对补充侦查次数的限制以及对经过补充侦查后仍然达不到起诉要求的案件处理结果的规定，是针对司法实践中刑事案件多次被退回补充侦查，案件长期得不到解决的现象作出的。1996年《刑事诉讼法》关于补充侦查内容的完善，一方面是对侦查机关权力的限制，督促侦查机关有效行使侦查权;另一方面也是对犯罪嫌疑人权利的保护,防止案件久拖不决,犯罪嫌疑人长期处于受犯罪追诉状态。

(四)要求公安机关提供证据材料或作出说明

1996年《刑事诉讼法》增加规定,人民检察院审查案件,可以要求公安机关提供法庭审判所必需的证据材料。在法庭审判中,人民检察院承担控诉职能,对刑事案件负举证责任。增加此条规定,便于人民检察院充分行使控诉权。

2012年《刑事诉讼法》增加第54条规定,即采用刑讯逼供等非法方法收集的犯罪嫌疑人、被告人供述和采用暴力、威胁等非法方法收集的证人证言、被害人陈述,应当予以排除。收集物证、书证不符合法定程序,可能严重影响司法公正的,应当予以补正或者作出合理解释;不能补正或者作出合理解释的,对该证据应当予以排除。在侦查、审查起诉、审判时发现有应当排除的证据的,应当依法予以排除,不得作为起诉意见、起诉决定和判决的依据。该条确立了我国的非法证据排除规则。人民检察院是我国的法律监督机关,在审查起诉阶段,人民检察院负有排除非法证据的职责。因而在第171条增加相应规定,人民检察院审查案件,认为存在本法第54条规定的以非法方法收集证据情形的,可以要求公安机关对证据收集的合法性作出说明。根据这一规定,侦查机关有义务就证据收集的合法性作出说明。另外,2012年《最高检察院规则》第379条规定,人民检察院公诉部门在审查中发现侦查人员以非法方法收集犯罪嫌疑人供述、被害人陈述、证人证言等证据材料的,应当依法排除非法证据并提出纠正意见,同时可以要求侦查机关另行指派侦查人员重新调查取证,必要时人民检察院也可以自行调查取证。这两条规定都是对《刑事诉讼法》第54条规定内容的呼应,是在检察机关审查起诉阶段发现存在以非法方法收集证据情形的处理方式。

综上,关于审查起诉程序的法律修改集中体现于两个方面:一是对审查起诉程序的细化,例如明确审查起诉期限、补充侦查的期限和次数以及在起诉过程中要求公安机关提供证据材料或作出说明;二是强调检察机关的客观公正义务,要求在审查起诉中除了讯问犯罪嫌疑人外,还应当听取辩护人、被害人及其诉讼代理人的意见,以全面了解案件事实,收集证据。

三、公诉案件案卷材料移送

人民检察院对于刑事案件经过审查决定向法院提起公诉的,需要向法院移送包括证据在内的案卷材料。移送案卷材料的范围,1979年《刑事诉讼法》和1996年《刑事诉讼法》并没有在"提起公诉"一章加以规定,对于符合起诉条件的案件,只是原则性规定检察机关应当作出起诉决定,按照审判管辖的规定,向人民法院提起公诉。关于移送案卷材料的范围是规定在"第一审程序"一章中。1979年《刑事诉讼法》第108条规定,人民法院对提起公诉的案件进行审查后,对于犯罪事实清楚、证据充分的,应当决定开庭审判。根据这一规定,法院在开庭审判前对案件要进行实质性审查,审查的基础是人民检察院移送过来的全部案卷材料。人民检察院提起公诉的案件,要向法院移送全部案卷材料。根据1979年《刑事诉讼法》的规定,我国对于刑事案件的审判属于典型职权主义诉讼模式,强调法官对于法庭审判的主导作用,因而要求法官在开庭审判前全面了解案件事实,以保证庭审过程顺利进行。法官庭前了解案件事实的一个途径就是在开庭前审阅检察机关移送的全部案卷材料。

1996年《刑事诉讼法》关于人民检察院提起公诉案件移送案卷材料范围的规定发生变化。第150条规定,人民法院对提起公诉的案件进行审查后,对于起诉书中有明确的指控犯罪事实并且附有证据目录、证人名单和主要证据复印件或者照片的,应当决定开庭审判。根据这一规定,人民检察院决定提起公诉的案件要向法院移送起诉书、证据目录、证人名单和主要证据复印件或者照片。关于"主要证据"的界定,1998年《最高检察院规则》第283条规定,人民检察院针对具体案件移送起诉时,"主要证据"的范围由办案人员根据本条规定的范围和各个证据在具体案件中的实际证明作用加以确定。主要证据是对认定犯罪构成要件的事实起主要作用,对案件定罪量刑有重要影响的证据。主要证据包括:(1)起诉书中涉及的各种证据种类中的主要证据;(2)多个同种类证据中被确定为"主要证据"的;(3)作为法定量刑情节的自首、立功、累犯、中止、未遂、正当防卫的证据。相对于1979

年《刑事诉讼法》规定的人民检察院移送全部案卷材料的方式,1996年《刑事诉讼法》规定的提起公诉案件移送案卷材料范围受到较大限制,有学者称这种案卷移送方式为"复印件主义"。[①] 这一修改的立法背景是,1996年《刑事诉讼法》在法庭审判程序方面吸收了大量当事人主义诉讼模式的特点,增强刑事案件法庭审判的对抗性。当事人主义诉讼模式强调审判法官的中立性,平等对待控诉方和辩护方。而1979年《刑事诉讼法》确立的在庭审前检察机关全面移送案卷材料的做法,使得法官在庭前就全面接触案件事实,尤其是控方的指控事实,法官容易对案件产生预断,使随后的刑事审判过程流于形式,这与1996年《刑事诉讼法》确立的对抗因素大为加强的庭审方式是格格不入的。"复印件主义"案卷移送方式既不同于大陆法系"卷宗移送主义",也不同于英美法系"起诉书一本主义",而是介于二者之间的一种案卷移送方式。案卷移送方式的变革,一方面是为弱化庭前法官对案件的审查作用,减少法官预断,以加强控辩双方法庭对抗,避免"先定后审",防止庭审走过场,保证审判程序的公正性;另一方面,考虑到我国法官的整体素质、业务水平以及诉讼效率等问题,法律又不禁止法官庭前对主要证据的接触。根据1996年《刑事诉讼法》以及1998年《六机关规定》第38条规定,案卷移送的"复印件主义"只适用于普通审判程序,适用简易程序审判的案件,人民检察院仍需向法院移送全部案卷材料。

2012年《刑事诉讼法》将人民检察院提起公诉移送案卷材料范围内容规定在"提起公诉"一章。第172条规定,人民检察院认为犯罪嫌疑人的犯罪事实已经查清,证据确实、充分,依法应当追究刑事责任的,应当作出起诉决定,按照审判管辖的规定,向人民法院提起公诉,并将案卷材料、证据移送人民法院。根据该条规定,人民检察院向法院提起公诉,要向法院移送案卷材料、证据,对案卷材料的范围未作出限制。2012年《六机关规定》第24条规定,人民检察院向人民法院提起公诉时,应当将案卷材料和全部证据移送人民法院,包括犯罪嫌疑人、被告人翻供的材料,证人改变证言的材料,以及对犯罪嫌疑人、被告人有利的其他证据材料。该条规定不仅强调了人民检察院提起公诉要向法院移送案卷材料和全部证据,还特别突出了移送对犯

---

① 陈卫东、郝银钟:《我国公诉方式的结构性缺陷及其矫正》,载《法学研究》2000年第4期。

罪嫌疑人、被告人有利的证据材料。2012年《刑事诉讼法》关于案卷移送方式的改革,是建立在对1996年案卷移送"复印件主义"反思及实践检验基础之上的。尽管案卷移送的"复印件主义"是为了配合我国法庭审判对抗制改革需要,避免法官庭前过多接触案卷材料,保证法院审判的公正进行,但"复印件主义"的案卷移送方式在司法实践中也暴露出一些问题:第一,通过案卷移送"复印件主义",法官仍能接触到案件的主要证据,庭前防止法官对案件产生预断的效果并不明显;第二,由于我国缺乏完备的庭前公诉案件审查程序,原本庭前能够解决的证据等问题,需要在法庭审理中解决,这增加了法庭审判的负担,降低了诉讼效率;三是案卷移送的"复印件主义"直接限制了辩护方在审判阶段阅卷的范围,使得辩护方在审判前对控诉材料了解受限,辩护权的有效行使受到阻碍。另外,主要证据复印费用对于许多基层检察机关是很大的经济负担。实践中,不仅一些偏远地区的司法机关为了避免增加诉讼成本而采取移送原卷的办法,而且,在全国大多数地区的司法机关也逐渐放弃1996年《刑事诉讼法》的执行,纷纷回到全案卷宗移送的道路。① 正是基于以上因素的考虑,2012年《刑事诉讼法》恢复了全部案卷移送的做法。

2012年《刑事诉讼法》在公诉案件案卷移送方式上恢复了全案卷宗移送的做法,不能简单认为是公诉案件案卷移送制度的倒退。这一修改考虑了以前改革的利弊得失。2012年《刑事诉讼法》并没有恢复庭前实质审查程序。根据这部法律,法官在开庭前不得就公诉方的证据进行庭外调查核实工作,也不得在开庭前对案件是否达到法定证明标准进行审查。法官在全面阅卷的基础上,"对于起诉书有明确的指控犯罪事实的",就可以决定开庭审判。这样,1996年《刑事诉讼法》所确立的法院庭前"形式审查"制度就得到了保留。② 我国新的公诉案件案卷移送方式改革以卷宗移送主义为基础,同时对相关制度加以改革和完善,既注意发挥全案卷宗移送的积极作用,也注意减少和避免全案卷宗移送带来的弊端。2012年《刑事诉讼法》对于证人、鉴定人出庭、直接言词原则、作为定案根据的证据必须在法庭上经过控辩双方辩论、质证等方面内容的改革,为公诉案件全案移送案卷方式提

---

① 冀祥德主编:《最新刑事诉讼法释评》,中国政法大学出版社2012年版,第155页。
② 陈瑞华:《案卷移送制度的演变与反思》,载《政法论坛》2012年第5期。

供了一定的制度保证。但是,庭前全案卷宗移送制度所带来的法官可能形成庭前预断,先入为主,法庭审判先定后审,影响公正审理案件的问题,在立法和理论研究方面仍有继续探讨的必要。

我国刑事诉讼法庭审判前案卷移送方式经历了全案卷宗移送方式(1979年《刑事诉讼法》)、"复印件主义"(1996年《刑事诉讼法》)以及全案卷宗移送方式的回复(2012年《刑事诉讼法》),虽然只是一个具体诉讼制度的变化,却也反映出刑事诉讼立法的复杂性,一个制度的变革涉及的不仅是这个制度本身,还有可能影响其他诉讼制度的设计与运行,这个制度本身的有效运行也需要相应的配套制度作保障。刑事案卷移送方式立法变革本身反映了我国刑事诉讼立法与司法实践、国际经验与基本国情互动的过程,也是我国司法体制改革的一个缩影。

四、免予起诉

免予起诉是人民检察院审查公安机关侦查终结、移送起诉的案件,以及自行侦查终结的案件,认为被告人的行为虽已构成犯罪,但依法不需要判处刑罚或者应免除刑罚,决定不将被告人提交人民法院审判的诉讼活动。在20世纪50年代镇压反革命和肃清反革命期间,我国检察机关根据"惩办与宽大相结合"的刑事政策和当时同犯罪斗争的需要,在实践中创造了免予起诉这一形式。[①] 后来在办理刑事案件中,也运用了免予起诉这一处理方式。1979年五届全国人大二次会议通过颁布《刑事诉讼法》和修正后的《人民检察院组织法》,肯定了这一历史经验,在法律中对免予起诉制度作出明确规定。1979年《刑事诉讼法》第101条规定,依照刑法规定不需要判处刑罚或者免除刑罚的,人民检察院可以免予起诉。1979年《刑事诉讼法》使我国的刑事起诉制度形成了公诉起诉、免予起诉、不起诉与自诉起诉相结合的

---

① 免予起诉制度最早见于1956年4月25日全国人大常委会通过的《关于处理在押日本侵略战争犯罪分子的决定》,该决定中规定"对于次要的或者悔罪表现较好的日本战争分子可以从宽处理,免予起诉。"

格局。①

从性质上说,人民检察院作出的免予起诉决定,与人民法院开庭审判后依法作出的认定被告人有罪而依法免除其刑罚的判决,具有同等的法律效力。免予起诉具有三个特点:第一,免予起诉决定由人民检察院在审查起诉阶段作出,并且是人民检察院单方面的决定,一经作出立即生效,不存在上诉也不存在再次审理的问题。第二,免予起诉是认定被告人有罪的决定。第三,免予起诉是对有罪的人免除刑罚的决定。②

免予起诉制度被纳入法律中后,免予起诉制度存废一直是一个有争议的问题。一种观点认为,免予起诉制度应当予以废止。理由是免予起诉制度的根本问题在于执行控诉职能的人民检察院在法律上拥有确定当事人有罪的权力,这一设置与现代诉讼的基本格局以及奠定这一格局基础的一系列基本诉讼原则包括控审分离、无罪推定等相冲突。它将追诉与审判两种不同职能集于一身,造成"角色冲突",人民检察院难以客观公正地处理案件。具体而言,第一,犯罪嫌疑人未经人民法院审判程序就被定罪,不符合法治原则。宪法规定,审判权专属于人民法院,免予起诉制度混淆宪法所确立的公诉权与审判权,扩大了公诉权,干扰了审判权。第二,免予起诉制度不符合公检法机关相互制约原则。免予起诉中,检察机关集几种职能于一身,自由裁量权过大,缺乏必要的监督和制约。特别是检察机关自侦案件,从定案、侦查、预审到最终处理,都由检察机关一家决定,集侦查、起诉、审判三权于一身,作出免予起诉决定几乎不受任何限制,免予起诉制度执行随意性大。第三,免予起诉制度不利于当事人合法权益保护。由于缺乏严格的法律程序,审查和决定不公开,免予起诉决定如何作出,当事人不能参加和了解。免予起诉实践中,有的案件未经法院审查,有的公民未经审判,案件也没有经过控辩双方的充分辩论就被定论了,这样被告人的辩护权、陈述权和上诉权都不能充分行使。另一种观点认为,免予起诉制度应予以保留并加以完善。理由是免予起诉制度在司法实践中能及时有效处理大量轻微犯罪,具有经济性、及时性和贯彻刑事政策的便利性和有效性特点。它确实在

---

① 陈光中、严端:《中华人民共和国刑事诉讼法修改建议稿与论证》,中国方正出版社1999年版,第270页。

② 崔敏:《为什么要废除免予起诉》,载《中国律师》1996年第7期。

实践中满足了着眼于执法的社会整体效果而斟酌处理便宜行事的需要,也在一定意义上与国际上普遍推行的起诉便宜主义不谋而合。具体而言,第一,免予起诉制度体现了对犯罪分子实行"区别对待"和"惩办与宽大相结合"政策;第二,免予起诉制度有利于减少诉累,提高诉讼效率;第三,对罪行较轻,认罪态度好,或者确有立功表现的刑事犯罪嫌疑人来说,体现了对犯罪嫌疑人刑法人道主义精神。免予起诉制度填补了不起诉到起诉之间的空白,形成了起诉、免予起诉、不起诉科学格局,在案件处理上体现了区别对待、分级处理的优越性。对于免予起诉制度存在的问题,可以从严格限制免予起诉的范围,严格免予起诉决定的程序,加强免予起诉内部制约机制与监督方面入手,进一步加以完善。①

1996年修改后的《刑事诉讼法》将原来第101条改为第142条第2款,即"对于犯罪情节轻微,依照刑法规定不需要判处刑罚或者免除刑罚的,人民检察院可以作出不起诉决定"。对照原有规定不难看出,原免予起诉的规定变成了新的不起诉的情况之一。按原先的有关规定,不起诉与免予起诉虽然都不再追究被告人的刑事责任,但它们的性质不同,适用的条件也不同。免予起诉是指被告人的行为构成犯罪,但由于不需要判处刑罚或者可以免除刑罚而不再提交审判,性质为检察机关作出的有罪宣告,是对犯罪嫌疑人的一种实体性处分。1996年修改《刑事诉讼法》将免予起诉纳入不起诉之中,从而扩大了不起诉的范围,修改了不起诉的概念,改变了不起诉的性质,不起诉只是检察机关对案件进行的程序性决定。免予起诉制度正式被废止。

免予起诉制度是我国在特定历史时期处理特定人员的一种制度,在当时历史条件下有其合理性并发挥了积极作用。随着社会发展,法治观念发生变革,法律制度逐渐健全,免予起诉制度的性质与现代法治原则发生冲突,对该制度适时废止符合法治发展规律。免予起诉制度中体现的惩办与宽大相结合刑事政策的合理内容,为1996年修改后《刑事诉讼法》所确立的

---

① 参见陈光中、严端:《中华人民共和国刑事诉讼法修改建议稿与论证》,中国方正出版社1999年版,第269—278页;龙宗智、左卫民:《法理与操作——刑事起诉制度评述》,载《现代法学》1997年第4期;崔敏:《为什么要废除免予起诉》,载《中国律师》1996年7期;黄太云:《刑事诉讼制度的重大改革——刑事诉讼法修改的几个重大问题述要》,载《中国法学》1996年第2期。

不起诉制度所吸收。

五、不起诉种类与适用条件

不起诉是指人民检察院对侦查终结移送起诉的案件进行审查后,认为犯罪嫌疑人的行为不符合起诉条件或者不需要起诉,而依法作出的不将案件提交人民法院进行审判的一种处理决定。1979年《刑事诉讼法》第104规定,被告人有本法第11条规定的情形之一的,人民检察院应当作出不起诉决定。根据该条规定,只要被告人具有《刑事诉讼法》第11条规定的情形,检察机关就必须作出不起诉决定,对该类案件检察机关没有裁量余地,又被称为法定不起诉制度。1979年《刑事诉讼法》确立的不起诉制度只有法定不起诉一种,不起诉适用范围比较窄。

1996年修改《刑事诉讼法》时,保留了1979年《刑事诉讼法》确立的法定不起诉制度,同时增加两种不起诉的种类,即酌定不起诉和证据不足不起诉。根据1996年《刑事诉讼法》的规定,人民检察院审查起诉后可以作出三种不起诉决定:

一是法定不起诉,又称绝对不起诉,是指人民检察院在审查起诉过程中发现犯罪嫌疑人具有法定情形之一的,应当对犯罪嫌疑人作出不起诉的决定。对于法定不起诉,检察机关不享有作出起诉决定或者不起诉决定的自由裁量权,只能依法作出不起诉决定。根据1996年《刑事诉讼法》第15条、第142条的规定,法定不起诉适用于以下六种情形:(1)情节显著轻微、危害不大,不认为是犯罪的;(2)犯罪已过追诉时效期限的;(3)经特赦令免除刑罚的;(4)依照刑法告诉才处理的犯罪,没有告诉或者撤回告诉的;(5)犯罪嫌疑人、被告人死亡的;(6)其他法律规定免予追究刑事责任的。

二是酌定不起诉,又称相对不起诉,是指人民检察院认为犯罪嫌疑人的犯罪情节轻微,依照刑法规定不需要判处刑罚或者免除刑罚的案件,可以作出的不起诉决定。对于符合酌定不起诉的公诉案件,人民检察院享有起诉与否的自由裁量权,既可以作出起诉决定,也可以作出不起诉决定。根据1996年《刑事诉讼法》第142条第2款的规定,酌定不起诉必须同时符合两个条件:(1)犯罪嫌疑人实施的行为触犯了刑法,符合犯罪的构成要件,已经构成犯罪;(2)犯罪行为情节轻微,依照刑法规定不需要判处刑罚或免除刑罚。酌定不起诉制度吸收了1979年《刑事诉讼法》免予起诉制度的合理内容,扩充了不起诉制度的内容。在刑事诉讼发展史上,关于起诉制度有起诉法定主义和起诉便宜主义之说。多数国家在采起诉法定主义的同时,兼采起诉便宜主义。我国1996年《刑事诉讼法》在不起诉制度上的规定符合国际通行做法。酌定不起诉是起诉便宜主义原则在刑事诉讼中的贯彻和实施,也是我国刑罚思想由特殊预防向一般预防转变的标志之一。

三是证据不足不起诉,又称存疑不起诉,是指人民检察院对于经过补充侦查的案件,仍然认为证据不足,不符合起诉条件的,可以作出不起诉的决定。根据1996年《刑事诉讼法》第140条第4款的规定,证据不足不起诉的前提条件是案件必须经过补充侦查,没有经过补充侦查的案件,不能直接适用该种不起诉。1996年《刑事诉讼法》增加证据不足不起诉的规定,有利于保护公民合法权益。以往的司法实践表明,由于犯罪具有过去性、隐蔽性和复杂性等特点,加之追诉活动不可避免地受种种主观因素和客观条件的限制,因而并不是所有应当起诉的案件都能达到起诉条件。对于那些在事实认定和证据收集上确已无法达到起诉条件的,如果反复退回补充侦查,也只能是徒劳无获,浪费有限的司法资源。对于犯罪嫌疑人而言,其总处于一种身份不明的状态,严重影响其工作和生活。根据该条规定,人民检察院既可以在案件第一次补充侦查后,仍然认为证据不足,而作出不起诉决定,也可以在案件经过二次补充侦查后,仍然认为证据不足,而作出不起诉决定。1996年修改《刑事诉讼法》在不起诉制度分类和条件适用上的规定,使得不起诉制度结构更加科学、合理,充分体现了宽严相济刑事政策的贯彻和诉讼价值的平衡。

2012年《刑事诉讼法》在1996年《刑事诉讼法》确立的不起诉制度基础上进一步加以完善。主要的变化包括:

一是扩大法定不起诉范围。第173条规定,犯罪嫌疑人没有犯罪事实,或者有本法第15条规定的情形之一的,人民检察院应当作出不起诉决定。同1996年《刑事诉讼法》相比,法定不起诉增加规定犯罪嫌疑人没有犯罪事实的,人民检察院应当作出不起诉决定。1996年《刑事诉讼法》所确立的法定不起诉适用范围比较窄,仅限于《刑事诉讼法》第15条规定的六种情形。司法实践中,对于当事人的合法行为或者是未实施危害社会行为的情形,例如对正当防卫、紧急避险或者把没有犯罪行为的人错误立案、侦查的,对这样的人作出不起诉决定是理所应当的,但1996年《刑事诉讼法》规定的三种不起诉类型都不包括这些情形。对于这些情形的处理,1999年《最高检察院规则》第262条规定,对于公安机关移送审查起诉的案件,发现犯罪嫌疑人没有违法犯罪行为的,应当书面说明理由将案卷退回公安机关处理;发现犯罪事实并非犯罪嫌疑人所为的,应当书面说明理由将案卷退回公安机关并建议公安机关重新侦查。如果犯罪嫌疑人已经被逮捕,应当撤销逮捕决定,通知公安机关立即释放。虽然司法解释对这类案件的处理作出了规定,但将本不应该起诉的案件再退回公安机关重新处理,增加了诉讼环节,降低了诉讼效率。更为重要的是,使得无犯罪事实的人无法及时从刑事追诉中解脱出来。2012年《刑事诉讼法》新增加的法定不起诉内容是对1996年《刑事诉讼法》及相关司法解释的吸收和完善。

二是明确对于二次补充侦查的案件,人民检察院仍然认为证据不足,不符合起诉条件的,应当作出不起诉的决定。2012年《刑事诉讼法》确立的证据不足不起诉包括两种情况:(1)案件经过一次补充侦查,人民检察院仍然认为证据不足,不符合起诉条件的,人民检察院可以作出不起诉决定,也可以将案件第二次退回侦查机关补充侦查;(2)案件经过二次补充侦查,人民检察院仍然认为证据不足,不符合起诉条件的,人民检察院应当作出不起诉决定。这种情况下,人民检察院必须作出不起诉决定,检察院不具有裁量权。1996年《刑事诉讼法》在法律条文表述上,对于二次补充侦查的案件,人民检察院仍然认为证据不足,不符合起诉条件的,使用的是"可以"作出不起诉决定。2012年《刑事诉讼法》规定,对于案件经过二次补充侦查,人民检察院仍然认为证据不足,不符合起诉条件的,人民检察院"应当"作出不起诉决定。2012年《最高检察院规则》对"证据不足,不符合起诉条件"的情形进一步加以明确,第404条规定,具有下列情形之一,不能确定犯罪嫌疑人构成犯罪和需要追究刑事责任的,属于证据不足,不符合起诉条件:(1)犯罪构成要件事实缺乏必要的证据予以证明的;(2)据以定罪的证据存在疑问,无法查证属实的;(3)据以定罪的证据之间、证据与案件事实之间的矛盾不能合理排除的;(4)根据证据得出的结论具有其他可能性,不能排除合理怀疑的;(5)根据证据认定案件事实不符合逻辑和经验法则,得出的结论明显不符合常理的。根据《刑事诉讼法》的规定,人民检察院向人民法院提起公诉的案件必须符合提起公诉的条件,即认为犯罪嫌疑人的犯罪事实已经查清,证据确实、充分,依法应当追究刑事责任。证据不足,不符合起诉条件的案件,检察机关就不应该向法院提起公诉,因而 2012 年《刑事诉讼法》对证据不足不起诉规定的法律表述更为科学。

六、不起诉相关程序

是否提起公诉是法律赋予检察机关的一种权力,在起诉问题上检察机关拥有一定的自由裁量权。检察机关在起诉问题上拥有一定自由裁量权,一方面可以根据案件具体情况作出不同处理,贯彻宽严相济刑事政策,实现刑罚目的;另一方面如果权力运用不当,有可能造成权力滥用。刑事诉讼法对检察机关作出是否起诉决定作了限制性规定,以对检察机关的自由裁量权进行制约。

1979 年《刑事诉讼法》对人民检察院作出免予起诉决定的救济程序作了规定。第 102 条第 2 款规定,对于公安机关移送起诉的案件,人民检察院决定免予起诉的,应当将免予起诉决定书送公安机关。公安机关认为免予起诉的决定有错误的时候,可以要求复议,如果意见不被接受,可以向上一级人民检察院提请复核。该条款设定了公安机关对于检察机关作出免予起诉决定的救济权。从另一个角度而言,这也是公安机关对人民检察院行使权力的制约。第 3 款规定,对于有被害人的案件,决定免予起诉的,人民检察院应当将免予起诉决定书送被害人。被害人如果不服,可以在收到后 7 日内向人民检察院申诉。人民检察院应当将复查结果告知被害人。这一条款设定了被害人对于人民检察院作出免予起诉决定的救济权。

1996 年《刑事诉讼法》吸收免予起诉制度合理内容,确立了不起诉制度,保留并扩充了相关救济内容。1996 年《刑事诉讼法》将 1979 年《刑事诉讼法》第 102 条分解为三个条文,即第 143 条、第 144 条和第 145 条,分别规定了不起诉决定的宣布程序、公安机关对不起诉决定的救济程序以及被害人对不起诉决定的救济程序。第 144 条规定，对于公安机关移送起诉的案件，人民检察院决定不起诉的，应当将不起诉决定书送达公安机关。公安机关认为不起诉的决定有错误的时候，可以要求复议，如果意见不被接受，可以向上一级人民检察院提请复核。1996 年《刑事诉讼法》对于 1979 年《刑事诉讼法》规定的被害人救济权利内容予以保留，并扩大了被害人的诉讼权利。1996 年《刑事诉讼法》第 145 条规定，对于有被害人的案件，决定不起诉的，人民检察院应当将不起诉决定书送达被害人。被害人如果不服，可以自收到决定书后 7 日以内向上一级人民检察院申诉，请求提起公诉。人民检察院应当将复查决定告知被害人。对人民检察院维持不起诉决定的，被害人可以向人民法院起诉。被害人也可以不经申诉，直接向人民法院起诉。人民法院受理案件后，人民检察院应当将有关案件材料移送人民法院。根据此条规定，进一步明确被害人对人民检察院不起诉决定不服可以申诉，请求提起公诉，请求的机关为作出不起诉决定人民检察院的上一级人民检察院。被害人不仅有不服不起诉决定向上一级人民检察院请求提起公诉的申诉权，而且，这部分原属于公诉的案件也有可能转为自诉案件，被害人有不服维持不起诉决定的起诉权和不经申诉的直接起诉权，从而打破过去奉行国家起诉主义，即公诉案件绝对由国家垄断的局面。1979 年《刑事诉讼法》没有关于被免予起诉人对免予起诉决定不服申诉权的规定，被免予起诉人的救济权处于空白。1996 年《刑事诉讼法》增加了被不起诉人对不起诉决定不服而申诉的规定。1996 年《刑事诉讼法》第 146 条规定，对于人民检察院依照《刑事诉讼法》第 142 条第 2 款规定作出的不起诉决定，被不起诉人如果不服，可以自收到决定书后 7 日以内向人民检察院申诉。人民检察院应当作出复查决定，通知被不起诉的人，同时抄送公安机关。根据该条规定，被不起诉人的申诉权仅限于"对于犯罪情节轻微，依照刑法规定不需要判处刑罚或者免除刑罚的"为由作出的不起诉决定。不起诉决定并没有否定被不起诉人无罪的功能，而仅仅是证明了检察机关依据公共利益原则和保护被不起诉人的利益考虑，或者是依据法律的规定放弃了对被不起诉人的刑事追诉权。不起诉决定和无罪宣判、撤销案件有着根本的区别。因而，当被不起诉人认为自己无罪时，应给予其要求审判的机会，这也是国际司法公正的一项准则。① 1996 年《刑事诉讼法》关于被不起诉人救济权的规定是合理的。

此外,1979 年《刑事诉讼法》对于人民检察院作出不起诉决定后,案件涉及的财产以及被不起诉人除刑事责任以外其他责任追究等问题没有作出规定。1996 年修改《刑事诉讼法》时增加了此方面的规定。1996 年《刑事诉讼法》第 142 条第 3 款规定,人民检察院决定不起诉的案件,应当同时对侦查中扣押、冻结的财物解除扣押、冻结。对被不起诉人需要给予行政处罚、行政处分或者需要没收其违法所得的,人民检察院应当提出检察意见,移送有关主管机关处理。有关主管机关应当将处理结果及时通知人民检察院。2012 年《刑事诉讼法》保留 1996 年《刑事诉讼法》的规定内容,同时增加规定人民检察院决定不起诉的案件,应当同时对侦查中查封的财物解除查封。新增加的规定,使得不起诉案件处理过程中,扣押、冻结、查封财物的处理有了法律依据。被不起诉人情况不尽相同,有的不应或者不需要追诉,并不等于都没有问题,可以免除一切法律责任。但由于检察机关是法律监督机关,不具有行政处罚的职能。不起诉决定只具有程序意义,而不具有实体处理内容。因此,需要作出行政处理的,依法应当由具有相应职责的主管机关处理。

---

① 陈卫东主编:《模范刑事诉讼法典》,中国人民大学出版社 2005 年版,第 450 页。

第十二章　第一审程序

一、概　　述

在我国,刑事审判是指人民法院在控、辩双方及其他诉讼参与人的参加下,依照法定的权限和程序,对于依法向其提出诉讼请求的刑事案件进行审理和裁判的诉讼活动。人民法院审理刑事案件实行两审终审制。第一审程序是指人民法院对人民检察院提起公诉、自诉人提起自诉的案件进行初次审判时所必须遵循的步骤、方式和方法。第一审刑事案件分为公诉案件和自诉案件,公诉案件是指由人民检察院向人民法院提起诉讼的案件,自诉案件是指由被害人或者其法定代理人、近亲属向人民法院起诉,由人民法院直接受理的案件。与此相应,第一审程序分为公诉案件的第一审程序和自诉案件的第一审程序。此外,《刑事诉讼法》还根据案件本身的特点,对那些案情较为简单、证据确实充分、处刑较轻的公诉或自诉案件的审判规定了简易程序。简易程序是在第一审普通程序基础上的简化,其目的在于提高诉讼效率,便于司法机关集中力量办理重大、疑难和复杂案件。

刑事第一审程序是人民法院审判活动的基本程序,是刑事诉讼中一个至为重要的阶段。因此,审判程序的改革与完善是每次法律修正的重要内容。

我国的刑事审判模式是以1979年颁布的《刑事诉讼法》为基础构建而成的。从总体上说来，表现出一种强职权主义特色。随着国家政治、经济、文化等领域的巨大变化，1979年《刑事诉讼法》规定的一审程序逐渐显现出一些弊端。主要包括：(1) 注重庭前实质性审查、庭下调查，使开庭审判活动流于形式；(2) 庭上以法官讯问、出示证据为主，造成控审职能混同及审辩职能对抗；(3) 控辩双方地位相差悬殊，诉讼中缺乏抗辩性；(4) 证人、鉴定人极少出庭作证，使法律规定的质证活动无法进行，证明活动日渐萎缩；(5) 合议庭权力有限，下级法院越级请示，造成案件处理的"审者不判，判者不审"和"先定后审，上定下审"；(6) 没有简易程序的规定，案件统一适用普通程序。

1996年《刑事诉讼法》对审判制度进行了重大的、具有根本性意义的改革，吸收了当事人主义庭审方式中的一些技术性规则，增强了对抗色彩。主要表现为改革了合议庭的组成，重新配置控、辩、审职能，加大了控方举证的力度，将过去由法官直接调查证据的方式，改革为对抗制中庭审阶段交叉询问的方法和对证据的核查、辩论程序，同时不排除法官调查权。此外，增加了简易程序的规定，使轻微案件得以分流，提高了诉讼效率，降低了诉讼成本。尽管1996年《刑事诉讼法》对于审判方式等方面的改革取得了重大进步，刑事诉讼制度在职权主义的基础上吸收了当事人主义的某些因素，在审判组织、庭前审查、控辩平衡、庭审程序等方面仍然存在着诸多问题。

2012年《刑事诉讼法》在保持原有审判方式的基础上，进一步强化了控辩双方的对抗。在公正和效率上作出了选择。普通程序更加周密，特别是质证方面，主要是新增证人、鉴定人出庭作证，申请有专门知识的人出庭的规定。根据办理案件的实际需要，增加了庭前会议的规定，修改了审理期限的规定。此外，对简易程序作了较大修改，使简易程序更加简洁。

立法修改情况如下表所示：

1979年《刑事诉讼法》	1996年《刑事诉讼法》	2012年《刑事诉讼法》
第三编　审判	第三编　审判	第三编　审判
第一章　审判组织	第一章　审判组织	第一章　审判组织
第一百零五条　基层人民法院、中级人民法院审判第一审案件，除自诉案件和其他轻微的刑事案件可以由审判员一人独任审判以外，应当由审判员一人、人民陪审员二人组成合议庭进行。高级人民法院、最高人民法院审判第一审案件，应当由审判员一人至三人、人民陪审员二人至四人组成合议庭进行。人民陪审员在人民法院执行职务，同审判员有同等的权利。人民法院审判上诉和抗诉案件，由审判员三人至五人组成合议庭进行。合议庭由院长或者庭长指定审判员一人担任审判长。院长或者庭长参加审判案件的时候，自己担任审判长。	第一百四十七条　基层人民法院、中级人民法院审判第一审案件，**应当由审判员三人或者由审判员和人民陪审员共三人组成合议庭进行，但是基层人民法院适用简易程序的案件可以由审判员一人独任审判。**高级人民法院、最高人民法院审判第一审案件，应当由审判员**三人至七人或者由审判员和人民陪审员共三人至七人**组成合议庭进行。人民陪审员在人民法院执行职务，同审判员有同等的权利。人民法院审判上诉和抗诉案件，由审判员三人至五人组成合议庭进行。**合议庭的成员人数应当是单数。**合议庭由院长或者庭长指定审判员一人担任审判长。院长或者庭长参加审判案件的时候，自己担任审判长。	第一百七十八条　基层人民法院、中级人民法院审判第一审案件，应当由审判员三人或者由审判员和人民陪审员共三人组成合议庭进行，但是基层人民法院适用简易程序的案件可以由审判员一人独任审判。高级人民法院、最高人民法院审判第一审案件，应当由审判员三人至七人或者由审判员和人民陪审员共三人至七人组成合议庭进行。人民陪审员在人民法院执行职务，同审判员有同等的权利。人民法院审判上诉和抗诉案件，由审判员三人至五人组成合议庭进行。合议庭的成员人数应当是单数。合议庭由院长或者庭长指定审判员一人担任审判长。院长或者庭长参加审判案件的时候，自己担任审判长。
第一百零六条　合议庭进行评议的时候，如果意见分歧，应当少数服从多数，但是少数人的意见应当写入笔录。评议笔录由合议庭的组成人员签名。	第一百四十八条　合议庭进行评议的时候，如果意见分歧，**应当按多数人的意见作出决定**，但是少数人的意见应当写入笔录。评议笔录由合议庭的组成人员签名。	第一百七十九条　合议庭进行评议的时候，如果意见分歧，应当按多数人的意见作出决定，但是少数人的意见应当写入笔录。评议笔录由合议庭的组成人员签名。

(续表)

1979年《刑事诉讼法》	1996年《刑事诉讼法》	2012年《刑事诉讼法》
第一百零七条 凡是重大的或者疑难的案件,院长认为需要提交审判委员会讨论的,由院长提交审判委员会讨论决定。审判委员会的决定,合议庭应当执行。	第一百四十九条 合议庭开庭审理并且评议后,应当作出判决。对于疑难、复杂、重大的案件,合议庭认为难以作出决定的,由合议庭提请院长决定提交审判委员会讨论决定。审判委员会的决定,合议庭应当执行。	第一百八十条 合议庭开庭审理并且评议后,应当作出判决。对于疑难、复杂、重大的案件,合议庭认为难以作出决定的,由合议庭提请院长决定提交审判委员会讨论决定。审判委员会的决定,合议庭应当执行。
第二章 第一审程序	第二章 第一审程序	第二章 第一审程序
第一节 公诉案件	第一节 公诉案件	第一节 公诉案件
第一百零八条 人民法院对提起公诉的案件进行审查后,对于犯罪事实清楚、证据充分的,应当决定开庭审判;对于主要事实不清、证据不足的,可以退回人民检察院补充侦查;对于不需要判刑的,可以要求人民检察院撤回起诉。	第一百五十条 人民法院对提起公诉的案件进行审查后,对于起诉书中有明确的指控犯罪事实并且附有证据目录、证人名单和主要证据复印件或者照片的,应当决定开庭审判。	第一百八十一条 人民法院对提起公诉的案件进行审查后,对于起诉书中有明确的指控犯罪事实的,应当决定开庭审判。
第一百零九条 人民法院在必要的时候,可以进行勘验、检查、搜查、扣押和鉴定。		
第一百一十条 人民法院决定开庭审判后,应当进行下列工作: (一) 确定合议庭的组成人员; (二) 将人民检察院的起诉书副本至迟在开庭七日以前送达被告人,并且告知被告人可以委托辩护人,或者在必要时为被告人指定辩护人; (三) 将开庭的时间、地点在开庭三日以前通知人民检察院;	第一百五十一条 人民法院决定开庭审判后,应当进行下列工作: (一) 确定合议庭的组成人员; (二) 将人民检察院的起诉书副本至迟在开庭十日以前送达被告人。对于被告人未委托辩护人的,告知被告人可以委托辩护人,或者在必要的时候指定承担法律援助义务的律师为其提供辩护;	第一百八十二条 人民法院决定开庭审判后,应当确定合议庭的组成人员,将人民检察院的起诉书副本至迟在开庭十日以前送达被告人及其辩护人。 在开庭以前,审判人员可以召集公诉人、当事人和辩护人、诉讼代理人,对回避、出庭证人名单、非法证据排除等与审判相关的问题,了解情况,听取意见。 人民法院确定开庭日期后,

(续表)

1979年《刑事诉讼法》	1996年《刑事诉讼法》	2012年《刑事诉讼法》
		应当将开庭的时间、地点通知人民检察院，传唤当事人，通知辩护人、诉讼代理人、证人、鉴定人和翻译人员，传票和通知书至迟在开庭三日以前送达。公开审判的案件，应当在开庭三日以前先期公布案由、被告人姓名、开庭时间和地点。上述活动情形应当写入笔录，由审判人员和书记员签名。
（四）传唤当事人，通知辩护人、证人、鉴定人和翻译人员，传票和通知书至迟在开庭三日以前送达； （五）公开审判的案件，先期公布案由、被告人姓名、开庭时间和地点。 上述活动情形应当写入笔录，由审判人员和书记员签名。	（三）将开庭的时间、地点在开庭三日以前通知人民检察院； （四）传唤当事人，通知辩护人、**诉讼代理人**、证人、鉴定人和翻译人员，传票和通知书至迟在开庭三日以前送达； （五）公开审判的案件，**在开庭三日以前**先期公布案由、被告人姓名、开庭时间和地点。 上述活动情形应当写入笔录，由审判人员和书记员签名。	
第一百一十一条　人民法院审判第一审案件应当公开进行。但是有关国家机密或者个人阴私的案件，不公开审理。 十四岁以上不满十六岁未成年人犯罪的案件，一律不公开审理。十六岁以上不满十八岁未成年人犯罪的案件，一般也不公开审理。对于不公开审理的案件，应当当庭宣布不公开审理的理由。	第一百五十二条　人民法院审判第一审案件应当公开进行。但是有关国家**秘**密或者个人**隐**私的案件，不公开审理。 十四岁以上不满十六岁未成年人犯罪的案件，一律不公开审理。十六岁以上不满十八岁未成年人犯罪的案件，一般也不公开审理。对于不公开审理的案件，应当当庭宣布不公开审理的理由。	第一百八十三条　人民法院审判第一审案件应当公开进行。但是有关国家秘密或者个人隐私的案件，不公开审理；**涉及商业秘密的案件，当事人申请不公开审理的，可以不公开审理。** 不公开审理的案件，应当当庭宣布不公开审理的理由。

(续表)

1979 年《刑事诉讼法》	1996 年《刑事诉讼法》	2012 年《刑事诉讼法》
第一百一十二条　人民法院审判公诉案件，除罪行较轻经人民法院同意的以外，人民检察院应当派员出席法庭支持公诉。 出庭的检察人员发现审判活动有违法情况，有权向法庭提出纠正意见。	第一百五十三条　人民法院审判公诉案件，**人民检察院应当派员出席法庭支持公诉，但是依照本法第一百七十五条的规定适用简易程序的，人民检察院可以不派员出席法庭。**	第一百八十四条　人民法院审判公诉案件，人民检察院应当派员出席法庭支持公诉。
第一百一十三条　开庭时，审判长查明当事人是否到庭，宣布案由；宣布合议庭的组成人员、书记员、公诉人、辩护人、鉴定人和翻译人员的名单；告知当事人有权对合议庭组成人员、书记员、公诉人、鉴定人和翻译人员申请回避；告知被告人享有辩护权利。	第一百五十四条　开庭的时候，审判长查明当事人是否到庭，宣布案由；宣布合议庭的组成人员、书记员、公诉人、辩护人、**诉讼代理人**、鉴定人和翻译人员的名单；告知当事人有权对合议庭组成人员、书记员、公诉人、鉴定人和翻译人员申请回避；告知被告人享有辩护权利。	第一百八十五条　开庭的时候，审判长查明当事人是否到庭，宣布案由；宣布合议庭的组成人员、书记员、公诉人、辩护人、诉讼代理人、鉴定人和翻译人员的名单；告知当事人有权对合议庭组成人员、书记员、公诉人、鉴定人和翻译人员申请回避；告知被告人享有辩护权利。
第一百一十四条　公诉人在审判庭上宣读起诉书后，审判人员开始审问被告人。公诉人经审判长许可，可以讯问被告人。 被害人、附带民事诉讼的原告人和辩护人，在审判人员审问被告人后，经审判长许可，可以向被告人发问。	第一百五十五条　公诉人在**法庭**上宣读起诉书后，**被告人、被害人可以就起诉书指控的犯罪进行陈述，公诉人可以讯问被告人。** 被害人、附带民事诉讼的原告人和辩护人，**诉讼代理人，经审判长许可，**可以向被告人发问。 **审判人员可以讯问被告人。**	第一百八十六条　公诉人在法庭上宣读起诉书后，被告人、被害人可以就起诉书指控的犯罪进行陈述，公诉人可以讯问被告人。 被害人、附带民事诉讼的原告人和辩护人，诉讼代理人，经审判长许可，可以向被告人发问。 审判人员可以讯问被告人。
		第一百八十七条　公诉人、当事人或者辩护人、诉讼代理人对证人证言有异议，且该证人证言对案件定罪量刑有重大影响，人民法院认为证人有必要出庭作证的，证人应当出庭作证。 人民警察就其执行职务时目击的犯罪情况作为证人

(续表)

1979年《刑事诉讼法》	1996年《刑事诉讼法》	2012年《刑事诉讼法》
		出庭作证,适用前款规定。公诉人、当事人或者辩护人、诉讼代理人对鉴定意见有异议,人民法院认为鉴定人有必要出庭的,鉴定人应当出庭作证。经人民法院通知,鉴定人拒不出庭作证的,鉴定意见不得作为定案的根据。 第一百八十八条 经人民法院通知,证人没有正当理由不出庭作证的,人民法院可以强制其到庭,但是被告人的配偶、父母、子女除外。证人没有正当理由拒绝出庭或者出庭后拒绝作证的,予以训诫,情节严重的,经院长批准,处以十日以下的拘留。被处罚人对拘留决定不服的,可以向上一级人民法院申请复议。复议期间不停止执行。
第一百一十五条 审判人员、公诉人询问证人,应当告知他要如实地提供证言和有意作伪证或者隐匿罪证要负的法律责任。当事人和辩护人可以申请审判长对证人、鉴定人发问,或者请求审判长许可直接发问。审判长认为发问的内容与案件无关的时候,应当制止。	**第一百五十六条 证人作证,审判人员应当告知他要如实地提供证言和有意作伪证或者隐匿罪证要负的法律责任。公诉人、当事人和辩护人、诉讼代理人经审判长许可,可以对当事人、鉴定人发问。审判长认为发问的内容与案件无关的时候,应当制止。审判人员可以询问证人、鉴定人。**	第一百八十九条 证人作证,审判人员应当告知他要如实地提供证言和有意作伪证或者隐匿罪证要负的法律责任。公诉人、当事人和辩护人、诉讼代理人经审判长许可,可以对当事人、鉴定人发问。审判长认为发问的内容与案件无关的时候,应当制止。审判人员可以询问证人、鉴定人。

（续表）

1979年《刑事诉讼法》	1996年《刑事诉讼法》	2012年《刑事诉讼法》
第一百一十六条 审判人员应当向被告人出示物证，让他辨认；对未到庭的证人的证言笔录、鉴定人的鉴定结论、勘验笔录和其他作为证据的文书，应当当庭宣读，并且听取当事人和辩护人的意见。	第一百五十七条 **公诉人、辩护人应当向法庭出示物证，让当事人辨认**，对未到庭的证人的证言笔录、鉴定人的鉴定结论、勘验笔录和其他作为证据的文书，应当当庭宣读。**审判人员应当听取公诉人、当事人和辩护人、诉讼代理人的意见。**	第一百九十条 公诉人、辩护人应当向法庭出示物证，让当事人辨认，对未到庭的证人的证言笔录、鉴定人的**鉴定意见**、勘验笔录和其他作为证据的文书，应当当庭宣读。审判人员应当听取公诉人、当事人和辩护人、诉讼代理人的意见。
	第一百五十八条 法庭审理过程中，合议庭对证据有疑问的，可以宣布休庭，对证据进行调查核实。人民法院调查核实证据，可以进行勘验、检查、扣押、鉴定和查询、冻结。	第一百九十一条 法庭审理过程中，合议庭对证据有疑问的，可以宣布休庭，对证据进行调查核实。人民法院调查核实证据，可以进行勘验、检查、**查封**、扣押、鉴定和查询、冻结。
第一百一十七条 法庭审理过程中，当事人和辩护人有权申请通知新的证人到庭，调取新的物证，申请重新鉴定或者勘验。法庭对于上述申请，应当作出是否同意的决定。	第一百五十九条 法庭审理过程中，当事人和辩护人、**诉讼代理人**有权申请通知新的证人到庭，调取新的物证，申请重新鉴定或者勘验。法庭对于上述申请，应当作出是否同意的决定。	第一百九十二条 法庭审理过程中，当事人和辩护人、诉讼代理人有权申请通知新的证人到庭，调取新的物证，申请重新鉴定或者勘验。**公诉人、当事人和辩护人、诉讼代理人可以申请法庭通知有专门知识的人出庭，就鉴定人作出的鉴定意见提出意见。**法庭对于上述申请，应当作出是否同意的决定。**第二款规定的有专门知识的人出庭，适用鉴定人的有关规定。**

（续表）

1979 年《刑事诉讼法》	1996 年《刑事诉讼法》	2012 年《刑事诉讼法》
第一百一十八条　法庭调查后，应当由公诉人发言，被害人发言，然后由被告人陈述和辩护，辩护人进行辩护，并且可以互相辩论。审判长在宣布辩论终结后，被告人有最后陈述的权利。	第一百六十条　经审判长许可，公诉人、当事人和辩护人、诉讼代理人可以对证据和案件情况发表意见并且可以互相辩论。审判长在宣布辩论终结后，被告人有最后陈述的权利。	第一百九十三条　法庭审理过程中，对与定罪、量刑有关的事实、证据都应当进行调查、辩论。 经审判长许可，公诉人、当事人和辩护人、诉讼代理人可以对证据和案件情况发表意见并且可以互相辩论。审判长在宣布辩论终结后，被告人有最后陈述的权利。
第一百一十九条　在法庭审判过程中，如果诉讼参与人违反法庭秩序，审判长应当警告制止；情节严重的，可以责令退出法庭或者依法追究刑事责任。	第一百六十一条　在法庭审判过程中，如果诉讼参与人**或者旁听人员**违反法庭秩序，审判长应当警告制止。**对不听制止的，可以强行带出法庭；情节严重的，处以一千元以下的罚款或者十五日以下的拘留。罚款、拘留必须经院长批准。被处罚人对罚款、拘留的决定不服的，可以向上一级人民法院申请复议。复议期间不停止执行。 对聚众哄闹、冲击法庭或者侮辱、诽谤、威胁、殴打司法工作人员或者诉讼参与人，严重扰乱法庭秩序，构成犯罪的，依法追究刑事责任。**	第一百九十四条　在法庭审判过程中，如果诉讼参与人或者旁听人员违反法庭秩序，审判长应当警告制止。对不听制止的，可以强行带出法庭；情节严重的，处以一千元以下的罚款或者十五日以下的拘留。罚款、拘留必须经院长批准。被处罚人对罚款、拘留的决定不服的，可以向上一级人民法院申请复议。复议期间不停止执行。 对聚众哄闹、冲击法庭或者侮辱、诽谤、威胁、殴打司法工作人员或者诉讼参与人，严重扰乱法庭秩序，构成犯罪的，依法追究刑事责任。

（续表）

1979年《刑事诉讼法》	1996年《刑事诉讼法》	2012年《刑事诉讼法》
第一百二十条　在被告人最后陈述后，审判长宣布休庭，合议庭进行评议，根据已经查明的事实、证据和有关的法律规定，作出被告人有罪或者无罪、犯的什么罪、适用什么刑罚或者免除刑罚的判决。	第一百六十二条　在被告人最后陈述后，审判长宣布休庭，合议庭进行评议，根据已经查明的事实、证据和有关的法律规定，**分别作出以下判决：** **（一）案件事实清楚，证据确实、充分，依据法律认定被告人有罪的，应当作出有罪判决；** **（二）依据法律认定被告人无罪的，应当作出无罪判决；** **（三）证据不足，不能认定被告人有罪的，应当作出证据不足、指控的犯罪不能成立的无罪判决。**	第一百九十五条　在被告人最后陈述后，审判长宣布休庭，合议庭进行评议，根据已经查明的事实、证据和有关的法律规定，分别作出以下判决： （一）案件事实清楚，证据确实、充分，依据法律认定被告人有罪的，应当作出有罪判决； （二）依据法律认定被告人无罪的，应当作出无罪判决； （三）证据不足，不能认定被告人有罪的，应当作出证据不足、指控的犯罪不能成立的无罪判决。
第一百二十一条　宣告判决，一律公开进行。 当庭宣告判决的，应当在五日以内将判决书送达当事人和提起公诉的人民检察院；定期宣告判决的，应当在宣告后立即将判决书送达当事人和提起公诉的人民检察院。	第一百六十三条　宣告判决，一律公开进行。 当庭宣告判决的，应当在五日以内将判决书送达当事人和提起公诉的人民检察院；定期宣告判决的，应当在宣告后立即将判决书送达当事人和提起公诉的人民检察院。	第一百九十六条　宣告判决，一律公开进行。 当庭宣告判决的，应当在五日以内将判决书送达当事人和提起公诉的人民检察院；定期宣告判决的，应当在宣告后立即将判决书送达当事人和提起公诉的人民检察院。**判决书应当同时送达辩护人、诉讼代理人。**
第一百二十二条　判决书应当由合议庭的组成人员和书记员署名，并且写明上诉的期限和上诉的法院。	第一百六十四条　判决书应当由合议庭的组成人员和书记员署名，并且写明上诉的期限和上诉的法院。	第一百九十七条　判决书应当**由审判人员**和书记员署名，并且写明上诉的期限和上诉的法院。

（续表）

1979年《刑事诉讼法》	1996年《刑事诉讼法》	2012年《刑事诉讼法》
第一百二十三条　在法庭审判过程中,遇有下列情形之一影响审判进行的,可以延期审理： (一)需要通知新的证人到庭,调取新的物证,重新鉴定或者勘验的； (二)检察人员发现提起公诉的案件需要补充侦查,提出建议的； (三)合议庭认为案件证据不充分,或者发现新的事实,需要退回人民检察院补充侦查或者自行调查的； (四)由于当事人申请回避而不能进行审判的。	第一百六十五条　在法庭审判过程中,遇有下列情形之一,影响审判进行的,可以延期审理： (一)需要通知新的证人到庭,调取新的物证,重新鉴定或者勘验的； (二)检察人员发现提起公诉的案件需要补充侦查,提出建议的； (三)由于当事人申请回避而不能进行审判的。	第一百九十八条　在法庭审判过程中,遇有下列情形之一,影响审判进行的,可以延期审理： (一)需要通知新的证人到庭,调取新的物证,重新鉴定或者勘验的； (二)检察人员发现提起公诉的案件需要补充侦查,提出建议的； (三)**由于申请回避而不能进行审判的。**
	第一百六十六条　依照本法第一百六十五条第二项的规定延期审理的案件,人民检察院应当在一个月以内补充侦查完毕。	第一百九十九条　依照本法第一百九十八条第二项的规定延期审理的案件,人民检察院应当在一个月以内补充侦查完毕。
		第二百条　在审判过程中,有下列情形之一,致使案件在较长时间内无法继续审理的,可以中止审理： (一)被告人患有严重疾病,无法出庭的； (二)被告人脱逃的； (三)自诉人患有严重疾病,无法出庭,未委托诉讼代理人出庭的； (四)由于不能抗拒的原因。 中止审理的原因消失后,应当恢复审理。中止审理的期间不计入审理期限。

（续表）

1979年《刑事诉讼法》	1996年《刑事诉讼法》	2012年《刑事诉讼法》
第一百二十四条　法庭审判的全部活动，应当由书记员写成笔录，经审判长审阅后，由审判长和书记员签名。 法庭笔录中的证人证言部分，应当当庭宣读或者交给证人阅读。证人在承认没有错误后，应当签名或者盖章。 法庭笔录应当交给当事人阅读或者向他宣读。当事人认为记载有遗漏或者差错的，可以请求补充或者改正。当事人承认没有错误后，应当签名或者盖章。	第一百六十七条　法庭审判的全部活动，应当由书记员写成笔录，经审判长审阅后，由审判长和书记员签名。 法庭笔录中的证人证言部分，应当当庭宣读或者交给证人阅读。证人在承认没有错误后，应当签名或者盖章。 法庭笔录应当交给当事人阅读或者向他宣读。当事人认为记载有遗漏或者差错的，可以请求补充或者改正。当事人承认没有错误后，应当签名或者盖章。	第二百零一条　法庭审判的全部活动，应当由书记员写成笔录，经审判长审阅后，由审判长和书记员签名。 法庭笔录中的证人证言部分，应当当庭宣读或者交给证人阅读。证人在承认没有错误后，应当签名或者盖章。 法庭笔录应当交给当事人阅读或者向他宣读。当事人认为记载有遗漏或者差错的，可以请求补充或者改正。当事人承认没有错误后，应当签名或者盖章。
第一百二十五条　人民法院审理公诉案件，应当在受理后一个月内宣判，至迟不得超过一个半月。	第一百六十八条　人民法院审理公诉案件，应当在受理后一个月以内宣判，至迟不得超过一个半月。有本法第一百二十六条规定情形之一的，经省、自治区、直辖市高级人民法院批准或者决定，可以再延长一个月。 人民法院改变管辖的案件，从改变后的人民法院收到案件之日起计算审理期限。 人民检察院补充侦查的案件，补充侦查完毕移送人民法院后，人民法院重新计算审理期限。	第二百零二条　人民法院审理公诉案件，应当在受理后二个月以内宣判，至迟不得超过三个月。对于可能判处死刑的案件或者附带民事诉讼的案件，以及有本法第一百五十六条规定情形之一的，经上一级人民法院批准，可以延长三个月；因特殊情况还需要延长的，报请最高人民法院批准。 人民法院改变管辖的案件，从改变后的人民法院收到案件之日起计算审理期限。 人民检察院补充侦查的案件，补充侦查完毕移送人民法院后，人民法院重新计算审理期限。

（续表）

1979年《刑事诉讼法》	1996年《刑事诉讼法》	2012年《刑事诉讼法》
	第一百六十九条　人民检察院发现人民法院审理案件违反法律规定的诉讼程序，有权向人民法院提出纠正意见。	第二百零三条　人民检察院发现人民法院审理案件违反法律规定的诉讼程序，有权向人民法院提出纠正意见。
第二节　自诉案件	第二节　自诉案件	第二节　自诉案件
	第一百七十条　自诉案件包括下列案件： （一）告诉才处理的案件； （二）被害人有证据证明的轻微刑事案件； （三）被害人有证据证明对被告人侵犯自己人身、财产权利的行为应当依法追究刑事责任，而公安机关或者人民检察院不予追究被告人刑事责任的案件。	第二百零四条　自诉案件包括下列案件： （一）告诉才处理的案件； （二）被害人有证据证明的轻微刑事案件； （三）被害人有证据证明对被告人侵犯自己人身、财产权利的行为应当依法追究刑事责任，而公安机关或者人民检察院不予追究被告人刑事责任的案件。
第一百二十六条　人民法院对于自诉案件进行审查后，可以按照下列情形分别处理： （一）犯罪事实清楚，有足够证据的案件，应当开庭审判； （二）必须由人民检察院提起公诉的案件，应当移送人民检察院； （三）缺乏罪证的自诉案件，如果自诉人提不出补充证据，经人民法院调查又未能收集到必要的证据，应当说服自诉人撤回自诉，或者裁定驳回； （四）被告人的行为不构成犯罪的案件，应当说服自诉人撤回自诉，或者裁定驳回。	第一百七十一条　人民法院对于自诉案件进行审查后，按照下列情形分别处理： （一）犯罪事实清楚，有足够证据的案件，应当开庭审判； （二）缺乏罪证的自诉案件，如果自诉人提不出补充证据，应当说服自诉人撤回自诉，或者裁定驳回。 自诉人经两次依法传唤，无正当理由拒不到庭的，或者未经法庭许可中途退庭的，按撤诉处理。 法庭审理过程中，审判人员对证据有疑问，需要调查核实的，适用本法第一百五十八条的规定。	第二百零五条　人民法院对于自诉案件进行审查后，按照下列情形分别处理： （一）犯罪事实清楚，有足够证据的案件，应当开庭审判； （二）缺乏罪证的自诉案件，如果自诉人提不出补充证据，应当说服自诉人撤回自诉，或者裁定驳回。 自诉人经两次依法传唤，无正当理由拒不到庭的，或者未经法庭许可中途退庭的，按撤诉处理。 法庭审理过程中，审判人员对证据有疑问，需要调查核实的，适用本法第一百九十一条的规定。

（续表）

1979年《刑事诉讼法》	1996年《刑事诉讼法》	2012年《刑事诉讼法》
第一百二十七条 人民法院对自诉案件,可以进行调解;自诉人在宣告判决前,可以同被告人自行和解或者撤回自诉。	第一百七十二条 人民法院对自诉案件,可以进行调解;自诉人在宣告判决前,可以同被告人自行和解或者撤回自诉。**本法第一百七十条第三项规定的案件不适用调解。**	第二百零六条 人民法院对自诉案件,可以进行调解;自诉人在宣告判决前,可以同被告人自行和解或者撤回自诉。本法第二百零四条第三项规定的案件不适用调解。**人民法院审理自诉案件的期限,被告人被羁押的,适用本法第二百零二条第一款、第二款的规定;未被羁押的,应当在受理后六个月以内宣判。**
第一百二十八条 自诉案件的被告人在诉讼过程中,可以对自诉人提起反诉。反诉适用自诉的规定。	第一百七十三条 自诉案件的被告人在诉讼过程中,可以对自诉人提起反诉。反诉适用自诉的规定。	第二百零七条 自诉案件的被告人在诉讼过程中,可以对自诉人提起反诉。反诉适用自诉的规定。
	第三节 简易程序	第三节 简易程序
	第一百七十四条 人民法院对于下列案件,可以适用简易程序,由审判员一人独任审判: (一)对依法可能判处三年以下有期徒刑、拘役、管制、单处罚金的公诉案件,事实清楚、证据充分,人民检察院建议或者同意适用简易程序的; (二)告诉才处理的案件; (三)被害人起诉的有证据证明的轻微刑事案件。	第二百零八条 基层人民法院管辖的案件,符合下列条件的,可以适用简易程序审判: (一)案件事实清楚、证据充分的; (二)被告人承认自己所犯罪行,对指控的犯罪事实没有异议的; (三)被告人对适用简易程序没有异议的。 人民检察院在提起公诉的时候,可以建议人民法院适用简易程序。

（续表）

1979年《刑事诉讼法》	1996年《刑事诉讼法》	2012年《刑事诉讼法》
		第二百零九条　有下列情形之一的,不适用简易程序: (一)被告人是盲、聋、哑人,或者是尚未完全丧失辨认或者控制自己行为能力的精神病人的; (二)有重大社会影响的; (三)共同犯罪案件中部分被告人不认罪或者对适用简易程序有异议的; (四)其他不宜适用简易程序审理的。
		第二百一十条　适用简易程序审理案件,对可能判处三年有期徒刑以下刑罚的,可以组成合议庭进行审判,也可以由审判员一人独任审判;对可能判处的有期徒刑超过三年的,应当组成合议庭进行审判。 适用简易程序审理公诉案件,人民检察院应当派员出席法庭。
		第二百一十一条　适用简易程序审理案件,审判人员应当询问被告人对指控的犯罪事实的意见,告知被告人适用简易程序审理的法律规定,确认被告人是否同意适用简易程序审理。

（续表）

1979年《刑事诉讼法》	1996年《刑事诉讼法》	2012年《刑事诉讼法》
	第一百七十五条　适用简易程序审理公诉案件，人民检察院可以不派员出席法庭。被告人可以就起诉书指控的犯罪进行陈述和辩护。人民检察院派员出席法庭的，经审判人员许可，被告人及其辩护人可以同公诉人互相辩论。 第一百七十六条　适用简易程序审理自诉案件，宣读起诉书后，经审判人员许可，被告人及其辩护人可以同自诉人及其诉讼代理人互相辩论。	第二百一十二条　适用简易程序审理案件，经审判人员许可，被告人及其辩护人可以同公诉人、自诉人及其诉讼代理人互相辩论。
	第一百七十七条　适用简易程序审理案件，不受本章第一节关于讯问被告人、询问证人、鉴定人、出示证据、法庭辩论程序规定的限制。但在判决宣告前应当听取被告人的最后陈述意见。	第二百一十三条　适用简易程序审理案件，不受本章第一节关于**送达期限**、讯问被告人、询问证人、鉴定人、出示证据、法庭辩论程序规定的限制。但在判决宣告前应当听取被告人的最后陈述意见。
	第一百七十八条　适用简易程序审理案件，人民法院应当在受理后二十日以内审结。	第二百一十四条　适用简易程序审理案件，人民法院应当在受理后二十日以内审结；对可能判处的有期徒刑超过三年的，可以延长至一个半月。
	第一百七十九条　人民法院在审理过程中，发现不宜适用简易程序的，应当按照本章第一节或者第二节的规定重新审理。	第二百一十五条　人民法院在审理过程中，发现不宜适用简易程序的，应当按照本章第一节或者第二节的规定重新审理。

由上可知，我国《刑事诉讼法》对普通第一审程序的完善呈现以下几个特点：其一，公诉案件移送方式从1979年《刑事诉讼法》的"卷宗移送主义"，到1996年《刑事诉讼法》的"起诉复印件主义"，再到2012年《刑事诉

讼法》重新恢复到"卷宗移送主义",直接影响了庭前审查程序,并增加了开庭前的准备程序,使庭审程序进一步完善,从而更充分地保障和尊重被告人的辩护权和知情权,使控辩双方地位更加平等,也使法官和控辩双方能够在庭前对案件的争点、疑点和难点有所了解,使庭审活动能够重点突出、高效有序,庭审功能得以切实发挥;其二,将量刑调查纳入了法庭调查程序,将与量刑有关的事实、证据的辩论纳入了法庭辩论程序,使当事人参与量刑调查和辩论,了解量刑程序的情况,并发表量刑意见,切实保障了当事人在刑事诉讼中的主体地位,是司法民主的体现,有利于规范刑罚裁量权的行使;其三,2012年强化证人、鉴定人出庭,完善辩护制度等的修改使以庭审为中心得到进一步深化,通过高质量的庭审活动,确保审判效果,树立司法公信。

我国《刑事诉讼法》对简易程序的完善呈现以下几个特点:第一,逐步扩大简易程序的适用范围。比如2012年《刑事诉讼法》在整合1996年《刑事诉讼法》和司法解释相关规定的基础上,将简易程序适用的案件范围扩大为:基层人民法院管辖的可能判处有期徒刑以下刑罚、被告人承认自己所犯罪行的案件。第二,优化了简易程序的诉讼结构。1996年《刑事诉讼法》第175条规定,"适用简易程序审理公诉案件,人民检察院可以不派员出席法庭"。2012年《刑事诉讼法》对这一条款修改为,"适用简易程序审理公诉案件,人民检察院应当派员出席法庭"。第三,逐步充分保障简易程序中被告人的基本权利。适用简易程序,将会牺牲被告人的某些诉讼权利,减损被告人所获得的程序正义,同时,在实体上,被告人也丧失了获得无罪判决的机会。因此,赋予被告人对简易程序的选择权,由被告人来决定自己的命运,不仅符合程序主体性原理,而且,有助于增强判决的可接受性。完整的程序选择权既包括申请或者建议适用简易程序的权利,也包括否决适用简易程序的权利。2012年《刑事诉讼法》要求审判人员必须尽到诉讼照顾的义务,在适用简易程序审理案件时,询问被告人对起诉书指控的犯罪事实的意见,确认被告人是否同意适用简易程序审理。这在一定程度上赋予了被告人对简易程序适用的否决权。

二、刑事审判组织

审判组织是指人民法院具体审理案件的法庭组织形式。根据我国《刑事诉讼法》和《人民法院组织法》的规定,人民法院审判案件的法庭组织形式分为独任庭和合议庭两种。审判委员会对重大的或者疑难的案件的处理有最后的决定权,因此审判委员会也具有审判组织的性质。

审判案件的组织形式是人民法院正确行使审判权的组织保证。1996年《刑事诉讼法》对1979年《刑事诉讼法》规定的审判组织进行了修改,2012年《刑事诉讼法》沿用了1996年《刑事诉讼法》的规定。

(一)独任庭审判的范围

1979年《刑事诉讼法》第105条第1款规定,基层人民法院、中级人民法院审判第一审案件,对于自诉案件和其他轻微的刑事案件,可以由审判员一人独任审判。

1996年《刑事诉讼法》修改为:"……基层人民法院适用简易程序的案件可以由审判员一人独任审判"(第147条第1款)。缩小了独任庭审判的范围,即独任庭审判的案件仅限于基层人民法院审理的简易程序的案件。适用独任庭审判的案件不是以案件的类型划分,而是以适用的程序加以划分,更符合诉讼的要求。适用简易程序的案件都是案件事实清楚、证据充分,且被告人承认自己所犯罪行,对指控的犯罪事实没有异议,独任庭审理完全可以胜任。独任庭审判可以提高诉讼效率,节省司法成本。

2012年《刑事诉讼法》第178条沿用了1996年《刑事诉讼法》第147条的规定,并且在第210条对于简易程序的审判组织进行了具体的规定。我们将在本章的简易程序部分详细予以论述。

根据2012年《最高法院解释》的规定,审判员依法独任审判时,行使与审判长相同的职权(第177条)。独任审判的案件,审判员认为有必要的,也可以提请院长决定提交审判委员会讨论决定(第178条第6款)。

（二）合议庭

1. 取消第一审案件合议庭人员由审判员和人民陪审员构成的限制

1979年《刑事诉讼法》规定，基层人民法院、中级人民法院审判第一审案件的合议庭，应当由审判员一人、人民陪审员二人组成合议庭进行。高级人民法院、最高人民法院审判第一审案件，应当由审判员一人至三人、人民陪审员二人至四人组成合议庭进行。

1996年《刑事诉讼法》对于合议庭人员的构成作了新的规定，取消对合议庭审判员和人民陪审员比例的限制。按照1996年《刑事诉讼法》第147条第1款、第2款的规定，基层人民法院和中级人民法院第一审案件的合议庭应当由审判员三人或者由审判员和人民陪审员共三人组成。高级人民法院和最高人民法院第一审案件的合议庭应当由审判员三至七人或者审判员和人民陪审员三至七人组成。也就是说，第一审案件合议庭既可以全部由审判员组成，也可以由审判员和人民陪审员共同组成。人民陪审员在人民法院执行职务时，与审判员具有同等的权利。这主要是考虑司法实践中的需要而进行的修改。

2. 增加对合议庭人员数量的限制

1996年《刑事诉讼法》新增加第147条第5款规定："合议庭的成员人数应当是单数。"合议庭在评议中，如果意见有分歧，应当按照多数人的意见作出决定，增加合议庭成员为单数的规定，有利于合议庭在评议中出现意见分歧时作出决定。

3. 明确合议庭的评议应当按照多数人意见作出决定的原则

1979年《刑事诉讼法》第106条规定："合议庭进行评议的时候，如果意见分歧，应当少数服从多数，但是少数人的意见应当写入笔录……"

1996年《刑事诉讼法》对于文字进行了修改，第148条将"应当少数服从多数"修改为"应当按多数人的意见作出决定，但是少数人的意见应当写入笔录"。2002年7月30日通过、2002年8月17日起施行的《最高人民法院关于人民法院合议庭工作的若干规定》第11条也规定："合议庭进行评议的时候，如果意见分歧，应当按多数人的意见作出决定，但是少数人的意见应当写入笔录。评议笔录由书记员制作，由合议庭的组成人员签名。"

4. 明确合议庭的职责

1979年《刑事诉讼法》第107条规定:"凡是重大的或者疑难的案件,院长认为需要提交审判委员会讨论的,由院长提交审判委员会讨论决定。审判委员会的决定,合议庭应当执行。"该规定直接导致很多案件都要经过审判委员会讨论,审判委员会直接代替了合议庭的作用,在审判工作中的出现"审者不判、判者不审"的问题。此外,导致许多地方法院出现"先定后审"或者"先判后审"的现象。合议庭在开庭审理之前,已就案件的事实和法律问题向审判委员会作出过书面的汇报和请示,审判委员会根据案件承办人员的汇报和请示直接进行讨论并作出决定。合议庭在对案件的结局已产生预断或者"定论"的情况下进行法庭审判活动,从而导致庭审流于形式。

1996年《刑事诉讼法》第149条规定:"合议庭开庭审理并且评议后,应当作出决定。对于疑难、复杂、重大的案件,合议庭认为难以作出决定的,由合议庭提请院长决定提交审判委员会讨论决定。审判委员会的决定,合议庭应当执行。"依照此规定,一般的案件都应当由合议庭作出判决,加强了合议庭在庭审中的作用。只有疑难、复杂、重大的案件,在合议庭认为难以作出决定的情况下,才由合议庭提请院长决定提交审判委员会讨论决定。因此,案件是否提交审判委员会讨论,要由合议庭经过开庭审理并作出评议后,进行能否作出决定的判断,只有当合议庭认为难以作出决定时,才由合议庭提请院长决定,从而限制了院长提交审判委员会讨论决定案件的权力。这一修改,使合议庭拥有处理疑难、复杂、重大案件的主动权,院长的权力由主动权变成了相对的被动权。对于改变审判活动中长期存在的"审者不判,判者不审"和"先定后审"的状况,充分发挥合议庭的作用具有积极的意义。

2012年《刑事诉讼法》第180条沿用了1996年《刑事诉讼法》第149条的规定。2012年《最高法院解释》第178条第1款进一步规定:"合议庭审理、评议后,应当及时作出判决、裁定。"这表明合议庭具有独立作出判决的权力。但是,为了确保案件质量,对于拟判处死刑的案件、人民检察院抗诉的案件,合议庭应当提请院长决定提交审判委员会讨论决定(同条第2款)。对合议庭成员意见有重大分歧的案件、新类型案件、社会影响重大的案件以及其他疑难、复杂、重大的案件,合议庭认为难以作出决定的,可以提请院长决定提交审判委员会讨论决定(同条第3款)。此外,《全国人民代表大会常务委员会关于完善人民陪审员制度的决定》第11条规定:"必要时,人民陪审员可以要求合议庭将案件提请院长决定是否提交审判委员会讨论决定。"出于对人民陪审员的尊重,2012年《最高法院解释》吸收了该规定内容,第178条第4款增加规定:"人民陪审员可以要求合议庭将案件提请院长决定是否提交审判委员会讨论决定。"对提请院长决定提交审判委员会讨论决定的案件,院长认为不必要的,可以建议合议庭复议一次(同条第5款)。根据第179条的规定,审判委员会的决定,合议庭、独任审判员应当执行;有不同意见的,可以建议院长提交审判委员会复议。

三、公诉案件审查程序

公诉案件审查程序是公诉案件正式进入第一审程序的必经环节,通过审查程序审查案件是否符合开庭审判的条件,决定是否将被告人正式交付法庭审判。《刑事诉讼法》对公诉案件的移送方式的两次较大修改,从1979年《刑事诉讼法》的"卷宗移送主义",到1996年《刑事诉讼法》的"起诉复印件主义",再到2012年《刑事诉讼法》重新恢复到"卷宗移送主义"。该修改不仅影响到公诉机关提起公诉时的案件移送方式,而且影响到人民法院的庭前审查程序。1979年《刑事诉讼法》立法之初规定公诉案件的审查程序的性质是全面审查,包括案件的实体和程序两方面的审查。此后,1996年和2012年的法律修改均对审查程序作了修正。

1979年《刑事诉讼法》第108条规定:"人民法院对提起公诉的案件进行审查后,对于犯罪事实清楚、证据充分的,应当决定开庭审判;对于主要事实不清、证据不足的,可以退回人民检察院补充侦查;对于不需要判刑的,可以要求人民检察院撤回起诉。"根据此规定,人民法院对于公诉案件的庭前审查是对犯罪事实和证据进行的实质性的全面审查。从而要求人民检察院在提起公诉时,一并将案卷材料、证据移送人民法院,即卷宗移送主义。这种移送方式和审查内容使庭前审查与法庭审判分工不明。审判人员把调查犯罪事实,核实证据作为庭前审查的主要内容,只有在确信犯罪事实清楚、证据确实充分的情况下,才决定开庭审判。造成审判人员"先入为主""先定后审"的现象。1996年《刑事诉讼法》将法院对公诉案件的移送方式及审查程序做了较大修改,取消了卷宗移送主义,代之以起诉复印件主义。将过去的全面审查、实质审查改为以程序性的、形式审查为主,即人民法院对人民检察院提起的公诉案件,在收到起诉书后,指定审判员审查的内容是:起诉书是否有明确的指控犯罪事实;有无证据目录;有无证人名单;有无主要证据的复印件或者照片。审查的目的是通过审查,在过滤案件的同时防止法官的庭前预断。

具体地说,审查的性质由原来的实体性全面审查转变为程序性审查为主主要体现在以下几个方面:(1)将开庭审判案件的条件由原来的"犯罪事实清楚、证据充分"改为有明确的指控犯罪事实并且附有相关证据目录等;(2)对移送的材料不再要求检察机关移送全卷或者原卷,只移送与起诉书有关的证据目录、证人名单和主要证据复印件或者照片;(3)对审查后的处理,只规定对于符合开庭条件的应当决定开庭审判,取消了1979年《刑事诉讼法》中可以退回补充侦查或者要求人民检察院撤回起诉的规定。

对案件进行审查后,对于起诉书中有明确的指控犯罪事实且附有证据目录、证人名单和主要证据复印件或者照片,且符合管辖规定的,决定开庭审判。审查后的处理方式还包括:退回人民检察院(对于不属于本院管辖或被告人不在案的案件);要求人民检察院补送材料(法院认为检察院起诉移送的有关材料不符合规定的条件法院向检察院提出书面意见要求补充提供的,人民检察院应当自收到通知之日起3日内补送);裁定终止审理或者不予受理(1996年《刑事诉讼法》第15条第2—6项的情形);准许撤诉(人民法院裁定准许人民检察院撤诉的案件,没有新的事实、证据,检察院重新起诉的)。

但是,1996年《刑事诉讼法》施行后,司法实践的效果并不尽如人意。首先,由于审查法官与庭审法官通常为同一主体,使得排除法官庭前预断的立法意图并未得以有效实现。其次,几乎所有公诉案件都能够通过审查进入庭审程序,使得法官通过审查过滤案件的功能难以实现。再次,由于控方在庭前不移送全部案卷材料,辩护律师也就无从通过到法院查阅、摘抄、复制案卷材料来了解全案证据,特别是对被告人有利的证据。导致被告方的知情权、辩护权受到侵害,影响了被告方防御权的行使。最后,某些程序性的问题不能在庭前得到及时解决而增加了庭审工作,延缓了庭审时间,影响了审判效率。① 此外,大量的卷宗资料的复印也造成了极大的资源浪费。

2012年《刑事诉讼法》再次对公诉案件的移送方式及审查程序进行了修改,第172条规定:"人民检察院认为犯罪嫌疑人的犯罪事实已经查清,证据确实、充分,依法应当追究刑事责任的,应当作出起诉决定,按照审判管辖的规定,向人民法院提起公诉,并将案卷材料、证据移送人民法院。"第181条删除了1996年《刑事诉讼法》第150条"并且附有证据目录、证人名单和主要证据复印件或者照片"的规定,修改为:"人民法院对提起公诉的案件进行审查后,对于起诉书中有明确的指控犯罪事实的,应当决定开庭审判。"此次修改依然延续了庭前审查为程序性审查的性质。但是,取消了起诉复印件主义,恢复了卷宗移送主义,即对移送的材料进行了修改,要求检察机关移送全卷或者原卷。该修改单从案卷的移送方式上似乎是倒退回了1979年《刑事诉讼法》的规定,其实不然。本次修改是对庭审方式的进一步完善。检察机关提起公诉的案件只要在起诉书中有明确的指控犯罪事实,符合形式上的起诉标准,法院就应当开庭审判,而无需对犯罪事实和证据进行审查。可见,《刑事诉讼法》虽然将公诉案件移送方式恢复为卷宗移送制度,但是对于公诉案件的庭前审查程序是程序性审查的性质没有改变。

根据2012年《六机关规定》第25条的规定,对于人民检察院提起公诉的案件,人民法院都应当受理。人民法院对提起公诉的案件进行审查后,对于起诉书中有明确的指控犯罪事实并且附有案卷材料、证据的,应当决定开庭审判,不得以材料不充足为由而不开庭审判。如果人民检察院移送的材料中缺少材料的,人民法院可以通知人民检察院补充材料,人民检察院应当自收到通知之日起3日内补送。人民法院对提起公诉的案件进行审查的期限计入人民法院的审理期限。

人民法院对公诉案件的审查应当以书面审查为主。根据2012年《最高法院解释》第180条规定,对提起公诉的案件,人民法院应当在收到起诉书(一式八份,每增加一名被告人,增加起诉书五份)和案卷、证据后,指定审判人员审查以下内容:(1)是否属于本院管辖;(2)起诉书是否写明被告人的

---

① 卞建林:《论刑事第一审程序的完善》,载《人民法院报》2011年9月14日第6版。

身份,是否受过或者正在接受刑事处罚、被采取强制措施的种类、羁押地点、犯罪的时间、地点、手段、后果以及其他可能影响定罪量刑的情节;(3)是否移送证明指控犯罪事实的证据材料,包括采取技术侦查措施的批准决定和所收集的证据材料;(4)是否查封、扣押、冻结被告人的违法所得或者其他涉案财物,并附证明相关财物依法应当追缴的证据材料;(5)是否列明被害人的姓名、住址、联系方式;是否附有证人、鉴定人名单;是否申请法庭通知证人、鉴定人、有专门知识的人出庭,并列明有关人员的姓名、性别、年龄、职业、住址、联系方式;是否附有需要保护的证人、鉴定人、被害人名单;(6)当事人已委托辩护人、诉讼代理人,或者已接受法律援助的,是否列明辩护人、诉讼代理人的姓名、住址、联系方式;(7)是否提起附带民事诉讼;提起附带民事诉讼的,是否列明附带民事诉讼当事人的姓名、住址、联系方式,是否附有相关证据材料;(8)侦查、审查起诉程序的各种法律手续和诉讼文书是否齐全;(9)有无《刑事诉讼法》第15条第2项至第6项规定的不追究刑事责任的情形。

根据2012年《最高法院解释》第181条规定,人民法院对提起公诉的案件审查后,应当区分情形作出如下处理:(1)属于告诉才处理的案件,应当退回人民检察院,并告知被害人有权提起自诉;(2)不属于本院管辖或者被告人不在案的,应当退回人民检察院;(3)不符合前条第2项至第8项规定之一,需要补充材料的,应当通知人民检察院在3日内补送;(4)依照《刑事诉讼法》第195条第3项规定宣告被告人无罪后,人民检察院根据新的事实、证据重新起诉的,应当依法受理;(5)裁定准许撤诉的案件,没有新的事实、证据,重新起诉的,应当退回人民检察院;(6)符合《刑事诉讼法》第15条第2项至第6项规定情形的,应当裁定终止审理或者退回人民检察院;(7)被告人真实身份不明,但符合《刑事诉讼法》第158条第2款规定的,应当依法受理。对公诉案件是否受理,应当在7日内审查完毕。

按照现行立法的规定,人民法院对于人民检察院提起公诉的案件,没有驳回起诉的权力,因此,只要起诉书中有明确的指控犯罪事实的,就应当决定开庭审判,而不能以材料不全、证据不足等理由不受理案件。当然,对于人民检察院应当移送的材料、证据而未移送的,可以要求人民检察院补送。

四、庭前准备程序

人民法院决定对案件开庭审判后,为了保障法庭审判有序地进行,在开庭审判前要进行庭前准备程序。

(一)起诉书送达时间

1979年《刑事诉讼法》第110条规定,人民法院决定开庭审判后,应当将人民检察院的起诉书副本至迟在开庭7日以前送达被告人。

1996年《刑事诉讼法》第151条将送达起诉书的时间提前了3日,修改为至迟在开庭10日以前送达被告人。

2012年《刑事诉讼法》第182条第1款沿用了起诉书副本至迟在开庭10日以前送达的规定。但将送达对象扩大为被告人及其辩护人,即增加了起诉书副本送达辩护人。该修改有利于辩护人充分行使辩护权,有利于辩护人能够更好地进行辩护准备,保证其防御权。

(二)告知被告人可以委托辩护人及指定辩护

2012年《刑事诉讼法》在公诉案件这一章节删除了1996年《刑事诉讼法》第151条第2项中有关告知被告人可以委托辩护人及指定辩护的规定。该部分内容被统一规定在刑事诉讼法第一编第四章"辩护与代理"章节中。

(三)先期公布公开审判案件的情况的时间

1979年《刑事诉讼法》规定了公开审判的案件要先期公布案由、被告人姓名、开庭时间和地点。但是未对公布时间进行规定。

1996年《刑事诉讼法》第151条第1款第5项明确规定了先期公布公开审判案件的情况的时间,要求在开庭3日以前公布。该规定有利于确保案件相关人员及时了解案情。

2012年《刑事诉讼法》第182条第3款后半段沿用了该规定。

（四）庭前会议

2012年《刑事诉讼法》为了配合非法证据排除规则、证人出庭规则的修改,引入了庭前会议的机制。第182条第2款规定:"在开庭以前,审判人员可以召集公诉人、当事人和辩护人、诉讼代理人,对回避、出庭证人名单、非法证据排除等与审判相关的问题,了解情况,听取意见。"引入该机制的目的在于完善庭前准备程序,将庭前准备程序从单纯地召集开庭的活动转变为以解决庭审前程序性问题为主的预备性程序。法官在庭前就可能影响公正审判的问题听取意见,有助于法官确定庭审的主要争议点,有助于提高庭审的效率,防止庭审的拖延,保证庭审质量。

根据2012年《最高法院解释》第183条第1款的规定,审判人员在案件具有下列情形之一时,可以召开庭前会议:(1)当事人及其辩护人、诉讼代理人申请排除非法证据的;(2)证据材料较多、案情重大复杂的;(3)社会影响重大的;(4)需要召开庭前会议的其他情形。

人民法院通知人民检察院派员参加庭前会议的,由出席法庭的公诉人参加,必要时配备书记员担任记录。2012年《最高检察院规则》第431条、第432条规定,在庭前会议中,公诉人可以对案件管辖、回避、出庭证人、鉴定人、有专门知识的人的名单、辩护人提供的无罪证据、非法证据排除、不公开审理、延期审理、适用简易程序、庭审方案等与审判相关的问题提出和交换意见,了解辩护人收集的证据等情况。对辩护人收集的证据有异议的,应当提出。公诉人通过参加庭前会议,了解案件事实、证据和法律适用的争议和不同意见,解决有关程序问题,为参加法庭审理做好准备。当事人、辩护人、诉讼代理人在庭前会议中提出证据系非法取得,人民法院认为可能存在以非法方法收集证据情形的,人民检察院可以对证据收集的合法性进行证明。需要调查核实的,在开庭审理前进行。

召开庭前会议,根据案件情况,可以通知被告人参加。2012年《最高法院解释》第184条进一步明确规定了审判人员可以向控辩双方了解情况,听取意见的具体内容,即:(1)是否对案件管辖有异议;(2)是否申请有关人员回避;(3)是否申请调取在侦查、审查起诉期间公安机关、人民检察院收集但未随案移送的证明被告人无罪或者罪轻的证据材料;(4)是否提供新的证据;(5)是否对出庭证人、鉴定人、有专门知识的人的名单有异议;(6)是否申请排除非法证据;(7)是否申请不公开审理;(8)与审判相关的其他问题。审判人员可以询问控辩双方对证据材料有无异议,对有异议的证据,应当在庭审时重点调查;无异议的,庭审时举证、质证可以简化。被害人或者其法定代理人、近亲属提起附带民事诉讼的,可以调解。庭前会议情况应当制作笔录。

五、不公开审理

宪法规定,人民法院审理案件,除法律规定的特别情况外,一律公开进行。公开审理是我国刑事诉讼的一项重要的基本原则。它对于体现司法公开、公平、正义及保障当事人享有公平审判的权利和对审判活动进行社会监督都具有重要的意义。但是,在某些特殊的情况,不公开审理更有利于维护国家、社会的整体利益,保护公民个人的权利及商业秘密。"不公开审理"是指案件的审理过程不公开,对于依法不公开审理的案件,任何公民包括与审理该案无关的法院工作人员和被告人的近亲属都不得旁听,也不允许记者报道,但宣判一律公开进行。

1979年《刑事诉讼法》第111条第1款、第2款规定:"……有关国家机密或者个人阴私的案件,不公开审理。14岁以上不满16岁未成年人犯罪的案件,一律不公开审理。16岁以上不满18岁未成年人犯罪的案件,一般也不公开审理。"

1996年《刑事诉讼法》第152条第1款规范了不公开审理案件的用语。将"国家机密或者个人阴私"的表述中的"机密"修改为"秘密",将"阴私"修改为"隐私"。

对于不公开审理,1998年《最高法院解释》第121条也作出了规定:"审判案件应当公开进行。但是涉及国家秘密或者个人隐私的案件,不公开审理。对未成年被告人案件的审理,适用相关规定。对于当事人提出申请的确属涉及商业秘密的案件,法庭应当决定不公开审理。"

根据上述规定,应当不公开审理的案件包括四类:(1) 有关国家秘密的案件;(2) 有关个人隐私的案件;(3) 14 周岁以上不满 16 周岁未成年人犯罪的案件;(4) 当事人提出申请的确属涉及商业秘密的案件。可以不公开审理的案件是 16 周岁以上不满 18 周岁未成年人犯罪的案件。

2012 年《刑事诉讼法》吸收了 1998 年《最高法院解释》的规定,增加规定了涉及商业秘密的案件的不公开审理的情形。但是并未按 1998 年《最高法院解释》规定的"应当"不公开,而规定为依当事人申请"可以不公开审理"。即第 183 条第 1 款规定:"……涉及商业秘密的案件,当事人申请不公开审理的,可以不公开审理。"在第一审的关于不公开审理的规定中删除了对于未成年人犯罪案件的规定,转为在新增的第五篇特别程序第一章"未成年人刑事案件诉讼程序"中进行规定。其内容也由原来规定的"14 岁以上不满 16 岁未成年人犯罪的案件,一律不公开审理。16 岁以上不满 18 岁未成年人犯罪的案件,一般也不公开审理。"(第 152 条第 2 款)修改为"审判的时候被告人不满 18 周岁的案件,不公开审理"。(第 274 条)

根据 2012 年《刑事诉讼法》的修改,应当不公开审理的案件包括三类:(1) 有关国家秘密的案件;(2) 有关个人隐私的案件;(3) 审判的时候被告人不满 18 周岁的案件。可以不公开审理的案件是当事人申请不公开审理的涉及商业秘密的案件。

这次修改体现了对于未成年人被告人的保护的进一步加强。随着涉及商业秘密的案件的增多,对于该类案件是否不公开审判的决定权由原来的当事人享有,转移为法院决定。

此外,2012 年《刑事诉讼法》第 183 条第 2 款还规定,不公开审理的案件,应当当庭宣布不公开审理的理由。2012 年《最高法院解释》第 186 条第 3 款、第 187 条规定,不公开审理的案件,任何人不得旁听,但法律另有规定的除外。精神病人、醉酒的人、未经人民法院批准的未成年人以及其他不宜旁听的人不得旁听案件审理。

六、人民检察院派员出庭支持公诉

我国刑事诉讼中,提起公诉由人民检察院负责。人民检察院派员出庭支持公诉是检察机关履行追诉犯罪和法律监督职责的要求,也是发挥其诉讼职能的主要形式。

1979年《刑事诉讼法》规定,人民法院审判公诉案件,人民检察院应当派员出席法庭支持公诉,但是罪行较轻并经人民法院同意的案件例外。

1996年《刑事诉讼法》修改了人民检察院可以不派员出庭支持公诉的范围与条件。对人民检察院派员出庭支持公诉的例外作了修改,第153条规定:"……依照本法第175条的规定适用简易程序的,人民检察院可以不派员出席法庭。"这一修改,改变了是否可以不派员出席法庭支持公诉由人民法院同意的条件,也使人民检察院可以不派员出席法庭支持公诉案件的范围明确为适用简易程序的案件。适用简易程序审理的案件,人民检察院可以不派员出庭是考虑到适用简易程序的案件有限,有利于节省诉讼资源。但是,在司法实践中检察院不派员出庭就无法监督法院的庭审程序,不能发挥检察监督职能,同时公诉人也不能掌握法庭审理过程中出现的各种情况。审判人员同时扮演控诉方,违背了审判中立原则。

2012年《刑事诉讼法》第184条规定:"人民法院审判公诉案件,人民检察院应当派员出席法庭支持公诉。"删除了适用简易程序审理的案件,人民检察院可以不派员出席法庭的规定。所有公诉案件,人民检察院都应当派员出庭支持公诉,是检察诉讼监督职能的体现。此外,2012年《刑事诉讼法》对简易程序进行了大幅度的修改,扩大了适用简易程序审理的案件范围。考虑到这些案件中有些可能是比较重大,对被告人判处较长刑期的,没有公诉人出庭支持公诉不妥当。因此,在简易程序一节中第210条第2款规定:"适用简易程序审理公诉案件,人民检察院应当派员出席法庭。"据此,所有公诉案件都要求人民检察院派员出庭支持公诉。提起公诉的案件,人民检察院应当派员以国家公诉人的身份出席第一审法庭,支持公诉。公诉人应当由检察长、检察员或者经检察长批准代行检察员职务的助理检察员一人至数人担任,并配备书记员担任记录。

七、法庭审判

法庭审判是指人民法院的审判组织(合议庭或者独任庭)通过开庭的方式,在公诉人、当事人和其他诉讼参与人的参加下,调查核实证据,查清案件事实,充分听取控辩双方对证据、案件事实和法律适用的意见,依法确定被告人的行为是否构成犯罪,应否受到刑事处罚以及给予何种处罚的诉讼活动。

依据《刑事诉讼法》的规定,法庭审判程序大致可分为开庭、法庭调查、法庭辩论、被告人最后陈述、评议和宣判五个阶段。

(一)法庭调查阶段

1. 法庭调查阶段陈述、讯问、发问的顺序

1979年《刑事诉讼法》第114条规定,法庭调查阶段对被告人审问、讯问和发问的顺序是:审判人员审问后,公诉人讯问被告人,或者由被害人、附带民事诉讼的原告人和辩护人向被告人发问。该顺序在实践中出现两个问题:(1)审判人员审问被告人作为开庭后的重要程序,不利于审判人员居中听取双方意见;(2)不能充分发挥控辩双方的作用。

1996年《刑事诉讼法》对庭审方式进行改革,根据第155条的规定,将此顺序修改为:被告人、被害人就起诉书指控的犯罪进行陈述,或者公诉人讯问被告人后,由被害人、附带民事诉讼的原告人和辩护人、诉讼代理人向被告人发问,或者审判人员讯问被告人。根据修改后的规定,审判人员处于主持庭审的地位,主要是公诉人讯问、辩护人发问。在必要的时候,审判人员也可以讯问被告人。在发挥控辩双方作用的同时,也明确了控辩审三方的职责。有利于查明案情,得出正确的结论。

2012年《刑事诉讼法》未对该顺序进行修改。

2. 法庭调查阶段对被告人陈述、讯问、发问的条件

1979年《刑事诉讼法》第114条规定,在法庭调查阶段除审判人员审问

不受限制以外,公诉人讯问和其他当事人、诉讼参与人发问都必须经审判长许可。

1996年《刑事诉讼法》第155条修改为:被告人、被害人就起诉书指控的犯罪进行陈述和公诉人讯问被告人,不必经审判长许可;被害人、附带民事诉讼的原告人和辩护人、诉讼代理人向被告人发问,须经审判长许可;审判人员可以讯问被告人。此修改进一步明确了控辩审三方的职责。

2012年《刑事诉讼法》未对该规定进行修改。

根据2012年《最高法院解释》第197条、第198条规定,在审判长主持下,被告人、被害人可以就起诉书指控的犯罪事实分别陈述;公诉人可以就起诉书指控的犯罪事实讯问被告人。经审判长准许,被害人及其法定代理人、诉讼代理人可以就公诉人讯问的犯罪事实补充发问;附带民事诉讼原告人及其法定代理人、诉讼代理人可以就附带民事部分的事实向被告人发问;被告人的法定代理人、辩护人,附带民事诉讼被告人及其法定代理人、诉讼代理人可以在控诉一方就某一问题讯问完毕后向被告人发问。第199条规定,讯问同案审理的被告人,应当分别进行。必要时,可以传唤同案被告人等到庭对质。第200条规定,经审判长准许,控辩双方可以向被害人、附带民事诉讼原告人发问。第201条规定,审判人员可以讯问被告人。必要时,可以向被害人、附带民事诉讼当事人发问。

3. 证人、侦查人员和鉴定人的出庭作证

完善证人、鉴定人出庭制度是深化司法体制和工作机制改革的任务要求。证人、鉴定人出庭,有利于控辩双方就证言、鉴定意见中的有关问题进行当庭质证,有利于审判人员根据质证的情况对证言和鉴定意见的真伪以及在案件中的证明力作出判断,从而对案件作出正确判决。但在目前的司法实践中,证人、鉴定人应当出庭而不出庭的问题比较突出,既影响相关证据的证明力,也影响审判的公正性,需要通过法律规范予以解决。

2012年《刑事诉讼法》新增加了关于证人、鉴定人出庭的规定,是针对实际问题作出的庭审制度的重大改革和完善,也是审判程序中必须遵守的规范。其具体内容是:

(1) 明确证人出庭范围、强制出庭及不出庭的后果。

根据直接和言辞原则,证人作证、鉴定人的鉴定,要在法庭上经过控辩双方的质证才能作为定案根据。2012年《刑事诉讼法》第187条第1款新增证人出庭范围的规定:"公诉人、当事人或者辩护人、诉讼代理人对证人证言有异议,且该证人证言对案件定罪量刑有重大影响,人民法院认为证人有必要出庭作证的,证人应当出庭作证。"第2款规定:"人民警察就其执行职务时目击的犯罪情况作为证人出庭作证,适用前款规定。"也就是说,在维持了证人作证义务的同时,进一步明确规定了重要证人的作证义务。

证人证言是刑事诉讼法规定的证据种类之一。作为知晓案情的证人的证言对查明案件事实真相具有重要意义。根据2012年《刑事诉讼法》第59条的规定,证人证言必须在法庭上经过公诉人、被害人和被告人、辩护人双方质证并且查实以后,才能作为定案的根据。根据新增加的法律规定,在同时具备以下三个条件的情况下,证人应当出庭作证:一是公诉人、当事人或者辩护人、诉讼代理人对证人证言有异议。这里的"异议",既可以是实体性异议,也可以是程序性异议。异议的提出时间宜在开庭前的庭前会议之前或者会议时提出。此后,公诉人、当事人或者辩护人、诉讼代理人如果发现证人证言有瑕疵的,也可以随时向法庭提出。二是该证人证言对案件定罪量刑有重大影响。例如,证明发生了被指控的犯罪事实;证明了被告人实施了犯罪行为等。三是人民法院认为证人有必要出庭作证的。人民法院对于应当出庭的证人有最终审查权。对此,2012年《最高法院解释》第205条规定,公诉人、当事人或者辩护人、诉讼代理人对证人证言有异议,且该证人证言对定罪量刑有重大影响,或者对鉴定意见有异议,申请法庭通知证人、鉴定人出庭作证,人民法院认为有必要的,应当通知证人、鉴定人出庭;无法通知或者证人、鉴定人拒绝出庭的,应当及时告知申请人。

但是,对于未出庭作证证人的证言是否应该排除,法律未作规定。根据《最高人民法院、最高人民检察院、公安部、国家安全部、司法部关于办理死刑案件审查判断证据若干问题的规定》第15条的规定,办理死刑案件时,"对未出庭作证证人的书面证言,应当听取出庭检察人员、被告人及其辩护人的意见,并结合其他证据综合判断。未出庭作证证人的书面证言出现矛盾,不能排除矛盾且无证据印证的,不能作为定案的根据。"参照此规定,对于未出庭作证证人的证言是否应该排除的问题,应该由法官根据案件的具体情况,结合其他证据予以确定。

根据2012年《最高法院解释》第202条第1款的规定,公诉人可以提请审判长通知证人、鉴定人出庭作证,或者出示证据。被害人及其法定代理人、诉讼代理人,附带民事诉讼原告人及其诉讼代理人也可以提出申请。第206条规定,证人具有下列情形之一,无法出庭作证的,人民法院可以准许其不出庭:(1)在庭审期间身患严重疾病或者行动极为不便的;(2)居所远离开庭地点且交通极为不便的;(3)身处国外短期无法回国的;(4)有其他客观原因,确实无法出庭的。具有以上规定情形的,可以通过视频等方式作证。第207条规定,证人出庭作证所支出的交通、住宿、就餐等费用,人民法院应当给予补助。第213条规定,向证人发问应当遵循以下规则:(1)发问的内容应当与本案事实有关;(2)不得以诱导方式发问;(3)不得威胁证人;(4)不得损害证人的人格尊严。前款规定适用于对被告人、被害人、附带民事诉讼当事人、鉴定人、有专门知识的人的讯问、发问。

2012年《刑事诉讼法》新增第188条规定了强制证人到庭和对拒不出庭作证的证人的处理,即"经人民法院通知,证人没有正当理由不出庭作证的,人民法院可以强制其到庭,但是被告人的配偶、父母、子女除外。证人没有正当理由拒绝出庭或者出庭后拒绝作证的,予以训诫,情节严重的,经院长批准,处以10日以下的拘留。被处罚人对拘留决定不服的,可以向上一级人民法院申请复议。复议期间不停止执行"。"强制其到庭",是指人民法院派法警采用强制手段,将证人带至法庭。强制证人出庭的条件是:第一,证人经人民法院通知出庭作证。第二,证人没有2012年《最高法院解释》第206条规定的正当理由不出庭作证。第三,证人并非被告人的配偶、父母、子女。2012年《最高法院解释》第208条规定:"强制证人出庭的,应当由院长签发强制证人出庭令。"可以由司法警察执行,也可以由人民法院其他工作人员执行,但执行人员不得少于二人。对于拒不到庭或者出庭后拒绝作证的处理措施的规定是确保证人出庭的保障性规定。

(2)新增侦查人员和鉴定人出庭作证的规定。

2012年《刑事诉讼法》第187条第2款是关于警察作为目击证人出庭作证的规定,人民警察就其执行职务时目击的犯罪情况作为证人出庭作证,适用证人出庭的规定。根据该规定,警察出庭作证仅限于目击犯罪的情况,不包括通过勘验、检查等而获知案情的情形。根据2012年《公安部规定》第

68条的规定,人民法院认为现有证据材料不能证明证据收集的合法性,通知有关侦查人员或者其他人员出庭说明情况的,有关侦查人员或者其他人员应当出庭。必要时,有关侦查人员或者其他人员也可以要求出庭说明情况。经人民法院通知,人民警察应当就其执行职务时目击的犯罪情况出庭作证。

2012年《刑事诉讼法》第187条第3款是关于鉴定人出庭的规定:"公诉人、当事人或者辩护人、诉讼代理人对鉴定意见有异议,人民法院认为鉴定人有必要出庭的,鉴定人应当出庭作证。经人民法院通知,鉴定人拒不出庭作证的,鉴定意见不得作为定案的根据。"该规定包括鉴定人出庭条件和对不出庭的鉴定人的鉴定意见的处理两个方面的内容。鉴定人在同时具备以下两个条件的情况下应当出庭:一是公诉人、当事人或者辩护人、诉讼代理人对鉴定意见有异议;二是人民法院认为鉴定人有必要出庭的。根据2012年《最高法院解释》第86条和第205条的规定,公诉人、当事人或者辩护人、诉讼代理人对鉴定意见有异议,申请法庭通知鉴定人出庭作证,人民法院认为有必要的,应当通知鉴定人出庭。将人民法院通知,鉴定人拒不出庭作证的,鉴定意见不得作为定案的根据。也就是说,经人民法院通知,无论鉴定人不出庭是否有正当的理由,也不论其是否给予不可抗力的原因,在鉴定人不出庭的情况下,该鉴定意见均不得作为定案的根据,不具有证据作用。但是,根据《最高法院解释》第86条第2款的规定,鉴定人由于不能抗拒的原因或者有其他正当理由无法出庭的,人民法院可以根据情况决定延期审理或者重新鉴定。同条第3款规定:"对没有正当理由拒不出庭作证的鉴定人,人民法院应当通报司法行政机关或者有关部门。"对于鉴定人故意作虚假鉴定的,应当依法追究其法律责任。

4. 对证人询问、发问的方式

1979年《刑事诉讼法》第115条规定,审判人员、公诉人询问证人,不受限制;当事人和辩护人向证人发问,或者申请审判长发问,或者请求审判长许可后自己直接发问。

1996年《刑事诉讼法》第156条将其修改为:公诉人、当事人和辩护人、诉讼代理人向证人发问,须经审判长许可;审判人员询问证人,不受限制。根据该修改,加强了庭审功能,能够发挥控辩双方的作用。另外,增加了诉讼代理人可以询问证人和鉴定人的规定。

2012年《刑事诉讼法》对该规定未作修改。

5. 出示、宣读和辨认证据的主体

1979年《刑事诉讼法》第116条规定:"审判人员应当向被告人出示物证,让他辨认;对未到庭的证人的证言笔录、鉴定人的鉴定结论、勘验笔录和其他作为证据的文书,应当当庭宣读,并且听取当事人和辩护人的意见。"根据该规定,在法庭审理过程中,出示物证、宣读未到庭的证人的证言笔录、鉴定人的鉴定结论、勘验笔录和其他作为证据的文书都由审判人员宣读。导致审判人员大包大揽,代替了公诉人的举证责任。而且容易导致审判人员先入为主,造成出示的证据主观性强,较为片面,使庭审流于形式。

1996年《刑事诉讼法》第157条将这一规定修改为:公诉人、辩护人出示和宣读证据,当事人辨认物证,公诉人、当事人和辩护人、诉讼代理人对宣读的证据文书发表意见。这一修改,有利于充分调动公诉人、辩护人在庭审中的积极性。使审判人员能够较为客观、公正的审理案件。

6. 法庭休庭调查核实证据权及其手段

1979年《刑事诉讼法》第109条规定:"人民法院在必要的时候,可以进行勘验、检查、搜查、扣押和鉴定。"按照这一规定,人民法院自决定开庭审判起至法庭审判结束止,如果认为必要,都可以对案件进行勘验、检查、搜查、扣押和鉴定。而没有对法庭调查阶段的休庭作出规定。

1996年《刑事诉讼法》第158条增加关于休庭的规定:"法庭审理过程中,合议庭对证据有疑问的,可以宣布休庭,对证据进行调查核实。人民法院调查核实证据,可以进行勘验、检查、扣押、鉴定和查询、冻结。"人民法院进行这些调查活动的时间是"法庭审理过程中",其前提条件是"合议庭对证据有疑问的",其范围是"对证据进行调查核实"。

此外,1996年《刑事诉讼法》第158条还增加了人民法院进行调查活动的手段的规定,除了进行勘验、检查、搜查、扣押和鉴定以外,增加了查询和冻结的手段。

2012年《刑事诉讼法》根据实践需要,增加人民法院调查核实证据时可以使用"查封"措施。这主要是考虑到司法实践中对于不动产等不方便移动的证据所采取的相应措施。

2012年《最高法院解释》第220条第1款规定,法庭对证据有疑问的,可以告知公诉人、当事人及其法定代理人、辩护人、诉讼代理人补充证据或者作出说明;必要时,可以宣布休庭,对证据进行调查核实。第221条第2款规定,辩护方提出需要对新的证据作辩护准备的,法庭可以宣布休庭,并确定准备辩护的时间。

7. 申请有专门知识的人出庭

2012年《刑事诉讼法》新增加了申请有专门知识的人出庭的规定。第192条第2款、第3款、第4款规定,公诉人、当事人和辩护人、诉讼代理人可以申请法庭通知有专门知识的人出庭,就鉴定人作出的鉴定意见提出意见。法庭对于上述申请,应当作出是否同意的决定。有专门知识的人出庭,适用鉴定人的有关规定。增加申请有专门知识的人出庭就鉴定意见提出意见的内容主要是为了加强对鉴定意见的质证,保证公正审判。

根据2012年《最高法院解释》第217条第1款、第2款的规定,公诉人、当事人及其辩护人、诉讼代理人申请法庭通知有专门知识的人出庭,就鉴定意见提出意见的,应当说明理由。法庭认为有必要的,应当通知有专门知识的人出庭。申请有专门知识的人出庭,不得超过二人。有多种类鉴定意见的,可以相应增加人数。可见,并未限定有专门知识的人的范围,除了具有司法鉴定资格的人员以外,实践中教授、医生、工程师和会计师等均可以作为有专门知识的人出庭。

(二)法庭辩论阶段

1979年《刑事诉讼法》第118条对法庭辩论进行了规定:"法庭调查后,应当由公诉人发言,被害人发言,然后由被告人陈述和辩护,辩护人进行辩护,并且可以互相辩论。审判长在宣布辩论终结后,被告人有最后陈述的权利。"按照该规定,在法庭调查结束后,案情基本查清的情况下,才开始法庭辩论,也就是说,法庭调查和法庭辩论被划分成为两个截然不同的诉讼阶段。其实,辩论是调查的一种形式,法庭调查和法庭辩论是相辅相成的、交织进行的程序。如果强行划分法庭调查与法庭辩论阶段,容易导致法庭辩论形式化。

1996年《刑事诉讼法》第160条修改为:"经审判长许可,公诉人、当事人和辩护人、诉讼代理人可以对证据和案件情况发表意见并且可以互相辩论……"明确了法庭辩论须经审判长许可。

2012年《刑事诉讼法》在此基础上,进一步明确了法庭调查和辩论的内容,第193条第1款规定:"法庭审理过程中,对与定罪、量刑有关的事实、证据都应当进行调查、辩论。"即将量刑纳入了法庭审理程序。这是最高人民法院制定《人民法院量刑指导意见(试行)》《人民法院量刑程序指导意见(试行)》,最高人民法院、最高人民检察院、公安部、国家安全部、司法部联合制定《关于规范量刑程序若干问题的意见(试行)》后,量刑规范化改革在《刑事诉讼法》上的落实。

根据2012年《最高法院解释》第228条的规定,合议庭认为案件事实已经调查清楚的,应当由审判长宣布法庭调查结束,开始就定罪、量刑的事实、证据和适用法律等问题进行法庭辩论。第229条规定,法庭辩论应当在审判长的主持下,按照下列顺序进行:(1)公诉人发言;(2)被害人及其诉讼代理人发言;(3)被告人自行辩护;(4)辩护人辩护;(5)控辩双方进行辩论。在有多名被告人并有辩护人的案件中,一般在被告人自行辩护后,由该被告人的辩护人发表辩护意见,使被告人及其辩护人的辩护连贯。

根据2012年《最高法院解释》第232条—第234条规定,附带民事部分的辩论应当在刑事部分的辩论结束后进行。先由附带民事诉讼原告人及其诉讼代理人发言,后由附带民事诉讼被告人及其代理人答辩。法庭辩论过程中,审判长应当充分听取控辩双方的意见,对控辩双方与案件无关、重复或者指责对方的发言应当提醒、制止。法庭辩论过程中,合议庭发现与定罪、量刑有关的新的事实,有必要调查的,审判长可以宣布暂停辩论,恢复法庭调查,在对新的事实调查后,继续法庭辩论。

此外,关于法庭辩论中的量刑程序,根据2012年《最高法院解释》第230条规定,就量刑,人民检察院可以提出量刑建议并说明理由,量刑建议一般应当具有一定的幅度。当事人及其辩护人、诉讼代理人也可以对量刑提出意见并说明理由。第231条规定,对被告人认罪的案件,法庭辩论时,可以引导控辩双方主要围绕量刑和其他有争议的问题进行。对被告人不认罪或者辩护人作无罪辩护的案件,法庭辩论时,可以引导控辩双方先辩论定罪问题,后辩论量刑问题。

（三）法庭秩序

1979年《刑事诉讼法》第119条规定："在法庭审判过程中，如果诉讼参与人违反法庭秩序，审判长应当警告制止；情节严重的，可以责令退出法庭或者依法追究刑事责任。"这一规定过于笼统，不利于司法实践中的运用。

1996年《刑事诉讼法》第161条将此规定修改为："在法庭审判过程中，如果诉讼参与人或者旁听人员违反法庭秩序，审判长应当警告制止。对不听制止的，可以强行带出法庭；情节严重的，处以1000元以下的罚款或者15日以下的拘留。罚款、拘留必须经院长批准。被处罚人对罚款、拘留的决定不服的，可以向上一级人民法院申请复议。复议期间不停止执行。对聚众哄闹、冲击法庭或者侮辱、诽谤、威胁、殴打司法工作人员或者诉讼参与人，严重扰乱法庭秩序，构成犯罪的，依法追究刑事责任。"根据该规定，对于违反法庭秩序的人员规定了具体处罚措施，既起到威慑的作用，也利于司法实践中诉讼参与人或者旁听人员一旦违反法庭秩序后的操作。

2012年《刑事诉讼法》对此规定未作修改。

2012年《最高法院解释》第249条规定，法庭审理过程中，诉讼参与人、旁听人员应当遵守以下纪律：（1）服从法庭指挥，遵守法庭礼仪；（2）不得鼓掌、喧哗、哄闹、随意走动；（3）不得对庭审活动进行录音、录像、摄影，或者通过发送邮件、博客、微博客等方式传播庭审情况，但经人民法院许可的新闻记者除外；（4）旁听人员不得发言、提问；（5）不得实施其他扰乱法庭秩序的行为。第250条第1款规定，法庭审理过程中，诉讼参与人或者旁听人员扰乱法庭秩序的，审判长应当按照分情形作出如下处理：（1）情节较轻的，应当警告制止并进行训诫；（2）不听制止的，可以指令法警强行带出法庭；（3）情节严重的，报经院长批准后，可以对行为人处1000元以下的罚款或者15日以下的拘留；（4）未经许可录音、录像、摄影或者通过邮件、博客、微博客等方式传播庭审情况的，可以暂扣存储介质或者相关设备。第251条规定，担任辩护人、诉讼代理人的律师严重扰乱法庭秩序，被强行带出法庭或者被处以罚款、拘留的，人民法院应当通报司法行政机关，并可以建议依法给予相应处罚。第252条规定，聚众哄闹、冲击法庭或者侮辱、诽谤、威胁、殴打司法工作人员或者诉讼参与人，严重扰乱法庭秩序，构成犯罪的，应当依法追究刑事责任。此外,根据第 250 第 2 款的规定,对违反法庭秩序处以罚款、拘留处分的诉讼参与人、旁听人的救济程序是:诉讼参与人、旁听人员对罚款、拘留的决定不服的,可以直接向上一级人民法院申请复议,也可以通过决定罚款、拘留的人民法院向上一级人民法院申请复议。通过决定罚款、拘留的人民法院申请复议的,该人民法院应当自收到复议申请之日起 3 日内,将复议申请、罚款或者拘留决定书和有关事实、证据材料一并报上一级人民法院复议。复议期间,不停止决定的执行。

(四)判决

1. 判决的种类

按照 1979 年《刑事诉讼法》的规定,判决分为三类:有罪判决、无罪判决和免除刑罚的判决。

1996 年《刑事诉讼法》修改后,判决分为两类:有罪判决和无罪判决。其中,无罪判决又分为两种:无罪的无罪判决和证据不足、指控的犯罪不能成立的无罪判决。

2. 判决的内容

1979 年《刑事诉讼法》对于判决的内容只有笼统的规定,合议庭"作出被告人有罪或者无罪、犯的什么罪、适用什么刑罚或者免除刑罚的判决"。

1996 年《刑事诉讼法》第 162 条对判决的内容作了具体的规定,合议庭分别"作出以下判决:(1)案件事实清楚,证据确实、充分,依据法律认定被告人有罪的,应当作出有罪判决;(2)依据法律认定被告人无罪的,应当作出无罪判决;(3)证据不足,不能认定被告人有罪的,应当作出证据不足、指控的犯罪不能成立的无罪判决。"本条主要是基于司法实践中审判工作的经验进行的修改。对合议庭进行评议后,应当在什么情况下作出有罪判决,什么情况下作出无罪判决,作出了明确的规定。特别是对于证据不足,不能认定被告人有罪的案件的处理,是司法实践中存在争议的问题。对于一些案件,特别是重大案件,被告人定罪缺乏充足的证据,又不敢放人,案件往往被拖很长时间,最终还是无法判决,这不利于保护公民的合法权益。此次修改从切实保护公民的权利,保障无罪的人不受刑事追究的角度出发,明确规定,对于经过开庭审理,包括补充侦查后,证据不足以证实被告人有罪的,应当宣告无罪,不应长期把案件挂起来。

2012年《刑事诉讼法》维持了原来的规定,并在第53条的规定中对"证据确实、充分"应当符合的条件作出了明确的规定,更利于司法操作。

2012年《最高法院解释》第241条第1款对判决作了进一步的规定:"对第一审公诉案件,人民法院审理后,应当按照下列情形分别作出判决、裁定:(1)起诉指控的事实清楚,证据确实、充分,依据法律认定指控被告人的罪名成立的,应当作出有罪判决;(2)起诉指控的事实清楚,证据确实、充分,指控的罪名与审理认定的罪名不一致的,应当按照审理认定的罪名作出有罪判决;(3)案件事实清楚,证据确实、充分,依据法律认定被告人无罪的,应当判决宣告被告人无罪;(4)证据不足,不能认定被告人有罪的,应当以证据不足、指控的犯罪不能成立,判决宣告被告人无罪;(5)案件部分事实清楚,证据确实、充分的,应当作出有罪或者无罪的判决;对事实不清、证据不足部分,不予认定;(6)被告人因不满16周岁,不予刑事处罚的,应当判决宣告被告人不负刑事责任;(7)被告人是精神病人,在不能辨认或者不能控制自己行为时造成危害结果,不予刑事处罚的,应当判决宣告被告人不负刑事责任;(8)犯罪已过追诉时效期限且不是必须追诉,或者经特赦令免除刑罚的,应当裁定终止审理;(9)被告人死亡的,应当裁定终止审理;根据已查明的案件事实和认定的证据,能够确认无罪的,应当判决宣告被告人无罪。"

3. 判决书的送达

1979年和1996年《刑事诉讼法》对于判决书,只要求送达当事人和提起公诉的人民检察院。

2012年《刑事诉讼法》第196条第2款的规定扩大了判决书送达的对象,即判决书还应当送达辩护人、诉讼代理人。在修改《刑事诉讼法》时,有律师等提出,由于此前的法律未规定判决书应当送达辩护人、诉讼代理人,使得实践中经常会发生辩护人、诉讼代理人在判决宣告后很长时间不知道已经判决和判决结果的情况,不利于辩护人、诉讼代理人帮助其委托人提出上诉、申诉或者依法行使其他诉讼权利。此次修改新增规定,使辩护人和诉讼代理人可以及时获知判决结果,有利于更好地保障被告人的合法权利。

4. 判决书的署名

1979年《刑事诉讼法》第122条规定:"判决书应当由合议庭的组成人

员和书记员署名……"

1996年《刑事诉讼法》对该条规定未作修改。

2012年《刑事诉讼法》第197条将该规定修改为:"判决书应当由审判人员和书记员署名……"这主要是考虑到人民法院审理案件既有合议庭进行审判的,也有审判员一人独任审判的。判决书只能由审判该案件的审判人员签署。因此做了上述修改。

八、中止审理、延期审理和终止审理

(一)中止审理

1979年和1996年《刑事诉讼法》都没有对中止审理进行明确的规定。但是在司法解释中有规定。1998年《最高法院解释》第181条规定:"在审判过程中,自诉人或者被告人患精神病或者其他严重疾病,以及案件起诉到人民法院后被告人脱逃,致使案件在较长时间内无法继续审理的,人民法院应当裁定中止审理。由于其他不能抗拒的原因,使案件无法继续审理的,可以裁定中止审理。中止审理的原因消失后,应当恢复审理。中止审理的期间不计入审理期限。"

2012年《刑事诉讼法》结合此前的司法解释,在第200条新增了关于中止审理的情形的规定:"在审判过程中,有下列情形之一,致使案件在较长时间内无法继续审理的,可以中止审理:(1)被告人患有严重疾病,无法出庭的;(2)被告人脱逃的;(3)自诉人患有严重疾病,无法出庭,未委托诉讼代理人出庭的;(4)由于不能抗拒的原因。中止审理的原因消失后,应当恢复审理。中止审理的期间不计入审理期限。"本规定使中止审理及其恢复有了《刑事诉讼法》上的依据。

(二)延期审理

1979年《刑事诉讼法》第123条规定,有下列情形之一的,可以延期审理:(1)需要通知新的证人到庭,调取新的物证,重新鉴定或者勘验的;(2)检察人员发现提起公诉的案件需要补充侦查,提出建议的;(3)合议庭认为案件证据不充分,或者发现新的事实,需要退回人民检察院补充侦查或者自行调查的;(4) 由于当事人申请回避而不能进行审判的。

1996 年《刑事诉讼法》删除了第三种可以延期审理的情形,即删除了人民法院退回人民检察院补充侦查或者自行调查的规定。删除该规定是因为:庭审方式改革后,开庭前审判人员不再核实证据,庭审中只由公诉人举证,就公诉人指控的犯罪进行法庭调查和辩论,如果证明犯罪的证据确实、充分,应当依法作出有罪判决,对证据有疑问的,可以休庭,对证据进行调查核实,如果证据不足以认定被告人有罪的,则应作出指控的犯罪不成立的无罪判决,除了人民检察院主动提出退回补充侦查的建议外,法庭不再将案件退回补充侦查。

2012 年《刑事诉讼法》将 1979 年和 1996 年《刑事诉讼法》中"由于当事人申请回避而不能进行审判的"情形,删除"当事人",修改为"由于申请回避而不能进行审判的"(第 198 条第 3 项)。这主要是考虑到,2012 年《刑事诉讼法》新增加了辩护人、诉讼代理人有权申请审判人员、检察人员、侦查人员以及书记员、翻译人员和鉴定人等人员回避的规定。因此,根据此次修改,扩大了可以延期审理的申请回避的主体范围。辩护人、诉讼代理人申请回避导致案件不能进行审判的,人民法院也可以决定延期审理。

(三) 终止审理

1979 年《刑事诉讼法》没有对终止审理的情形作出规定。

1996 年《刑事诉讼法》对终止审理的情形作出了明确规定,在关于对不追究刑事责任案件进行处理的条文中增加了关于终止审理的规定,即第 15 条规定:"有下列情形之一的,不追究刑事责任,已经追究的,应当撤销案件,或者不起诉,或者终止审理,或者宣告无罪:(1) 情节显著轻微、危害不大,不认为是犯罪的;(2) 犯罪已过追诉时效期限的;(3) 经特赦令免除刑罚的;(4) 依照刑法告诉才处理的犯罪,没有告诉或者撤回告诉的;(5) 犯罪嫌疑人、被告人死亡的;(6) 其他法律规定免予追究刑事责任的。"

2012 年《刑事诉讼法》对该条规定未作修改。

九、审理期限

(一) 延长审理期限

1979年《刑事诉讼法》第125条规定的公诉案件第一审审理期限是"人民法院审理公诉案件,应当在受理后1个月以内宣判,至迟不得超过一个半月。"此后,全国人大常委会1984年7月通过了《关于刑事案件办案期限的补充规定》,对办案期限作了补充规定。关于第一审案件的期限,对于重大的犯罪集团案件和流窜作案的重大复杂案件,经省、自治区、直辖市高级人民法院批准或者决定可以延长1个月。此外规定,交通十分不便的边远地区的重大复杂的刑事案件,可以适当延长。

1996年《刑事诉讼法》吸收了《关于刑事案件办案期限的补充规定》的相关规定,第168条规定,对于有下列情形之一的,经省、自治区、直辖市高级人民法院批准或者决定,可以再延长1个月:(1) 交通十分不便的边远地区的重大复杂案件;(2) 重大的犯罪集团案件;(3) 流窜作案的重大复杂案件;(4) 犯罪涉及面广,取证困难的重大复杂案件。

2012年《刑事诉讼法》第202条进一步全面延长了公诉案件的审理期限。具体内容如下:

(1) 对于一般公诉案件,由原来的"在受理后1个月以内宣判,至迟不得超过一个半月"延长为"在受理后2个月以内宣判,至迟不得超过3个月"。

(2) 对于经批准延长的案件,增加了经批准可以延长的案件种类。在1996年《刑事诉讼法》规定的四种情形的基础上,增加了两类案件,即可能判处死刑的案件和附带民事诉讼的案件。关于批准主体的规定,由"省、自治区、直辖市高级人民法院"改为"上一级人民法院",且再延长的期限由"1个月"改为"3个月"。新规定了特殊情况还需要延长的,报请最高人民法院批准。

以上修改主要是考虑到审判是决定被告人是否构成犯罪和判处刑罚的最关键程序,不宜因审理期限而影响案件质量。因此,根据司法实务的需要做了有针对性的修改。

(二) 补充侦查期限

1996年《刑事诉讼法》第166条新增关于补充侦查期限的规定,对于人民检察院在法庭审理中申请补充侦查的案件,人民检察院应当在1个月以内补充侦查完毕。这是根据实际办案的需要,并合理吸收1984年全国人大常委会通过的《关于刑事案件办案期限的补充规定》第6条的规定而进行的修改。

2012年《刑事诉讼法》沿用了该规定。

(三) 重新计算审理期限

1996年《刑事诉讼法》第168条第2款、第3款新增关于重新计算审理期限的方法的规定,改变管辖案件重新计算的审理期限,"从改变后的人民法院收到案件之日起计算";人民检察院补充侦查案件重新计算的审理期限,从"补充侦查完毕移送人民法院后,人民法院重新计算"。2012年《刑事诉讼法》沿用了该规定。

十、自诉案件第一审程序

(一) 自诉案件的种类

1979年《刑事诉讼法》第13条第1款规定:"告诉才处理和其他不需要进行侦查的轻微的刑事案件,由人民法院直接受理,并可以进行调解。"按照此规定,自诉案件包括两类:一是告诉才处理的案件;另一个是不需要进行侦查的轻微的刑事案件。根据此范围,出现两个问题:一是"其他不需要进行侦查的轻微的刑事案件"的规定太笼统,在实践中难以把握;二是1979年《刑事诉讼法》主要偏重于维护国家追诉权,对被害人权利的保护较少,实践中出现了公民权利受到犯罪分子侵害,而公安机关和检察院出于各种原因不管的情况下,被害人告状无门。

1996年《刑事诉讼法》第170条规定了自诉案件的种类:"自诉案件包

括下列案件:(1)告诉才处理的案件;(2)被害人有证据证明的轻微刑事案件;(3)被害人有证据证明对被告人侵犯自己人身、财产权利的行为应当依法追究刑事责任,而公安机关或者人民检察院不予追究被告人刑事责任的案件。"此次修改解决了上面提到的两个问题。

2012年《刑事诉讼法》沿用了1996年《刑事诉讼法》关于自诉案件范围的规定。

(二)自诉案件的处理方式

1979年《刑事诉讼法》第126条规定:"人民法院对于自诉案件进行审查后,可以按照下列情形分别处理:(1)犯罪事实清楚,有足够证据的案件,应当开庭审判;(2)必须由人民检察院提起公诉的案件,应当移送人民检察院;(3)缺乏罪证的自诉案件,如果自诉人提不出补充证据,经人民法院调查又未能收集到必要的证据,应当说服自诉人撤回自诉,或者裁定驳回;(4)被告人的行为不构成犯罪的案件,应当说服自诉人撤回自诉,或者裁定驳回。"根据此规定,对自诉案件的处理有三种方式:开庭审判;移送人民检察院;说服自诉人撤回自诉或者裁定驳回。

1996年《刑事诉讼法》第171条第1款将自诉案件的处理方式的规定修改为"人民法院对于自诉案件进行审查后,按照下列情形分别处理:(1)犯罪事实清楚,有足够证据的案件,应当开庭审判;(2)缺乏罪证的自诉案件,如果自诉人提不出补充证据,应当说服自诉人撤回自诉,或者裁定驳回。"主要修改内容是:(1)删除了"必须由人民检察院提起公诉的案件,应当移送人民检察院"的规定。这主要是为了结合自诉案件范围的修改的考虑。(2)删除了"经人民法院调查又未能收集到必要的证据"的规定。这是考虑到1996年《刑事诉讼法》明确规定由控诉方承担举证责任,人民法院不再主动调查取证。(3)删除了1979年条文的第四项规定。因为原文规定的"被告人的行为不构成犯罪的案件"可以归入缺乏罪证的案件。

(三)自诉人的出庭责任

1996年《刑事诉讼法》第171条第2款增加了自诉人出庭责任的规定:"自诉人经两次依法传唤,无正当理由拒不到庭的,或者未经法庭许可中途退庭的,按撤诉处理。"主要是自诉人既然提出了诉讼,就应当负有积极配合的义务,如果自诉人不到庭或者退庭,庭审缺乏控诉方,就无法进行法庭审理。

(四) 休庭调查核实证据权

1996年《刑事诉讼法》第171条第3款新增规定,法庭审理过程中,审判人员对证据有疑问,需要调查核实的,可以宣布休庭,对证据进行调查核实。

(五) 不适用调解案件

1979年《刑事诉讼法》第127条规定:"人民法院对自诉案件,可以进行调解;自诉人在宣告判决前,可以同被告人自行和解或者撤回自诉。"

1996年《刑事诉讼法》对此条规定作了补充规定,在第172条中增加"第170条第3项规定的案件不适用调解"的规定。亦即被害人有证据证明对被告人侵犯自己人身、财产权利的行为应当依法追究刑事责任,而公安机关或者人民检察院不予追究被告人刑事责任的案件不适用调解。此类案件不适用调解是因为,法律没有对此类自诉案件的严重程度进行限制规定。因此,此类自诉案件有可能是严重侵犯人身权利或者财产权利的犯罪。为了能够正确、公正地处理此类自诉案件,方规定此类案件不适用调解,必须经过审判作出判决。

(六) 自诉案件的审理期限

1979年和1996年《刑事诉讼法》都没有规定自诉案件的审理期限,直接导致司法实践中有些自诉案件久拖不判,使当事人的权利无法得到及时的保障。

2012年《刑事诉讼法》第206条第2款增加了关于人民法院审理自诉案件的期限的规定。自诉案件被告人被羁押的,人民法院按照审理公诉案件的期限进行审理。被告人未被羁押的,人民法院应当在受理后6个月以内宣判,也就是与《民事诉讼法》审理普通民事案件的期限相同。

十一、简易程序

1979年《刑事诉讼法》未规定简易程序。

在犯罪不断增加,而普通诉讼程序繁琐、难于应付的情况下,世界各国均根据本国国情采用形式不同的简易程序提高诉讼效率,简易程序的增设是世界刑事诉讼制度发展的大势所趋。1996年《刑事诉讼法》,为了应对改革开放以后及市场经济条件下刑事案件猛增的局面,降低诉讼成本,提高诉讼效率,减轻诉讼当事人的讼累,促进司法资源的合理配置,实现繁简分流,在刑事诉讼法中增设了简易程序专节。1996年《刑事诉讼法》明确了简易程序的适用范围,规定了简易程序相比普通程序可以简化的诉讼环节,以及更短的审理期限,简易程序转为普通程序等条款。随着经济、社会的不断发展,1996年《刑事诉讼法》所确立的简易程序不能满足司法实践的需要,为了进一步优化司法资源的配置,提高诉讼效率,一些法院、检察院又在普通程序基础上探索了被告人认罪的简化审理程序,2003年,最高人民法院、最高人民检察院、司法部联合出台了《关于适用普通程序审理被告人认罪案件的若干意见》明确了这种程序的诉讼地位和适用规则。

2012年《刑事诉讼法》总结审判经验,在吸收被告人认罪案件审理程序基本原则和精神的基础上,依据可能判处的不同的刑罚,规定了相应的审判组织、审理期限;明确规定适用简易程序的公诉案件,检察院应当派员出庭,健全了简易程序中的三方诉讼结构。简易程序的增设和改革不仅符合当今世界各国刑事诉讼制度改革的趋势,而且也是我国司法实践的客观需要,具有重要意义。

(一)简易程序的适用条件和范围

1. 简易程序的适用条件

1996年《刑事诉讼法》第174条规定:"人民法院对于下列案件,可以适用简易程序,由审判员一人独任审判:(1)对依法可能判处3年以下有期徒刑、拘役、管制、单处罚金的公诉案件,事实清楚、证据充分,人民检察院建议或者同意适用简易程序的;(2)告诉才处理的案件;(3)被害人起诉的有证据证明的轻微刑事案件。"

2012年《刑事诉讼法》扩大了简易程序的适用范围。该法第208条第1款的规定,基层人民法院管辖的案件,符合下列条件的,可以适用简易程序审判:(1)案件事实清楚、证据充分的;(2)被告人承认自己所犯罪行,对指控的犯罪事实没有异议的;(3)被告人对适用简易程序没有异议的。这就意味着,适用简易程序审理的案件,必须同时满足以下三个条件:第一,案件事实清楚、证据充分。"案件事实清楚,是指与定罪量刑有关的事实、情节清楚;证据充分,是指与定罪量刑有关的事实、情节有相应的证据证明。"[1]需要注意的是,此处的条件中只是要求证据充分,未要求证据确实,因为是否确实,只有经过审理才能确知。第二,被告人承认自己所犯罪行,对指控的犯罪事实没有异议。这里"承认自己所犯罪行",是指被告人对起诉书中对其指控的罪名和犯罪行为供认不讳。"对犯罪事实没有异议",即指被告人对起诉书中所指控的犯罪行为和犯罪证据都没有异议。[2] 第三,被告人对适用简易程序没有异议。此条件是2012年《刑事诉讼法》吸收司法解释的规定,新增加的适用简易程序的条件,这一条件在某种程度上赋予被告人对简易程序的选择权,有利于保障被告人的诉讼主体地位。当然,在确定被告人对适用简易程序是否有异议时,应当让被告人了解简易程序的相关法律规定以及适用简易程序的法律后果,唯有如此,才能保证被告人作出明智、自愿的选择。

2. 不能适用简易程序的情形

1996年《刑事诉讼法》未规定不能适用简易程序的案件范围。但是,1998年《最高法院解释》第222条规定,人民法院审理具有以下情形之一的案件,不应当适用简易程序:(1)公诉案件的被告人对于起诉指控的犯罪事实予以否认的;(2)比较复杂的共同犯罪案件;(3)被告人是盲、聋、哑人的;(4)辩护人作无罪辩护的;(5)其他不宜适用简易程序的。最高人民法院、最高人民检察院、司法部联合颁布的《关于适用简易程序审理公诉案件的若干意见》第2条规定,具有下列情形之一的公诉案件,不适用简易程序

---

[1] 宋英辉:《我国刑事简易程序的重大改革》,载《中国刑事法杂志》2012年第7期。
[2] 郎胜主编:《中华人民共和国刑事诉讼法修改与适用》,新华出版社2012年版,第369页。

审理:(1)比较复杂的共同犯罪案件;(2)被告人、辩护人作无罪辩护的;(3)被告人系盲、聋、哑人的;(4)其他不宜适用简易程序审理的情形。

2012年《刑事诉讼法》将上述司法解释吸收到立法层面,该法第209条规定,有四种情形不适用简易程序审理:第一,被告人是盲、聋、哑人,或者是尚未完全丧失辨认或者控制自己行为能力的精神病人的。此种情形不适用简易程序,是因为:盲、聋、哑人或者尚未完全丧失辨认或者控制自己行为能力的精神病人在生理或心理上存在一定缺陷,成长历程和受教育等情况往往不及正常人,因而理解、判断和行为能力往往受到限制,这可能会使其降低对诉讼程序与自身权益之间关系的认知和判断能力。简易程序与普通程序相比,许多环节被简化。对于具有正常理解能力和判断能力的人而言,在其认罪且同意适用简易程序的情况下,这种简化通常不会妨碍其诉讼权利的行使;而盲、聋、哑人或者尚未完全丧失辨认或者控制自己行为能力的精神病人,由于心理或者生理与正常人不同,理解能力和判断能力受到一定限制,如果缺乏程序保障,可能影响其权利的行使。① 第二,有重大社会影响的。"有重大社会影响"的案件,指的是案件的性质、后果严重、社会影响恶劣、社会反映强烈的案件。社会大众以及媒体不仅关注此类案件的判决结果,也会关注其审理过程。为了形成良好的法治氛围、树立司法的权威,有必要对此类案件适用较为复杂的普通程序审理。第三,共同犯罪案件中部分被告人不认罪或者对适用简易程序有异议的。如前所述,被告人认罪和同意适用简易程序审理,是适用简易程序的基本条件。共同犯罪案件由于涉及多个被告人,相比一般的案件而言,案情较为复杂,而且各个被告人之间的证据需要相互印证、核实,所以,如果只有部分的被告人认罪或者同意适用简易程序,那就意味着案件的事实、证据还存在一定的争议,需要进一步核实,所以,为了慎重起见,此类案件也应适用普通程序进行审理。第四,其他不宜适用简易程序审理的。此项规定系兜底性的条款,留给法院在实践中自由裁量或者由司法解释根据司法经验予以补充,此类情形比如:辩护人作无罪辩护的;被告人认罪但经审查认为可能不构成犯罪的,等等。在这些情形下,适用简易程序审理往往不利于保障当事人的诉讼权利,保证案件

---

① 宋英辉:《我国刑事简易程序的重大改革》,载《中国刑事法杂志》2012年第7期。

的正确处理,体现诉讼的最低限度的公正性。①

此外,在司法实践中,对辩护人作无罪辩护的以及被告人认罪但经审查认为可能不构成犯罪的,法院也不宜适用简易程序审理。

(二)简易程序的启动

依据1996年《刑事诉讼法》第174条的规定,简易程序由检察院或者法院启动。检察院可以建议法院适用简易程序审理,法院也可以主动征求检察院同意适用简易程序审理。但是,1998年《最高法院解释》第217条规定,基层人民法院受理的公诉案件,人民检察院在起诉时书面建议适用简易程序的,应当随案移送全案卷宗和证据材料。人民法院经审查认为符合《刑事诉讼法》第174条第(1)项规定的,可以适用简易程序;认为依法不应当适用简易程序的,应当书面通知人民检察院,并将全案卷宗和证据材料退回人民检察院。1998年《最高法院解释》第218条规定,对于公诉案件,人民检察院移送起诉时没有建议适用简易程序,人民法院经审查认为符合《刑事诉讼法》第174条第(1)项规定,拟适用简易程序审理的,应当书面征求人民检察院的意见。人民检察院同意并移送全案卷宗和证据材料后,应当适用简易程序。《关于适用简易程序审理公诉案件的若干意见》第3条第2款规定,人民法院在征得被告人、辩护人同意后决定适用简易程序的,应当制作《适用简易程序决定书》,在开庭前送达人民检察院、被告人及辩护人。这就意味着,只有经过人民法院、人民检察院、被告人及其辩护人都同意之后,才可以适用简易程序审理。

2012年《刑事诉讼法》第208条第2款的规定,人民检察院在提起公诉的时候,可以建议人民法院适用简易程序。这表明,检察院是提起简易程序的主体。此外,法院在检察院未建议适用简易程序的情形下,也可以在主动征求被告人同意后适用简易程序审理。但是,被告人只有被动的同意或者否定适用简易程序的权利,无权主动申请法院适用简易程序。相比1996年《刑事诉讼法》,2012年《刑事诉讼法》取消了公诉案件必须由检察机关同意或建议适用简易程序的限制条件,但保留了检察院对简易程序适用的建议

---

① 宋英辉:《我国刑事简易程序的重大改革》,载《中国刑事法杂志》2012年第7期。

权。这就意味着,在法院和被告人两方同意适用简易程序的情形下,就可以适用简易程序审理,无需再征得检察院的同意。之所以作出这一修改,主要是因为,检察机关公诉权具有司法请求权性质,在审判阶段,主要还是由法院来根据案件的具体情形,确定是否适用简易程序审理。

(三) 简易程序的审判组织

1996年《刑事诉讼法》第147条规定,基层人民法院适用简易程序的案件可以由审判员一人独任审判。这一规定意味着,并非适用简易程序审判的刑事案件一律或者必须适用独任审判。但是,考虑到简易程序审理的案件较为简单,为了提高效率,对于绝大多数适用简易程序的刑事案件而言,应当由审判员一人独任审判。2004年《全国人民代表大会常务委员会关于完善人民陪审员制度的决定》第2条规定:"人民法院审判下列第一审案件,由人民陪审员和法官组成合议庭进行,适用简易程序审理的案件和法律另有规定的案件除外……"。此条款实际上排除了在简易程序中以组成合议庭方式审理可能判处3年有期徒刑以下刑罚的案件。

由于2012年《刑事诉讼法》扩大了简易程序的适用范围,故该法对简易程序的审理组织依据具体情形作出了区分。2012年《刑事诉讼法》第210条第1款规定,适用简易程序审理案件,对可能判处3年有期徒刑以下刑罚的,可以组成合议庭进行审判,也可以由审判员一人独任审判;对可能判处的有期徒刑超过3年的,应当组成合议庭进行审判。适用简易程序独任审判过程中,发现对被告人可能判处的有期徒刑超过3年的,应当转由合议庭审理。

"至于以可能判处何种刑罚来作为划分简易程序审判组织的标准,在修改过程中有不同意见。有的人建议将适用简易程序一人独任审判的刑期界限,由3年有期徒刑以下刑罚改为7年有期徒刑以下刑罚或5年有期徒刑以下刑罚。有的人提出,简易程序由审判员一人独任审判不合适,所有案件都应当由合议庭审理。"①2012年《刑事诉讼法》以3年有期徒刑为界限为简易程序设置了不同的审判组织,具有一定的合理性。毕竟,可能判处3年有

---

① 宋英辉:《我国刑事简易程序的重大改革》,载《中国刑事法杂志》2012年第7期。

期徒刑以下刑罚的案件,相对轻微,案件情节较为简单,故可以适用较为简易的审判组织,以提高诉讼效率,节省司法成本。而可能判处的有期徒刑超过 3 年的案件,由于判处的刑罚较重(按照《刑法》的规定,我国有期徒刑在数罪并罚的情况下,最高可以达到 25 年),对被告人的切身利益有着重大影响,同时案情相对可能较为复杂,所以应由合议庭慎重、充分的讨论之后作出裁决,以体现审判的慎重性和结果的正确性。但是,需要注意的是,2012年《刑事诉讼法》规定,对可能判处 3 年有期徒刑以下刑罚的适用简易程序审理的案件,可以组成合议庭进行审判,也可以由审判员一人独任审判。我国基层法院的审判力量有限,可能判处 3 年有期徒刑以下刑罚的简易程序案件一般由独任庭审理。

(四)检察院派员出庭

1996 年《刑事诉讼法》第 175 条规定:"适用简易程序审理公诉案件,人民检察院可以不派员出席法庭……"之所以作出此规定,主要考虑到:适用简易程序的案件案情较为简单、罪行较轻,许多被告人对起诉书指控的犯罪事实也都供认不讳,公诉人没有必要每个案子都出庭。①

2012 年《刑事诉讼法》将 1996 年《刑事诉讼法》第 175 条修改为:"适用简易程序审理公诉案件,人民检察院应当派员出席法庭。"对于刑事简易程序中检察院应否出庭的问题,在修正案草案征求意见过程中,有学者提出,简易程序中检察院没有必要出庭。② 还有学者指出,适用简易程序审理公诉案件,只有被告人或者辩护人要求公诉人出庭的,人民检察院应当派员出席法庭。③ 一般认为,公诉案件检察机关不派员出席法庭,导致简易程序"纠问式"的审判色彩极为明显;有违控审分离司法原则,使法官不得不同时充当公诉人和裁判者两个诉讼角色,行使追诉和审判两种诉讼职能,其中立地位受到影响,难以确保审判公正;同时,也不利于检察机关行使法律监督职

---

① 全国人大常委会法制工作委员会刑法室编:《关于修改中华人民共和国刑事诉讼法的决定:条文说明、立法理由及相关规定》,北京大学出版社 2012 年版,第 422 页。
② 全国人大内务司法委员会委员戴玉忠在分组审议刑事诉讼法修正案草案时提出此观点。陈丽平:《简易程序检察官没有必要都出庭》,载《法制日报》2011 年 9 月 27 日第 3 版。
③ 中国政法大学:《关于〈刑事诉讼法修正案(草案)〉的若干意见》,http://www.procedural-law.cn/xsss/zdwz/201110/t20111002_727929.html,2012 年 1 月 17 日访问。

能。此次刑诉法修改，规定检察院应当派员出席法庭，避免了被告人直接与法官对抗的局面，健全了简易程序中最基本的三方诉讼结构，确保检察机关有效发挥支持公诉的职能，对简易程序的审理进行有效的法律监督。在司法实践中，考虑到此规定会增加检察机关的公诉负担，为了提高诉讼效率，可以考虑，对于适用简易程序的公诉案件，检察院可以相对集中地向法院提起公诉，法院可以相对集中的进行审理。

（五）适用简易程序审理案件的审理程序

1. 对被告人的询问、告知和确认

1996 年《刑事诉讼法》未规定简易程序审理中对被告人的询问、告知和确认。《关于适用简易程序审理公诉案件的若干意见》第 7 条第 2 款规定，独任审判员应当讯问被告人对起诉书的意见，是否自愿认罪，并告知有关法律规定及可能导致的法律后果；被告人及其辩护人可以就起诉书指控的犯罪进行辩护。《适用普通程序审理"被告人认罪案件"意见》第 7 条规定，对适用本意见开庭审理的案件，合议庭应当在公诉人宣读起诉书后，询问被告人对被指控的犯罪事实及罪名的意见，核实其是否自愿认罪和同意适用本意见进行审理，是否知悉认罪可能导致的法律后果。

2012 年《刑事诉讼法》第 211 条规定，适用简易程序审理案件，审判人员应当询问被告人对指控的犯罪事实的意见，告知被告人适用简易程序审理的法律规定，确认被告人是否同意适用简易程序审理。此条文是在吸收《关于适用简易程序审理公诉案件的若干意见》第 7 条第 2 款和《适用普通程序审理"被告人认罪案件"意见》第 7 条规定的基础上，增加的法律规定。之所以规定法院在正式庭审之前的询问、告知和确认程序，主要考虑：2012 年《刑事诉讼法》第 208 条第 1 款规定的简易程序的适用条件中要求被告人认罪且对指控的犯罪事实无异议、对适用简易程序无异议。为了充分保障被告人认罪、对适用简易程序的明智和自愿，法院应当在正式庭审之前进一步予以询问、告知和确认。

但是，2012 年《刑事诉讼法》并未明确要求法院告知被告人认罪和适用简易程序的法律后果，审查被告人认罪和选择适用简易程序的自愿性。同时，也没有充分的诉讼机制来保障这种自愿性。我国司法实践中，被告人无权阅卷,只能通过十分简要的起诉书了解案情。可以说,被告人对指控的犯罪事实和证据的了解极为有限。而且,被告人多处于羁押的状态,大多没有辩护人辩护,再加之其自身文化素质和法律素养不高,对检方的指控以及简易程序的规定不能真正理解,实际无法对是否认罪以及选择适用简易程序作出明智而理性的选择。如果放任被告人在"非自愿"的情况下被法院适用简易程序草率地作出判决,将无法避免冤假错案的发生。因此,未来立法有必要将适用简易程序的案件纳入强制性指定辩护的范围。立法应规定,适用简易程序的案件,被告人没有委托辩护人的情况下,法院应当通知法律援助机构指派律师为其提供辩护;同时,适用简易程序必须得到辩护人的同意。

2. 庭审程序

1996年《刑事诉讼法》第175条规定,适用简易程序审理公诉案件,人民检察院可以不派员出席法庭。被告人可以就起诉书指控的犯罪进行陈述和辩护。人民检察院派员出席法庭的,经审判人员许可,被告人及其辩护人可以同公诉人互相辩论。第176条规定,适用简易程序审理自诉案件,宣读起诉书后,经审判人员许可,被告人及其辩护人可以同自诉人及其诉讼代理人互相辩论。因此,1996年《刑事诉讼法》第175条和第176条相应地也对公诉案件和自诉案件适用简易程序时的庭审程序分别予以规定。第177条规定,适用简易程序审理案件,不受本章第一节(即普通程序)关于讯问被告人、询问证人、鉴定人、出示证据、法庭辩论程序规定的限制。但在判决宣告前应当听取被告人的最后陈述意见。1998年《最高法院解释》第223条第2款规定,适用简易程序审理的案件,送达起诉书至开庭审判的时间,不受《刑事诉讼法》第151条第(2)项规定的限制。

2012年《刑事诉讼法》第210条第2款规定,适用简易程序的公诉案件,人民检察院应当派员出席法庭。因此,2012年《刑事诉讼法》第212条将1996年《刑事诉讼法》第175条和第176条合二为一,删除了1996年《刑事诉讼法》第175条中"被告人可以就起诉书指控的犯罪进行陈述和辩护",修改为"适用简易程序审理案件,经审判人员许可,被告人及其辩护人可以同公诉人、自诉人及其诉讼代理人互相辩论"。这一规定,有利于充分保障被告人的诉讼权利,通过控辩双方在法庭上的质证、辩论,让法院兼听则明,查明案件事实,对案件作出正确的处理。2012年《刑事诉讼法》吸收了1998年《最高法院解释》第223条第2款的规定,增加了适用简易程序审理不受第三编第二章第一节关于"送达期限"限制的规定。这些"送达期限"的规定包括:第182条规定的人民法院决定开庭审判后,应当将人民检察院的起诉书副本至迟在开庭10日前送达被告人及其辩护人;人民法院确定开庭日期后,应当将开庭的时间、地点通知人民检察院,传唤当事人,通知辩护人、诉讼代理人、证人、鉴定人和翻译人员,传票和通知书至迟在开庭3日以前送达;第196条规定的当庭宣告判决的,应当在5日以内将判决书送达当事人和提起公诉的人民检察院;定期宣告判决的,应当在宣告后立即将判决书送达当事人和提起公诉的人民检察院。上述不受"送达期限"限制的规定,无疑在原有法律规定基础上,进一步的促进法院在适用简易程序时,根据具体案情,缩短诉讼周期,简化诉讼程序,提高诉讼效率,实现刑事案件的繁简分流,优化司法资源的配置。

此外,在司法实践中,适用简易程序审理的案件,符合2012年《刑事诉讼法》第34条第1款规定的,人民法院应当告知被告人及其近亲属可以申请法律援助。适用简易程序审理案件,人民法院应当在开庭3日前,将开庭的时间、地点通知人民检察院、自诉人、被告人、辩护人,也可以通知其他诉讼参与人。通知可以采用简便方式,但应当记录在案。适用简易程序审理案件,被告人有辩护人的,应当通知其出庭。适用简易程序审理案件,可以对庭审作如下简化:公诉人可以摘要宣读起诉书;公诉人、辩护人、审判人员对被告人的讯问、发问可以简化或者省略;对控辩双方无异议的证据,可以仅就证据的名称及所证明的事项作出说明;对控辩双方有异议,或者法庭认为有必要调查核实的证据,应当出示,并进行质证;控辩双方对与定罪量刑有关的事实、证据没有异议的,法庭审理可以直接围绕罪名确定和量刑问题进行。适用简易程序审理案件,判决宣告前应当听取被告人的最后陈述。适用简易程序审理案件,一般应当当庭宣判。

(六)简易程序的审理期限

一般而言,可能适用的刑罚越重,案件的情节可能越复杂,在处理时越需慎重,因而耗费的审判时限可能会越长。

1996年《刑事诉讼法》第178条规定,适用简易程序审理案件,人民法院应当在受理后20日以内审结。

由于2012年《刑事诉讼法》扩大了简易程序的适用范围,故该法对简易程序的审理期限依据具体情形作出了区分。该法第214条规定,适用简易程序审理案件,人民法院应当在受理后20日以内审结;对可能判处的有期徒刑超过3年的,可以延长至一个半月。此条文以3年有期徒刑为界区分了简易程序的审理期限。这里的"可能判处的有期徒刑超过3年的",是指法院根据案件情况综合考虑,将来可能对被告人判处的宣告刑超过3年。对于可能判处3年以上有期徒刑的案件来说,其案件性质、对社会的危害程度等方面都较为严重,事实和证据的审查认定也相应复杂些,要求此类案件也在受理后20日以内审结,实践中很可能无法做到,甚至因此而影响案件的办理质量。①

(七)简易程序转为普通程序

1996年《刑事诉讼法》第179条规定,人民法院在审理过程中,发现不宜适用简易程序的,应当按照本章第一节关于第一审公诉案件程序或者第二节关于第一审自诉案件审理程序的规定重新审理。

2012年《刑事诉讼法》第215条保留了上述规定。具体而言,适用简易程序审理案件,在法庭审理过程中,有下列情形之一的,应当转为普通程序审理:(1)被告人的行为可能不构成犯罪的;(2)被告人可能不负刑事责任的;(3)被告人当庭对起诉指控的犯罪事实予以否认的;(4)案件事实不清、证据不足的;(5)不应当或者不宜适用简易程序的其他情形。转为普通程序审理的案件,审理期限应当从决定转为普通程序之日起计算。以上情形或者是不符合简易程序适用条件,或者是不宜适用简易程序的情形,从简易程序转为普通程序,有助于保证案件得到公正的处理。

综上所述,2012年《刑事诉讼法》吸收司法解释中"被告人认罪案件"审理程序的原则和精神,扩大了简易程序的范围,确立了统一的简易程序,重新界定了简易程序适用的条件、审判组织、审判程序。但是,刑事简易程序

---

① 宋英辉:《我国刑事简易程序的重大改革》,载《中国刑事法杂志》2012年第7期。

依然有其完善和拓展的空间,比如:第一,完善和扩充被告人对简易程序的选择权。立法不仅应赋予被告人对简易程序的否决权,还应赋予被告人对简易程序的启动权,以及简易程序转为普通程序的申请权。第二,明确对认罪被告人的量刑优惠及其幅度。第三,增设刑事处罚令程序。借鉴德国、日本、意大利的立法经验,对于可能判处1年有期徒刑以下刑罚,且符合适用简易程序条件的公诉案件,由检察院启动处罚令程序,法院在书面审理的基础上直接签发处罚令,等等。

第十三章 第二审程序

一、概　　述

在我国,第二审程序是刑事诉讼中一个独立的诉讼阶段。第二审程序又称上诉审程序,是第二审人民法院根据上诉人的上诉或者人民检察院的抗诉,就第一审人民法院尚未发生法律效力的判决或裁定认定的事实和适用的法律进行审理时所应当遵循的步骤、方式和方法。

1979 年《刑事诉讼法》对上诉和抗诉的理由,抗诉权的主体,上诉的期限,上诉和抗诉的方式及程序,二审的审判及其全面审查原则、上诉不加刑原则等进行了规范,确立了二审程序的基本框架,体现了实事求是精神和以事实为根据、以法律为准绳的基本原则。

1996 年《刑事诉讼法》修改了上诉权的主体,补充规定了被害人的请求抗诉权,完善了二审审判组织、方式和程序,二审的审理期限,规定了查封、扣押、冻结财物的处理机制等。在实务操作中,一系列司法解释和行政规章对二审程序进行了补充规定。[1]

---

[1] 除了 1998 年《六机关规定》、1998 年《最高法院解释》、1999 年《最高检察院规则》对第二审程序有所规定外,比较典型的司法解释还有:2001 年最高人民检察院《关于刑事抗诉工作的若干意见》;2001 年最高人民检察院《刑事抗诉案件出庭规则》(试行);2005 年最高人民法院《关于进一步做好死刑第二审案件开庭审理工作的通知》;2006 年最高人民法院和最高人民检察院联合发布《关于死刑第二审案件开庭审理程序若干问题的规定(试行)》;2008 年最高人民法院《关于刑事第二审判决改变第一审判决认定的罪名后能否加重附加刑的批复》;2010 年最高人民法院《关于规范上下级人民法院审判业务关系的若干意见》;等等。

2012 年《刑事诉讼法》基于防止错案、人权保障、正当程序等理念对第二审程序进行了进一步的修改,集中反映在以下几个方面:扩大了二审应当开庭审理的范围,完善了不开庭审理的程序,设置了禁止发回重审的特殊规定,适当延长了二审程序的期限,增加了针对上诉不加刑原则的特殊保障条款,完善了查封、扣押、冻结财物的随案移送和处理程序等。

立法修改情况如下表所示:

1979 年《刑事诉讼法》	1996 年《刑事诉讼法》	2012 年《刑事诉讼法》
第三章　第二审程序	第三章　第二审程序	第三章　第二审程序
第一百二十九条　当事人或者他们的法定代理人,不服地方各级人民法院第一审的判决、裁定,有权用书状或者口头向上一级人民法院上诉。被告人的辩护人和近亲属,经被告人同意,可以提出上诉。 附带民事诉讼的当事人和他们的法定代理人,可以对地方各级人民法院第一审的判决、裁定中的附带民事诉讼部分,提出上诉。 对被告人的上诉权,不得以任何借口加以剥夺。	第一百八十条　**被告人、自诉人和他们的法定代理人**,不服地方各级人民法院第一审的判决、裁定,有权用书状或者口头向上一级人民法院上诉。被告人的辩护人和近亲属,经被告人同意,可以提出上诉。 附带民事诉讼的当事人和他们的法定代理人,可以对地方各级人民法院第一审的判决、裁定中的附带民事诉讼部分,提出上诉。 对被告人的上诉权,不得以任何借口加以剥夺。	第二百一十六条　**被告人、自诉人和他们的法定代理人**,不服地方各级人民法院第一审的判决、裁定,有权用书状或者口头向上一级人民法院上诉。被告人的辩护人和近亲属,经被告人同意,可以提出上诉。 附带民事诉讼的当事人和他们的法定代理人,可以对地方各级人民法院第一审的判决、裁定中的附带民事诉讼部分,提出上诉。 对被告人的上诉权,不得以任何借口加以剥夺。
第一百三十条　地方各级人民检察院认为本级人民法院第一审的判决、裁定确有错误的时候,应当向上一级人民法院提出抗诉。	第一百八十一条　地方各级人民检察院认为本级人民法院第一审的判决、裁定确有错误的时候,应当向上一级人民法院提出抗诉。	第二百一十七条　地方各级人民检察院认为本级人民法院第一审的判决、裁定确有错误的时候,应当向上一级人民法院提出抗诉。
	第一百八十二条　**被害人及其法定代理人不服地方各级人民法院第一审的判决的,自收到判决书后五日以内,有权请求人民检察院提出抗诉。人民检察院自收到被害人及其法定代理人的请求后五日以内,应当作出是否抗诉的决定并且答复请求人。**	第二百一十八条　被害人及其法定代理人不服地方各级人民法院第一审的判决的,自收到判决书后五日以内,有权请求人民检察院提出抗诉。人民检察院自收到被害人及其法定代理人的请求后五日以内,应当作出是否抗诉的决定并且答复请求人。

（续表）

1979年《刑事诉讼法》	1996年《刑事诉讼法》	2012年《刑事诉讼法》
第一百三十一条　不服判决的上诉和抗诉的期限为十日，不服裁定的上诉和抗诉的期限为五日，从接到判决书、裁定书的第二日起算。	第一百八十三条　不服判决的上诉和抗诉的期限为十日，不服裁定的上诉和抗诉的期限为五日，从接到判决书、裁定书的第二日起算。	第二百一十九条　不服判决的上诉和抗诉的期限为十日，不服裁定的上诉和抗诉的期限为五日，从接到判决书、裁定书的第二日起算。
第一百三十二条　当事人通过原审人民法院提出上诉的，原审人民法院应当在三日以内将上诉状连同案卷、证据移送上一级人民法院，同时将上诉状副本送交同级人民检察院和对方当事人。 当事人直接向第二审人民法院提出上诉的，第二审人民法院应当在三日以内将上诉状交原审人民法院送交同级人民检察院和对方当事人。	第一百八十四条　**被告人、自诉人、附带民事诉讼的原告人和被告人**通过原审人民法院提出上诉的，原审人民法院应当在三日以内将上诉状连同案卷、证据移送上一级人民法院，同时将上诉状副本送交同级人民检察院和对方当事人。 **被告人、自诉人、附带民事诉讼的原告人和被告人**直接向第二审人民法院提出上诉的，第二审人民法院应当在三日以内将上诉状交原审人民法院送交同级人民检察院和对方当事人。	第二百二十条　被告人、自诉人、附带民事诉讼的原告人和被告人通过原审人民法院提出上诉的，原审人民法院应当在三日以内将上诉状连同案卷、证据移送上一级人民法院，同时将上诉状副本送交同级人民检察院和对方当事人。 被告人、自诉人、附带民事诉讼的原告人和被告人直接向第二审人民法院提出上诉的，第二审人民法院应当在三日以内将上诉状交原审人民法院送交同级人民检察院和对方当事人。
第一百三十三条　地方各级人民检察院对同级人民法院第一审判决、裁定的抗诉，应当通过原审人民法院提出抗诉书，并且将抗诉书抄送上一级人民检察院。原审人民法院应当将抗诉书连同案卷、证据移送上一级人民法院，并且将抗诉书副本送交当事人。 上级人民检察院如果认为抗诉不当，可以向同级人民法院撤回抗诉，并且通知下级人民检察院。	第一百八十五条　地方各级人民检察院对同级人民法院第一审判决、裁定的抗诉，应当通过原审人民法院提出抗诉书，并且将抗诉书抄送上一级人民检察院。原审人民法院应当将抗诉书连同案卷、证据移送上一级人民法院，并且将抗诉书副本送交当事人。 上级人民检察院如果认为抗诉不当，可以向同级人民法院撤回抗诉，并且通知下级人民检察院。	第二百二十一条　地方各级人民检察院对同级人民法院第一审判决、裁定的抗诉，应当通过原审人民法院提出抗诉书，并且将抗诉书抄送上一级人民检察院。原审人民法院应当将抗诉书连同案卷、证据移送上一级人民法院，并且将抗诉书副本送交当事人。 上级人民检察院如果认为抗诉不当，可以向同级人民法院撤回抗诉，并且通知下级人民检察院。

（续表）

1979年《刑事诉讼法》	1996年《刑事诉讼法》	2012年《刑事诉讼法》
第一百三十四条　第二审人民法院应当就第一审判决认定的事实和适用法律进行全面审查，不受上诉或者抗诉范围的限制。 共同犯罪的案件只有部分被告人上诉的，应当对全案进行审查，一并处理。	第一百八十六条　第二审人民法院应当就第一审判决认定的事实和适用法律进行全面审查，不受上诉或者抗诉范围的限制。 共同犯罪的案件只有部分被告人上诉的，应当对全案进行审查，一并处理。	第二百二十二条　第二审人民法院应当就第一审判决认定的事实和适用法律进行全面审查，不受上诉或者抗诉范围的限制。 共同犯罪的案件只有部分被告人上诉的，应当对全案进行审查，一并处理。
	第一百八十七条　第二审人民法院对上诉案件，应当组成合议庭，开庭审理。合议庭经过阅卷，讯问被告人，听取其他当事人、辩护人、诉讼代理人的意见，对事实清楚的，可以不开庭审理。对人民检察院抗诉的案件，第二审人民法院应当开庭审理。 第二审人民法院开庭审理上诉、抗诉案件，可以到案件发生地或者原审人民法院所在地进行。	第二百二十三条　第二审人民法院对于下列案件，应当组成合议庭，开庭审理： （一）被告人、自诉人及其法定代理人对第一审认定的事实、证据提出异议，可能影响定罪量刑的上诉案件； （二）被告人被判处死刑的上诉案件； （三）人民检察院抗诉的案件； （四）其他应当开庭审理的案件。 第二审人民法院决定不开庭审理的，应当讯问被告人，听取其他当事人、辩护人、诉讼代理人的意见。 第二审人民法院开庭审理上诉、抗诉案件，可以到案件发生地或者原审人民法院所在地进行。
第一百三十五条　人民检察院提出抗诉的案件或者第二审人民法院要求人民检察院派员出庭的案件，同级人民检察院都应当派员出庭。第二审人民法院必须在开庭十日以前通知人民检察院查阅案卷。	第一百八十八条　人民检察院提出抗诉的案件或者第二审人民法院**开庭审理的公诉案件**，同级人民检察院都应当派员出庭。第二审人民法院必须在开庭十日以前通知人民检察院查阅案卷。	第二百二十四条　人民检察院提出抗诉的案件或者第二审人民法院开庭审理的公诉案件，同级人民检察院都应当派员**出席法庭**。第二审人民法院**应当在决定开庭审理后及时**通知人民检察院查阅案卷。**人民检**

1979年《刑事诉讼法》	1996年《刑事诉讼法》	2012年《刑事诉讼法》
		察院应当在一个月以内查阅完毕。人民检察院查阅案卷的时间不计入审理期限。
第一百三十六条 第二审人民法院对不服第一审判决的上诉、抗诉案件,经过审理后,应当按照下列情形分别处理: (一)原判决认定事实和适用法律正确、量刑适当的,应当裁定驳回上诉或者抗诉,维持原判; (二)原判决认定事实没有错误,但适用法律有错误,或者量刑不当的,应当改判; (三)原判决事实不清楚或者证据不足的,可以在查清事实后改判;也可以裁定撤销原判,发回原审人民法院重新审判。	第一百八十九条 第二审人民法院对不服第一审判决的上诉、抗诉案件,经过审理后,应当按照下列情形分别处理: (一)原判决认定事实和适用法律正确、量刑适当的,应当裁定驳回上诉或者抗诉,维持原判; (二)原判决认定事实没有错误,但适用法律有错误,或者量刑不当的,应当改判; (三)原判决事实不清楚或者证据不足的,可以在查清事实后改判;也可以裁定撤销原判,发回原审人民法院重新审判。	第二百二十五条 第二审人民法院对不服第一审判决的上诉、抗诉案件,经过审理后,应当按照下列情形分别处理: (一)原判决认定事实和适用法律正确、量刑适当的,应当裁定驳回上诉或者抗诉,维持原判; (二)原判决认定事实没有错误,但适用法律有错误,或者量刑不当的,应当改判; (三)原判决事实不清楚或者证据不足的,可以在查清事实后改判;也可以裁定撤销原判,发回原审人民法院重新审判。**原审人民法院对于依照前款第三项规定发回重新审判的案件作出判决后,被告人提出上诉或者人民检察院提出抗诉的,第二审人民法院应当依法作出判决或者裁定,不得再发回原审人民法院重新审判。**
第一百三十七条 第二审人民法院审判被告人或者他的法定代理人、辩护人、近亲属上诉的案件,不得加重被告人的刑罚。 人民检察院提出抗诉或者自诉人提出上诉的,不受前款规定的限制。	第一百九十条 第二审人民法院审判被告人或者他的法定代理人、辩护人、近亲属上诉的案件,不得加重被告人的刑罚。 人民检察院提出抗诉或者自诉人提出上诉的,不受前款规定的限制。	第二百二十六条 第二审人民法院审理被告人或者他的法定代理人、辩护人、近亲属上诉的案件,不得加重被告人的刑罚。**第二审人民法院发回原审人民法院重新审判的案件,除有新的犯罪事实,人民检察院补

(续表)

1979年《刑事诉讼法》	1996年《刑事诉讼法》	2012年《刑事诉讼法》
		充起诉的以外,原审人民法院也不得加重被告人的刑罚。 人民检察院提出抗诉或者自诉人提出上诉的,不受前款规定的限制。
第一百三十八条 第二审人民法院发现第一审人民法院违反法律规定的诉讼程序,可能影响正确判决的时候,应当撤销原判,发回原审人民法院重新审判。	第一百九十一条 第二审人民法院发现第一审人民法院的审理有下列违反法律规定的诉讼程序的情形之一的,应当裁定撤销原判,发回原审人民法院重新审判: (一)违反本法有关公开审判的规定的; (二)违反回避制度的; (三)剥夺或者限制了当事人的法定诉讼权利,可能影响公正审判的; (四)审判组织的组成不合法的; (五)其他违反法律规定的诉讼程序,可能影响公正审判的。	第二百二十七条 第二审人民法院发现第一审人民法院的审理有下列违反法律规定的诉讼程序的情形之一的,应当裁定撤销原判,发回原审人民法院重新审判: (一)违反本法有关公开审判的规定的; (二)违反回避制度的; (三)剥夺或者限制了当事人的法定诉讼权利,可能影响公正审判的; (四)审判组织的组成不合法的; (五)其他违反法律规定的诉讼程序,可能影响公正审判的。
第一百三十九条 原审人民法院对于发回重新审判的案件,应当依照第一审程序进行审判。对于重新审判后的判决,当事人可以上诉,同级人民检察院可以抗诉。	第一百九十二条 原审人民法院对于发回重新审判的案件,应当另行组成合议庭,依照第一审程序进行审判。对于重新审判后的判决,依照本法第一百八十条、第一百八十一条、第一百八十二条的规定可以上诉、抗诉。	第二百二十八条 原审人民法院对于发回重新审判的案件,应当另行组成合议庭,依照第一审程序进行审判。对于重新审判后的判决,依照本法第二百一十六条、第二百一十七条、第二百一十八条的规定可以上诉、抗诉。

(续表)

1979年《刑事诉讼法》	1996年《刑事诉讼法》	2012年《刑事诉讼法》
第一百四十条 第二审人民法院对不服第一审裁定的上诉或者抗诉,经过审查后,应当参照本法第一百三十六条、第一百三十八条和第一百三十九条的规定,分别情形用裁定驳回上诉、抗诉,或者撤销、变更原裁定。	第一百九十三条 第二审人民法院对不服第一审裁定的上诉或者抗诉,经过审查后,应当参照本法第一百八十九条、第一百九十一条和第一百九十二条的规定,分别情形用裁定驳回上诉、抗诉,或者撤销、变更原裁定。	第二百二十九条 第二审人民法院对不服第一审裁定的上诉或者抗诉,经过审查后,应当参照本法第二百二十五条、第二百二十七条和第二百二十八条的规定,分别情形用裁定驳回上诉、抗诉,或者撤销、变更原裁定。
	第一百九十四条 第二审人民法院发回原审人民法院重新审判的案件,原审人民法院从收到发回的案件之日起,重新计算审理期限。	第二百三十条 第二审人民法院发回原审人民法院重新审判的案件,原审人民法院从收到发回的案件之日起,重新计算审理期限。
第一百四十一条 第二审人民法院审判上诉或者抗诉案件的程序,除本章已有规定的以外,参照第一审程序的规定进行。	第一百九十五条 第二审人民法院审判上诉或者抗诉案件的程序,除本章已有规定的以外,参照第一审程序的规定进行。	第二百三十一条 第二审人民法院审判上诉或者抗诉案件的程序,除本章已有规定的以外,参照第一审程序的规定进行。
第一百四十二条 第二审人民法院受理上诉、抗诉案件后,应当在一个月以内审结,至迟不得超过一个半月。	第一百九十六条 第二审人民法院受理上诉、抗诉案件后,应当在一个月以内审结,至迟不得超过一个半月。有本法第一百二十六条规定情形之一的,经省、自治区、直辖市高级人民法院批准或者决定,可以再延长一个月,但是最高人民法院受理的上诉、抗诉案件,由最高人民法院决定。	第二百三十二条 第二审人民法院受理上诉、抗诉案件后,应当在二个月以内审结。对于可能判处死刑的案件或者附带民事诉讼的案件,以及有本法第一百五十六条规定情形之一的,经省、自治区、直辖市高级人民法院批准或者决定,可以延长二个月;因特殊情况还需要延长的,报请最高人民法院批准。最高人民法院受理上诉、抗诉案件的审理期限,由最高人民法院决定。
第一百四十三条 第二审的判决、裁定和最高人民法院的判决、裁定,都是终审的判决、裁定。	第一百九十七条 第二审的判决、裁定和最高人民法院的判决、裁定,都是终审的判决、裁定。	第二百三十三条 第二审的判决、裁定和最高人民法院的判决、裁定,都是终审的判决、裁定。

(续表)

1979年《刑事诉讼法》	1996年《刑事诉讼法》	2012年《刑事诉讼法》
	第一百九十八条　公安机关、人民检察院和人民法院对于扣押、冻结犯罪嫌疑人、被告人的财物及其孳息,应当妥善保管,以供核查。任何单位和个人不得挪用或者自行处理。对被害人的合法财产,应当及时返还。对违禁品或者不宜长期保存的物品,应当依照国家有关规定处理。 对作为证据使用的实物应当随案移送,对不宜移送的,应当将其清单、照片或者其他证明文件随案移送。 人民法院作出的判决生效以后,对被扣押、冻结的赃款赃物及其孳息,除依法返还被害人的以外,一律没收,上缴国库。 司法工作人员贪污、挪用或者私自处理被扣押、冻结的赃款赃物及其孳息的,依法追究刑事责任;不构成犯罪的,给予处分。	第二百三十四条　公安机关、人民检察院和人民法院对查封、扣押、冻结的犯罪嫌疑人、被告人的财物及其孳息,应当妥善保管,以供核查,并制作清单,随案移送。任何单位和个人不得挪用或者自行处理。对被害人的合法财产,应当及时返还。对违禁品或者不宜长期保存的物品,应当依照国家有关规定处理。 对作为证据使用的实物应当随案移送,对不宜移送的,应当将其清单、照片或者其他证明文件随案移送。 人民法院作出的判决,应当对查封、扣押、冻结的财物及其孳息作出处理。 人民法院作出的判决生效以后,有关机关应当根据判决对查封、扣押、冻结的财物及其孳息进行处理。对查封、扣押、冻结的赃款赃物及其孳息,除依法返还被害人的以外,一律上缴国库。 司法工作人员贪污、挪用或者私自处理查封、扣押、冻结的财物及其孳息的,依法追究刑事责任;不构成犯罪的,给予处分。

从以上表格可以看出,我国第二审程序的立法,体现出以下规律:

一是坚持两审终审制度。从1979年《刑事诉讼法》,到1996年《刑事诉讼法》、2012年《刑事诉讼法》,我国均沿袭了两审终审制度。具体而言,一个案件经过两级人民法院审判即告终结的制度,对于第二审人民法院作出的终审判决、裁定,当事人等不得再提出上诉,人民检察院不得按照上诉审程序提出抗诉。根据其要求,地方各级人民法院按照第一审程序对案件审理后所作的判决、裁定,尚不能立即发生法律效力,只有在法定期限内,有上诉权的人没有提起上诉,同级人民检察院也没有提出抗诉,第一审法院所作出的判决、裁定才发生法律效力。在一般情况下,上一级人民法院审理第二审案件作出的判决、裁定,都是终审判决、裁定,立即发生法律效力。

二是贯彻实事求是精神。从 1979 年《刑事诉讼法》至今,二审程序的审判均坚持全面审查原则,体现了实事求是精神和以事实为根据、以法律为准绳的基本原则。当然,在实事求是精神的理解和把握上,立法日趋理性,集中反映在从"有错必纠""锱铢必较"的实质真实思维走出来,高度重视实体公正与程序公正的平衡。例如,对于一审程序中的违反法定程序的情形,在进行程序性制裁时,并非一律发回重审:在 1979 年《刑事诉讼法》中规定了"可能影响正确判决"的附加条件;在 1996 年《刑事诉讼法》和 2012 年《刑事诉讼法》中,限定了"违反法律规定的诉讼程序的基本情形"以及"其他违反法律规定的诉讼程序,可能影响公正审判的"的裁量条款。

三是逐步推进正当程序建设。针对实践中第二审程序出现的书面审理、不公开审理普遍化,当事人程序参与不足等问题,在 1996 年和 2012 年《刑事诉讼法》的修改中,立法机关逐步依据正当程序的理念和精神予以了改造。如进一步明确开庭审理和不开庭审理的范围,强化了被告人等当事人、辩护人、诉讼代理人的程序参与;对于违反法律规定诉讼程序的行为,逐步予以了限定并实施严格的程序性制裁;对于查封、扣押、冻结的犯罪嫌疑人、被告人的财物及其孳息的处理,逐步完善了移送程序和法院相关判决的法律效力,强化了对公民财产权的保障功能。

二、二审程序的提起

在二审程序的提起上,1979 年《刑事诉讼法》明确了上诉和抗诉的理由、抗诉权的主体、上诉的期限、上诉和抗诉的方式及程序等基本内容。(1) 上诉和抗诉的理由。为保障被告人上诉不加刑原则,刑事诉讼法对于提出上诉的理由没有规定任何限制。上诉人在法定期限内提出上诉,不论理由是否充分,均应允许,且不得剥夺其权利。(2)抗诉权的主体。地方各级人民检察院认为本级人民法院第一审的判决、裁定确有错误的时候,应当向上一级人民法院提出抗诉。其诉讼理论依据是,人民检察院是国家法律监督机关,对于人民法院的审判活动是否合法,应当实行监督。对于被告人有利和不利的错误判决、裁定,人民检察院都应当提起抗诉。(3)上诉的期限。对地方各级人民法院第一审判决、裁定的上诉或者抗诉,应当在法定的上诉或抗诉期间内提出。不服判决的上诉和抗诉的期限为10日,不服裁定的上诉和抗诉的期限为5日,从接到判决书、裁定书的第二日起算。法律规定上诉期限的目的,一方面是让上诉人等有一定的期间充分考虑是否提出上诉和准备上诉的理由,以保障他们行使上诉权;另一方面是保证上级人民法院能够迅速地审判上诉、抗诉案件,使确有错误的判决、裁定能及时得到纠正,以免拖延诉讼。(4)上诉、抗诉的方式和程序。为便利被告人上诉,上诉既可以书状提出,也可以口头提出。上诉人上诉既可以通过原审人民法院提出,也可以直接向第二审人民法院提出。为体现法律监督的严肃性,地方各级人民检察院认为同级人民法院第一审判决、裁定确有错误而决定抗诉时,必须制作抗诉书。抗诉书应通过原审人民法院提交,同时还应抄送上一级人民检察院。

  1996年《刑事诉讼法》在二审程序的提起方面,修改了上诉权的主体,补充规定了被害人的请求抗诉权。修改的情况及其理由如下:(1)上诉权主体的修改。在1979年《刑事诉讼法》中,享有上诉权的主体为"当事人或者他们的法定代理人"。随着学术界和实务界对当事人理解的深入,尤其是被害人学的发展,"被害人是刑事诉讼中的当事人"这一观念获得广泛认同。考虑到赋予被害人独立上诉权,容易损及上诉不加刑原则,1996年《刑事诉讼法》对上诉权主体进行了修改。其第180条的规定,有权提起上诉的人员是:自诉人、被告人或者他们的法定代理人,以及经被告人同意的辩护人、近亲属,还有附带民事诉讼的当事人及其法定代理人。据此,在刑事案件中,上诉权被定位于被告方享有的一项诉讼权利,在附带民事诉讼中其主体则涵括了包括原告、被告在内的所有当事人。(2)被害人请求抗诉权。对于公诉案件中被害人及其法定代理人而言,虽然具有当事人的诉讼地位,但1996年《刑事诉讼法》中没有赋予其独立上诉权,而是赋予其请求抗诉权。

即被害人及其法定代理人不服地方各级人民法院第一审的判决的,自收到判决书后 5 日以内,有权请求人民检察院提出抗诉。对此,人民检察院应当立即对请求人的资格、请求的时间和理由进行审查,并自收到请求后 5 日内作出是否抗诉的决定,答复请求人。如此规定,除了保障上诉不加刑原则之外,立法机关主要考虑到,在公诉案件中检察机关通过审查起诉制度、出庭支持公诉、抗诉制度等客观上有利于保障被害人的权益,更好地实现国家刑罚权。

2012 年《刑事诉讼法》在二审程序的提起方面,增加了检察机关在二审开庭前的阅卷期限,有利于提升检察机关抗诉案件的质量。即人民检察院应当在 1 个月以内查阅完毕,而且人民检察院查阅案卷的时间不计入审理期限。

三、二审审理

1979 年《刑事诉讼法》在二审程序的审理方面,确立了两审终审制度。从立法理由来看,我国不采用三审终审制,而是实行两审终审制,被认为是充分考虑了我们的国情和司法的实际需要。具体理由主要包括三个方面:(1)我国幅员辽阔,人口众多,交通尚不发达,实行两审终审制,可以防止诉讼拖延,保证准确、及时地打击犯罪,节省司法资源,便利公民诉讼。(2)我国上下级人民法院之间是审级监督关系,二审法院通过审判上诉、抗诉案件,可以使错误的一审判决、裁定在尚未发生法律效力之前得到及时的纠正;上级法院可以通过二审程序了解下级人民法院的审判工作情况,改进审判工作,保证案件审理的公平、公开、公正。(3)我国刑事诉讼中设立了级别管辖制度、审查起诉制度、审判监督程序等,这些制度也可辅助第二审程序预防和纠正一些错案。与此同时,为防止冤假错案,纠正程序违法,1979 年《刑事诉讼法》确立了全面审查原则,即第二审人民法院对案件进行全面审理,不仅要对上诉或者抗诉所提出的内容进行审理,而且要对上诉或者抗诉没有提出而为第一审判决所认定的事实、适用的法律以及审判活动是否遵守了诉讼程序进行审理。对共同犯罪案件,只有部分被告人提出上诉的,或者人民检察院只就第一审人民法院对部分被告人的判决提出抗诉的,第二审人民法院应当对全案进行审查,一并处理。在实践中,审理附带民事诉讼的上诉、抗诉案件,不仅要审理附带民事诉讼部分,也要审理刑事诉讼部分,以正确确定民事责任。在审理期限上,1979年《刑事诉讼法》第142条规定,第二审人民法院受理上诉、抗诉案件后,应当在1个月以内审结,至迟不得超过一个半月。在处理方式上,1979年《刑事诉讼法》规定了三种基本的情形:原判决认定事实正确,证据确实、充分,适用法律正确,量刑适当的,应当裁定驳回上诉或抗诉,维持原判;原判决认定事实没有错误,但适用法律有错误或者量刑不当的,应当撤销原判,重新判决;原判决事实不清楚或者证据不足的,可由二审法院查清事实后改判,也可以裁定撤销原判,发回原审人民法院重新审判。

针对二审程序的审判,1996年《刑事诉讼法》主要修改之处在于二审审判组织、方式、程序和期限。1979年《刑事诉讼法》中关于二审的审判方式和程序的规定较为简陋,甚至没有明确审判组织,导致实践中审判过程较为混乱。1996年《刑事诉讼法》第87条规定,第二审人民法院对上诉案件,应当组成合议庭,开庭审理。合议庭经过阅卷,讯问被告人、听取其他当事人、辩护人、诉讼代理人的意见,对事实清楚的,可以不开庭审理。对人民检察院抗诉的案件,第二审人民法院应当开庭审理。为强化对一审法院程序违法的制裁,1996年《刑事诉讼法》明确了五种发回重审的情形:(1)违反本法有关公开审判的规定的;(2)违反回避制度的;(3)剥夺或者限制了当事人的法定诉讼权利,可能影响公正审判的;(4)审判组织的组成不合法的;(5)其他违反法律规定的诉讼程序,可能影响公正审判的。考虑到实践中二审案件数量增多,案件审理存在一些现实困难,1996年《刑事诉讼法》延长了二审审理期限,并对最高人民法院担任二审法院的情形做了特殊规定。其196条规定,第二审人民法院受理上诉、抗诉案件,应当在1个月以内审结,至迟不得超过一个半月。有本法第126条规定情形之一的,经省、自治区、直辖市高级人民法院批准或者决定,可以再延长1个月,但是最高人民法院受理的上诉、抗诉案件,由最高人民法院决定。

1996年《刑事诉讼法》没有明确开庭审理的范围,导致实践中不开庭的秘密审理、书面审理现象较为普遍,加上不同层级法院之间存在"内部请示"

等情况，影响了二审程序在纠正错误等方面的功能。为了加强死刑案件第二审程序的审判质量，2005年最高人民法院发布《关于进一步做好死刑第二审案件开庭审理工作的通知》，2006年最高人民法院和最高人民检察院联合发布《关于死刑第二审案件开庭审理程序若干问题的规定（试行）》，对死刑案件的第二审程序开庭审理问题作出了进一步的规定：第二审人民法院审理第一审判处死刑立即执行的被告人上诉、人民检察院抗诉的案件，应当依照法律和有关规定开庭审理；第二审人民法院审理第一审判处死刑缓期二年执行的被告人上诉的案件，有下列情形之一的，应当开庭审理：（1）被告人或者辩护人提出影响定罪量刑的新证据，需要开庭审理的；（2）具有1996年《刑事诉讼法》第187条规定的开庭审理情形的。人民检察院对第一审人民法院判处死刑缓期二年执行提出抗诉的案件，第二审人民法院应当开庭审理。但是，其第4条还规定，对死刑判决提出上诉的被告人，在上诉期满后、第二审开庭前要求撤回上诉的，第二审人民法院应当进行审查。合议庭经过阅卷、讯问被告人、听取其他当事人、辩护人、诉讼代理人的意见后，认为原判决事实清楚，适用法律正确，量刑适当的，不再开庭审理，裁定准许被告人撤回上诉；认为原判决事实不清、证据不足或者无罪判为有罪、轻罪重判的，应当不准许撤回上诉，按照第二审程序开庭审理。为避免事实不清或者证据不足案件重复发回重审，2010年最高人民法院《关于规范上下级人民法院审判业务关系的若干意见》第6条规定，第一审人民法院已经查清事实的案件，第二审人民法院原则上不得以事实不清、证据不足为由发回重审。第二审人民法院作出发回重审裁定时，应当在裁定书中详细阐明发回重审的理由及法律依据。该《意见》第7条还规定，第二审人民法院因原审判决事实不清、证据不足将案件发回重审的，原则上只能发回重审一次。

2012年《刑事诉讼法》进一步完善了二审应当开庭审理的范围、不开庭审理的程序，增加了发回重审的禁止性规定，进一步延长了二审的审理期限。第二审人民法院对于下列案件，应当组成合议庭，开庭审理：（1）被告人、自诉人及其法定代理人对第一审认定的事实、证据提出异议，可能影响定罪量刑的上诉案件；（2）被告人被判处死刑的上诉案件；（3）人民检察院抗诉的案件；（4）其他应当开庭审理的案件。而且，为保障辩护权的有效行使,第二审人民法院决定不开庭审理的,应当讯问被告人,听取其他当事人、辩护人、诉讼代理人的意见。如此修改,提升了第二审程序的开庭率,并被普遍认为有利于解决当事人之间的争议,保障死刑案件在第二审程序中的质量,维护检察监督的法律权威等。部分案件不开庭审理,有利于提高二审法院的办案效率,有利于节约司法资源。但为防止错案,保证办案质量,必须保障当事人的程序参与。为此,2012年《刑事诉讼法》规定,第二审人民法院决定不开庭审理的,应当讯问被告人,听取其他当事人、辩护人、诉讼代理人的意见。为促进及时裁判,防止法院通过反复发回重审规避上诉不加刑等原则,2012年《刑事诉讼法》予以了进一步的明确,原审人民法院对于依照前款第3项规定发回重新审判的案件作出判决后,被告人提出上诉或者人民检察院提出抗诉的,第二审人民法院应当依法作出判决或者裁定,不得再发回原审人民法院重新审判。考虑第二审程序在审判任务的增加,许多案件将开庭审判,2012年《刑事诉讼法》适当延长了二审的审理期限。其第232条规定,第二审人民法院受理上诉、抗诉案件,应当在2个月以内审结。对于可能判处死刑的案件或者附带民事诉讼的案件,以及有本法第156条规定情形之一的,经省、自治区、直辖市高级人民法院批准或者决定,可以延长2个月;因特殊情况还需要延长的,报请最高人民法院批准。最高人民法院受理上诉、抗诉案件的审理期限,由最高人民法院决定。此外,第二审人民法院发回原审人民法院重新审判的案件,原审人民法院从收到发回的案件之日起,重新计算审理期限。

四、上诉不加刑原则

上诉不加刑原则,是指第二审人民法院审判被告人一方上诉的案件,不得以任何理由加重被告人刑罚的一项审判原则。上诉是被告人的合法权利。我国宪法规定,被告人有权获得辩护。上诉不加刑原则,正是被告人在审判阶段行使辩护权的重要保障。被告人一方上诉的目的,是申明被告人无罪或罪轻,要求上级法院纠正他们认为的原审法院判决存在的错误,宣告无罪或从轻定罪量刑。如果他们提出上诉后,二审法院不仅没有宣告无罪或减刑反而加重了刑罚,则必然增加被告人一方上诉的思想顾虑,甚至在一审法院判决确有错误的情况下也不敢上诉。

1979年《刑事诉讼法》明确规定了上诉不加刑原则,即第二审人民法院审判被告人或者他的法定代理人、辩护人、近亲属上诉的案件,不得加重被告人的刑罚。人民检察院提出抗诉或者自诉人提出上诉的,不受前款规定的限制。

1996年《刑事诉讼法》对这一条文没有进行修改。但是,实践中存在一些规避上诉不加刑原则,加重被告人刑罚的做法。2008年最高人民法院发布的《关于刑事第二审判决改变第一审判决认定的罪名后能否加重附加刑的批复》要求,第一审人民法院没有判处附加刑的,第二审人民法院判决改变罪名后,不得判处附加刑;第一审人民法院原判附加刑较轻的,第二审人民法院不得改判较重的附加刑,也不得以事实不清或者证据不足发回第一审人民法院重新审理;必须依法改判的,应当在第二审判决、裁定生效后,按照审判监督程序重新审判。

2012年《刑事诉讼法》考虑到上诉不加刑原则和惩罚犯罪之间的平衡,进一步规定了,第二审人民法院发回原审人民法院重新审判的案件,除有新的犯罪事实,人民检察院补充起诉的以外,原审人民法院也不得加重被告人的刑罚。在实践中,要贯彻上诉不加刑原则,还需要公安司法机关在执法理念上作出进一步的转变,尤其要反思从重从快严打犯罪的诉讼心理,杜绝报复性执法思维。

五、对查封、扣押、冻结财物的处理

财产权与生命权、自由权一样,都是公民的基本权利。根据两审终审原则,对查封、扣押、冻结财物的最终处理,应该在第二审程序中有所规定。1979年《刑事诉讼法》没有在二审程序中明确查封、扣押、冻结财物的处理。在实践中,由于政法机关经费保障等方面的不足,办案人员贪污、挪用或者私自处理查封、扣押、冻结财物现象在一些地方较为严重。

1996年《刑事诉讼法》和有关司法解释对扣押、冻结财物的处理进行了规定。公安机关、人民检察院和人民法院对于扣押、冻结犯罪嫌疑人、被告人的财物及其孳息,应当妥善保管,以供核查;任何单位和个人不得挪用或者自行处理。这些规定有利于公安司法机关公正执法,准确、及时地打击犯罪,保护被害人的合法权益。对被害人的合法财产,应当及时返还。对违禁品或者不宜长期保存的物品,应当依照国家有关规定处理。对作为证据使用的实物应当随案移送,对不宜移送的,应当将其清单、照片或者其他证明文件随案移送。人民法院作出的判决生效以后,对被扣押、冻结的赃款赃物及其孳息,除依法返还被害人的以外,一律没收,上缴国库。为预防和惩戒其中的腐败行为,规定司法工作人员贪污、挪用或者私自处理被扣押、冻结的赃款赃物及其孳息的,依法追究刑事责任;不构成犯罪的,给予处分。对此,学术界多有批评的是,上述规定较为笼统,在查封财产的处理、随案移送的程序、法律文书的种类、被害人合法财产的范围、案外人的利益保障等方面缺乏明确规定,实践中侵吞或变相侵吞查封、扣押、冻结财物的现象仍然时有发生。

2012年《刑事诉讼法》基于人权保障理念,对扣押、冻结财物的处理进行了补充规定,主要修改体现在以下两个方面:一是对查封、扣押、冻结的犯罪嫌疑人、被告人的财物及其孳息,强调制作清单,随案移送。二是人民法院作出的判决,应当对查封、扣押、冻结的财物及其孳息作出处理。人民法院作出的判决生效以后,有关机关应当根据判决对查封、扣押、冻结的财物及其孳息进行处理。这些规定强化了法院判决的权威,有利于保障当事人的财产权。在司法操作中,进一步明确了可及时返还被害人的财产范围,如对权属明确,可以确认属于特定被害人所有的,应当依法及时返还,以使被害人得到及时救济;如案件涉及多名被害人,涉案财物的权属又不明确的,则应当在判决生效后,根据判决按比例返还被害人;进一步强调对涉案财物处置的法庭调查;允许案外人提出的权属异议,案外人对查封、扣押、冻结的财物及其孳息提出权属异议的,人民法院应当审查并依法处理。

当然,从长远发展来看,要有效保障当事人的财产权不受非法侵害,还有待在整个诉讼过程中建立更加完善的司法救济程序。在遭遇违法查封、扣押、冻结的场合,除了赋予有关当事人向检察机关的申诉权外,还应当赋予其向人民法院的控告权。针对侵吞或变相侵吞查封、扣押、冻结财物的行为应该予以严厉惩戒,不能姑息纵容。

第十四章 死刑复核程序

一、概　　述

死刑复核程序是人民法院对依法需要核准的死刑案件予以审查核准的一种特殊审判程序。它包括对判处死刑立即执行案件的复核程序和对判处死刑缓期二年执行的案件的复核程序。我国《刑事诉讼法》专门规定了适用于死刑案件的复核程序,这充分体现了我国一贯坚持的严肃与谨慎、慎杀与少杀相结合的适用死刑政策。多年来的司法实践表明,死刑复核程序在严格控制死刑数量、统一死刑适用标准、防止错误适用死刑方面发挥着极其重要的作用。

1979年《刑事诉讼法》第144条至第147条对死刑立即执行案件的核准权、死刑缓期二年执行案件的核准权、死刑复核程序的启动、死刑复核的审判组织进行了规定。根据这些规定,死刑案件的核准权由最高人民法院行使,死刑缓期二年案件的核准权由高级人民法院行使。死刑复核程序采用自动报核的方式,即中级人民法院或高级人民法院依法作出的死刑判决或裁定,应自动报请有核准权的法院予以核准,而不需要被告人或人民检察院提出请求。有核准权的法院复核死刑案件需要由审判员三人组成合议庭进行。上述规定构建了我国死刑复核程序的基本框架。

1996年《刑事诉讼法》继续沿用了1979年《刑事诉讼法》的4条规定，未对死刑复核程序进行改动。但在实践中，死刑复核程序一直面临着质疑和争议，这主要基于两个问题：一是最高人民法院根据1983年《人民法院组织法》第13条的规定将部分案件的死刑核准权下放到各高级人民法院和解放军军事法院，形成了多个法院共同行使死刑核准权的局面，使得死刑复核程序在控制死刑数量、统一死刑适用标准方面的价值无从体现；二是死刑复核程序在启动上的行政化、审理上的非公开化，导致死刑复核程序成为法院内部的一个审核程序，控辩双方不能参与其中，从而妨碍了其在确保死刑案件质量、防止错误适用死刑方面价值的发挥。为解决上述问题，2007年最高人民法院正式收回死刑核准权，并且通过一系列司法解释对死刑复核程序进行了一定的改进，吸收了控辩双方对程序的参与。

2012年《刑事诉讼法》吸收了死刑核准权收回后的一系列司法解释的规定，在沿用原有四个条文的基础上，新增加了两个条文，分别对死刑复核的裁判方式和控辩双方对死刑复核程序的参与进行了规定，从而打破了死刑复核程序原有的封闭状态，使其从一种法院内部审核程序转变为一种具有较强诉讼特征的审判程序。

立法修改情况如下表所示：

1979年《刑事诉讼法》	1996年《刑事诉讼法》	2012年《刑事诉讼法》
第四章　死刑复核程序	第四章　死刑复核程序	第四章　死刑复核程序
第一百四十四条　死刑由最高人民法院核准。	第一百九十九条　死刑由最高人民法院核准。	第二百三十五条　死刑由最高人民法院核准。
第一百四十五条　中级人民法院判处死刑的第一审案件，被告人不上诉的，应由高级人民法院复核后，报请最高人民法院核准。高级人民法院不同意判处死刑的，可以提审或者发回重新审判。	第二百条　中级人民法院判处死刑的第一审案件，被告人不上诉的，应当由高级人民法院复核后，报请最高人民法院核准。高级人民法院不同意判处死刑的，可以提审或者发回重新审判。高级人民法院判处死刑的	第二百三十六条　中级人民法院判处死刑的第一审案件，被告人不上诉的，应当由高级人民法院复核后，报请最高人民法院核准。高级人民法院不同意判处死刑的，可以提审或者发回重新审判。

(续表)

1979 年《刑事诉讼法》	1996 年《刑事诉讼法》	2012 年《刑事诉讼法》
高级人民法院判处死刑的第一审案件被告人不上诉的,和判处死刑的第二审案件,都应当报请最高人民法院核准。	第一审案件被告人不上诉的,和判处死刑的第二审案件,都应当报请最高人民法院核准。	高级人民法院判处死刑的第一审案件被告人不上诉的,和判处死刑的第二审案件,都应当报请最高人民法院核准。
第一百四十六条 中级人民法院判处死刑缓期二年执行的案件,由高级人民法院核准。	第二百零一条 中级人民法院判处死刑缓期二年执行的案件,由高级人民法院核准。	第二百三十七条 中级人民法院判处死刑缓期二年执行的案件,由高级人民法院核准。
第一百四十七条 最高人民法院复核死刑案件,高级人民法院复核死刑缓期执行的案件,应当由审判员三人组成合议庭进行。	第二百零二条 最高人民法院复核死刑案件,高级人民法院复核死刑缓期执行的案件,应当由审判员三人组成合议庭进行。	第二百三十八条 最高人民法院复核死刑案件,高级人民法院复核死刑缓期执行的案件,应当由审判员三人组成合议庭进行。
		第二百三十九条 最高人民法院复核死刑案件,应当作出核准或者不核准死刑的裁定。对于不核准死刑的,最高人民法院可以发回重新审判或者予以改判。
		第二百四十条 最高人民法院复核死刑案件,应当讯问被告人,辩护律师提出要求的,应当听取辩护律师的意见。 在复核死刑案件过程中,最高人民检察院可以向最高人民法院提出意见。最高人民法院应当将死刑复核结果通报最高人民检察院。

上述条文对比体现出前后三次《刑事诉讼法》在死刑核准权归属、死刑复核程序的启动方式以及死刑复核的审判组织等问题上的一致性,但从 2012 年《刑事诉讼法》新增加的条文内容来看,死刑复核程序的发展趋势是从单方决定走向多方参与,从秘密封闭走向公开透明,程序的正当性与合理性不断得到加强。

二、死刑核准权归属

虽然1979年、1996年和2012年《刑事诉讼法》均规定死刑案件由最高人民法院核准，但是在司法实践中，我国死刑案件核准权特别是死刑立即执行案件核准权随着社会治安状况的变化，历经数次放和收的过程，其中涉及新旧法律之间、法律与司法解释之间、立法与实际执法之间的复杂关系，这一曲折的过程折射出我国刑事诉讼在追求公正价值与效率价值之间的徘徊。

根据1979年《刑事诉讼法》，死刑由最高人民法院核准，死刑缓期执行案件由高级人民法院核准。1980年3月16日，基于社会治安状况的恶化，全国人大常委会发出通知：经第五届全国人大常委会第十三次会议批准，在1980年内，对现行的杀人、强奸、抢劫、放火等犯有严重罪行应当判处死刑的案件，最高人民法院可以授权省、自治区、直辖市高级人民法院核准。1981年6月，第五届全国人大常委会第十九次会议通过了《关于死刑案件核准权问题的决定》，规定除对反革命和贪污犯等判处死刑，仍由最高人民法院核准外，在1981年至1983年内，对犯有杀人、抢劫、强奸、爆炸、放火、投毒、决水和破坏交通、电力等设备的罪行，由省高级人民法院终审判处死刑的，或者中级人民法院一审判处死刑，被告人不上诉，经高级人民法院核准的以及高级人民法院一审判处死刑，被告人不上诉的，都不必报最高人民法院核准。1983年9月2日第六届全国人大常委会第二次会议通过了《关于修改〈中华人民共和国法院组织法〉的决定》，对《人民法院组织法》第13条作了修改，规定死刑案件除由最高人民法院判决以外，应当报请最高人民法院核准。杀人、抢劫、强奸、爆炸以及其他严重危害公共安全和社会治安的死刑案件的核准权，最高人民法院在必要的时候，可授权省、自治区、直辖市的高级人民法院行使。1983年9月7日，最高人民法院根据修改后的人民法院组织法的规定，发出了《关于授权高级人民法院核准部分死刑案件的通知》，规定在当前严厉打击刑事犯罪活动期间，为了及时严惩严重危害公共安全和社会治安的罪大恶极的刑事犯罪分子，除由最高法院判决死刑的案件外,各地对反革命案件和贪污等严重经济犯罪案件(包括受贿案件、走私案件、投机倒把案件、贩毒案件、倒运珍贵文物出口案件)判处死刑的,仍应由高级人民法院复核同意后,报最高人民法院核准;对杀人、强奸、抢劫、爆炸以及其他严重危害公共安全和社会治安判处死刑案件的核准权,最高人民法院依法授权由各省、自治区、直辖市高级人民法院和解放军军事法院行使。为严惩毒品犯罪,1991 年至 1997 年间分别以通知形式授权云南、广东、广西、甘肃和四川五省高级人民法院行使除最高人民法院判决的和涉外的毒品死刑案件之外的其管辖范围内其他毒品死刑案件的核准权。在以上过程中,死刑核准权从集中到下放,体现了我国刑事诉讼在一段时期内对打击犯罪和诉讼效率的追求。但是核准权下放到省高级人民法院,导致死刑复核程序与死刑案件的二审程序"合二而一",死刑复核程序名存实亡,其在控制死刑案件数量、确保死刑案件质量、统一死刑适用标准方面的功能也难以发挥。

1996 年《刑事诉讼法》并没有对 1979 年《刑事诉讼法》规定的死刑核准权归属予以改变,仍规定死刑案件由最高人民法院核准。这样,《法院组织法》与《刑事诉讼法》之间在这个问题上就产生了冲突,依据新法优于旧法的原则,刑事诉讼法的规定理应得到遵守,即死刑案件的核准权应统一由最高人民法院行使。但是 1997 年 9 月 26 日最高人民法院再次发出《关于授权高级人民法院和解放军军事法院核准部分死刑案件的通知》,规定:"自 1997 年 10 月 1 日修订后的刑法正式实施之日起,除本院判处的死刑案件外,各地对刑法分则第一章规定的危害国家安全罪,第三章规定的破坏社会主义市场经济秩序罪,第八章规定的贪污贿赂罪判处死刑的案件,高级人民法院、解放军军事法院二审或复核同意后,仍应报本院核准。对刑法分则第二章、第四章、第五章、第六章(毒品犯罪除外)、第七章、第十章规定的犯罪,判处死刑的案件(本院判决的和涉外的除外)的核准权,本院依据《中华人民共和国人民法院组织法》第 13 条的规定,仍授权由各省、自治区、直辖市高级人民法院和解放军军事法院行使。但涉港、澳、台死刑案件在一审宣判前仍需报本院内核。对于毒品犯罪死刑案件,除已获得授权的高级人民法院可以行使部分死刑案件核准权外,其他高级人民法院和解放军军事法院在二审或复核同意后,仍应报本院核准"。以上通知以 1983 年的《人民法院组织法》为依据,使死刑核准权的归属和死刑复核程序回归到 1996 年《刑事诉讼法》修改以前的状况。这种做法引起了学界的广泛批评,比如有学者提出:"虽然《刑法》《刑事诉讼法》和《人民法院组织法》均属于同一层次的法律,但 1996 年的《刑事诉讼法》和 1997 年的《刑法》是新法,因此,在司法实践中如果仍适用旧法,则会产生法的效力上的冲突以及不符合法的基本原理的现象。"①

2006 年 10 月 31 日闭幕的十届全国人大常委会第二十四次会议表决通过《关于修改人民法院组织法的决定》,将《人民法院组织法》的第 13 条修改为:"死刑除依法由最高人民法院判决的以外,应当报请最高人民法院核准。"这个决定自 2007 年 1 月 1 日起施行。这就意味着 2007 年 1 月 1 日,最高人民法院正式收回死刑核准权。随着最高人民法院收回死刑核准权,2012 年《刑事诉讼法》第 235 条再一次重申了"死刑由最高人民法院核准",这一次《刑事诉讼法》关于死刑案件核准权归属的规定终于名副其实。死刑核准权的回收是我国刑事司法改革的一项重要成果,它消除了死刑复核程序与二审程序"合二而一"的问题,有利于死刑复核程序功能的发挥,有利于切实控制和减少死刑案件的数量。

三、死刑复核程序的审理方式

死刑复核程序的审理方式,是指死刑复核的审判组织采用何种方式对死刑案件进行审查以作出是否核准死刑的裁判。1979 年和 1996 年《刑事诉讼法》均没有对死刑复核程序的审理方式加以规定。实践中,除高级人民法院复核或者核准死刑缓期二年执行案件需要提审被告人之外,最高人民法院核准死刑由审判员 3 人组成的合议庭进行书面审理。这种书面审理由法院单方秘密进行,没有检察院的参与,也没有辩护人的参与,大多数案件也不需要提审被告人。这种审理方式虽然有利于实现诉讼效率,但违背程序公正的基本要求,使得死刑复核程序缺乏诉讼性,更类似于行政审批程

---

① 周凯军、颜林波:《死刑复核程序现存问题之分析及其展望》,载《山东法学》1999 年第 4 期。

序。因此,许多学者都主张对其进行诉讼化改造,使其成为类似于一、二审的正式审判程序,其中最具有代表性的观点就是对死刑案件实行"三审终审"制改造,使死刑复核程序成为真正意义上的第三审程序。①

2007年最高人民法院收回死刑核准权,确立了由本部统一行使核准权的体制,使得"三审终审制"的诉讼化改造基本上没有实现的可能。即便如此,最高人民法院在收回核准权之后,仍然通过司法解释的形式对死刑复核程序进行了一些改进,以期改变死刑复核程序原本的行政化色彩。这些司法解释有最高人民法院于2007年1月22日通过的《关于复核死刑案件若干问题的规定》,最高人民法院、最高人民检察院、公安部、司法部于2007年3月22日联合发布的《关于进一步严格依法办案确保办理死刑案件质量的意见》。根据这些司法解释的规定:(1)死刑案件复核期间,被告人委托的辩护人提出听取意见要求的,应当听取辩护人的意见,并制作笔录附卷。辩护人提出书面意见的,应当附卷。(2)复核死刑案件,合议庭成员应当阅卷,并提出书面意见存查。对证据有疑问的,应当对证据进行调查核实,必要时到案发现场调查。(3)高级人民法院复核死刑案件,应当讯问被告人。最高人民法院复核死刑案件,原则上应当讯问被告人。上述规定与原有的死刑复核程序相比,有三个明显的进步:第一,允许辩护人介入死刑复核程序并发表辩护意见,打破了原有程序的封闭性;第二,要求合议庭成员对有疑问的证据进行调查核实,必要时到案发现场调查,改变了原有的纯粹书面审理方式,强化了合议庭在查实证据、查明事实方面的责任;第三,要求复核死刑案件时讯问被告人,则不仅给被告人提供了参与死刑复核程序的机会,增强了程序对当事人的公开性和透明度,而且有利于提高死刑案件的质量,防止错误适用死刑。基于以上三个特征,死刑复核程序从原来的单纯书面式审理方式改变为调查讯问式。

2012年《刑事诉讼法》对上述司法解释的内容加以吸收并进一步予以完善。第240条规定:"最高人民法院复核死刑案件,应当讯问被告人,辩护

---

① 参见陈卫东、刘计划:《关于死刑复核程序的现状及其存废的思考》,载《中国法学》1998年第5期;陈瑞华:《刑事诉讼的前沿问题》,中国人民大学出版社2000年版,第474—476页;龙宗智主编:《徘徊于传统与现代之间——中国刑事诉讼法再修改研究》,法律出版社2005年版,第338—341页。

律师提出要求的,应当听取辩护律师的意见。在复核死刑案件过程中,最高人民检察院可以向最高人民法院提出意见。最高人民法院应当将死刑复核结果通报最高人民检察院。"与司法解释相比,本条规定在以下三个方面作出了变动:第一,将"原则上"讯问被告人改为"应当"讯问被告人,从而使讯问被告人成为死刑复核的必经程序;第二,将听取"辩护人"的意见改为听取"辩护律师"的意见,限制了参与死刑复核程序的辩护人员范围;第三,增加了检察机关对死刑复核的参与,允许最高人民检察院向最高人民法院提出意见,同时要求最高人民法院向最高人民检察院通报死刑复核结果。此外,第240条对合议庭调查证据的问题未加以规定。根据以上规定,死刑复核的审理方式既不是原有的书面审理方式,也不是司法解释所确立的调查讯问式,而是允许控辩双方参与的阅卷讯问式。

从死刑复核程序审理方式的历史演变过程来看,我国的死刑复核程序的诉讼性特征日益明显,程序正当性不断得以提高,原有的内部行政化审批程序逐渐为公开透明的审判救济程序所取代,这是我国刑事诉讼法律制度取得进步的重要表现之一。从未来法律的进一步完善角度来看,为保证控辩双方能够充分参与到死刑终局裁判的形成过程,法律有必要明确死刑复核阶段的法律援助制度,确保被告人都能够得到辩护律师的帮助。此外,宜采用听证的方式以确保合议庭能够充分听取辩护律师和检察机关的意见。

四、死刑复核程序的裁判方式

死刑复核程序的裁判方式是指有核准权的法院在对死刑案件进行审查后所能作出的裁判类型。1979年和1996年《刑事诉讼法》均未对此加以规定。实践中,有核准权的法院复核后应当根据案件情形分别作出核准、改判和撤销原判发回重审三种裁判方式:(1)原判认定事实和适用法律正确、量刑适当的,裁定予以核准;(2)原判认定事实错误或者证据不足的,裁定撤销原判,发回重新审理;(3)原判认定事实正确,但适用法律有错误,或者量刑不当,不同意判处死刑的,应当改判;(4)发现一、二审人民法院违反法律规定的诉讼程序,可能影响正确判决的,应当裁定撤销原判,发回重审。

2007年最高人民法院收回死刑核准权,为减轻死刑核准权回收所带来的压力和工作负担,同时强化最高法院作为"核准"法院的性质,对于死刑复核案件的裁判方式也进行了修改。根据《最高人民法院关于复核死刑案件若干问题的规定》第1条:"最高人民法院复核死刑案件,应当作出核准的裁定、判决或者作出不核准的裁定。"这确立了最高法院复核死刑案件的裁判方式是核准或者不核准死刑。根据该司法解释的第2条至第6条规定,共有下列几种裁判方式:(1)原判认定事实和适用法律正确、量刑适当、诉讼程序合法的,裁定予以核准。(2)复核后认为原判认定事实不清、证据不足的,裁定不予核准,并撤销原判,发回重新审判。(3)复核后认为原判认定事实正确,但依法不应当判处死刑的,裁定不予核准,并撤销原判,发回重新审判。(4)复核后认为原审人民法院违反法定诉讼程序,可能影响公正审判的,裁定不予核准,并撤销原判,发回重新审判。(5)只有在数罪并罚案件和共同犯罪案件中,允许存在一定的改判情形。将死刑复核的裁判方式限制于"核准"或者"不核准"裁判,对于依法不应当判死刑的案件,不再由最高人民法院直接改判,而是在裁定不予核准的基础上发回原审法院重新审判,更符合最高人民法院作为死刑案件复核法院而非审判法院的性质,使得最高人民法院的功能定位更为清晰。

2012年《刑事诉讼法》第239条规定:"最高人民法院复核死刑案件,应当作出核准或者不核准死刑的裁定……"本条规定仍然将死刑复核的裁判方式界定为核准和不核准两种,但去掉了司法解释中"核准的判决"方式,要求核准或者不核准都只能采用裁定的方式。同时,第239条还规定:"对于不核准死刑的,最高人民法院可以发回重新审判或者予以改判"。这里,法律并没有明确规定什么情况下应当发回重审,什么情况下应当予以改判。对这一问题,2012年《最高法院解释》吸收了《关于复核死刑案件若干问题的规定》的内容并进一步加以细化。根据该《解释》第350条、第351条和第352条的规定:最高人民法院复核死刑案件,应当按照下列情形分别处理:(1)原判认定事实和适用法律正确、量刑适当、诉讼程序合法的,应当裁定核准;(2)原判认定的某一具体事实或者引用的法律条款等存在瑕疵,但判处被告人死刑并无不当的,可以在纠正后作出核准的判决、裁定;(3)原判事实不清、证据不足的,应当裁定不予核准,并撤销原判,发回重新审判;

(4)复核期间出现新的影响定罪量刑的事实、证据的,应当裁定不予核准,并撤销原判,发回重新审判;(5)原判认定事实正确,但依法不应当判处死刑的,应当裁定不予核准,并撤销原判,发回重新审判;(6)原审违反法定诉讼程序,可能影响公正审判的,应当裁定不予核准,并撤销原判,发回重新审判。对一人有两罪以上被判处死刑的数罪并罚案件,最高人民法院复核后,认为其中部分犯罪的死刑判决、裁定事实不清、证据不足的,应当对全案裁定不予核准,并撤销原判,发回重新审判;认为其中部分犯罪的死刑判决、裁定认定事实正确,但依法不应当判处死刑的,可以改判,并对其他应当判处死刑的犯罪作出核准死刑的判决。对有两名以上被告人被判处死刑的案件,最高人民法院复核后,认为其中部分被告人的死刑判决、裁定事实不清、证据不足的,应当对全案裁定不予核准,并撤销原判,发回重新审判;认为其中部分被告人的死刑判决、裁定认定事实正确,但依法不应当判处死刑的,可以改判,并对其他应当判处死刑的被告人作出核准死刑的判决。

死刑复核裁判方式的发展变化,尤其是对改判情形的严格限制,有利于分清死刑案件的一审、二审、死刑复核程序各自的定位和功能,有利于最高人民法院通过死刑复核裁判,更为有力、有效地指导地方法院严格依法履行各自的审判职责,督促各地法院将附带民事诉讼的调解、信访接待等工作尽量妥善、及时在当地解决,防止矛盾激化,以最大限度地维护社会稳定,促进社会和谐,确保裁判取得最佳的法律效果与社会效果。

第十五章 审判监督程序

一、概　　述

在刑事诉讼中,审判监督程序是指人民法院、人民检察院对已经发生法律效力的判决和裁定,发现在认定事实或适用法律上确有错误,依法提起并对案件进行重新审判的一种特别审判程序。由于审判监督程序是对裁判已经发生法律效力的案件进行重新审理的程序,审判监督程序也被称为再审程序。刑事审判监督程序是我国纠正刑事错案的重要途径,是保证案件质量的重要措施。为了维护法院生效裁判的稳定性,又能使错误的判决得到纠正,1979 年《刑事诉讼法》专章规定了审判监督程序。审判监督程序被规定在第三编第五章,共 3 个法律条文,内容涉及当事人的申诉、审判监督的提起程序、审判监督的审理程序。同其他审判程序相比,1979 年《刑事诉讼法》对审判监督程序的规定不仅涉及的条文少,内容规定也比较粗疏。

1996 年《刑事诉讼法》修改,审判监督程序增加了 2 个条文,修改了 2 个条文,对审判监督程序提起主体、申诉理由、审理程序、审理期限等问题进行专门规定。增加的内容为当事人提出申诉的,人民法院应当予以重新审判的情形以及审判监督程序的审理期限。修改的内容涉及申诉人范围以及检察机关按审判监督程序提出抗诉对人民法院的影响。

2012年《刑事诉讼法》修改,审判监督程序在1996年《刑事诉讼法》规定的基础上增加2个条文,修改2个条文,审判监督程序条文达到7个。增加的内容为上级人民法院指令再审的案件管辖法院以及审判监督程序中强制措施的使用。修改的内容涉及当事人提出申诉,人民法院应当予以重新审判的情形以及人民法院按照审判监督程序开庭审理案件,同级人民检察院应当派员出席法庭。立法修改情况如下表所示:

1979年《刑事诉讼法》	1996年《刑事诉讼法》	2012年《刑事诉讼法》
第五章 审判监督程序	第五章 审判监督程序	第五章 审判监督程序
第一百四十八条 当事人、被害人及其家属或者其他公民,对已经发生法律效力的判决、裁定,可以向人民法院或者人民检察院提出申诉,但不能停止判决、裁定的执行。	第二百零三条 当事人及**其法定代理人、近亲属**,对已经发生法律效力的判决、裁定,可以向人民法院或者人民检察院提出申诉,但是不能停止判决、裁定的执行。	第二百四十一条 当事人及其法定代理人、近亲属,对已经发生法律效力的判决、裁定,可以向人民法院或者人民检察院提出申诉,但是不能停止判决、裁定的执行。
	第二百零四条 当事人及其法定代理人、近亲属的申诉符合下列情形之一的,人民法院应当重新审判: (一)有新的证据证明原判决、裁定认定的事实确有错误的; (二)据以定罪量刑的证据不确实、不充分或者证明案件事实的主要证据之间存在矛盾的; (三)原判决、裁定适用法律确有错误的; (四)审判人员在审理该案件的时候,有贪污受贿,徇私舞弊,枉法裁判行为的。	第二百四十二条 当事人及其法定代理人、近亲属的申诉符合下列情形之一的,人民法院应当重新审判: (一)有新的证据证明原判决、裁定认定的事实确有错误,**可能影响定罪量刑的**; (二)据以定罪量刑的证据不确实、不充分、**依法应当予以排除**或者证明案件事实的主要证据之间存在矛盾的; (三)原判决、裁定适用法律确有错误的; (四)**违反法律规定的诉讼程序,可能影响公正审判的**; (五)审判人员在审理该案件的时候,有贪污受贿,徇私舞弊,枉法裁判行为的。

（续表）

1979年《刑事诉讼法》	1996年《刑事诉讼法》	2012年《刑事诉讼法》
第一百四十九条　各级人民法院院长对本院已经发生法律效力的判决和裁定，如果发现在认定事实上或者在适用法律上确有错误，必须提交审判委员会处理。 最高人民法院对各级人民法院已经发生法律效力的判决和裁定，上级人民法院对下级人民法院已经发生法律效力的判决和裁定，如果发现确有错误，有权提审或者指令下级人民法院再审。 最高人民检察院对各级人民法院已经发生法律效力的判决和裁定，上级人民检察院对下级人民法院已经发生法律效力的判决和裁定，如果发现确有错误，有权按照审判监督程序提出抗诉。	第二百零五条　各级人民法院院长对本院已经发生法律效力的判决和裁定，如果发现在认定事实上或者在适用法律上确有错误，必须提交审判委员会处理。 最高人民法院对各级人民法院已经发生法律效力的判决和裁定，上级人民法院对下级人民法院已经发生法律效力的判决和裁定，如果发现确有错误，有权提审或者指令下级人民法院再审。 最高人民检察院对各级人民法院已经发生法律效力的判决和裁定，上级人民检察院对下级人民法院已经发生法律效力的判决和裁定，如果发现确有错误，有权按照审判监督程序向同级人民法院提出抗诉。 **人民检察院抗诉的案件，接受抗诉的人民法院应当组成合议庭重新审理，对于原判决事实不清楚或者证据不足的，可以指令下级人民法院再审。**	第二百四十三条　各级人民法院院长对本院已经发生法律效力的判决和裁定，如果发现在认定事实上或者在适用法律上确有错误，必须提交审判委员会处理。 最高人民法院对各级人民法院已经发生法律效力的判决和裁定，上级人民法院对下级人民法院已经发生法律效力的判决和裁定，如果发现确有错误，有权提审或者指令下级人民法院再审。 最高人民检察院对各级人民法院已经发生法律效力的判决和裁定，上级人民检察院对下级人民法院已经发生法律效力的判决和裁定，如果发现确有错误，有权按照审判监督程序向同级人民法院提出抗诉。 人民检察院抗诉的案件，接受抗诉的人民法院应当组成合议庭重新审理，对于原判决事实不清楚或者证据不足的，可以指令下级人民法院再审。
		第二百四十四条　上级人民法院指令下级人民法院再审的，应当指令原审人民法院以外的下级人民法院审理；由原审人民法院审理更为适宜的，也可以指令原审人民法院审理。

（续表）

1979 年《刑事诉讼法》	1996 年《刑事诉讼法》	2012 年《刑事诉讼法》
第一百五十条　人民法院按照审判监督程序重新审判的案件,应当另行组成合议庭进行。如果原来是第一审案件,应当依照第一审程序进行审判,所作的判决、裁定,可以上诉、抗诉；如果原来是第二审案件,或者是上级人民法院提审的案件,应当依照第二审程序进行审判,所作的判决、裁定,是终审的判决、裁定。	第二百零六条　人民法院按照审判监督程序重新审判的案件,应当另行组成合议庭进行。如果原来是第一审案件,应当依照第一审程序进行审判,所作的判决、裁定,可以上诉、抗诉；如果原来是第二审案件,或者是上级人民法院提审的案件,应当依照第二审程序进行审判,所作的判决、裁定,是终审的判决、裁定。	第二百四十五条　人民法院按照审判监督程序重新审判的案件,**由原审人民法院审理的**,应当另行组成合议庭进行。如果原来是第一审案件,应当依照第一审程序进行审判,所作的判决、裁定,可以上诉、抗诉；如果原来是第二审案件,或者是上级人民法院提审的案件,应当依照第二审程序进行审判,所作的判决、裁定,是终审的判决、裁定。**人民法院开庭审理的再审案件,同级人民检察院应当派员出席法庭。**
		第二百四十六条　人民法院决定再审的案件,需要对被告人采取强制措施的,由人民法院依法决定；人民检察院提出抗诉的再审案件,需要对被告人采取强制措施的,由人民检察院依法决定。人民法院依照审判监督程序审判的案件,可以决定中止原判决、裁定的执行。
	第二百零七条　人民法院按照审判监督程序重新审判的案件,应当在作出提审、再审决定之日起三个月以内审结,需要延长期限的,不得超过六个月。接受抗诉的人民法院按照审判监督程序审判抗诉的案件,审理期限适用前款规定；对需要指令下级人民法院再审的,应当自接受抗诉之日起一个月以内作出决定,下级人民法院审理案件的期限适用前款规定。	第二百四十七条　人民法院按照审判监督程序重新审判的案件,应当在作出提审、再审决定之日起三个月以内审结,需要延长期限的,不得超过六个月。接受抗诉的人民法院按照审判监督程序审判抗诉的案件,审理期限适用前款规定；对需要指令下级人民法院再审的,应当自接受抗诉之日起一个月以内作出决定,下级人民法院审理案件的期限适用前款规定。

刑事诉讼中审判监督程序的立法及修改,从1979年《刑事诉讼法》仅有3个条文到2012年《刑事诉讼法》增加到7个条文,我国刑事审判监督程序基本框架已经形成。审判监督程序立法内容变化的总体趋势是对审判监督具体程序加以细化和完善,以对司法实践中审判监督程序运作起到规范作用。审判监督程序的立法完善有助于提高诉讼质量,指导审判监督工作顺利运转。到目前为止,对刑事审判监督程序的立法变革主要是围绕着具体审判监督程序的细化和完善,属于程序上的"微调"。[1] 对于理论界和实务界争论的一些热点问题,例如,我国是否应当确立一事不再理原则?审判监督程序是否应当区分有利于被告人的再审和不利于被告人的再审?是否应当赋予申诉人独立的启动审判监督程序权?是否应当限制甚至取消人民法院依职权主动启动审判监督程序的权力?这些影响审判监督程序性质或涉及制度变革的问题立法并未涉及。

二、申诉权主体范围

刑事诉讼中的申诉权是一项重要的诉讼权利。从《刑事诉讼法》规定来看,共有三种类型的申诉,即犯罪嫌疑人在侦查阶段对侦查机关违法行为的申诉、控告;被害人以及被不起诉人对检察机关不起诉决定不服的申诉;当事人及其法定代理人、近亲属对已经发生法律效力的判决、裁定向人民法院或者人民检察院提出的申诉,最后一种申诉属于审判监督程序中的申诉。1979年《刑事诉讼法》第148条规定,当事人、被害人及其家属或者其他公民,对已经发生法律效力的判决、裁定,可以向人民法院或者人民检察院提出申诉,但不能停止判决、裁定的执行。根据该条规定,申诉人的范围包括当事人、被害人及其家属或者其他公民。可以看出,1979年《刑事诉讼法》规定的申诉主体的范围是相当广泛的,几乎涵盖了任何公民。申诉主体没有任何限制,这使得本属于刑事诉讼中的这种诉讼意义上的申诉与一般民主权利意义上的申诉在主体上没有区别,导致司法实践中滥提申诉、纠缠申

---

[1] 陈卫东、杜磊:《再审程序的理解与适用——兼评〈刑事诉讼法〉关于再审程序的修改》,载《法学杂志》2012年第5期。

诉、反复申诉的现象发生,当事人的申诉权反而得不到切实保障。

1996年《刑事诉讼法》修改,在第203条规定,当事人及其法定代理人、近亲属,对已经发生法律效力的判决、裁定,可以向人民法院或者人民检察院提出申诉,但是不能停止判决、裁定的执行。该条将申诉主体限定在当事人及其法定代理人、近亲属的范围。根据1996年《刑事诉讼法》第82条第2项规定,"当事人"是指被害人、自诉人、犯罪嫌疑人、被告人、附带民事诉讼的原告人和被告人。第6项规定,"近亲属"是指夫、妻、父、母、子、女、同胞兄弟姊妹。至于当事人及其法定代理人、近亲属以外的其他公民虽然仍可以对已经发生法律效力的判决、裁定提出意见,但这种意见要求不再作为具有诉讼性质的申诉,而是作为来信、来访处理。1996年《刑事诉讼法》规定的申诉人范围比1979年《刑事诉讼法》规定有了改变。应该说,修改后的内容更为科学和严谨,也更切合实际,不仅有利于保障申诉人合法权益,有助于司法机关及时处理申诉和发现、纠正错误裁判,同时也使申诉权这一诉讼权利更加明确和规范化。

2012年《刑事诉讼法》对1996年《刑事诉讼法》第203条的内容予以保留。同时2012年《最高法院解释》第371条第2款规定,案外人认为已经发生法律效力的判决、裁定侵害其合法权益,提出申诉的,人民法院应当审查处理。2012年《刑事诉讼法》增加规定了犯罪嫌疑人、被告人逃匿、死亡案件违法所得的没收程序等特别程序,通过这类程序裁决的案件,不仅与案件当事人相关,还可能涉及案外人的权益。根据该解释的规定,案外人也可以成为提起申诉的主体,提起的条件是案外人认为已经发生法律效力的判决、裁定侵害了其合法权益。

三、申诉理由

1979年《刑事诉讼法》第148条只是规定了当事人对已经发生法律效力的判决、裁定,可以向人民法院或者人民检察院提出申诉。这一规定过于原则化,可操作性不强。当事人能够以什么样的理由提出申诉?如果当事人提出申诉,会引起什么样的法律后果?法律并没有作出明确规定。司法实践中出现当事人提出申诉,但检察机关、人民法院不积极处理,申诉人的申诉权得不到有效保障。

1996年《刑事诉讼法》修改增加一条规定,以列举方式对当事人及其法定代理人、近亲属的申诉导致重新审判的情形予以规定。1996年《刑事诉讼法》第204条规定,当事人及其法定代理人、近亲属的申诉符合下列情形之一的,人民法院应当重新审判:(1)有新的证据证明原判决、裁定认定的事实确有错误的;(2)据以定罪量刑的证据不确实、不充分或者证明案件事实的主要证据之间存在矛盾的;(3)原判决、裁定适用法律确有错误的;(4)审判人员在审理该案件的时候,有贪污受贿,徇私舞弊,枉法裁判行为的。根据该条规定,当事人及其法定代理人、近亲属提出的申诉只要符合上述条件,则法院应当重新审判案件,因而加强了对当事人申诉权的保障。从以上规定可以看出,当事人提出申诉能够引起法院再审的理由仅限于在实体法上认定事实发生错误或者适用法律发生错误,以及审判人员个人有贪污受贿、徇私舞弊、枉法裁判行为,如果审判中严重违反诉讼程序,是否可以引起再审程序,法律没有作出规定。

2012年《刑事诉讼法》第242条对1996年《刑事诉讼法》第204条规定进一步进行修改完善。2012年《最高法院解释》第375条第2款对2012年《刑事诉讼法》第242条加以细化,规定:经审查,具有下列情形之一的,应当根据《刑事诉讼法》第242条的规定,决定重新审判:(1)有新的证据证明原判决、裁定认定的事实确有错误,可能影响定罪量刑的;(2)据以定罪量刑的证据不确实、不充分、依法应当排除的;(3)证明案件事实的主要证据之间存在矛盾的;(4)主要事实依据被依法变更或者撤销的;(5)认定罪名错误的;(6)量刑明显不当的;(7)违反法律关于溯及力规定的;(8)违反法律规定的诉讼程序,可能影响公正裁判的;(9)审判人员在审理该案件时有贪污受贿、徇私舞弊、枉法裁判行为的。同1996年《刑事诉讼法》相比,2012年《刑事诉讼法》及相关司法解释在法定申诉理由方面存在以下变化:

第一,1996年《刑事诉讼法》第204条第1项规定,当事人的申诉只要符合"有新的证据证明原判决、裁定认定的事实确有错误的",就可以引起再审程序。而有新的证据证明原判决、裁定认定的事实确有错误,可能是主要事实错误、也可能是次要事实错误、还可能是不影响定罪量刑的事实有错误。不区分不同情况,只要有新的证据证明原判决、裁定认定的事实有错误,就引起再审程序,显然不合理,也不利于诉讼效率的提高。2012 年《刑事诉讼法》第 242 条就此项内容增加规定"可能影响定罪量刑的"限制性条件,根据此项规定,当事人的申诉有新的证据证明原判决、裁定认定的事实确有错误,且可能影响定罪量刑的情况下,才会引起再审程序。2012 年《最高法院解释》第 376 条将可能改变原判决、裁定据以定罪量刑的事实的"新的证据"解释为:(1) 原判决、裁定生效后新发现的证据;(2) 原判决、裁定生效前已经发现,但未予收集的证据;(3) 原判决、裁定生效前已经收集,但未经质证的证据;(4) 原判决、裁定所依据的鉴定意见,勘验、检查等笔录或者其他证据被改变或者否定的。人民法院的判决和裁定是法院代表国家作出的,一经发生法律效力就应维护其严肃性、稳定性和权威性,对案件重新审判,撤销原裁判必须十分慎重,应有严格明确的限制规定。这样既有利于保护申诉权人申诉权切实实现,又为法院根据申诉重新审判提供具体化、规范化的法律依据。

第二,2012 年《刑事诉讼法》第 242 条对 1996 年《刑事诉讼法》第 204 条第 2 项规定修改为"据以定罪量刑的证据不确实、不充分、依法应当予以排除或者证明案件事实的主要证据之间存在矛盾的"。根据此规定,当事人的申诉在证据方面存在以下三种情形下,人民法院应当对案件重新审判:(1) 据以定罪量刑的证据不确实、不充分;(2) 存在依法应当予以排除的证据;(3) 证明案件事实的主要证据之间存在矛盾。其中"存在依法应当予以排除的证据"是 2012 年《刑事诉讼法》第 242 条新增加的内容。2012 年《刑事诉讼法》第 54 条确立了刑事诉讼中的非法证据排除规则,规定在侦查、审查起诉、审判时发现有应当排除的证据的,应当依法予以排除,不得作为起诉意见、起诉决定和判决的依据。如果在侦查、起诉、审判时有依法应当予以排除的非法证据而没有发现,并依该证据对被告人定罪量刑进而作出判决,判决发生法律效力后发现的,理应对该案件进行重新审判。第 242 条增加该规定是非法证据排除规则在审判监督程序中的体现。

第三,2012 年《刑事诉讼法》第 242 条增加一项规定,即根据当事人的申诉,认为人民法院的审判违反法律规定的诉讼程序,可能影响公正审判的,人民法院应当重新审判。该项规定弥补了 1996 年《刑事诉讼法》第 204

条规定的不足,除了因案件事实错误或证据存在问题、适用法律错误、审判人员违法违纪行为以外,违反诉讼程序的行为同样成为引起审判监督程序的理由。适用该项规定的条件,一是违反法律规定的诉讼程序,二是可能影响公正审判,即严重违反诉讼程序的行为。其中"违反法律规定的诉讼程序",我们认为可以参照 2012 年《刑事诉讼法》第 227 条执行。① 该项内容的增加,强化了刑事诉讼中诉讼程序的重要性,体现了《刑事诉讼法》修改实体与程序并重的指导思想。

四、审判监督程序的具体内容

审判监督程序为我国刑事诉讼中的特别审判程序,既具有审判程序的一般特点,又具有特殊性,是一个独立的审判程序。审判监督程序内容包括审判监督程序的提起、审判监督的审判以及审判监督裁决的作出。从 1979 年《刑事诉讼法》至 2012 年《刑事诉讼法》,审判监督具体程序规定不断得到完善,可操作性进一步增强。

(一)人民检察院对已生效裁判案件的抗诉

1979 年《刑事诉讼法》规定的提起审判监督的方式包括人民法院的决定再审、提审、指令再审以及人民检察院的抗诉。其中关于人民检察院对各级人民法院已经发生法律效力裁判发现确有错误的,人民检察院有权按照审判监督程序提出抗诉。这里只是笼统规定了检察机关以抗诉的方式提起审判监督程序,究竟向哪一个人民法院提起、如何提起,该法没有作出明确具体的规定。1996 年《刑事诉讼法》对此内容进一步细化,明确了人民检察院提起审判监督程序的对象。1996 年《刑事诉讼法》第 205 条规定,最高人民检察院对各级人民法院已经发生法律效力的判决和裁定,上级人民检察

---

① 2012 年《刑事诉讼法》第 227 条:"第二审人民法院发现第一审人民法院的审理有下列违反法律规定的诉讼程序的情形之一的,应当裁定撤销原判,发回原审人民法院重新审判:(1)违反本法有关公开审判的规定的;(2)违反回避制度的;(3)剥夺或者限制了当事人的法定诉讼权利,可能影响公正审判的;(4)审判组织的组成不合法的;(5)其他违反法律规定的诉讼程序,可能影响公正审判的。"

院对下级人民法院已经发生法律效力的判决和裁定,如果发现确有错误,有权按照审判监督程序向同级人民法院提出抗诉。根据该条规定,上级人民检察院对下级人民法院已经发生法律效力的判决和裁定按照审判监督程序提起抗诉要向同级人民法院提出。同1979年《刑事诉讼法》相比,1996年《刑事诉讼法》第205条增加一款内容,进一步明确人民检察院抗诉的案件,接受抗诉的人民法院应当组成合议庭重新审理,对于原判决事实不清楚或者证据不足的,可以指令下级人民法院再审。根据该条规定,对于人民检察院的抗诉,人民法院应当组成合议庭重新审理或者指令下级人民法院再审。对于人民检察院按照审判监督程序提起抗诉规定的具体化,增强了审判监督程序的可操作性。

(二)指令再审法院

根据1979年《刑事诉讼法》以及1996年《刑事诉讼法》,对于最高人民法院以及上级人民法院指令下级法院再审的,一般是指令原审人民法院再审。司法实践中,原审人民法院对自己审理过的已生效裁决案件进行再审,很难或不愿作出不同的裁决,使审判监督程序纠正错误裁判的效果受到很大影响。2012年《刑事诉讼法》考虑到这一点,增加第244条规定,上级人民法院指令下级人民法院再审的,应当指令原审人民法院以外的下级人民法院审理;由原审人民法院审理更为适宜的,也可以指令原审人民法院审理。根据该条规定,对于上级人民法院指令下级人民法院再审的,以指令原审人民法院以外的下级人民法院审理为主,以指令原审人民法院审理为辅,只有在由原审人民法院审理更为适宜的,例如由原审人民法院审理更有利于查明案件事实、纠正裁判错误的,才可以指令原审人民法院审理。

(三)审判监督审理程序

1979年《刑事诉讼法》第150条和1996年《刑事诉讼法》第206条均规定,人民法院按照审判监督程序重新审判的案件,应当另行组成合议庭进行。2012年《刑事诉讼法》第245条第1款规定,人民法院按照审判监督程序重新审判的案件,由原审人民法院审理的,应当另行组成合议庭进行。只有在指令原审人民法院重新审判情况下,才存在另行组成合议庭的问题,指令其他人民法院再审或者上级人民法院提审,都不存在另行组成合议庭问题。2012年《刑事诉讼法》的表述更为科学、合理,也更为准确。

2012年《刑事诉讼法》第245条第2款增加规定,人民法院开庭审理的再审案件,同级人民检察院应当派员出席法庭。根据这一规定,无论审判监督程序是否由人民检察院的抗诉引起,人民法院按照审判监督程序决定开庭审理案件的,同级人民检察院都应当派员出席法庭。这一规定一方面是为了维持法庭审判控、辩、审三方诉讼结构,保证再审程序的严肃性、公正性,另一方面是为了实现人民检察院的检察监督职能。

(四) 审判监督程序审理期限

1979年《刑事诉讼法》没有对审判监督程序的审理期限作出规定。对依审判监督程序审理的案件,规定一个明确的审理期限是完全必要的,既有利于提高诉讼效率,也会增强审判的严肃性。1996年《刑事诉讼法》增加一条,专门就审判监督程序审理期限作出规定。1996年《刑事诉讼法》第207条规定,人民法院按照审判监督程序重新审判的案件,应当在作出提审、再审决定之日起3个月以内审结,需要延长期限的,不得超过6个月。接受抗诉的人民法院按照审判监督程序审判抗诉的案件,审理期限适用前款规定;对需要指令下级人民法院再审的,应当自接受抗诉之日起1个月以内作出决定,下级人民法院审理案件的期限适用前款规定。该条规定有两方面的内容:一是确定人民法院按照审判监督程序审理案件的期限一般为3个月,最长不超过6个月;二是人民法院接受检察机关抗诉,需要指令下级人民法院再审的,应当在接受抗诉之日起1个月内作出决定。对审判监督程序审理期限的规定,解决了司法实践中按照审判监督程序处理案件久拖不决的问题。增加规定审理期限,是审判监督程序进一步完善的重要内容和使之规范化的有力措施。由于因按审判监督程序审理的案件,一般比较复杂,特别是事实不清、证据不足的案件,随着时过境迁,重新收集证据、调查证据客观难度较大,因而审理期限不宜过短,否则不切实际。目前的规定是比较适当的。

(五) 审判监督程序中的强制措施与中止执行

采取强制措施的目的是保障刑事诉讼顺利进行,防止犯罪嫌疑人、被告人逃避侦查、起诉和审判。一般而言,强制措施主要适用于法院未作出判决之前的侦查、起诉和审判阶段。案件裁判已经生效,在执行过程中,甚至已经执行完毕,如果需要对该案件提起审判监督程序进行再审,是否需要对相关人员采取强制措施?强制措施由谁决定?判决生效后,如果被告人被判处管制刑或者缓刑,以及执行中被假释,或者刑罚已经执行完毕,被执行人人身自由并未受到限制。如果这时决定对案件进行再审,其有可能逃避再审审判,因而有必要对其采取强制措施。1979年《刑事诉讼法》和1996年《刑事诉讼法》均未对审判监督程序中的强制措施作出规定,2012年《刑事诉讼法》修改,对此内容作出了明确规定。2012年《刑事诉讼法》增加第246条第1款规定,人民法院决定再审的案件,需要对被告人采取强制措施的,由人民法院依法决定;人民检察院提起抗诉的再审案件,需要对被告人采取强制措施的,由人民检察院依法决定。根据该条规定,由人民法院决定再审的案件,包括本院决定再审的案件以及最高人民法院、上级人民法院决定再审的案件,对被告人是否采取强制措施以及采取何种强制措施,由人民法院决定。因人民检察院的抗诉引起的再审案件,对被告人是否采取强制措施以及采取何种强制措施,由人民检察院决定。无论人民法院还是人民检察院决定采取强制措施,都应当符合强制措施适用的条件和程序。

第246条第2款还同时规定,人民法院依照审判监督程序审判的案件,可以决定中止原判决、裁定的执行。按照审判监督程序审理的案件都是裁决已经发生法律效力的案件,有的案件还在执行中。对于法院作出的生效裁判,应当维持其权威性,对生效裁判的执行具有强制力,原则上再审期间不停止原判决、裁定的执行。但是再审案件不分情况,一律不停止执行,不利于保障被执行人的合法权益。如果被告人可能经再审改判无罪,或者可能经再审减轻原判刑罚而致刑期届满的,法院可以决定中止原判决、裁定的执行。根据2012年《刑事诉讼法》规定,依审判监督程序审理的案件,人民法院根据再审案件具体情况拥有是否中止原判决、裁定执行的裁量权。这一规定体现了法院在审判监督程序中对已生效裁判执行处理的灵活性,符合司法现实。

第十六章 执行程序

一、概 述

刑事诉讼中的执行是指法定的刑事执行机关将人民法院已经生效的判决和裁定诉诸实施的活动,以及人民法院在处理相关诉讼问题所进行的各种活动。发生法律效力的判决和裁定需要通过执行程序才能得以落实。除此以外,有关的减刑、假释等刑罚执行变更问题也应当遵循执行程序所规定的步骤、方式和方法。从学术研究角度来讲,刑事实体法、刑事诉讼法和刑事执行法往往被并列为刑事法三大领域,执行程序应当从不同的视角予以观测。根据我国《刑法》的规定,刑罚分为主刑和附加刑。主刑包括:管制、拘役、有期徒刑、无期徒刑、死刑(包括死刑立即执行和缓期执行);附加刑包括:罚金、剥夺政治权利、没收财产。对于犯罪的外国人,还可以适用驱逐出境。这些刑罚都有各自对应的执行机关予以执行。一般认为,在我国刑事诉讼程序中,执行是最后阶段。国家的刑罚权需要通过执行程序才能完成,从而实现刑事诉讼的目的。执行虽然在我国被纳入到刑事诉讼法的调整范畴,也属于广义刑事诉讼程序的最后阶段,然而,无论从其学科的特殊性还是从其实践的特殊性而言,都应当将其作为独特的领域加以对待。

1979年《刑事诉讼法》第四编共14条规定了执行程序。基本内容包括刑事执行的依据、刑事执行权的配置、死刑的执行、人民检察院对执行的监督、暂予监外执行、减刑和假释等。

1996年《刑事诉讼法》在1979年《刑事诉讼法》的基础上作了不少补充和修改。1996年《刑事诉讼法》将死刑缓期执行减刑的悔改或者立功的积极条件修改为执行期满前没有故意犯罪的消极条件;增加了一项在执行前罪犯揭发重大犯罪事实或者有其他重大立功表现,可能需要改判的停止执行的条件;增加了死刑执行的方法以及场所,并将各种刑罚的执行机构进一步具体化;对于暂予监外执行的刑种作出了变更,并且增加了保外就医类型以及不得进行保外就医的情形;规定了人民检察院对于暂予监外执行的监督、监外执行及时收监以及罪犯死亡的情况处理;增加了人民检察院对于人民法院减刑、假释裁定不当的监督,将合法性监督的范围扩大到执行行为。

2012年《刑事诉讼法》在1996年《刑事诉讼法》的基础上作了进一步的补充和修改。2012年《刑事诉讼法》增加了交付执行的人民法院送达公安机关等执行机关法律文书的期间,将看守所代为执行的剩余刑期由1年改为3个月;恢复了对于无期徒刑的罪犯可以暂予监外执行,但是规定必须是"怀孕或者正在哺乳自己婴儿的妇女";增加了暂予监外执行的申请和决定机关;补充了对于监外执行的罪犯及时收监的情形以及收监的相关程序;增加了对于判处管制、宣告缓刑、假释或者暂予监外执行的罪犯,依法实行社区矫正,由社区矫正机构负责执行。

立法修改情况如下表所示:

1979年《刑事诉讼法》	1996年《刑事诉讼法》	2012年《刑事诉讼法》
第四编　执行	第四编　执行	第四编　执行
第一百五十三条　最高人民法院判处和核准的死刑立即执行的判决,应当由最高人民法院院长签发执行死刑的命令。	第二百一十条　最高人民法院判处和核准的死刑立即执行的判决,应当由最高人民法院院长签发执行死刑的命令。	第二百五十条　最高人民法院判处和核准的死刑立即执行的判决,应当由最高人民法院院长签发执行死刑的命令。

(续表)

1979年《刑事诉讼法》	1996年《刑事诉讼法》	2012年《刑事诉讼法》
被判处死刑缓期二年执行的罪犯,在死刑缓期执行期间,如果确有悔改或者有立功表现应当依法予以减刑的,由执行机关提出书面意见,报请当地高级人民法院裁定;如果抗拒改造情节恶劣、查证属实,应当执行死刑的,高级人民法院必须报请最高人民法院核准。	被判处死刑缓期二年执行的罪犯,在死刑缓期执行期间,**如果没有故意犯罪,死刑缓期执行期满,应当予以减刑**,由执行机关提出书面意见,报请高级人民法院裁定;**如果故意犯罪**,查证属实,应当执行死刑,**由**高级人民法院报请最高人民法院核准。	被判处死刑缓期二年执行的罪犯,在死刑缓期执行期间,如果没有故意犯罪,死刑缓期执行期满,应当予以减刑,由执行机关提出书面意见,报请高级人民法院裁定;如果故意犯罪,查证属实,应当执行死刑,由高级人民法院报请最高人民法院核准。
第一百五十四条 下级人民法院接到最高人民法院执行死刑的命令后,应当在七日以内交付执行。但是发现有下列情形之一的,应当停止执行,并且立即报告最高人民法院,由最高人民法院作出裁定: (一)在执行前发现判决可能有错误的; (二)罪犯正在怀孕。 前款第一项停止执行的原因消失后,必须报请最高人民法院院长再签发执行死刑的命令才能执行;由于前款第二项原因停止执行的,应当报请最高人民法院依法改判。	第二百一十一条 下级人民法院接到最高人民法院执行死刑的命令后,应当在七日以内交付执行。但是发现有下列情形之一的,应当停止执行,并且立即报告最高人民法院,由最高人民法院作出裁定: (一)在执行前发现判决可能有错误的; **(二)在执行前罪犯揭发重大犯罪事实或者有其他重大立功表现,可能需要改判的;** (三)罪犯正在怀孕。 前款第一项、**第二项**停止执行的原因消失后,必须报请最高人民法院院长再签发执行死刑的命令才能执行;由于前款第三项原因停止执行的,应当报请最高人民法院依法改判。	第二百五十一条 下级人民法院接到最高人民法院执行死刑的命令后,应当在七日以内交付执行。但是发现有下列情形之一的,应当停止执行,并且立即报告最高人民法院,由最高人民法院作出裁定; (一)在执行前发现判决可能有错误的; (二)在执行前罪犯揭发重大犯罪事实或者有其他重大立功表现,可能需要改判的; (三)罪犯正在怀孕。 前款第一项、第二项停止执行的原因消失后,必须报请最高人民法院院长再签发执行死刑的命令才能执行;由于前款第三项原因停止执行的,应当报请最高人民法院依法改判。
第一百五十五条 人民法院在交付执行死刑前,应当通知同级人民检察院派员临场监督。 指挥执行的审判人员,对罪犯应当验明正身,讯问有无	第二百一十二条 人民法院在交付执行死刑前,应当通知同级人民检察院派员临场监督。 **死刑采用枪决或者注射等方法执行。**	第二百五十二条 人民法院在交付执行死刑前,应当通知同级人民检察院派员临场监督。 死刑采用枪决或者注射等方法执行。

(续表)

1979年《刑事诉讼法》	1996年《刑事诉讼法》	2012年《刑事诉讼法》
遗言、信札，然后交付执行人员执行死刑。在执行前，如果发现可能有错误，应当暂停执行，报请最高人民法院裁定。执行死刑应当公布，不应示众。 执行死刑后，在场书记员应当写成笔录。交付执行的人民法院应当将执行死刑情况报告最高人民法院。 执行死刑后，交付执行的人民法院应当通知罪犯家属。	**死刑可以在刑场或者指定的羁押场所内执行。** 指挥执行的审判人员，对罪犯应当验明正身，讯问有无遗言、信札，然后交付执行人员执行死刑。在执行前，如果发现可能有错误，应当暂停执行，报请最高人民法院裁定。 执行死刑应当公布，不应示众。 执行死刑后，在场书记员应当写成笔录。交付执行的人民法院应当将执行死刑情况报告最高人民法院。 执行死刑后，交付执行的人民法院应当通知罪犯家属。	死刑可以在刑场或者指定的羁押场所内执行。 指挥执行的审判人员，对罪犯应当验明正身，讯问有无遗言、信札，然后交付执行人员执行列刑。在执行前，如果发现可能有错误，应当暂停执行，报请最高人民法院裁定。 执行死刑应当公布，不应示众。 执行死刑后，在场书记员应当写成笔录。交付执行的人民法院应当将执行死刑情况报告最高人民法院。 执行死刑后，交付执行的人民法院应当通知罪犯家属。
第一百五十六条　对于被判处死刑缓期二年执行、无期徒刑、有期徒刑或者拘役的罪犯，应当由交付执行的人民法院将执行通知书、判决书送达监狱或者其他劳动改造场所执行，并且由执行机关通知罪犯家属。 判处有期徒刑、拘役的罪犯，执行期满，应当由执行机关发给刑满释放证。	第二百一十三条　罪犯被交付执行刑罚的时候，应当由交付执行的人民法院将有关的法律文书送达监狱或者其他执行机关。 对于被判处死刑缓期二年执行、无期徒刑、有期徒刑的罪犯，**由公安机关依法将该罪犯送交监狱执行刑罚。** **对于被判处有期徒刑的罪犯，在被交付执行刑罚前，剩余刑期在一年以下的，由看守所代为执行。对于被判处拘役的罪犯，由公安机关执行。**	**第二百五十三条**　罪犯被交付执行刑罚的时候，应当由交付执行的人民法院**在判决生效后十日以内**将有关的法律文书送达**公安机关**、监狱或者其他执行机关。 对被判处死刑缓期二年执行、无期徒刑、有期徒刑的罪犯，由公安机关依法将该罪犯送交监狱执行刑罚。对被判处有期徒刑的罪犯，在被交付执行刑罚前，剩余刑期在三个月以下的，由看守所代为执行。对被判处拘役的罪犯，由公安机关执行。对未成年犯应当在未成年犯管教所执行刑罚。 执行机关应当将罪犯及时收押，并且通知罪犯家属。 判处有期徒刑、拘役的罪犯，执行期满，应当由执行机关发给释放证明书。

(续表)

1979年《刑事诉讼法》	1996年《刑事诉讼法》	2012年《刑事诉讼法》
	对未成年犯应当在未成年犯管教所执行刑罚。 执行机关应当将罪犯及时收押,并且通知罪犯家属。 判处有期徒刑、拘役的罪犯,执行期满,应当由执行机关发给释放证明书。	
第一百五十七条 对于被判处无期徒刑、有期徒刑或者拘役的罪犯,有下列情形之一的,可以暂予监外执行: (一)有严重疾病需要保外就医的; (二)怀孕或者正在哺乳自己婴儿的妇女。 对于监外执行的罪犯,可以由公安机关委托罪犯原居住地的公安派出所执行,基层组织或者原所在单位协助进行监督。	第二百一十四条 对于被判处**有期徒刑或者拘役**的罪犯,有下列情形之一的,可以暂予监外执行: (一)有严重疾病需要保外就医的; (二)怀孕或者正在哺乳自己婴儿的妇女。 **对于适用保外就医可能有社会危险性的罪犯,或者自伤自残的罪犯,不得保外就医。** **对于罪犯确有严重疾病,必须保外就医的,由省级人民政府指定的医院开具证明文件,依照法律规定的程序审批。发现被保外就医的罪犯不符合保外就医条件的,或者严重违反有关保外就医的规定的,应当及时收监。** **对于被判处有期徒刑、拘役,生活不能自理,适用暂予监外执行不致危害社会的罪犯,可以暂予监外执行。** 对于暂予监外执行的罪犯,**由居住地公安机关执行,执行机关应当对其严格管理监督**,基层组织或者罪犯的原所在单位协助进行监督。	第二百五十四条 对被判处有期徒刑或者拘役的罪犯,有下列情形之一的,可以暂予监外执行: (一)有严重疾病需要保外就医的; (二)怀孕或者正在哺乳自己婴儿的妇女; (三)生活不能自理,适用暂予监外执行不致危害社会的。 **对被判处无期徒刑的罪犯,有前款第二项规定情形的,可以暂予监外执行。** 对适用保外就医可能有社会危险性的罪犯,或者自伤自残的罪犯,不得保外就医。 对罪犯确有严重疾病,必须保外就医的,由省级人民政府指定的医院**诊断并开具**证明文件。 **在交付执行前,暂予监外执行由交付执行的人民法院决定;在交付执行后,暂予监外执行由监狱或者看守所提出书面意见,报省级以上监狱管理机关或者设区的市一级以上公安机关批准。**

(续表)

1979年《刑事诉讼法》	1996年《刑事诉讼法》	2012年《刑事诉讼法》
		第二百五十五条 监狱、看守所提出暂予监外执行的书面意见的,应当将书面意见的副本抄送人民检察院。人民检察院可以向决定或者批准机关提出书面意见。
	第二百一十五条 批准暂予监外执行的机关应当将批准的决定抄送人民检察院。人民检察院认为暂予监外执行不当的,应当自接到通知之日起一个月以内将书面意见送交批准暂予监外执行的机关,批准暂予监外执行的机关接到人民检察院的书面意见后,应当立即对该决定进行重新核查。	第二百五十六条 决定或者批准暂予监外执行的机关应当将暂予监外执行决定抄送人民检察院。人民检察院认为暂予监外执行不当的,应当自接到通知之日起一个月以内将书面意见送交决定或者批准暂予监外执行的机关,决定或者批准暂予监外执行的机关接到人民检察院的书面意见后,应当立即对该决定进行重新核查。
	第二百一十六条 暂予监外执行的情形消失后,罪犯刑期未满的,应当及时收监。 罪犯在暂予监外执行期间死亡的,应当及时通知监狱。	第二百五十七条 对暂予监外执行的罪犯,有下列情形之一的,应当及时收监: (一)发现不符合暂予监外执行条件的; (二)严重违反有关暂予监外执行监督管理规定的; (三)暂予监外执行的情形消失后,罪犯刑期未满的。 对于人民法院决定暂予监外执行的罪犯应当予以收监的,由人民法院作出决定,将有关的法律文书送达公安机关、监狱或者其他执行机关。 不符合暂予监外执行条件的罪犯通过贿赂等非法手段被暂予监外执行的,在监

（续表）

1979年《刑事诉讼法》	1996年《刑事诉讼法》	2012年《刑事诉讼法》
		外执行的期间不计入执行刑期。罪犯在暂予监外执行期间脱逃的,脱逃的期间不计入执行刑期。 罪犯在暂予监外执行期间死亡的,执行机关应当及时通知监狱**或者看守所**。
第一百五十八条　对于被判处徒刑缓刑的罪犯,由公安机关交所在单位或者基层组织予以考察。 对于被假释的罪犯,在假释考验期限内,由公安机关予以监督。	第二百一十七条　对于被判处徒刑缓刑的罪犯,由公安机关交所在单位或者基层组织予以考察。 对于被假释的罪犯,在假释考验期限内,由公安机关予以监督。	第二百五十八条　对被判处**管制、宣告缓刑、假释或者暂予监外执行**的罪犯,**依法实行社区矫正,由社区矫正机构负责执行**。
第一百六十二条　罪犯在服刑期间又犯罪的,或者发现了判决时所没有发现的罪行,监狱和劳动改造机关应当移送人民检察院处理。 被判处管制、拘役、有期徒刑或者无期徒刑的罪犯,在执行期间确有悔改或者立功表现,应当依法予以减刑、假释的时候,由执行机关提出书面意见,报请人民法院审核裁定。	第二百二十一条　罪犯在服刑期间又犯罪的,或者发现了判决**的时候**所没有发现的罪行,**由执行机关移送**人民检察院处理。 被判处管制、拘役、有期徒刑或者无期徒刑的罪犯,在执行期间确有悔改或者立功表现,应当依法予以减刑、假释的时候,由执行机关提出**建议书**,报请人民法院审核裁定。	第二百六十二条　罪犯在服刑期间又犯罪的,或者发现了判决的时候所没有发现的罪行,由执行机关移送人民检察院处理。 被判处管制、拘役、有期徒刑或者无期徒刑的罪犯,在执行期间确有悔改或者立功表现,应当依法予以减刑、假释的时候,由执行机关提出建议书,报请人民法院审核裁定,**并将建议书副本抄送人民检察院。人民检察院可以向人民法院提出书面意见。**
	第二百二十二条　人民检察院认为人民法院减刑、假释的裁定不当,应当在收到裁定书副本后二十日以内,向人民法院提出书面纠正意见。人民法院应当在收到纠正意见后一个月以内重新组成合议庭进行审理,作出最终裁定。	第二百六十三条　人民检察院认为人民法院减刑、假释的裁定不当,应当在收到裁定书副本后二十日以内,向人民法院提出书面纠正意见。人民法院应当在收到纠正意见后一个月以内重新组成合议庭进行审理,作出最终规定。

(续表)

1979 年《刑事诉讼法》	1996 年《刑事诉讼法》	2012 年《刑事诉讼法》
第一百六十三条 监狱和劳动改造机关在刑罚执行中,如果认为判决有错误或者罪犯提出申诉,应当转请人民检察院或者原判人民法院处理。	第二百二十三条 监狱和**其他执行机关**在刑罚执行中,如果认为判决有错误或者罪犯提出申诉,应当转请人民检察院或者原判人民法院处理。	第二百六十四条 监狱和其他执行机关在刑罚执行中,如果认为判决有错误或者罪犯提出申诉,应当转请人民检察院或者原判人民法院处理。
第一百六十四条 人民检察院对刑事案件的判决、裁定的执行和监狱、看守所、劳动改造机关的活动是否合法,实行监督。如果发现有违法的情况,应当通知执行机关纠正。	第二百二十四条 人民检察院对**执行机关执行刑罚**的活动是否合法实行监督。如果发现有违法的情况,应当通知执行机关纠正。	第二百六十五条 人民检察院对执行机关执行刑罚的活动是否合法实行监督。如果发现有违法的情况,应当通知执行机关纠正。

从上述三部《刑事诉讼法》的对比中可以看出,我国刑事执行程序在两次《刑事诉讼法》修正中有些改动。这些变化主要表现在五个方面:(1)刑事执行权的配置;(2)暂予监外执行;(3)社区矫正制度;(4)死刑执行制度;(5)人民检察院对执行的监督。1979 年《刑事诉讼法》对于执行的规定较为粗略,贯彻了当时法律"宜粗不宜细"的方针。1996 年《刑事诉讼法》逐渐细化了各种刑罚执行机构的设置,对于死刑等一些严重的刑罚执行作了更为人性化的规定,强化了执行的救济性和监督性特征,措辞更加缜密合理。2012 年《刑事诉讼法》在此基础上更加合理、科学,突出体现在社区矫正制度的明确和人民检察院监督权的进一步落实。

二、刑事执行权配置

刑事执行权简称为行刑权,是国家刑事执行机关将人民法院已经发生法律效力的刑事判决和裁定予以实施的权力。关于刑事执行权,历次《刑事诉讼法》作出了下列方面的具体调整:

（一）负责交付执行的机构

在1979年《刑事诉讼法》中,对于判处死刑缓期二年执行、无期徒刑、有期徒刑的罪犯,交付执行的人民法院仅需要将执行通知书、判决书送达监狱;对于判处拘役的罪犯,交付执行的人民法院需要将执行通知书、判决书送达劳动改造场所。因此,交付执行由人民法院全权负责。

1996年《刑事诉讼法》对于刑事执行权的配置进行了完善,罪犯被交付执行刑罚的时候,应当由交付执行的人民法院将有关的法律文书送达监狱或者其他执行机关。对于被判处死刑缓期二年执行、无期徒刑、有期徒刑的罪犯,由公安机关依法将该罪犯送交监狱执行刑罚。对于被判处有期徒刑的罪犯,在被交付执行刑罚前,剩余刑期在1年以下的,由看守所代为执行。对于被判处拘役的罪犯,由公安机关执行。对未成年犯应当在未成年犯管教所执行刑罚。执行机关应当将罪犯及时收押,并且通知罪犯家属。考虑到将罪犯送交监狱需要一定的警力,这里就明确了将罪犯交付执行由人民法院和公安机关共同负责。

2012年《刑事诉讼法》延续了1996年《刑事诉讼法》负责交付执行的机构设置,没有任何重大的变动。

（二）执行刑罚的机构

在1979年《刑事诉讼法》中,执行刑罚的机构主要为监狱和劳动改造场所。1996年《刑事诉讼法》刑事执行权的配置更加具体化,对于不同类型的刑罚由不同的执行机构加以实施,在法律上确立了多层次的刑事执行内容体系,执行机关不仅包括监狱,还包括看守所、拘役所、公安机关等执行刑罚的机关。

1996年《刑事诉讼法》没有规定劳动改造机关,这与国际惯例相接轨。然而,这种规定也有很多弊端:(1)执行权的配置容易造成司法不公,尤其是法院执行罚金刑,在一定程度上容易造成以罚代刑;(2)分散型的体制不利于刑事执行机制的全面完善,增加了执行的成本,限制了执行的效果;(3)执行主体的多元化给检察监督权的行使带来了巨大的困难,人民检察院有限的资源和人力分摊到多个执行主体,容易造成监督乏力、缺位或不到位的现象。

2012年《刑事诉讼法》并没有对于该部分作出进一步修改,仍然没有统一刑事执行机关,现有的刑事执行机关是分散的、多元的,行刑权由三个相对独立的权力系统组成,分属司法行政机关、公安机关和法院执行部门,这种形成于封闭社会条件下的执行模式,在改革开放的现实背景下,暴露出内耗重、效果差的缺陷。①

(三) 刑事执行的程序设置

1979年《刑事诉讼法》规定了罪犯在服刑期间又犯罪的,或者发现了判决时所没有发现的罪行,监狱和劳动改造机关应当移送人民检察院处理。被判处管制、拘役、有期徒刑或者无期徒刑的罪犯,在执行期间确有悔改或者立功表现,应当依法予以减刑、假释的时候,由执行机关提出书面意见,报请人民法院审核裁定。监狱和劳动改造机关在刑罚执行中,如果认为判决有错误或者罪犯提出申诉,应当转请人民检察院或者原判人民法院处理。

在1996年《刑事诉讼法》中,执行机关对于应当依法予以减刑、假释的情况提出建议书而不是书面意见,这削弱了执行机关在决定是否对罪犯予以减刑、假释的话语权。同时,人民法院成为审核裁定减刑、假释建议的唯一主体,相应地提升人民法院的司法裁定权。这说明了刑事诉讼程序正由行政式走向司法中心式。

2012年《刑事诉讼法》仅仅对于刑事执行的程序配置进行了微调。其中最为明显的变化是对罪犯被交付执行刑罚的时候法律文书送达的期限作了限定,即判决生效后10日以内,对送达对象作了扩充,即公安机关、监狱或者其他执行机关,以及对看守所代为执行的刑期作了减少,即将"1年以下"改为"3个月以下"。对于送达法律文书的期限的限定是为了防止人民法院拖沓,提高执行效率。送达对象是根据1998年《最高法院解释》第349条—第351条作了扩充。对于看守所代为执行的有期徒刑罪犯的剩余刑期的缩短是针对看守所执行缺乏规范性所作出的。然而,该法还忽视了执行职能和裁决职能在特定刑罚执行中存在主体混合。例如,在死刑立即执行

---

① 参见徐静村:《论我国刑事诉讼法的再修正》,载《现代法学》2003年第3期。

中,法院既具有执行职能,也具有裁判职能。再如,监外执行的决定具有裁判特征,而由刑事执行机构提起、刑事执行机构自行裁定或其主管部门监狱管理局审批,执行职能与裁判职能难免混为一体。此外还忽视了服刑人员的权利救济机制的设置,国家机关与服刑人员表现出较强的单向性和强制性。

(四) 对未来的展望

作为刑罚的实践状态,裁判权解决了刑罚的具体裁量问题,而行刑权是要将裁判的结果最终落到实处,两者的合理定位影响着具体的刑罚效果的实现。应当严格遵守分工负责、互相配合、互相制约的理念,严格区分执行权和裁判权,将之交由不同的部门实施。由于刑事执行是独立的刑事法律活动,有着自身的特点,体现了改造与被改造的独有的法律关系,应当尽可能给独立的专门机关行使,以遵循执行刑罚的内在运行规律。① 从长远来看,应当尽可能将执行权交由司法行政部门所设立的统一机构予以实施,从而使得执法规范、尺度一致,实现行刑体制形式上的完整,降低人民检察院开展监督工作的难度,减少执行成本。此外,要逐步将执行职能的行政性色彩淡化,导入更多的司法性理念,建立以裁判权为中心的行刑机制,保障服刑人员的救济权,同时也要赋予被害人刑事执行程序的参与权,对于不合法和不合理的执行行为要依法予以处理。

三、死刑执行程序

死刑执行是刑事执行程序的重要内容,它涉及剥夺罪犯生命,需要非常谨慎地对待。1996年《刑事诉讼法》在死刑缓刑二年执行罪犯减刑、停止死刑执行和死刑执行的方式及处所三个方面作出了修改。2012年《刑事诉讼法》对死刑执行程序未作修改。

---

① 参见张绍彦:《行罚权及行刑权的运行机制探析》,载《法学评论》1999年第3期。

（一）死刑缓期二年执行罪犯减刑

1979年《刑事诉讼法》规定了被判处死刑缓期二年执行的罪犯只有当确有悔改或者有立功表现应当予以减刑时，才能予以减刑，如果罪犯抗拒改造情节恶劣、查证属实，应当执行死刑的情况。这体现了立法初期国家试图对社会加以较强的控制，要求罪犯只有在深刻认识到自身错误，并且服从法制或者有相当的立功表现，为国家以及社会作出贡献的情况下，才予以宽大处理的特点。同理，一旦罪犯抗拒改造情节恶劣、查证属实，就认为其犯罪的恶性已经超出了国家和社会容忍的限度，对其实施死刑，达到严密社会控制的效果。

1996年《刑事诉讼法》明显减低了认识自身错误或者立功的积极要求，罪犯只要在死刑缓刑期间没有故意犯罪，死刑缓期执行期满，即便有抗拒改造的行为甚至过失犯罪，也都应当予以减刑。这体现了我国"可杀可不杀的不杀"的刑事政策和限制死刑适用范围的立法精神，使得死刑缓期制度更加有利于死缓罪犯加强改造，争取成为自食其力，有益社会的人。根据该法规定，如果故意犯罪，查证属实，应当执行死刑。将"抗拒改造，情节恶劣"改为"故意犯罪，查证属实"，解决了聚讼不已的难题。①

（二）停止死刑执行

1979年《刑事诉讼法》规定下级人民法院发现在执行前发现判决可能有错误的、罪犯正在怀孕的，应当停止执行，并且立即报告最高人民法院，由最高人民法院作出裁定。对于执行前发现判决可能有错误的应当停止执行，自不待言。当罪犯正在怀孕时，为了保护胎儿以及将哺育婴儿的孕妇，也规定了停止执行死刑。这体现我国在制定刑事诉讼法之初就注意慎重对待死刑。

1996年《刑事诉讼法》条追加了停止执行死刑的一种类型，即"在执行前罪犯揭发重大犯罪事实或者其他重大立功表现，可能需要改判的"，该种停止执行的原因消失后，必须报请最高人民法院院长再签发执行死刑的命

---

① 参见马克昌：《论死刑缓期执行》，载《中国法学》1999年第2期。

令才能执行;由于前款第三项原因停止执行的,应当报请最高人民法院依法改判。此处吸收了1994年颁布实施的最高人民法院《关于审理刑事案件程序的具体规定》第234条第2款第(三)项的规定。此处增加停止执行的情形,是为了鼓励被判处死刑的罪犯主动检举重大犯罪,与犯罪行为作斗争,从而调动一切有益因素,打击犯罪,保障社会治安秩序。大量司法实践证明了很多被判处死刑的罪犯在临刑前可能会揭发重大犯罪或者有其他重大立功表现。① 这意味着我国逐渐走出报应刑的窠臼,而是通过功利性地权衡,来判定是否执行死刑。

(三) 死刑执行的方式及处所

1979年《刑事诉讼法》规定了执行死刑现场的注意事项。指挥执行的审判人员,对罪犯应当验明正身,讯问有无遗言、信札,然后交付执行人员执行死刑。在执行前,如果发现可能有错误,应当暂停执行,报请最高人民法院裁定。在当时死刑的执行已经逐渐趋于谨慎,人死不能复生,需要在程序法上保障执行死刑的准确。

1996年《刑事诉讼法》进一步明确了执行的方式和地点。死刑采用枪决或者注射等方法执行。死刑可以在刑场或者指定的羁押场所内执行。这体现了行刑更加人道、文明,增加了更为先进的注射执行死刑的方法,应该说这符合了宽严相济的刑事政策。死刑的具体执行过程中,法律没有规定枪决或者注射执行死刑的决定权,刑事诉讼制度不明确给司法机关实际执行带来困难,这将严重损害刑事诉讼法的权威。在司法实践中,由于注射的成本较高,采用枪决的方式较多。目前来看,广东、江苏等沿海发达地区使用注射的方式较多,那些经济相对落后的地方仍然采用枪决的方式。② 法律既然规定了这两种执行方式,出于尊重个人意愿的考虑,应当赋予被执行人选择的权利。否则,容易让被执行人及社会公众对死刑的公平性产生怀疑,影响执行的权威性。由于经济的发展,死刑执行数量减少,注射执行死刑不需要很多成本,因此,应当将注射作为执行死刑的主要方式。执行死刑的刑场不得设立在繁华地区、交通要道和旅游区附近,指定的羁押场所是指由司

---

① 参见刘根菊:《关于死刑执行程序的修改与完善》,载《政法论坛》1995年第2期。
② 参见何承斌:《中国死刑执行程序的检讨与改进》,载《现代法学》2004年第4期。

法机关统一规定的羁押场所;在指定的场所执行死刑有利于避免发生对罪犯游街示众等公开侮辱罪犯人格的行为发生,同时较为经济,节省执行成本。①

(四)对未来的展望

2012 年《刑事诉讼法》需要对于死刑执行进一步加以修改和完善。法律没有规定在刑场或者指定的羁押场所执行死刑的决定权,这明显需要加以具体化。此外,关于死刑执行程序,1998 年《最高法院解释》第 343 条明确规定了"死刑犯的会见权",即罪犯提出会见近亲属或者近亲属提出会见罪犯申请的,人民法院可以准许。2007 年最高人民法院、最高人民检察院、公安部、司法部联合作出的《关于进一步严格依法办案确保办理死刑案件质量的意见》第 45 条首次以"应当"的方式明确规定了死刑犯有权会见其近亲属,近亲属也有权会见死刑犯。这种规定符合国际立法实践,体现了人道主义精神和司法理性的要求。然而,由于种种原因,亲属会见权还不能得以合理地实现。② 基于人道主义考虑,罪犯在临刑前见家属符合人之常情,应当予以满足。目前世界上绝大多数有死刑的国家的立法都有死刑犯会见家属、朋友及律师的规定。允许死刑罪犯会见家属,有时可以有助于办案人员发现重要证据事实,从而纠正事实或者法律上的错误,发现新的犯罪事实或犯罪人。③ 未来的《刑事诉讼法》应当将这些司法解释加以合理的吸收。此外,《刑事诉讼法》还应当明确规定死刑犯尸体及尸体器官的利用。具体而言,应当按照《人体器官移植条例》《人体器官移植技术临床应用管理暂行规定》和最高人民法院的有关规定加以立法,同时要尊重公序良俗和少数民族的风俗习惯,严禁非法摘取死刑罪犯尸体及尸体器官的行为。

---

① 参见全国人大常委会法制工作委员会刑法室编:《中华人民共和国刑事诉讼法条文说明、立法理由及其相关规定》,北京大学出版社 2008 年版,第 212 页。

② 参见宋英辉主编:《刑事诉讼法修改问题研究》,中国人民公安大学出版社 2007 年版,第 515 页。

③ 参见陈光中、严端主编:《中华人民共和国刑事诉讼法修改建议稿与论证》,中国方正出版社 1999 年版,第 397 页。

四、暂予监外执行

暂予监外执行是我国一项重要的刑罚执行制度，是被判处无期徒刑、有期徒刑或者拘役的罪犯，因有法定的不宜在监狱或者其他监管改造场所执行刑罚的情形，不予收监的执行措施。它是刑罚执行的一种变通方式。暂予监外执行是两次《刑事诉讼法》修改中在刑事执行领域改动最多的部分。

（一）适用暂予监外执行的主体

1979年《刑事诉讼法》规定了被判处无期徒刑、有期徒刑或者拘役的罪犯具备法定的情形可以暂予监外执行，从而确立了暂予监外执行制度。对于那些没有社会危险的罪犯采取相对宽缓的措施处理，有利于保障罪犯的权利，帮助其较早地回归社会。

1996年《刑事诉讼法》将适用暂予监外执行的人限缩为被判处有期徒刑或者拘役的罪犯。这主要是考虑到判处无期徒刑的罪犯往往罪行严重，具有较大的社会危险性。对于可以暂予监外执行的具体情况增加了对于被判处有期徒刑、拘役，生活不能自理，适用暂予监外执行不致危害社会的罪犯。对于罪犯确有严重疾病，必须保外就医的，由省级人民政府指定的医院开具证明文件，依照法律规定的程序审批。对于适用保外就医可能有社会危险性的罪犯，或者自伤自残的罪犯，不得保外就医。这里考虑到暂予监外执行可以使这些弱势的罪犯可以回到家庭得到较好的照顾，既减轻执行机关的压力，又不至于危害社会。这里的社会危险性表达的是对暂予监外执行的事先限制，使得执行机关在没有完全确定是否存在实质性危险的情况下就可以剥夺罪犯暂予监外执行或保外就医的权利。由于执行机关的预测力有限，这既不能保障受刑人的权益，又不是实现公共利益绝对成立的手段。

2012年《刑事诉讼法》重新追加了被判处无期徒刑的罪犯如果是怀孕或者正在哺乳自己婴儿的妇女，可以暂予监外执行。这体现了对于新生命的爱护和对于女性的照顾，从更为宏观的层面，体现了立法者人性的观念，国家对于弱势群体的保护和尊重，体现了宽严相济刑事政策和人道主义原则。

（二）暂予监外执行的机关

1979 年《刑事诉讼法》规定了对于暂予监外执行的罪犯，公安机关可以委托罪犯原居住地公安派出所执行，罪犯的原住地的基层组织或者单位有义务协助当地公安派出所执行。当然，1979 年《刑事诉讼法》对于暂予监外执行具体如何操作并没有详细的规定。

1996 年《刑事诉讼法》明确了由罪犯居住地公安机关实施暂予监外执行，更加有利于社会治安秩序的稳定。当然，由罪犯居住地公安机关负责监管，容易与刑罚执行机关相脱节，造成一些暂予监外执行条件消失的罪犯不能及时收监。

2012 年《刑事诉讼法》对于人民政府指定的医院诊断的规定减少了保外就医工作中的随意性、任意性和盲目性，规范对患有严重疾病的罪犯需要该医院亲自诊断，防止随便到某个医院诊断，从而维护了保外就医制度的严肃性。根据该法，在交付执行前，暂予监外执行由交付执行的人民法院决定①；在交付执行后，暂予监外执行由监狱或者看守所提出书面意见，报省级以上监狱管理机关或者设区的市一级以上公安机关批准。关于暂予监外执行的决定权的规定并不是非常合理，监外执行的裁判权应该专属于人民法院，因为监外执行与减刑、假释一样，都不同程度的改变了原判决的内容；这种由监狱或者看守所提出书面意见，报省级以上监狱管理机关仍然没有完全脱离"自审自批"的嫌疑，因为上下级监狱之间的监督关系没法像司法权对于执行权的限制那样有效，仍然属于同体监督体制。

（三）收监程序

1979 年《刑事诉讼法》对于暂予监外执行情形消失后的收监并无规定。

1996 年《刑事诉讼法》规定了"暂予监外执行的情形消失后，罪犯刑期未满的，应当及时收监"。此外，该法还规定了"发现被保外就医的罪犯不符合保外就医条件的，或者严重违反有关保外就医的规定的，应当及时收监"。

---

① 根据 2014 年 4 月 24 日全国人民代表大会常务委员会通过的立法解释，罪犯在被交付执行前，因有严重疾病、怀孕或者正在哺乳自己婴儿的妇女、生活不能自理的原因，依法提出暂予监外执行的申请的，有关病情诊断、妊娠检查和生活不能自理的鉴别，由人民法院负责组织进行。

这些规定明确了收监制度,弥补了法律上的空白。

2012年《刑事诉讼法》追加了两项应当及时收监的情形:(1) 发现不符合暂予监外执行条件的;(2) 严重违反有关暂予监外执行监督管理规定的。除此以外,该法还规定了监外执行的罪犯予以收监的程序。对于人民法院决定暂予监外执行的罪犯应当予以收监的,由人民法院作出决定,将有关的法律文书送达公安机关、监狱或者其他执行机关。① 不符合暂予监外执行条件的罪犯通过贿赂等非法手段被暂予监外执行的,在监外执行的期间不计入执行刑期。罪犯在暂予监外执行期间脱逃的,脱逃的期间不计入执行刑期。罪犯在暂予监外执行期间死亡的,执行机关应当及时通知监狱或者看守所。这些规定是吸收司法改革成果的体现,将实践中的薄弱环节通过立法手段加以补强,从而有效避免了出现"以保代放""脱管漏管"的现象。②

《刑事诉讼法》的修改更加明确了暂予监外执行的适用范围、条件、审批程序、监督、考察和管理等,必然使得暂予监外执行制度在实践中发挥更大的作用。当然,仍然还有很多不尽如人意的地方,例如,"暂予监外执行"作为刑罚的一种变通执行方式,容易造成刑罚执行环节上罪犯与执行机关的交易行为,使得犯罪分子改造效果欠缺。暂予监外执行的决定权比较分散,即分别由人民法院、省级监狱管理机关和市级以上公安机关批准,这容易造成执法尺度不一。根据《刑事诉讼法》的规定,公安机关是监外执行罪犯的监管机关,此项立法规定与公安机关本身的职责(侦查、拘留、执行逮捕、移送起诉等)相冲突。目前公安机关警力资源有限,社会治安形势严峻,监外执行工作容易流于形式。绝大多数暂予监外执行由执行机关内部自行提请,自行决定,缺乏外部监督制约,不利于维护生效裁判的权威性和稳定性。③《刑事诉讼法》没有规定暂予监外执行决定送达被害人,剥夺了被害人的知情权,也间接损害了他们行使控告、申诉的权利。④

---

① 根据2014年4月24日全国人民代表大会常务委员会通过的立法解释,根据《刑事诉讼法》第257条第2款的规定,对人民法院决定暂予监外执行的罪犯,有《刑事诉讼法》第257条第1款规定的情形,依法应当予以收监的,在人民法院作出决定后,由公安机关依照《刑事诉讼法》第253条第2款的规定送交执行刑罚。
② 参见刘顺启:《刑罚执行修改的积极作用》,载《人民检察》2011年第19期。
③ 参见方明、王振:《刑罚执行监督问题研究》,载《河北法学》2009年第12期。
④ 参见裴以冈、何正荣:《暂予监外执行决定应当告知被害人》,载《人民检察》2005年第10期。

（四）对未来的展望

从长远来看，可以考虑将其改造为刑罚暂停执行制度。该制度更加有利于充分贯彻罪刑相当原则，可以有效地减少刑罚监外执行环节上的徇私舞弊，在功效上还可以完全取代暂予监外执行的作用。就近期来看，应当完善监外执行撤销制度，变监外执行的事前限制为事后限制，废除"可能有社会危险的罪犯不得监外执行"的规定。我国目前的分散执行体制，应当朝着一体化的执行体制方向发展。应当取消公安机关的监外执行权，完全由社会矫正局分管监外执行的执行。① 这样做可以使暂予监外执行手续统一，有效地防止收监不及时，从而使得罪犯逃脱监管。此外，还应当规定暂予监外执行决定应当送达被害人，方便被害人行使申诉和控诉的权利，并且弥补人民检察院监督的不足，增强监督的效果。

五、社 区 矫 正

社区矫正制度与监禁矫正相对应，是将符合条件的罪犯通过社区组织和民间组织以及社会志愿者的协助下，矫正其不良犯罪恶习，促进其回归社会的一种执行方式。人们对于社区矫正的期待是它能够克服自由刑带来的弊端，防止罪犯之间的交叉感染，从而对它们进行改造。它改变了我国长期以来注重监禁刑的传统，有利于节省司法成本，改造犯罪人员，促进社会和谐。将管制、宣告缓刑、假释和暂予监外执行等方式与社区矫正相对接，可以优化刑事司法资源配置，节约大量的司法成本，运用民间力量实现司法管理创新，提高改造罪犯行为恶习的质量，促进他们回归正常的社会生活。

1979 年和 1996 年《刑事诉讼法》中并没有社区矫正制度的规定。长期以来，我国的刑事执行参与主体呈现出明显的封闭性。2003 年最高人民法院、最高人民检察院、公安部和司法部联合颁布了《关于开展社区矫正试点工作的通知》，开始借鉴世界各国在刑事司法领域中的有益做法，在北京、天

---

① 参见宋英辉主编：《刑事诉讼法修改问题研究》，中国人民公安大学出版社 2007 年版，第 513 页。

津、上海、江苏、浙江和山东等城市积极探索对罪行较轻的罪犯进行社区矫正,推进中国特色的刑罚执行制度改革,从根本上提高对罪犯的教育改造质量,预防和减少重新犯罪。2009年最高人民法院、最高人民检察院、公安部和司法部联合下发《关于在全国试行社区矫正工作的意见》(以下简称《意见》),开始在全国进行试行社区矫正。根据该《意见》规定,社区矫正是由"司法行政部门牵头组织,相关部门协调配合,司法所具体实施,社会力量广泛参与的社区矫正工作领导体制和工作机制。"社区矫正的适用范围包括五种罪犯:(1)被判处管制的;(2)被宣告缓刑的;(3)被暂予监外执行的;(4)被裁定假释的;(5)被剥夺政治权利,并在社会上服刑的。在符合上述条件的情况下,对于罪行轻微、主观恶性不大的未成年犯、老病残犯,以及罪行较轻的初犯、过失犯等,应当作为重点对象,适用上述非监禁措施,实施社区矫正。

2011年通过的《刑法修正案(八)》第2条、第13条、第17条明确规定:对被判处管制、宣告缓刑、假释的犯罪分子,依法实行社区矫正。该规定充分肯定了我国七年来试点的社区矫正,是对我国刑罚轻缓化、行刑社会化发展的进一步考验。① 它不是简单地对管制、缓刑、宣告缓刑、假释等监外执行刑罚方式的统称,而是行刑社会化理念的贯彻,标志着我国刑罚开始朝着轻缓化方向发展。《刑法修正案(八)》正式确立了社区矫正制度在我国法律体系中应有的地位,结束了社区矫正运行在刑事基本法领域无法可依的尴尬局面。《刑法修正案(八)》中没有规定"剥夺政治权利"的社区矫正("暂予监外执行属于刑事诉讼法的范畴,因此没有规定在该修正案中"),这主要是考虑了剥夺政治权利的刑罚属于"资格刑",它不具备管制、缓刑、假释所具有的对罪犯的"人身自由限制性",它的特征不符合社区矫正的执行特点,即社会化行刑。

1996年《刑事诉讼法》规定暂予监外执行、被判处缓刑、被假释的犯罪人均由公安机关行使考察权、监督权和执行权,这种具体规定与司法行政机关负责执行存在矛盾。此外,从该法中可以看出我国目前刑罚执行主体多元化机制,这容易造成了行刑效果不佳。②

2012年《刑事诉讼法》则明确规定了对被判处管制、宣告缓刑、假释或

---

① 参见高铭暄:《社区矫正写入刑法的重大意义》,载《中国司法》2011年第3期。
② 参见宋英辉主编:《刑事诉讼法修改问题研究》,中国人民公安大学出版社2007年版,第511页。

者暂予监外执行的罪犯,依法实行社区矫正,由社区矫正机构负责执行。由于在社区矫正的整个过程中,公安机关没有设置负责社区矫正执行的机构,加之公安机关的主要职责是维护社会治安和侦查刑事犯罪,任务相当繁重,因此这些执行都应通过社区矫正机构来落实。由于《刑事诉讼法》对于社区矫正没有作具体的法律规定,相关部门在法律文书传递、矫正执行、管理监督和考核奖惩等方面质量没法保证。

最高人民法院、最高人民检察院、公安部、司法部于 2012 年 1 月 10 日联合制定,3 月 1 日施行的《社区矫正实施办法》(以下简称《办法》)系统地规定了社区矫正制度,形成了与《刑事诉讼法》的对接机制。该《办法》明确了司法行政机关全权负责指导管理、组织实施社区矫正工作,规定了公安机关仅享有对违反治安管理规定和重新犯罪的社区矫正人员依法处理的权力,不具有违反社区矫正的人员加以处理的权力。该《办法》明确了社区矫正的裁决、调查、交付、接收、监管程序以及社区矫正人员的权利救济程序。此外,该《办法》还专门对未成年人社区矫正作了特殊规定,从而与 2012 年《刑事诉讼法》特别程序中的"未成年人刑事案件诉讼程序"衔接。

《刑事诉讼法》修改关注了对罪犯通过非监禁的开放监管方式,从而对其考验和帮助,然而忽视了罪犯应当承担的民事赔偿义务的履行。犯罪人如果为了被害人自愿放弃自身利益,这将是证明自身悔过自新的最为充分的表现。① 我国目前的刑事损害赔偿是以犯罪人在诉讼时的财产为限,将执行阶段应当解决的事情前置于审判阶段甚至更前的阶段。因此,应当建立起刑事执行与赔偿损失长期关联的机制,使得犯罪人关注被害人的赔偿。这种方式与最高人民法院、最高人民检察院、公安部、司法部 2011 年作出的《关于对判处管制、宣告缓刑的犯罪分子适用禁止令有关问题的规定(试行)》第 3 条的规定相契合,即"人民法院可以根据犯罪情况,禁止判处管制、宣告缓刑的犯罪分子在管制执行期间、缓刑考验期限内从事以下一项或者几项活动……(四)附带民事赔偿义务未履行完毕,违法所得未追缴、退赔到位,或者罚金尚未足额缴纳的,禁止从事高消费活动……"在社区矫正制度中,应当鼓励被判刑人参加各种劳动,为他们创造就业机会,将赔偿义务作为履行管制、缓刑、假

---

① 参见〔意〕加罗法洛:《犯罪学》,耿伟、王新译,中国大百科全书出版社 1996 年版,第 384 页。

释或者暂予监外执行所考察的内容,从而加强犯罪人的责任意识,同时使得被害人更有可能获得赔偿,有利于恢复罪犯与被害人之间被破坏的社会关系。除了要规定司法部门统一管辖之外,还必须将专门机构的监外执行工作与群众性的社区工作有机结合起来,形成全社会齐抓共管的局面。①

六、人民检察院对执行的监督

1978年检察机关恢复重建后,刑罚执行监督工作作为检察机关一项基本检察业务得到了恢复和发展。执行监督是我国检察机关法律监督权中最亟待完善和优化的一项权能。

1979年《刑事诉讼法》概括性地规定了人民检察院对于执行机关执行刑罚活动是否合法以及执行机关监管罪犯的管理活动是否合法实行监督。

1996年《刑事诉讼法》则将人民检察院监督权的对象明确界定为"执行机关执行刑罚的活动"。这里执行刑罚的活动包括交付执行、变更执行和执行机关的监管行为。该法对于刑事执行监督作了很多细节性的规定。具体而言,该法增设了暂予监外执行的监督,加强检察院与批准暂予监外执行的机关之间的制衡,使得暂予监外执行合法并且更加合理。接受人民检察院对于暂予监外执行监督的主体不仅包括批准的主体,即省级以上监狱管理机关或者设区的市一级以上公安机关,还包括决定监外执行的主体,即交付执行的人民法院。1999年《最高检察院规则》第422条至第426条对监外执行的检察监督作了更加具体的规定,增强了检察监督的可操作性。这种规定仍然有些疏漏的地方,如果检察机关在接到通知1个月后才发现不应当监外执行如何处理没有明确的规定。该法还增设了对人民法院减刑、假释裁定进行监督,监督所采用的纠正意见不是宣示性的,而是连接了人民法院的重新审理程序,这意味人民检察院对于减刑、假释的监督具有了准诉讼的性质,从而进一步加强了检察院与法院之间的相互制约。

当然,1996年《刑事诉讼法》对于刑事执行监督的规定并不够全面。最

---

① 参见刘顺启:《刑罚执行修改的积极作用》,载《人民检察》2011年第19期。

高人民检察院2007年印发的《关于加强和改进监所检察工作的决定》在总结以往规定和监所检察实践的基础上,对刑罚执行和监管活动监督职责作了明确规定:(1)对监狱、看守所执行刑罚和监管活动是否合法实行监督;(2)对人民法院裁定减刑、假释是否合法实行监督;(3)对监狱管理机关、公安机关、人民法院决定暂予监外执行活动是否合法实行监督;(4)对劳动教养机关的执法活动是否合法实行监督;(5)对公安机关、司法行政机关管理监督监外执行罪犯活动是否合法实行监督;(6)对刑罚执行和监管活动中的职务犯罪案件立案侦查,开展职务犯罪预防工作;(7)对罪犯又犯罪案件和劳教人员犯罪案件审查逮捕、审查起诉,对立案、侦查和审判活动是否合法实行监督;(8)受理被监管人及其近亲属、法定代理人的控告、举报和申诉;(9)承办检察长交办的其他事项。

2012年《刑事诉讼法》进一步增加了刑事执行的监督类型。例如,监狱、看守所提出暂予监外执行的书面意见的,应当将书面意见的副本抄送人民检察院。人民检察院可以向决定或者批准机关提出书面意见,从而加以监督。同样,该法增加了被判处管制、拘役、有期徒刑或者无期徒刑的罪犯,在执行期间确有悔改或者立功表现,应当依法予以减刑、假释的时候,由执行机关将建议书副本抄送人民检察院。人民检察院可以向人民法院提出书面意见。《刑事诉讼法》再修改为进一步强化监督制约,完善检察机关法律监督职能,健全刑事诉讼法律监督体系提供了一个很好的历史机遇。① 从这次修改来看,刑事执行不是《刑事诉讼法》修改的热点问题。执行先天就带有行政性色彩。如何在这个行政性色彩浓厚的领域导入司法的特性,并且保证刑事执行的公平、公正是刑事执行完善的主要目标。目前刑事执行方面的完善还很难一步到位,需要循序渐进。刑事执行方面仍然规定地较粗,缺乏精密的程序设置,给自由裁量权滥用留下了余地。不仅如此,律师无法介入到执行程序中去,这使得权利对抗权力难以实现。

2012年《刑事诉讼法》的未尽之处仍然是人民检察院的刑事执行监督范围狭窄,方式被动,监督时机迟滞,监督手段单一、虚化。第一,《刑事诉讼法》所规定地刑事执行监督的范围仍然略显狭窄。《关于加强和改进监所检察工

---

① 参见高景峰:《刑事诉讼法修改视角下的检察机关法律监督》,载《人民检察》2011年第15期。

作的决定》明确的很多监督对象都没有在《刑事诉讼法》中有所体现。此外，检察机关履行死刑临场监督的部门不明确，财产刑、剥夺政治权利等资格刑监督缺乏规范等都是本次修改的未尽之处。第二，目前人民检察院监督方式并不足，主要依靠书面形式性审查案卷材料来发现案件线索，对于监外执行、减刑、假释等方面没有充分的知情权，无法及时、真实了解案件情况，因此监督的效果受到极大的制约。第三，人民检察院监督时期迟滞，难以及时纠正执行中可能出现的徇私舞弊、滥用权力的现象，难以保障罪犯合法地被减刑、假释、暂予监外执行。例如，法院作出减刑、假释、暂予监外执行裁定后，检察院即使提出纠正意见，由于裁定已经生效执行，罪犯已经被减刑、假释或暂予监外执行，此外，《刑事诉讼法》中并没有规定裁定书副本送达检察机关的时限，造成了大量送达不及时的现象，检察监督很难真正有效实施。第四，人民检察院监督的手段也比较软弱，只能提出意见，这种事后监督，至多起到"下不为例"的警示作用，与法律监督本身应当起到的"纠错"作用相去甚远。人民检察院提出的很多纠正违法的意见，是否采纳仍然取决于被监督单位是否接受。

从长远来看，《刑事诉讼法》所规定的人民检察院监督范围应当扩大，至少应当包括：(1) 对监狱、看守所、拘役所执行刑罚活动是否合法实施监督；(2) 对死刑执行的监督应当包括死刑命令的签发是否合法、死刑犯的权利保障、临场执行程序是否合法等问题实施监督；(3) 社区矫正的执行主体、适用范围、执行过程等都应当纳入到监督的范围。对于一些细节性的规定应当增补，例如，应当规定死刑执行临场监督职能由监所检察部门承担，建立完善的财产刑法律文书备案制度和控告申诉机制。应当将外在型监督转变为参与型监督，赋予人民检察院一定的介入权和调查权，规定监督对象提供有关材料的义务，克服监督信息不对称的问题。只有通过将随时介入和日常检察紧密结合，检察机关才能将刑罚执行和监管活动的同步监督打下基础。① 对于减刑、假释和监外执行还应当确立事前审查制度和事中监督制度，从而全面保障监督权的实现。立法应当保障法律监督的效力和强制性，被监督单位收到人民检察院的意见或建议后，必须作出合理地处理，在一定时限内回应人民检察院的意见或建议。

---

① 参见白泉民、刘建国：《监所检察权的优化配置和立法完善》，载《人民检察》2009 年第 13 期。

第十七章　特 别 程 序

　　2012年《刑事诉讼法》修改新增了第五编"特别程序",这是中国《刑事诉讼法》首次以专编或专章的形式对特别程序作出规定,包括未成年人刑事案件诉讼程序,当事人和解的公诉案件诉讼程序,犯罪嫌疑人、被告人逃匿、死亡案件违法所得的没收程序和依法不负刑事责任的精神病人的强制医疗程序四种。之所以需要新增特别程序,主要是为了应对社会和犯罪日益复杂和多元化,刑事诉讼程序日趋多样、复杂与精密。在立法体例方面,这也是2012年《刑事诉讼法》修改的一个重要发展和创举。同时,这种立法体例的创新,也为我国《刑事诉讼法》未来的发展提出了新的问题:"特别程序"编的内容是否会随着犯罪进一步复杂化日益扩容进而成为占据刑事诉讼法相当比重的一部分?抑或"特别程序"编所规定的内容经过一段时间的实践发展,逐步为普通程序或其他单行法律所吸收?这些问题都需要通过《刑事诉讼法》的进一步发展来给出答案。

　　特别程序之所以"特别",主要是因为其适用的案件范围较为特殊,只覆盖了全部案件的一小部分,与此相应的,其适用程序也在很多方面区别于普通程序,因而有专门加以规定的必要。需要指出的是,第五编"特别程序"24个条文只是原则性的规定了四种特别程序与普通程序的区别,与普通程序相同的部分仍然要适用《刑事诉讼法》前四编的规定。四种特别程序的历史发展各有不同:未成年人刑事案件诉讼程序在 1979 年《刑事诉讼法》和 1996 年《刑事诉讼法》中已略有规定并经长期实践探索,就这一程序的单行司法解释已颁行多年并历经修改;当事人和解的公诉案件诉讼程序虽属首次入法,但也经过各地充分的实践探索,2012 年《刑事诉讼法》修改前中央和地方制定的相关规范性文件中对此也已经有所涉及;另外两种诉讼程序则非但属于首次入法,之前也毫无实践基础,理论探索亦不充分。以下分别论述。①

一、未成年人刑事案件诉讼程序

(一) 概述

未成年人刑事案件诉讼程序是指对未成年人涉嫌犯罪的案件依法追究其刑事责任时所适用的刑事诉讼程序。未成年人是社会的一个特殊群体,一方面承载着国家和社会的希望,是人类持续发展的后备力量,另一方面,这一特殊群体往往心智发育未臻健全,需要得到特殊的关怀与照顾。未成年人在涉嫌犯罪以后所进行的刑事诉讼程序不但是法律对未成年人特殊保护的集中体现,而且与未成年人的人格塑造及未成年人向成年人过渡的发展方向密切相关,因此需要予以特别关注。

未成年人刑事案件诉讼程序应当与成年人的有所区别,并根据未成年人的身心特点进行设置,这一点已经为世界所公认。一方面,未成年人生理、心理发育尚未成熟,社会经验匮乏,缺乏自我保护能力,对法律和诉讼行为难以有正确、全面的理解,因此需要刑事诉讼程序设置相应的保护、协助机制。另一方面,未成年人犯罪具有区别于成年人的显著特征:犯罪动机简单、主观恶性不大,犯罪行为通常带有较大的盲目性和突发性,犯罪的发生往往受到成长背景和家庭环境等社会因素的影响。而且未成年人的人生观、价值观尚未定型,可塑性较强,复归社会的可能性较大。这些都需要设置相应的程序和分流、矫正机制。

---

① 除未成年人刑事案件诉讼程序可以进行相应的法条对比外,其他三种特别程序均无之前的法条可对比,因此下文仅列出 2012 年《刑事诉讼法》的条文。

从世界各国的立法情况来看,实现未成年人刑事案件诉讼程序的特殊立法通常有两种方式:一是独立立法,即将有关未成年人刑事司法制度单独立法,既包括程序法的内容,也包括实体法的内容,例如日本的《少年法》即采此种立法方式;二是在《刑事诉讼法典》中设专编或专章以刑事诉讼的特殊程序的方式来规定未成年人刑事案件诉讼程序。当然,也有一些国家采用分散型的立法方法将未成年人刑事诉讼程序有关的内容分散规定在刑事诉讼法的相关条款中。基于未成年人犯罪和身心的不同特点,与分散型立法方式相比,独立立法和专编或专章立法无疑更有助于对未成年人的特殊保护。

我国 1979 年和 1996 年《刑事诉讼法》都采用分散型的立法方式。1979 年《刑事诉讼法》只有三处涉及未成年人,分别是指定辩护、讯问和审判未成年人时可以通知法定代理人到场以及未成年人案件的不公开审理,而且这三处都不是独立的条文,而是依附于《刑事诉讼法》规定相关制度的条文,作为其中的一款或一部分。

1996 年《刑事诉讼法》修改基本未涉及未成年人刑事案件诉讼程序,只是对上述三个方面的具体表述进行细微的调整,并在执行一编中增加了"对未成年犯应当在未成年犯管教所执行刑罚"的规定。

2012 年《刑事诉讼法》修改在第五编"特别程序"中增设第一章"未成年人刑事案件诉讼程序",以 11 个条文对未成年人刑事案件诉讼程序作出了较为全面的规定,实现了未成年人刑事案件诉讼程序从分散型立法方式向专章规定方式的转变。[1] 这一转变被学者认为在我国未成年人诉讼制度发展史上具有"划时代的意义"。[2] 可以预测的是,这种立法方式上的转变以及条文内容的丰富,必将促使我国未成年人刑事案件诉讼程序实现质的飞跃。

---

[1] 2012 年《刑事诉讼法》修改共增加新条文 66 条,其中 11 条属于未成年人刑事案件诉讼程序这一章,占总新增条文 16.7%,可见未成年人刑事案件诉讼程序在此次修改中所占的重要地位。当然,这 11 个条文的具体内容中有的是从原《刑事诉讼法》中修改完善而来,但从其属于独立条文的角度来看,这 11 个条文均属新增条文。

[2] 宋英辉:《特别程序彰显对未成年人的特殊保护》,载《检察日报》2012 年 4 月 2 日第 3 版。

1979年《刑事诉讼法》	1996年《刑事诉讼法》	2012年《刑事诉讼法》
	第二百一十三条 …… 对未成年犯应当在未成年犯管教所执行刑罚。 ……	第二百五十三条 …… 对未成年犯应当在未成年犯管教所执行刑罚。
		第五编 特别程序
		第一章 未成年人刑事案件诉讼程序
		第二百六十六条 对犯罪的未成年人实行教育、感化、挽救的方针,坚持教育为主、惩罚为辅的原则。 人民法院、人民检察院和公安机关办理未成年人刑事案件,应当保障未成年人行使其诉讼权利,保障未成年人得到法律帮助,并由熟悉未成年人身心特点的审判人员、检察人员、侦查人员承办。
第二十七条 …… 被告人是聋、哑或者未成年人而没有委托辩护人的,人民法院应当为他指定辩护人。	第三十四条 …… 被告人是盲、聋、哑或者未成年人而没有委托辩护人的,人民法院应当指定承担法律援助义务的律师为其提供辩护。 ……	第二百六十七条 未成年犯罪嫌疑人、被告人没有委托辩护人的,人民法院、人民检察院、公安机关应当通知法律援助机构指派律师为其提供辩护。
		第二百六十八条 公安机关、人民检察院、人民法院办理未成年人刑事案件,根据情况可以对未成年犯罪嫌疑人、被告人的成长经历、犯罪原因、监护教育等情况进行调查。

（续表）

1979年《刑事诉讼法》	1996年《刑事诉讼法》	2012年《刑事诉讼法》
		第二百六十九条　对未成年犯罪嫌疑人、被告人应当严格限制适用逮捕措施。人民检察院审查批准逮捕和人民法院决定逮捕，应当讯问未成年犯罪嫌疑人、被告人，听取辩护律师的意见。 对被拘留、逮捕和执行刑罚的未成年人与成年人应当分别关押、分别管理、分别教育。
第十条　…… 对于不满十八岁的未成年人犯罪的案件，在讯问和审判时，可以通知被告人的法定代理人到场。 ……	第十四条　…… 对于不满十八岁的未成年人犯罪的案件，在讯问和审判时，可以通知**犯罪嫌疑人、被告人**的法定代理人到场。 ……	第二百七十条　对于未成年人刑事案件，在讯问和审判的时候，应当通知未成年犯罪嫌疑人、被告人的法定代理人到场。无法通知、法定代理人不能到场或者法定代理人是共犯的，也可以通知未成年犯罪嫌疑人、被告人的其他成年亲属，所在学校、单位、居住地基层组织或者未成年人保护组织的代表到场，并将有关情况记录在案。到场的法定代理人可以代为行使未成年犯罪嫌疑人、被告人的诉讼权利。 到场的法定代理人或者其他人员认为办案人员在讯问、审判中侵犯未成年人合法权益的，可以提出意见。讯问笔录、法庭笔录应当交给到场的法定代理人或者其他人员阅读或者向他宣读。

(续表)

1979年《刑事诉讼法》	1996年《刑事诉讼法》	2012年《刑事诉讼法》
		讯问女性未成年犯罪嫌疑人,应当有女工作人员在场。 审判未成年人刑事案件,未成年被告人最后陈述后,其法定代理人可以进行补充陈述。 询问未成年被害人、证人,适用第一款、第二款、第三款的规定。
		第二百七十一条　对于未成年人涉嫌刑法分则第四章、第五章、第六章规定的犯罪,可能判处一年有期徒刑以下刑罚,符合起诉条件,但有悔罪表现的,人民检察院可以作出附条件不起诉的决定。人民检察院在作出附条件不起诉的决定以前,应当听取公安机关、被害人的意见。 对附条件不起诉的决定,公安机关要求复议、提请复核或者被害人申诉的,适用本法第一百七十五条、第一百七十六条的规定。 未成年犯罪嫌疑人及其法定代理人对人民检察院决定附条件不起诉有异议的,人民检察院应当作出起诉的决定。
		第二百七十二条　在附条件不起诉的考验期内,由人民检察院对被附条件不起诉的未成年犯罪嫌疑人进行监督考察。未成年犯罪嫌疑人的监护人,应当对未成年犯罪嫌疑人加强管教,

（续表）

1979年《刑事诉讼法》	1996年《刑事诉讼法》	2012年《刑事诉讼法》
		配合人民检察院做好监督考察工作。 附条件不起诉的考验期为六个月以上一年以下，从人民检察院作出附条件不起诉的决定之日起计算。 被附条件不起诉的未成年犯罪嫌疑人，应当遵守下列规定： （一）遵守法律法规，服从监督； （二）按照考察机关的规定报告自己的活动情况； （三）离开所居住的市、县或者迁居，应当报经考察机关批准； （四）按照考察机关的要求接受矫治和教育。
		第二百七十三条　被附条件不起诉的未成年犯罪嫌疑人，在考验期内有下列情形之一的，人民检察院应当撤销附条件不起诉的决定，提起公诉： （一）实施新的犯罪或者发现决定附条件不起诉以前还有其他犯罪需要追诉的； （二）违反治安管理规定或者考察机关有关附条件不起诉的监督管理规定，情节严重的。 被附条件不起诉的未成年犯罪嫌疑人，在考验期内没有上述情形，考验期满的，人民检察院应当作出不起诉的决定。

（续表）

1979年《刑事诉讼法》	1996年《刑事诉讼法》	2012年《刑事诉讼法》
第一百一十一条 ……十四岁以上不满十六岁未成年人犯罪的案件，一律不公开审理。十六岁以上不满十八岁未成年人犯罪的案件，一般也不公开审理。对于不公开审理的案件，应当当庭宣布不公开审理的理由。	第一百五十二条 ……十四岁以上不满十六岁未成年人犯罪的案件，一律不公开审理。十六岁以上不满十八岁未成年人犯罪的案件，一般也不公开审理。对于不公开审理的案件，应当当庭宣布不公开审理的理由。	第二百七十四条 审判的时候被告人不满十八周岁的案件，不公开审理。但是，经未成年被告人及其法定代理人同意，未成年被告人所在学校和未成年人保护组织可以派代表到场。
		第二百七十五条 犯罪的时候不满十八周岁，被判处五年有期徒刑以下刑罚的，应当对相关犯罪记录予以封存。犯罪记录被封存的，不得向任何单位和个人提供，但司法机关为办案需要或者有关单位根据国家规定进行查询的除外。依法进行查询的单位，应当对被封存的犯罪记录的情况予以保密。
		第二百七十六条 办理未成年人刑事案件，除本章已有规定的以外，按照本法的其他规定进行。

总体而言，2012年《刑事诉讼法》修改增设"未成年人刑事案件诉讼程序"一章具有以下几方面的特点：

第一，对未成年人刑事案件诉讼程序作了较为全面的规定。"未成年人刑事案件诉讼程序"专章既规定了未成年人刑事案件诉讼程序的方针与原则，也基本覆盖了从讯问、适用强制措施、社会背景调查、法律援助辩护、不起诉、审判直至定罪以后犯罪记录的封存等主要诉讼阶段和诉讼制度。

第二，吸收、归纳和总结了其他法律和司法解释对未成年人刑事案件诉讼程序的规定。虽然1979年和1996年《刑事诉讼法》对未成年人刑事案件诉讼程序规定较少，但相关法律和司法解释对其进行了有益的补充。这些法律和司法解释主要包括:《未成年人保护法》《预防未成年人犯罪法》、1995 年《公安机关办理未成年人违法犯罪案件的规定》、2006 年《人民检察院办理未成年人刑事案件的规定》和 2001 年最高人民法院《关于审理未成年人刑事案件的若干规定》等。"未成年人刑事案件诉讼程序"专章对其中的部分内容进行了吸收。同时,对于这些法律和司法解释中存在矛盾的地方,也予以厘清和明确。此外,中央综治委预防青少年违法犯罪工作领导小组、最高人民法院、最高人民检察院、公安部、司法部、共青团中央于 2010 年 8 月发布了《关于进一步建立和完善办理未成年人刑事案件配套工作体系的若干意见》(以下简称 2010 年六机关《若干意见》),以指导性意见的形式对未成年人刑事案件诉讼程序中的许多问题作出了规定,"未成年人刑事案件诉讼程序"专章对其中涉及的部分内容也予以体现。

第三,在吸收各地所开展的未成年人刑事司法改革试点经验的基础上,完善已有制度并增设一些新的制度。未成年人刑事司法制度一直是我国刑事司法改革的试验田,多年来,很多地方从给予未成年人特殊保护和办理案件的实际需要出发,尝试了很多创新机制,例如合适成年人讯问时在场、未成年人社会背景调查、对未成年犯罪嫌疑人审查批捕听取律师意见、缓起诉或附条件不起诉和未成年人犯罪记录封存或前科消灭等。"未成年人刑事案件诉讼程序"专章在吸收试点经验的基础上,对这些在实践中行之有效的制度予以明确规定。

(二)未成年人刑事案件诉讼程序的方针与原则

1. 教育、感化、挽救的方针与教育为主、惩罚为辅的原则

教育、感化、挽救的方针与教育为主、惩罚为辅的原则是我国未成年人刑事案件诉讼程序的一贯方针与原则,虽然未在 1979 年和 1996 年《刑事诉讼法》条文中得以体现,但其他相关法律和司法解释都作了明确的规定。《未成年人保护法》第 54 条第 1 款规定:"对违法犯罪的未成年人,实行教育、感化、挽救的方针,坚持教育为主、惩罚为辅的原则。"2006 年《人民检察院办理未成年人刑事案件的规定》第 2 条规定:"人民检察院办理未成年人刑事案件,实行教育、感化、挽救的方针,坚持教育为主、惩罚为辅的原则。"2001 年最高人民法院《关于审理未成年人刑事案件的若干规定》第 3 条规

定,审判未成年人刑事案件,必须坚持教育为主、惩罚为辅的原则,执行教育、感化、挽救的方针,积极参与社会治安综合治理。教育、感化、挽救的方针与教育为主、惩罚为辅的原则作为我国未成年人刑事案件诉讼程序的指导思想,较好地平衡了对未成年人惩罚与教育之间的关系,通过动之以情和晓之以理,能促使犯罪的未成年人认识到其行为的危害性,帮助其更好地回归社会。此次《刑事诉讼法》修改,在第 266 条第 1 款对教育、感化、挽救的方针与教育为主、惩罚为辅的原则作了明确的规定。

2. 分案处理原则

分案处理原则,是指公安司法机关在刑事诉讼过程中应当对未成年人案件与成年人案件实行诉讼程序分离,对未成年人与成年人分别关押、分别执行。分案处理原则作为世界各国通行的办理未成年人案件的基本准则,有助于实现对未成年人的特殊保护,防止交叉感染。1979 年和 1996 年《刑事诉讼法》虽然未作明确规定,但其他法律和司法解释则对这一原则有所规定。《未成年人保护法》第 57 条第 1 款规定:"对羁押、服刑的未成年人,应当与成年人分别关押。"《预防未成年人犯罪法》第 46 条规定:"对被拘留、逮捕和执行刑罚的未成年人与成年人应当分别关押、分别管理、分别教育……"2006 年《人民检察院办理未成年人刑事案件的规定》第 23 条也规定,人民检察院审查未成年人与成年人共同犯罪案件,一般应当将未成年人与成年人分案起诉。此次《刑事诉讼法》修改对这些规定予以吸收,在第 269 条第 2 款明确规定了分案处理原则:"对被拘留、逮捕和执行刑罚的未成年人与成年人应当分别关押、分别管理、分别教育。"

3. 审理不公开原则

审理不公开原则指的是人民法院在开庭审理未成年人刑事案件时,不允许群众旁听,不允许记者采访,报纸等印刷品不得刊登未成年被告人的姓名、年龄、职业、住址及照片等。审判公开作为实现正当程序的一项基本原则,是宪法赋予公民知情权的重要保障,也是实现司法公正和其他价值的重要基础。但在未成年人案件中,审判公开所承载的价值则要让位于对未成年人特殊保护的需要。考虑到公开审理可能对未成年人的名誉以及重新回归社会带来消极影响,并可能对其造成精神创伤,因此审理不公开是未成年人刑事案件诉讼程序的一项基本原则。在我国 1979 年和 1996 年《刑事诉讼法》关于未成年人为数不多的规定中,就有审理不公开原则的规定:"14岁以上不满 16 岁未成年人犯罪的案件,一律不公开审理。16 岁以上不满 18 岁未成年人犯罪的案件,一般也不公开审理"。本次《刑事诉讼法》修改在之前条文的基础上,进一步明确了不公开审理的范围,即"审判的时候被告人不满 18 周岁的案件"均不公开审理,不但明确了判断是否不公开审理的标准是审判时被告人的年龄,而且将之前界定不太清晰的"16 岁以上不满 18 岁"的情形也明确规定为不公开审理,彻底贯彻落实了未成年人案件审理不公开原则。同时,从保护、帮助和教育未成年人的角度出发,对不公开的对象作了例外的规定,即在经未成年被告人及其法定代理人同意的前提下,未成年被告人所在学校和未成年人保护组织可以派代表到场。对于未成年人刑事案件宣告判决应当公开进行,但不得采取召开大会等形式。

4. 全面调查原则

全面调查原则是指公安司法机关在办理未成年人刑事案件的过程中,不仅要调查案件事实,而且还要对未成年人的生理、心理特征、性格特点及其生活环境也进行调查,必要时还要进行医疗检查和心理学、精神病学的调查分析。全面调查的目的在于通过对未成年人的人格、素质、生活经历和所处环境进行调查分析,查清未成年人走上犯罪道路的原因和条件,为教育改造未成年人确定有针对性的改造方案和方法,以取得良好的效果。[①] 为了对未成年人采取个性化的、针对个人具体情况的诉讼程序和矫正教育方案,全面调查是不可缺少的。我国 1979 年和 1996 年《刑事诉讼法》未对全面调查原则予以明确规定,但之后的相关司法解释则有所涉及。例如,2001 年《最高人民法院关于审理未成年人刑事案件的若干规定》第 21 条规定,开庭审理前,控辩双方可以分别就未成年被告人性格特点、家庭情况、社会交往、成长经历以及实施被指控的犯罪前后的表现等情况进行调查,并制作书面材料提交合议庭。必要时,人民法院也可以委托有关社会团体组织就上述情况进行调查或者自行进行调查。2010 年六机关《若干意见》规定:办理未成年人刑事案件,应当结合对未成年犯罪嫌疑人背景情况的社会调查,注意听取未成年人本人、法定代理人、辩护人、被害人等有关人员的意见。公安机

[①] 宋英辉、甄贞主编:《未成年人犯罪诉讼程序研究》,北京师范大学出版社 2010 年版,第 57 页。

关、人民检察院、人民法院、司法行政机关在办理未成年人刑事案件和执行刑罚时,应当综合考虑案件事实和社会调查报告的内容。本次《刑事诉讼法》修改,明确规定了全面调查原则,即"公安机关、人民检察院、人民法院办理未成年人刑事案件,根据情况可以对未成年犯罪嫌疑人、被告人的成长经历、犯罪原因、监护教育等情况进行调查"。

需要指出的是,全面调查原则应贯穿于整个未成年人刑事案件诉讼程序,而不是仅适用于法庭审理阶段,同样,全面调查所获得的资料也应当运用于从侦查、起诉、审判直至执行的各个阶段,包括侦查阶段决定是否及如何对未成年犯罪嫌疑人适用强制措施、审查起诉阶段决定是否对未成年犯罪嫌疑人提起公诉以及如果不提起公诉采用何种不起诉的方式、法庭审理阶段决定更为适宜未成年被告人具体情况的刑罚以及执行阶段如何针对未成年人的具体情况制定相应的矫正方案。2012年《刑事诉讼法》修改将全面调查原则规定在本章的第三条且主体为公安机关、人民检察院和人民法院,即体现了将全面调查原则贯穿于整个未成年人刑事案件诉讼程序的思路。

全面调查原则在实践中的落实取决于社会背景调查制度的确立。公安机关办理未成年人刑事案件,根据情况可以对未成年犯罪嫌疑人的成长经历、犯罪原因、监护教育等情况进行调查并制作调查报告。作出调查报告的,在提请批准逮捕、移送审查起诉时,应当结合案情综合考虑,并将调查报告与案卷材料一并移送人民检察院。人民检察院根据情况,可以自行或者委托有关组织和机构对未成年犯罪嫌疑人进行背景调查并制作社会调查报告,作为办案和教育的参考。对于公安机关移送的社会调查报告,人民检察院应当进行审查,必要时可以进行补充调查。人民检察院制作的社会调查报告应当随案移送人民法院。人民法院应当接受人民检察院移送的调查报告,以及辩护人提交的反映未成年被告人上述情况的书面材料。必要时,人民法院可以委托未成年被告人居住地的县级司法行政机关、共青团组织以及其他社会团体组织对未成年被告人的上述情况进行调查,或者自行调查。

5. 专人办理原则

专人办理原则包括两个方面的含义:一是专员办理,即应当由熟悉未成年人身心发展特点和相关知识的办案人员专司办理。二是专设机构,即侦查、起诉、审判和执行机关内部应专设办理未成年人案件的下设机构,采取不同于成年人案件的办案方式,专门办理未成年人案件。例如,设立少年法院和未成年人管教所即是专设机构的体现。从某种意义上来说,专设机构是专员办理的进一步发展,专员办理发展至一定程度需要通过专设机构来进一步固定这种办案主体的专属性,在尚不能实现专设机构的情况下,至少也应当保证未成年人案件的专员办理。由于未成年人具有不同于成年人的身心特点,从实现对未成年人的特殊保护出发,理应要求办理未成年人案件的办案机构和人员具有相应的资质并与办理成年人案件的机构与人员适度区分。

我国1979年和1996年《刑事诉讼法》未对专人办理原则有所涉及,但相关法律和司法解释则对此作出了规定。《未成年人保护法》第55条规定:"公安机关、人民检察院、人民法院办理未成年人犯罪案件和涉及未成年人权益保护案件,应当……根据需要设立专门机构或者指定专人办理。"《预防未成年人犯罪法》第45条第1款规定:"人民法院审判未成年人犯罪的刑事案件,应当由熟悉未成年人身心特点的审判员或者审判员和人民陪审员依法组成少年法庭进行。"六机关《若干意见》第一部分也以较大的篇幅对"进一步建立、巩固和完善办理未成年人刑事案件专门机构"作了较为系统的规定。① 自20世纪80年代始,各地在司法实践中也开展了各种形式的专设机构或专员办理的探索,以从办案主体上实现对未成年人的特殊保护,尤其是

---

① 具体内容包括:(1)公安部、省级和地市级公安机关应当指定相应机构负责指导办理未成年人刑事案件。区县级公安机关一般应当在派出所和刑侦部门设立办理未成年人刑事案件的专门小组,未成年人刑事案件数量较少的,可以指定专人办理。(2)最高人民检察院和省级人民检察院应当设立指导办理未成年人刑事案件的专门机构。地市级人民检察院和区县级人民检察院一般应当设立办理未成年人刑事案件的专门机构或专门小组,条件不具备的,应当指定专人办理。(3)最高人民法院和高级人民法院应当设立少年法庭工作办公室。中级人民法院和基层人民法院一般应当建立审理未成年人刑事案件的专门机构,条件不具备的,应当指定专人办理。(4)司法部和省级司法行政机关应当加强对办理未成年人刑事案件配套工作的指导,成立相关工作指导小组。地市级和区县级司法行政机关所属法律援助机构应当成立未成年人法律援助事务部门,负责组织办理未成年人的法律援助事务,条件不具备的,应当指定专人办理。司法行政机关社区矫正工作部门一般应当设立专门小组或指定专人负责未成年人的社区矫正工作。(5)各级公安机关、人民检察院、人民法院、司法行政机关应当选任政治、业务素质好,熟悉未成年人特点,具有犯罪学、社会学、心理学、教育学等方面知识的人员办理未成年人刑事案件,并注意通过加强培训、指导,提高相关人员的专业水平。对办理未成年人刑事案件的专门人员应当根据具体工作内容采用不同于办理成年人刑事案件的工作绩效指标进行考核。(6)有条件的地区,办理未成年人刑事案件的专门机构可以根据实际情况办理被害人系未成年人的刑事案件。

检察机关和人民法院的探索。1984年11月,上海市长宁区建立了我国第一个少年法庭,专门审判少年刑事案件。1988年最高人民法院在上海召开了审理未成年人刑事案件经验交流会,向全国推广少年法庭工作经验。之后,全国各地关于未成年人案件专门审判组织的探索一直持续至今。1986年6月,上海市长宁区人民检察院成立了中国检察机关第一个专门办理未成年人案件的"少年起诉组",之后全国很多地方的基层检察机关都开始设立"未成年人检察科"或"未成年人检察室"。2010年1月,上海市检察院成立中国首家省级检察机关未成年人刑事检察专门机构——未成年人刑事检察处。

2012年《刑事诉讼法》修改吸收了相关法律和司法解释的规定,并对各地开展的专人办理探索予以肯定,明确规定:"人民法院、人民检察院和公安机关办理未成年人刑事案件,应当……由熟悉未成年人身心特点的审判人员、检察人员、侦查人员承办。"需要指出的是,《刑事诉讼法》只对专员办理作了规定,未对专设机构作出明确的要求,主要是考虑到各地具体情况的差异,目前阶段尚不能要求各地均设立办理未成年人案件的专门机构。例如,最高人民法院对各地方法院设立办理未成年人案件的专门机构也作了弹性、多元的规定:中级人民法院和基层人民法院可以设立独立建制的未成年人案件审判庭。尚不具备条件的,应当在刑事审判庭内设立未成年人刑事案件合议庭,或者由专人负责审理未成年人刑事案件。高级人民法院应当在刑事审判庭内设立未成年人刑事案件合议庭。具备条件的,可以设立独立建制的未成年人案件审判庭。但毫无疑问的是,从专员办理发展至专设机构将是我国未成年人刑事司法制度发展的一个趋势。

6. 严格适用逮捕措施原则

逮捕是我国刑事强制措施体系中最为严厉、剥夺被追诉者人身自由时间最长的措施,其适用本身就具有必要性、相当性和最后性的特征。对于未成年人而言,逮捕所导致的长时间的羁押使得未成年人与其监护人、亲友以及整个社会隔离,在其社会化尚未完成和身心发育未臻健全的情况下,羁押将导致其正常社会化过程的中断,并给未成年人的身心健康带来巨大的危害,影响其今后的成长和发展。此外,长期羁押也会带来交叉感染,导致未成年人向惯犯、累犯转化。因此,严格适用逮捕措施、尽量减少对未成年人的长期羁押,是实现对未成年人的特殊保护,促使其再社会化的重要方面。

1979 年和 1996 年《刑事诉讼法》未对未成年人逮捕措施的适用作出特殊的规定,实践中,未成年犯罪嫌疑人、被告人审前羁押率居高不下,导致了重新犯罪率高等一系列弊端。进入 21 世纪以后,尽量减少对未成年人的审前羁押的重要性逐步引起重视。司法实务中,人民检察院审查批准逮捕未成年犯罪嫌疑人,通常根据未成年犯罪嫌疑人涉嫌犯罪的事实、主观恶性、有无监护与社会帮教条件等,综合衡量其社会危险性,确定是否有逮捕必要,慎用逮捕措施,可捕可不捕的不捕。有关司法解释还明确规定了一般不予逮捕和可以不予逮捕的具体情形。① 各地办案机关还被要求不得将办理未成年人刑事案件的拘留率、逮捕率作为工作考核指标。

2012 年《刑事诉讼法》修改在第 269 条第 1 款对严格适用逮捕措施作了原则性的规定,即"对未成年犯罪嫌疑人、被告人应当严格限制适用逮捕措施。"同时,又从程序的角度要求人民检察院审查批准逮捕和人民法院决定逮捕,应当讯问未成年犯罪嫌疑人、被告人,听取辩护律师的意见,希望通过引入辩方意见以及要求办案人员直接接触未成年人来限制逮捕措施的适用。其中,应当讯问未成年犯罪嫌疑人、被告人系吸收之前相关司法解释的规定,而听取辩护律师的意见则是建立在新刑事诉讼法将辩护律师的介入向前推进到侦查阶段以及法律援助辩护覆盖了从侦查到审判的整个刑事诉讼过程这一修改的基础之上。

根据严格适用逮捕措施原则,检察机关在审查批捕时,对于罪行较轻,具备有效监护条件或者社会帮教措施,没有社会危险性或者社会危险性较小,不逮捕不致妨害诉讼正常进行的未成年犯罪嫌疑人,应当不批准逮捕。对于罪行比较严重,但主观恶性不大,有悔罪表现,具备有效监护条件或者

---

① 《人民检察院办理未成年人刑事案件的规定》第 13 条还规定了一般不予逮捕和可以不予逮捕的具体情形:对于罪行较轻,具备有效监护条件或者社会帮教措施,没有社会危险性或者社会危险性较小,不会妨害诉讼正常进行的未成年犯罪嫌疑人,一般不予批准逮捕。对于罪行比较严重,但主观恶性不大,有悔罪表现,具备有效监护条件或者社会帮教措施,不具有社会危险性,不会妨害诉讼正常进行,并具有下列情形之一的未成年犯罪嫌疑人,也可以依法不予批准逮捕:(1) 初次犯罪、过失犯罪的;(2) 犯罪预备、中止、未遂的;(3) 有自首或者立功表现的;(4) 犯罪后能够如实交待罪行,认识自己行为的危害性、违法性,积极退赃,尽力减少和赔偿损失,得到被害人谅解的;(5) 不是共同犯罪的主犯或者集团犯罪中的首要分子的;(6) 属于已满 14 周岁不满 16 周岁的未成年人或者系在校学生的;(7) 其他没有逮捕必要的情形。

社会帮教措施,具有下列情形之一,不逮捕不致妨害诉讼正常进行的未成年犯罪嫌疑人,可以不批准逮捕:(1)初次犯罪、过失犯罪的;(2)犯罪预备、中止、未遂的;(3)有自首或者立功表现的;(4)犯罪后如实交代罪行,真诚悔罪,积极退赃,尽力减少和赔偿损失,被害人谅解的;(5)不属于共同犯罪的主犯或者集团犯罪中的首要分子的;(6)属于已满14周岁不满16周岁的未成年人或者系在校学生的;(7)其他可以不批准逮捕的情形。

(三)法律援助辩护制度

为未成年人提供法律援助辩护是实现对未成年人特殊保护的必要手段。在我国1979年和1996年《刑事诉讼法》仅有的几条有关未成年人刑事案件诉讼程序的规定中就有为未成年被告人指定辩护的规定。其中1979年《刑事诉讼法》第27条规定的是人民法院应当为没有委托辩护人的未成年被告人指定辩护人,1996年《刑事诉讼法》第34条则基于我国律师制度的发展将人民法院为没有委托辩护人的未成年人指定的辩护人限定为承担法律援助义务的律师。

2012年《刑事诉讼法》对辩护制度作了大幅修改,其中一个重要的内容就是将辩护律师介入刑事诉讼的时间提前至侦查阶段,即犯罪嫌疑人自被侦查机关第一次讯问或者采取强制措施之日起,有权委托辩护人,在侦查期间,只能委托律师作为辩护人。同时,将原来的"指定辩护"修改为"法律援助辩护",即原刑事诉讼法规定的由人民法院指定承担法律援助义务的律师提供辩护修改为由法律援助机构指派律师提供辩护。与此相对应,对于本属指定辩护范围的未成年犯罪嫌疑人、被告人而言,法律援助辩护制度也相应作了修改:一是提供法律援助辩护的时间从原来的审判阶段提前至侦查阶段,人民法院、人民检察院、公安机关在各自的诉讼阶段都负有通知法律援助机构提供辩护的义务;二是在人民法院、人民检察院、公安机关通知后,由法律援助机构指派律师为其提供辩护。这一修改不但与我国刑事司法加强保障犯罪嫌疑人、被告人辩护权的趋势相一致,而且对于实现对未成年人的特殊保护意义重大。另一方面,对通过法律援助对未成年人提供特殊保护不应局限于犯罪嫌疑人、被告人。2012年《最高法院解释》第473条还要求,未成年被害人及其法定代理人因经济困难或者其他原因没有委托诉讼代理人的,人民法院应当帮助其申请法律援助。

（四）合适成年人参与制度

合适成年人参与,是指在未成年人刑事案件诉讼程序中,由法定代理人或其他适当的成年人参与以维护未成年人权益的制度。合适成年人参与尤其是指在讯问（询问）和审判未成年犯罪嫌疑人、被告人（被害人、证人）时,由合适成年人到场保护未成年人权利。未成年人进入诉讼程序后面临巨大的心理压力,对于一些诉讼行为和讯问（询问）难以准确理解,也无法有效表达自己的真实想法,需要适格的成年人参与其中发挥抚慰、沟通和教育的职责。同时,合适成年人的参与还能对办案人员的讯问（询问）等行为予以有效监督,防止非法或不当行为对未成年人造成侵害。这一对未成年人予以特殊保护的制度为许多国家的法律所规定,并被联合国的有关国际公约所吸纳。

我国1979年《刑事诉讼法》即对合适成年人参与制度作了初步规定,第10条第2款规定:"对于不满十八岁的未成年人犯罪的案件,在讯问和审判时,可以通知被告人的法定代理人到场。"1996年《刑事诉讼法》对此规定进行了微调,第14条第2款在通知对象上增加了"犯罪嫌疑人"的法定代理人。此后,相关法律和司法解释也作出了规定。例如,《未成年人保护法》第56条第1款规定:公安机关、人民检察院讯问未成年犯罪嫌疑人,询问未成年证人、被害人,应当通知监护人到场。这些规定在内容上并不全面且存有矛盾:首先,不同的规定采用了"应当通知"与"可以通知"的不同表述,给实践适用造成了混乱;其次,仅规定了应当或可以"通知",但对通知后是否实际到场未作规定,也未明确如果未到场的替代措施与法律后果,削弱了规定的强制性效果;最后,对于到场的成年人的范围,除《公安机关办理刑事案件程序规定》将教师纳入其中外,均限于未成年人的法定代理人、监护人或近亲属,范围较为狭窄。实践适用也不甚理想:一方面,由于原来的《刑事诉讼法》只规定"可以"通知,一些办案机关在实际办案中并不履行通知义务;另一方面,即使办案机关履行了通知义务,法定代理人等也可能由于各种原因无法联系或不实际到场。事实上,大量流动的未成年人实施犯罪,父母通常不在本地,即使办案机关通知到其父母,在侦查讯问不能拖延的情况下,父母通常不可能参加到讯问中。实践中,父母等法定代理人讯问时到场率极低。

针对上述情况,为了实现对未成年人的特殊保护,结合办案需要,并吸取域外相关经验,我国一些地区自 21 世纪初开始探索并试点合适成年人参与未成年人刑事诉讼程序的机制。① 2010 年六机关《若干意见》也在吸收各地经验的基础上对合适成年人参与作了规定:"在未成年犯罪嫌疑人、被告人被讯问或者开庭审理时,应当通知其法定代理人到场。看守所经审核身份无误后,应当允许法定代理人与办案人员共同进入讯问场所。法定代理人无法或不宜到场的,可以经未成年犯罪嫌疑人、被告人同意或按其意愿通知其他关系密切的亲属朋友、社会工作者、教师、律师等合适成年人到场。"

在此基础上,2012 年《刑事诉讼法》第 270 条分 5 款以较长的篇幅对这一问题作出了较为系统和详细的规定。虽然在具体表述上未采用"合适成年人"这一称谓,但考察其具体内容,则实际上已经确立了这一制度。与 1996 年《刑事诉讼法》的规定相比,其进步之处主要体现在以下几个方面:(1)将可以到场的合适成年人的范围从法定代理人扩展至法定代理人、其他成年亲属和所在学校、单位、居住地基层组织或者未成年人保护组织的代表,并明确了通知到场的先后顺序。这一修改为法定代理人不能或不宜到场的未成年人提供了寻求其他合适成年人参与并提供保护的途径,对于实践中大量存在的未成年人脱离法定代理人生活的情况具有重大的意义。(2)将"可以"通知修改为"应当"通知,明确了合适成年人到场的强制性。虽然第 270 条第 1 款规定在无法通知、法定代理人不能到场或者法定代理人是共犯的,也"可以"通知未成年犯罪嫌疑人、被告人的其他成年亲属,所在学校、单位、居住地基层组织或者未成年人保护组织的代表到场,但这里的"可以"指的是可以在上述人员中进行选择,一旦法定代理人不能或不宜到场,则必须通知其中一人到场。(3)明确了到场的法定代理人或者其他人员对办案人员在讯问、审判中侵犯未成年人合法权益可以提出意见的权利。这一规定赋予了合适成年人监督办案人员的权利,强化了其监督职责。(4)将合适成年人参与的适用范围扩展至询问未成年被害人、证人,加强了

---

① 参见何挺:《"合适成年人"参与未成年人刑事诉讼程序实证研究》,载《中国法学》2012 年第 6 期。

对未成年被害人、证人的保护。

此外,为保障合适成年人参与讯问的实际效果,到场的法定代理人或者其他人员认为办案人员在讯问中侵犯未成年犯罪嫌疑人合法权益的,可以提出意见。讯问笔录还应当交由到场的法定代理人或者其他人员阅读或者向其宣读,并由其在笔录上签字、盖章或者捺指印确认。

(五)附条件不起诉制度

附条件不起诉,也称为缓起诉或暂缓起诉,是指检察机关对某些符合起诉条件的案件,考虑到犯罪嫌疑人的自身状况、公共利益以及刑事政策的需要,设立一定的考验期,要求嫌疑人在一定期限内遵守相应的规定并履行一定的附带义务,考验期满后如果嫌疑人没有出现违反规定和义务的情形,检察机关将不再对其提起公诉;如果嫌疑人出现违反规定或义务的情形,检察机关将对其提起公诉的一项制度。附条件不起诉是检察机关不起诉裁量权的重要表现形式,也是起诉便宜主义的体现,能够实现特殊预防与一般预防相结合的综合预防目的,被一些国家和地区所确立。

我国1979年《刑事诉讼法》规定了法定不起诉和免予起诉,1996年《刑事诉讼法》修改时取消了免予起诉,增加规定了证据不足不起诉和酌定不起诉,给予了检察机关一定的不起诉裁量权,但未规定附条件不起诉。21世纪初以来,在贯彻宽严相继刑事政策的背景下,我国一些地方开始试点探索"附条件不起诉"或"暂缓起诉",尤其是在未成年人或在校学生案件中予以适用。[①] 附条件不起诉或暂缓起诉在实践适用取得良好的效果同时,也导致一些争议,包括是否违反法律规定、是否会导致检察官滥用不起诉裁量权和是否侵犯了法院的审判权,并曾一度因违反法律规定被最高人民检察院叫停。[②]

2012年《刑事诉讼法》修改过程中曾为是否增设附条件不起诉而产生

[①] 例如,2003年1月7日,南京市浦口区检察院对南京某大学2000级计算机系学生王某涉嫌盗窃一案决定暂缓起诉。浦口区检察院审查期间,深入学校了解到该生平时学习良好,还有5个月就将毕业。因一时糊涂,盗窃他人手机,触犯刑律。承办检察官认为该生还有可塑性,有挽救的可能,遂提出对该学生实行"暂缓起诉"考察5个月的意见。参见毛磊:《大学生犯罪率如何降到最低限度》,载《人民日报》2003年4月16日。

[②] 《最高检司改办官员:为何叫停"暂缓起诉"》,载正义网 http://news.jcrb.com/jxsw/201002/t20100201_316773.html,2012年7月10日访问。

争议,最终只是在未成年人刑事案件诉讼程序中确立了附条件不起诉。2012年《刑事诉讼法》用三个条文对未成年人案件适用附条件不起诉的适用条件、决定与救济、考验期间的监督考察以及最终处理作出了相对较为详细和全面的规定,为对未成年人案件适用附条件不起诉提供了明确的法律依据。这些规定主要包括:(1)适用条件。根据2012年《刑事诉讼法》第271条第1款的规定,适用附条件不起诉需要符合三个方面的条件:一是未成年人涉嫌刑法分则第四章、第五章、第六章规定的犯罪;二是可能被判处一年有期徒刑以下刑罚;三是符合起诉条件,但有悔罪表现的。(2)附条件不起诉决定的救济。根据第271条第2款和第3款的规定,人民检察院在作出附条件不起诉的决定以前,应当听取公安机关、被害人的意见;对附条件不起诉的决定,公安机关可以要求复议或提请复核;被害人可以申诉;未成年犯罪嫌疑人及其法定代理人对人民检察院决定附条件不起诉有异议的,人民检察院应当作出起诉的决定。①(3)考验期间的监督考察。根据第272条的规定,在附条件不起诉的考验期内,由人民检察院对被附条件不起诉的未成年犯罪嫌疑人进行监督考察。未成年犯罪嫌疑人的监护人,应当对未成年犯罪嫌疑人加强管教,配合人民检察院做好监督考察工作。人民检察院可以会同未成年犯罪嫌疑人的监护人、所在学校、单位、居住地的村民委员会、居民委员会、未成年人保护组织等的有关人员,定期对未成年犯罪嫌疑人进行考察、教育,实施跟踪帮教。附条件不起诉的考验期为6个月以上1年以下,从人民检察院作出附条件不起诉的决定之日起计算。被附条件不起诉的未成年犯罪嫌疑人,应当遵守下列规定:一是遵守法律法规,服从监督;二是按照考察机关的规定报告自己的活动情况;三是离开所居住的市、县或者迁居,应当报经考察机关批准;四是按照考察机关的要求接受矫治和教育。(4)附条件不起诉的最终处理。根据第273条的规定,附条件不起诉的最终处理包括两种:一是撤销附条件不起诉的决定,提起公诉,即被附条件不起诉的未成年犯罪嫌疑人,在考验期内实施新的犯罪或者发现决定附条件不起诉以前还有其他犯罪需要追诉的;或者违反治安管理规

---

① 根据2014年4月24日全国人民代表大会常务委员会通过的立法解释,人民检察院对未成年犯罪嫌疑人,在作出附条件不起诉的决定以及考验期满作出不起诉的决定以前,应当听取被害人的意见。被害人对人民检察院对未成年犯罪嫌疑人作出的附条件不起诉的决定和不起诉的决定,可以向上一级人民检察院申诉,不能自行向人民法院起诉。这一解释较好地厘清了附条件不起诉与被害人权利之间的关系,有助于保障附条件不起诉制度功能的实现。

定或者考察机关有关附条件不起诉的监督管理规定,情节严重的。二是被附条件不起诉的未成年犯罪嫌疑人,在考验期内没有上述应撤销附条件不起诉情形的,考验期满的,人民检察院应当作出不起诉的决定。

附条件不起诉区别于其他不起诉的核心要素是所附的"条件",即要求被附条件不起诉人在一定期间内履行的附带义务,这种附带义务或条件又不同于《刑事诉讼法》第 272 条第 3 款规定的应当遵守的规定。这一方面《刑事诉讼法》未予明确规定。2012 年《最高检察院规则》对此作出了明确的补充。人民检察院可以要求被附条件不起诉的未成年犯罪嫌疑人完成下列附带义务:(1)完成戒瘾治疗、心理辅导或者其他适当的处遇措施;(2)向社区或者公益团体提供公益劳动;(3)不得进入特定场所,与特定的人员会见或者通信,从事特定的活动;(4)向被害人赔偿损失、赔礼道歉等;(5)接受相关教育;(6)遵守其他保护被害人安全以及预防再犯的禁止性规定。

(六)犯罪记录封存制度

犯罪记录封存是 2012 年《刑事诉讼法》新增的一项未成年人刑事司法制度。根据《刑事诉讼法》第 275 条的规定,犯罪的时候不满 18 周岁的未成年人,被判处 5 年有期徒刑以下刑罚的,应当对相关犯罪记录予以封存。犯罪记录被封存的,不得向任何单位和个人提供,但司法机关为办案需要或者有关单位根据国家规定进行查询的除外。依法进行查询的单位,应当对被封存的犯罪记录的情况予以保密。

犯罪记录是未成年人持续性的污点标签,可能对其再社会化造成消极的影响,甚至可能将其推向社会的对立面,引发再次或更严重的犯罪。对未成年人的犯罪记录在符合一定条件的基础上予以封存、消灭,不予公开是许多国家通行的做法,也为联合国的有关文件所规定。

我国 1979 年和 1996 年《刑事诉讼法》未对未成年人犯罪记录封存制度作出规定。相关法律也只有呼吁性的规定,缺乏明确的、强制性的规定。例如,《预防未成年人犯罪法》第 48 条规定:"依法免予刑事处罚、判处非监禁刑罚、判处刑罚宣告缓刑、假释或者刑罚执行完毕的未成年人,在复学、升学、就业等方面与其他未成年人享有同等权利,任何单位和个人不得歧视。"近年来,在中央深入推进司法体制改革的背景下,中央政法部门出台了一系列有关办理未成年人案件的文件,明确要求建立未成年人刑事记录封存制度。2008 年 12

月,中央政法委《关于司法体制和工作机制改革若干问题的意见》中要求"有条件地建立未成年人轻罪犯罪记录消灭制度";2010年《六机关意见》要求:"对违法和轻微犯罪的未成年人,有条件的地区可以试行行政处罚和轻罪记录消灭制度。非有法定事由,不得公开未成年人的行政处罚记录和被刑事立案、采取刑事强制措施、不起诉或因轻微犯罪被判处刑罚的记录。"同时一些地方司法实务部门也逐步开展了未成年人犯罪记录封存的试点工作。①

2012年《刑事诉讼法》在上述规定和各地探索的基础上,明确规定了未成年人犯罪记录封存制度,并将其适用范围限制在被判处五年有期徒刑以下刑罚的情形。为了保障犯罪记录封存制度的实际执行,有关司法解释还确立了一系列的配套机制:(1)办案机关在办理未成年人案件过程中,应当对涉案未成年人的资料予以保密,不得公开或者传播涉案未成年人的姓名、住所、照片、图像及可能推断出该未成年人的其他资料;(2)对依法公开审理,但可能需要封存犯罪记录的案件,不得组织人员旁听;对依法应当封存犯罪记录的案件,宣判时,不得组织人员旁听;有旁听人员的,应当告知其不得传播案件信息;(3)办案机关应当将拟封存的未成年人犯罪记录、卷宗等相关材料装订成册,加密保存,不予公开,并建立专门的未成年人犯罪档案库,执行严格的保管制度。(4)司法机关或者有关单位需要查询犯罪记录的,应当向封存犯罪记录的办案机关提出书面申请,由该机关审查决定是否允许查询;(5)虽然《刑事诉讼法》只规定了犯罪记录的封存,但从该制度的理念与目的出发,封存同样应当适用于检察机关的各种不起诉决定。

二、当事人和解的公诉案件诉讼程序

(一)概述

当事人和解的公诉案件诉讼程序(以下简称"当事人和解程序")是指

---

① 做法主要有两类,即未成年人轻罪犯罪记录消灭和未成年人相对不起诉污点限制公开。前者是指被法院判决有罪的未成年犯在服刑期满或免除刑罚后,符合特定条件的,由有关机关通过一定形式注销或者封存其有关刑事记录,并在未成年人复学、升学、就业以及担任无法律明文限制的职业时,任何单位和个人不得歧视。后者是指对于由检察院作出相对不起诉决定的未成年人,符合特定条件的,《不起诉决定书》不送达相关学校和单位,不记入其人事档案,非经批准不得对外披露。

在刑事诉讼程序中，犯罪嫌疑人、被告人以真诚悔罪、赔偿损失、赔礼道歉等方式取得被害人谅解且双方达成和解协议后，办案机关在审查和解的自愿性、合法性等内容的基础上，根据案件具体情况作出不起诉、从轻、减轻或免予处罚等宽缓处理的一种案件处理方式。

当事人和解程序的产生源于司法实践的现实需要。我国传统的办理刑事案件方式以确定犯罪者的刑事责任和对犯罪者适用刑罚为核心，在有效打击犯罪、维护社会秩序方面发挥积极作用的同时，也面临诸多问题：案件处理后，原有矛盾难以化解，当事人之间的关系难以修复，有些甚至激化矛盾，酿成更严重的案件；被害人因犯罪所造成的心理创伤难以抚慰，物质损失难以及时弥补；关押场所交叉感染，导致重新犯罪和严重犯罪；办案机关不堪重负等。而且，由于我国人口众多、地域广阔、人口流动性大和社会整体处于转型期等特殊因素的影响，某些问题甚至更为突出。例如，被害人由于难以获得赔偿并消解犯罪对其产生的影响，有些诉诸非常规的手段——上访、申诉甚至私力救济；公检法机关办案人员超负荷处理大量刑事案件而疲于应付，难以保证办案质量。这些都严重影响了刑事司法在维护社会秩序方面的整体效能。自 2005 年前后开始，包括北京、上海、重庆、河北、河南、浙江、江苏、江西、山西、山东、安徽、湖南、云南、海南等诸多省市的公检法机关开始探索运用当事人和解的方式（通常称之为"刑事和解"）办理公诉案件，许多地方还制定了相应的规范性文件。长期的实践探索使当事人和解程序在化解社会矛盾、修复关系、保护被害人权利、教育挽救加害人和节约司法资源等多方面的价值得以充分体现，还暴露了当事人和解在实践中可能遇到的问题，为立法做好了准备。

事实上，在 2012 年《刑事诉讼法》修改之前，中央的有关政策性文件和有关司法解释已经有关于鼓励轻微案件当事人和解的规定。2008 年中央司法体制改革领导小组在《贯彻实施深化司法体制和工作机制改革若干问题的意见》中明确提出，"对刑事自诉案件和其他轻微刑事犯罪案件，探索建立刑事和解制度，并明确其范围和效力"。2010 年最高人民法院《关于贯彻宽严相济刑事政策的若干意见》第 40 条规定："对于可公诉、也可自诉的刑事案件，检察机关提起公诉的，人民法院应当依法进行审理，依法定罪处罚。对民间纠纷引发的轻伤害等轻微刑事案件，诉至法院后当事人自行和解的，应当予以准许并记录在案。人民法院也可以在不违反法律规定的前提下，对此类案件尝试做一些促进和解的工作。"这些规定为 2012 年《刑事诉讼法》增加当事人和解程序提供了铺垫。

基于以上，2012 年《刑事诉讼法》在第五编特别程序中用 3 个条文，以专章的形式规定了当事人和解程序，具体条文如下表：

第五编　特别程序
第二章　当事人和解的公诉案件诉讼程序
第二百七十七条　下列公诉案件，犯罪嫌疑人、被告人真诚悔罪，通过向被害人赔偿损失、赔礼道歉等方式获得被害人谅解，被害人自愿和解的，双方当事人可以和解： （一）因民间纠纷引起，涉嫌刑法分则第四章、第五章规定的犯罪案件，可能判处三年有期徒刑以下刑罚的； （二）除渎职犯罪以外的可能判处七年有期徒刑以下刑罚的过失犯罪案件。 犯罪嫌疑人、被告人在五年以内曾经故意犯罪的，不适用本章规定的程序。
第二百七十八条　双方当事人和解的，公安机关、人民检察院、人民法院应当听取当事人和其他有关人员的意见，对和解的自愿性、合法性进行审查，并主持制作和解协议书。
第二百七十九条　对于达成和解协议的案件，公安机关可以向人民检察院提出从宽处理的建议。人民检察院可以向人民法院提出从宽处罚的建议；对于犯罪情节轻微，不需要判处刑罚的，可以作出不起诉的决定。人民法院可以依法对被告人从宽处罚。

（二）适用刑事和解的条件

根据 2012 年《刑事诉讼法》第 277 条的规定，适用当事人和解程序，应当符合以下两个条件：

第一，犯罪嫌疑人、被告人真诚悔罪。当事人和解并非简单地以赔偿换取宽缓的处理，而是要充分关注加害人回归社会，以及修复当事人之间的关系，应以犯罪嫌疑人、被告人真诚悔罪为必要条件。所谓真诚，是指由衷地、发自内心地，而非在外部各种压力的作用下违背真实意愿认罪悔罪。犯罪嫌疑人、被告人应当在深刻认识到自己所实施行为对被害人所造成的伤害的基础上，对当初实施的行为后悔不已。犯罪嫌疑人、被告人真诚悔罪还需要通过一定的形式表现出来，例如向被害人赔礼道歉、通过各种方式向被害人赔偿损失，弥补被害人及其亲属因犯罪行为所带来的伤害，使被害人走出被害的阴影，恢复之前的正常生活。

第二，犯罪嫌疑人、被告人获得被害人谅解且被害人自愿和解。无论是民事诉讼中的和解，还是刑事诉讼中的和解，和解双方的意愿决定了和解能否达成。刑事案件的特殊情况决定了和解双方表达意愿的特殊方式：犯罪嫌疑人、被告人通过真诚悔罪和赔礼道歉、赔偿损失等方式表达和解的意愿，而被害人则通过是否谅解表达和解意愿。被害人作为犯罪行为的受害方，是和解过程中权利首先需要得到弥补和保障的一方，被害人对于和解的意愿必须得到充分的尊重。因此，被害人谅解犯罪嫌疑人、被告人是和解成功最重要的，也是不可或缺的条件。而且，被害人对犯罪嫌疑人、被告人的谅解也必须是被害人自愿作出的，办案机关、犯罪嫌疑人、被告人及其他任何人都不能采用任何方式强迫被害人表示谅解和愿意和解。除此之外，犯罪嫌疑人、被告人也应当在真诚悔罪的基础上自愿和解。

此外，有关司法解释在上述条件的基础上另行规定了两个条件：

第一，案件事实清楚，证据确实、充分。案件事实清楚，证据确实、充分对适用当事人和解程序提出了事实和证据方面的高要求，即等同于认定有罪的标准。之所以要求案件事实清楚，证据确实、充分，是因为当事人和解的案件需要由人民检察院和人民法院作出最终的处理，包括不起诉和从轻、减轻或免予处罚。基于"以事实为根据、以法律为准绳"的原则，人民检察院和人民法院作出不起诉决定和有罪判决必须建立在案件事实查清的基础之上。同时，只有案件事实查清后才能确定加害人所应当承担的责任，才能进行和解。

第二，属于侵害特定被害人的故意犯罪或者有直接被害人的过失犯罪。2012年《最高检察院规则》第510条明确规定了这一条件。这是对案件主体方面的要求，即双方当事人是确定的，否则无法进行"双方"当事人的协商，也就无法达成"双方"当事人的和解。[①]

案件事实清楚，证据确实、充分这一条件是否要求查清全部案件事实，是一个需要考虑的问题。基于司法实践可知，当事人和解程序的一个重要价值在于降低诉讼成本、节约司法资源，要求在适用当事人和解时必须查清全部案件事实不但没有必要，反而会使一些原本适合的案件因无法查清全

[①] 孙谦主编：《〈人民检察院刑事诉讼规则（试行）〉理解与适用》，中国检察出版社2012年版，第344页。

部案件事实而不能适用和解,影响和解积极效果的发挥。因此,在犯罪嫌疑人、被告人认罪悔罪、被害人陈述以及其他证据能够证明已经发生的涉嫌犯罪的行为确系犯罪嫌疑人、被告人实施,即"案件事实基本查清"或"主要案件事实查清"时,就可以适用当事人和解程序,而没有必要要求查清全部案件事实。

此外,2012年《刑事诉讼法》第277条规定犯罪嫌疑人、被告人可以通过向被害人赔偿损失、赔礼道歉等方式获得被害人谅解,这种对和解内容与方式的规定相对简单,且过于关注经济赔偿,可能导致"以钱赎刑"和"因经济能力不同导致不公平"等对当事人和解程序的误解。在当事人和解的实践中,争议最大的就是当事人和解是否会导致"以钱赎刑"。事实上,"以钱赎刑"是金钱与刑罚的交易,当事人和解和"以钱赎刑"是两个问题,当事人和解建立在加害人真心悔过的基础之上,而不是简单地以经济赔偿换取宽缓处理,因此,对和解内容与方式的规定不应过于关注经济赔偿。而且,过于关注经济赔偿也可能会产生有经济能力的人可以通过和解进行赔偿而获得较为宽缓的处理,而没有经济能力的人由于不能赔偿而不能达成和解进而无法获得宽缓处理的误解。

和解内容与方式应强调实现犯罪嫌疑人、被告人的真诚悔罪和被害人的内心谅解,避免过于重视一次性的经济赔偿。应当强化赔礼道歉的实质性,原则上应要求道歉必须本人、当面和口头进行,只有极特殊的情况下才能采用书面形式或者由他人代为道歉。应当建立多元化、因案制宜、因人制宜的经济赔偿方式。除了一次性履行赔偿和2012年《最高检察院规则》第517条规定的在被害人同意并提供有效担保的情况下分期履行的方式外,还可以尝试劳务补偿、让加害人从事一定公益劳动(部分案件可以由政府和办案机关先行给予被害人经济救助)等方式。国家和社会应当为加害人向被害人支付经济赔偿提供便利,例如为适当的加害人提供无息贷款或者为适当的加害人提供工作的机会以便其通过工作赚取赔偿款等等。应当明确分期付款和劳务补偿方式的可行性。此外,还可以探索社区服务的适用,将社区服务与社区矫正制度紧密衔接,根据案件的具体情况选择最为适当和最为可行的社区服务的方式,通过社区服务消除犯罪的负面影响并促使犯罪嫌疑人、被告人改过。这些有待司法实践的进一步探索。

(三) 适用刑事和解的案件范围

合理划定当事人和解程序适用的案件范围是一个非常重要的问题。如果案件范围过宽，可能影响国家刑罚权的有效实现，不利于打击犯罪和维护社会秩序；如果案件范围过窄，则不利于充分发挥当事人和解程序的价值。2012年《刑事诉讼法》第277条第1款从正反两个方面对当事人和解程序适用的案件范围作出了规定。可以适用的案件包括：

第一，因民间纠纷引发，涉嫌刑法分则第四章规定的"侵犯公民人身权利、民主权利罪"和第五章规定的"侵犯财产罪"，并且可能判处3年有期徒刑以下刑罚的案件。所谓民间纠纷，指的是公民之间有关人身、财产权益、家庭关系和其他日常生活中发生的纠纷。如果因这些民间纠纷引发的案件涉嫌的是刑法分则第四章规定的"侵犯公民人身权利、民主权利罪"和第五章规定的"侵犯财产罪"，并且可能判处的刑罚是3年以下有期徒刑、拘役、管制或者独立适用附加刑，则可以适用当事人和解程序。根据2012年《公安部规定》第323条，下列情形不属于因民间纠纷引起的犯罪案件：(1) 雇凶伤害他人的；(2) 涉及黑社会性质组织犯罪的；(3) 涉及寻衅滋事的；(4) 涉及聚众斗殴的；(5) 多次故意伤害他人身体的；(6) 其他不宜和解的。

第二，除渎职犯罪以外的可能判处7年有期徒刑以下刑罚的过失犯罪案件。与故意犯罪相比，过失犯罪的社会危害性较小，加害人多为无心之失，被害人谅解的可能性也较大。从恢复社会关系、保障被害人权利和促使加害人重新回归社会的角度，应当允许一些造成后果相对严重一些、可能判处的刑罚相对较高的过失犯罪案件适用和解。除刑法分则第九章规定的"渎职罪"以外，可能判处7年有期徒刑以下刑罚的过失犯罪案件也可以适用和解。由于过失犯罪的法定最高刑一般都在7年有期徒刑以下，这一规定实际上已将绝大部分过失犯罪纳入了可以适用的范围。①

此外，2012年《刑事诉讼法》第277条第2款还规定了不得适用当事人

---

① 《刑法》分则规定的过失犯罪可能判处7年有期徒刑以上刑罚的罪名极少。例如，《刑法》第137条规定的"工程重大安全事故罪"和第432条规定的"过失泄露军事秘密罪"。这些罪名本身也不适宜进行刑事和解。

和解的情形：即使犯罪嫌疑人、被告人涉嫌的犯罪属于上述两种情况，但如果犯罪嫌疑人、被告人在5年以内曾经故意犯罪的，则不能适用当事人和解程序。这里所说的"5年内"，指的是犯罪嫌疑人、被告人实施此次涉嫌犯罪的行为之日起前5年内。之所以作出这样的规定，是因为如果犯罪嫌疑人、被告人在5年以内曾故意犯罪，即使此次实施的是非常轻微的犯罪或过失犯罪，其社会危险性也相对较高，不宜通过当事人和解程序从宽处理。

作为一项新规定的且存有争议的特别程序，当事人和解程序在适用之初将适用的案件限制在一个较为严格的范围之内是较为恰当的，能够避免因适用范围不明确或过大可能导致的负面影响。而且，《刑事诉讼法》所规定的案件范围基本已经覆盖了实践中适用当事人和解程序较多且取得良好效果的轻微刑事案件和过失犯罪案件，能够保证这一程序有相当的适用空间。同时，从将来发展的角度来说，现在规定的案件范围也排除了一些在实践中已经有所适用且取得良好效果的案件，包括一些虽然造成较为严重的后果，犯罪嫌疑人、被告人可能被判处3年以上有期徒刑，但其主观恶性不大或者具备其他可宽宥因素的案件，例如故意伤害致人重伤等案件。随着当事人和解程序的适用与经验的积累，刑事诉讼法应当逐步拓宽当事人和解程序适用的案件范围，采用更为弹性的规定，赋予办案人员一定的裁量权，以决定某一案件是否适合适用当事人和解程序。

（四）当事人和解的具体程序

当事人和解程序适用于从立案后到法院作出最终判决的整个刑事诉讼程序。当事人和解程序包括以下几个步骤：

1. 当事人通过协商达成和解

双方和解的主体主要包括犯罪嫌疑人、被告人与被害人。被害人死亡的，其法定代理人、近亲属可以与犯罪嫌疑人和解，被害人系无行为能力或者限制行为能力人的，其法定代理人可以代为和解。犯罪嫌疑人、被告人系限制行为能力人的，其法定代理人可以代为和解，犯罪嫌疑人、被告人在押的，经其同意，法定代理人、近亲属可以代为和解。根据案件情况，办案机关也可以邀请人民调解员、辩护人、诉讼代理人、当事人亲友等参与促成双方当事人和解。

双方当事人协商的内容既应当包括对犯罪与被害情况的交流，也应当包括犯罪嫌疑人、被告人如何通过各种方式来弥补其行为对被害人所造成的伤害及消除对社会的负面影响。双方当事人可以就赔偿损失、赔礼道歉等民事责任事项进行和解，并且可以就被害人及其法定代理人或者近亲属是否要求或者同意公安机关、人民检察院、人民法院对犯罪嫌疑人依法从宽处理进行协商，但不得对案件的事实认定、证据采信、法律适用和定罪量刑等依法属于公安机关、人民检察院、人民法院职权范围的事宜进行协商。当事人达成和解可以采用多种形式：有的案件可以由犯罪嫌疑人、被告人与被害人直接商谈或自行达成和解；有的案件由双方当事人直接接触不合适的，可以由双方的近亲属或聘请的律师先行商谈，之后再由双方当事人会面商谈；有的案件还可以由双方当事人所共同熟悉或信任的第三人或民间调解组织居中调解，例如人民调解委员会、村民委员会、居民委员会、当事人所在单位或者同事、亲友等。

关于办案机关能否及如何具体参与当事人和解，应当区分不同的办案机关。作为刑事诉讼居中裁判者的法院，可以主持双方当事人协商以达成和解。但在刑事诉讼中作为侦控机关的公安机关和检察机关则不应过于积极主动对当事人双方进行调解和主持和解，但也可以根据具体情况进行一些促和的工作。例如，可以建议当事人进行和解，并告知相应的权利义务，向当事人双方转达对方和解的意愿，为当事人双方面对面会谈、沟通创造条件，必要时可以提供法律咨询。

2．办案机关听取当事人和其他有关人员的意见

首先需要听取双方当事人的意见，了解案件发生的前因后果、双方产生和解意愿和达成和解意向的过程，掌握双方当事人对于案件本身和和解过程、内容的态度。公检法机关还应当听取其他有关人员的意见。这里的有关人员应当作广义理解，凡是受到涉嫌犯罪行为影响和与案件处理有关的人员，都可以酌情听取他们的意见。例如，未成年当事人的监护人与法定代理人、双方当事人的亲友及其他支持者（如相应的保护组织代表）、双方当事人所聘请的律师、当地居民委员会或者村民委员会人员以及其他了解案件情况的相关人员等。在审查起诉阶段当事人自行和解的，还需要听取公安机关具体办案人员的意见，在审判阶段和解的，还需要听取检察机关的意

见。需要指出的是,对于一些涉嫌犯罪的行为有较多的间接受害者或对社区整体安全有较大影响的案件,例如在小区内针对不特定对象故意毁坏财物的案件,可以听取受到犯罪间接影响的人和社区代表的意见。受到犯罪间接影响的人和社区代表参与和解过程,对于扩展和解积极效应的影响面、巩固和解的积极效果、提高整个社区的安全感和应对犯罪的能力具有非常重要的作用。

3. 办案机关审查和解的自愿性与合法性

所谓自愿,指的是发自内心的愿意,而非在外部各种压力的作用下愿意。审查当事人达成和解是否自愿应考察当事人达成和解是否受到外部的压力。当然,压力的存在不可避免,因此审查是否自愿的关键不在于考察当事人是否面临压力,而在于考察这种压力是否已经超越其内心的自主意愿成为达成和解的主导因素。所谓合法,指的是犯罪嫌疑人、被告人与被害人之间达成和解的过程与和解的内容应当符合法律的规定。不但和解的内容不得有违反法律规定的事项,而且和解的过程也应当遵循法律规定。

对和解的自愿性、合法性进行审查,应重点针对以下内容:(1)双方当事人是否自愿和解;(2)犯罪嫌疑人是否真诚悔罪,是否向被害人赔礼道歉,经济赔偿数额与其所造成的损害和赔偿能力是否相适应;(3)被害人及其法定代理人或者近亲属是否明确表示对犯罪嫌疑人予以谅解;(4)是否符合法律规定;(5)是否损害国家、集体和社会公共利益或者他人的合法权益;(6)是否符合社会公德。

在刑事诉讼的不同阶段,对前一阶段达成的和解协议,当事人提出异议的,后一阶段的办案机关经审查认为和解自愿、合法的,予以确认;和解不具有自愿性、合法性的,应当认定无效。和解协议被认定无效后,双方当事人可以重新达成和解。

4. 办案机关主持制作和解协议书

经过听取意见和审查,如果认为和解的达成与内容符合自愿、合法的原则,公检法机关应当召集双方当事人,主持制作和解协议书。和解协议书应当包括下列内容:(1)双方当事人的基本情况。(2)案件的主要事实。(3)犯罪嫌疑人、被告人真诚悔罪,承认自己所犯罪行,对犯罪事实没有异议。(4)犯罪嫌疑人、被告人向被害人赔偿损失、赔礼道歉等;赔偿损失的,应当写明赔偿的数额、履行的方式、期限等;提起附带民事诉讼的,有附带民事诉讼原告人撤回附带民事诉讼。(5)被害人及其法定代理人或者近亲属对犯罪嫌疑人予以谅解,自愿和解,并请求或者同意公安机关、人民检察院、人民法院对犯罪嫌疑人依法从宽处理。

和解协议书应由双方当事人签名。同样基于不同办案机关在刑事诉讼中的不同地位,办案人员是否在和解协议上签字亦有所不同:公安人员和检察人员基于其控方地位,不应当在当事人和解协议书上签名,也不加盖办案机关印章;审判人员基于其中立地位,应当在和解协议书上签名,但也不加盖人民法院印章。

5. 和解协议的履行、反悔与无效

和解协议所约定的赔偿损失的内容,一般应当在协议签署后即时履行。在审查起诉阶段,对于拟做不起诉处理的案件,当事人在不起诉决定作出之前反悔的,可以另行达成和解。不能另行达成和解的,人民检察院应当依法作出起诉或者不起诉决定。当事人在不起诉决定作出之后反悔的,人民检察院不撤销原决定,但有证据证明和解违反自愿、合法原则的除外。在法院审理阶段,和解协议已经全部履行,当事人反悔的,人民法院不予支持,但有证据证明和解违反自愿、合法原则的除外。

此外,犯罪嫌疑人、被告人或者其亲友等以暴力、威胁、欺骗或者其他非法方法强迫、引诱被害人和解,或者在协议履行完毕之后威胁、报复被害人的,应当认定和解协议无效。对犯罪嫌疑人、被告人已经作出的宽缓处理应当撤销,并按照法律规定重新进行刑事诉讼程序。

(五) 当事人和解公诉案件的处理

当事人和解程序的一个重要特征是在当事人达成和解后对犯罪嫌疑人、被告人作出相对宽缓的处理。2012 年《刑事诉讼法》第 279 条规定了对于当事人和解案件从宽处理的具体方法,根据达成和解协议的诉讼阶段不同而采用不同的方式:

第一,侦查阶段达成和解协议。在侦查阶段达成和解协议的案件,公安机关可以向人民检察院提出从宽处理的建议。从宽处理的建议包括建议检察机关作出不起诉处理,或建议检察机关向人民法院提出从宽处罚的建议。

需要指出的是,即使是犯罪情节轻微,根据《刑法》规定不需要判处刑罚或免除处罚的案件,当事人达成和解协议后,公安机关也不能直接作出撤销案件的决定,只能向检察机关建议不起诉,由检察机关通过不起诉的方式作出最后的处理。

第二,审查起诉阶段达成和解协议。人民检察院对于公安机关移送审查起诉的案件,可以将双方当事人达成和解协议作为是否需要判处刑罚或者免除刑罚的因素予以考虑,符合法律规定的不起诉条件的,可以决定不起诉。对于依法应当提起公诉的,则向人民法院提起公诉,并提出从宽处罚的量刑建议。对于未成年人犯罪案件,如果既符合本章所规定的当事人和解公诉案件诉讼程序的案件范围,又符合《刑事诉讼法》第271条关于附条件不起诉的案件范围,人民检察院可以根据案件具体情况作出附条件不起诉的决定。此外,检察机关在审查批捕时,双方当事人达成和解协议的,可以作为有无社会危险性或者社会危险性大小的因素予以考虑,经审查认为不需要逮捕的,可以作出不批准逮捕的决定;在审查起诉阶段可以依法变更强制措施。

第三,审判阶段达成和解协议。对达成和解协议的案件,人民法院应当对被告人从轻处罚;符合非监禁刑适用条件的,应当适用非监禁刑;判处法定最低刑仍然过重的,可以减轻处罚;综合全案认为犯罪情节轻微不需要判处刑罚的,可以免除刑事处罚。共同犯罪案件,部分被告人与被害人达成和解协议的,可以依法对该部分被告人从宽处罚,但应当注意全案的量刑平衡。

在2012年《刑事诉讼法》修改之前的司法实践中,大量在侦查阶段和解或审查起诉阶段和解的案件,都通过公安机关直接撤销案件或检察机关退回公安机关撤销案件的方式作出最终的处理。这种处理方式是一种程序倒流,缺乏法律根据,有损法律权威,而且在侦查阶段达成和解后由公安机关自行撤案,也会使和解失去监督,可能导致风险。2012年《刑事诉讼法》明确规定侦查阶段达成和解的案件不需要起诉到法院的必须由检察机关作出相对不起诉的处理,符合了诉讼的规律,有助于避免当事人和解程序的滥用。

三、犯罪嫌疑人、被告人逃匿、死亡案件违法所得的没收程序

（一）概述

犯罪嫌疑人、被告人逃匿、死亡案件违法所得的没收程序（以下简称"违法所得没收程序"），指的是犯罪嫌疑人、被告人在刑事诉讼过程中逃匿或死亡且符合一定的案件范围和条件时，由检察机关向人民法院申请没收其违法所得及其他涉案财产，由人民法院依照法定程序进行审理并作出是否没收裁定的程序。这一程序区别于针对犯罪嫌疑人、被告人的定罪量刑程序，并不以对犯罪嫌疑人、被告人定罪为前提，而是一种相对独立的对物诉讼程序，是区别于刑罚的独立的财产性制裁措施。

如何追回、处理犯罪的违法所得与其他涉案财产在现代社会的重要性与日俱增。对违法所得的有效没收不但能够有力打击犯罪，挽回已有犯罪所造成的经济损失，实现"无人应从犯罪中获益"的法律精神，而且能够斩断犯罪资金链条，兼具社会防卫和预防犯罪之功效。许多国家，尤其是英美法系国家，都在"对人"的刑事诉讼程序中基于定罪的没收之外，发展出独立的"对物"的没收程序，以便在无法或者较长时间内无法对被告人定罪的情况下，及时追缴违法所得。联合国有关国际公约也在吸收各国经验的基础上，肯认并鼓励各国适用这种独立没收程序。《联合国反腐败公约》第54条第1款第3项规定："考虑采取必要的措施，以便在因为犯罪人死亡、潜逃或者缺席而无法对其起诉的情形或者其他有关情形下，能够不经过刑事定罪而没收这类财产。"

我国司法实践中也存在大量因犯罪嫌疑人、被告人逃匿、死亡而不得不中止刑事诉讼程序的情况。按照我国1979年和1996年《刑事诉讼法》所确立的没收违法所得应依附于对被告人定罪量刑的基本思路，对犯罪嫌疑人、被告人逃匿、死亡无法直接没收违法所得与其他涉案财产。尤其是一些腐败犯罪，犯罪嫌疑人、被告人在案发前已经将大量违法所得转移至国外，之后又潜逃至国外，致使大量国有资产流失。而根据国际惯例，通过国际合作

要求其他国家没收这些违法所得并将其转交我国需要有一个前提,即我国法院已经作出一个生效的判决,认定被告人实施了指控的犯罪行为或认定这些财产系违法所得。而根据原来《刑事诉讼法》的规定,我国法院无法在犯罪嫌疑人、被告人逃匿的情况下作出生效判决。这些实践中的问题要求《刑事诉讼法》修正予以解决。

如何及时没收违法所得,尤其是与其他国家开展国际合作追缴犯罪收益要求赋予法院在被告人潜逃或死亡时作出生效裁判的权力。有两种赋予法院这一权力的思路:一是参考大陆法系国家的做法,确立刑事缺席审判制度;二是参考英美法系国家的做法,确立《联合国反腐败公约》所提倡的不经定罪的独立没收程序。由于刑事缺席审判制度涉及面较广,需要建立在被追诉者权利已经获得较大保障的前提之下,并与诉讼模式和诉讼构造等密切相关,我国目前尚不具备确立缺席审判制度的条件,而独立没收程序则更具现实可行性,对于追缴转移至境外的资产效率也更高。而且我国已经签署并批准《联合国反腐败公约》,从条约义务必须履行的角度也有必要确立独立没收程序。

基于以上考虑,2012年《刑事诉讼法》在第五编特别程序中用4个条文,以专章的形式规定了违法所得没收程序,具体条文如下表:

第五编　特别程序
第三章　犯罪嫌疑人、被告人逃匿、死亡案件违法所得的没收程序
第二百八十条　对于贪污贿赂犯罪、恐怖活动犯罪等重大犯罪案件,犯罪嫌疑人、被告人逃匿,在通缉一年后不能到案,或者犯罪嫌疑人、被告人死亡,依照刑法规定应当追缴其违法所得及其他涉案财产的,人民检察院可以向人民法院提出没收违法所得的申请。 公安机关认为有前款规定情形的,应当写出没收违法所得意见书,移送人民检察院。 没收违法所得的申请应当提供与犯罪事实、违法所得相关的证据材料,并列明财产的种类、数量、所在地及查封、扣押、冻结的情况。 人民法院在必要的时候,可以查封、扣押、冻结申请没收的财产。
第二百八十一条　没收违法所得的申请,由犯罪地或者犯罪嫌疑人、被告人居住地的中级人民法院组成合议庭进行审理。 人民法院受理没收违法所得的申请后,应当发出公告。公告期间为六个月。犯罪嫌疑人、被告人的近亲属和其他利害关系人有权申请参加诉讼,也可以委托诉讼代理人参加诉讼。 人民法院在公告期满后对没收违法所得的申请进行审理。利害关系人参加诉讼的,人民法院应当开庭审理。

(续表)

> 第二百八十二条 人民法院经审理，对经查证属于违法所得及其他涉案财产，除依法返还被害人的以外，应当裁定予以没收；对不属于应当追缴的财产的，应当裁定驳回申请，解除查封、扣押、冻结措施。
> 对于人民法院依照前款规定作出的裁定，犯罪嫌疑人、被告人的近亲属和其他利害关系人或者人民检察院可以提出上诉、抗诉。
>
> 第二百八十三条 在审理过程中，在逃的犯罪嫌疑人、被告人自动投案或者被抓获的，人民法院应当终止审理。
> 没收犯罪嫌疑人、被告人财产确有错误的，应当予以返还、赔偿。

（二）适用的情形

2012年《刑事诉讼法》第280条第1款规定了违法所得没收程序适用的两种情形：

一是犯罪嫌疑人、被告人实施了贪污贿赂犯罪、恐怖活动犯罪等重大犯罪后逃匿，在通缉1年后不能到案的，依照《刑法》规定应当追缴违法所得及其他涉案财产的。所谓重大犯罪，是指以下三种情形：(1) 犯罪嫌疑人、被告人可能被判处无期徒刑以上刑罚的；(2) 案件在本省、自治区、直辖市或者全国范围内有较大影响的；(3) 其他重大犯罪案件。

二是犯罪嫌疑人、被告人在刑事诉讼过程中死亡，依照《刑法》规定应当追缴违法所得及其他涉案财产的。即根据已经收集的证据能够明确认定犯罪嫌疑人、被告人已经死亡的。按照我国《刑事诉讼法》的规定，犯罪嫌疑人、被告人死亡时，无论其是否实施犯罪，都不再追究其刑事责任，应当终结刑事诉讼程序。如果存在应当追缴违法所得及其他涉案财产情形的，可以启动违法所得没收程序没收相关财产。

之所以严格限制适用的情形，主要基于以下两个方面的考虑：一方面，这一没收程序主要是为了解决在无法或者较长时间内无法对被告人定罪的情况下，如何及时追缴赃款赃物的问题，其对被追诉方权利的保障不如普通刑事程序充分，因此应严格限制适用范围，仅限于一些追缴违法所得具有紧迫性的重大犯罪；另一方面，这一没收程序独立于定罪量刑程序，与我国传统的先定罪量刑再处理赃款赃物的方法在理念上和具体操作上均有重大区别，不宜过分扩张适用范围，而应在较小范围内适用并摸索经验后逐步扩展其范围。

(三) 可以没收的财产范围

2012年《刑事诉讼法》第280条第1款规定了违法所得没收程序可以没收的财产范围,包括两个方面:一是违法所得,指的是通过被追诉的违法犯罪行为所直接或间接获得的一切财物及其孳息;二是其他涉案财产,包括犯罪嫌疑人、被告人非法持有的违禁品、供犯罪所用的本人财物。犯罪嫌疑人、被告人及其亲属所有的合法财产不得纳入没收的范围。

需要说明的是,与国际公约通用的"犯罪收益"这一表述相比,2012年《刑事诉讼法》所规定的"违法所得及其他涉案财产"在表述上有一定差别,但其实质内容则是一致的,之所以采用这一表述,主要是考虑到《刑法》第64条规定的"违法所得的一切财物"相协调。

(四) 没收违法所得的申请

虽然违法所得没收程序独立于对被告人的定罪量刑程序,但其仍具有基本的诉讼构造,遵循控审分离、不告不理的基本原则,需要由专门机关提出申请,法院不得主动启动。2012年《刑事诉讼法》第280条规定,由人民检察院通过向人民法院提出没收违法所得的申请从而启动这一程序。除检察机关外,任何机关及个人均不得申请启动这一没收程序。相关犯罪的被害人或其他权利人需要申请没收违法所得的,则需要申请检察机关向法院提出申请。公安机关在侦查中遇有恐怖活动犯罪等重大犯罪案件犯罪嫌疑人、被告人逃匿且在通缉1年后不能到案,或者犯罪嫌疑人、被告人死亡的情形时,不能直接向人民法院申请启动没收程序,而需要出具没收违法所得意见书并移送相关证据材料,由人民检察院向人民法院申请启动没收程序。

2012年《刑事诉讼法》第280条第3款规定了人民检察院向人民法院申请启动没收程序时需要提供的材料,这些材料应包括以下内容:(1) 犯罪嫌疑人、被告人的基本情况。(2) 犯罪嫌疑人、被告人的犯罪事实。有犯罪事实或重大犯罪嫌疑是启动没收程序的前提。(3) 申请没收的财产数量与种类。由于这一没收程序并不以定罪为前提,程序保障相对较弱,为防止公民合法的财产权利受到侵犯,人民检察院申请没收的财产必须具有明确的针对性,清晰列明申请没收财物的具体数量与种类,而不能仅确定一个大概的范围。(4)申请没收财产的所在地。现代社会犯罪和财产的流动性导致违法所得及其他涉案财产并不一定处于犯罪地或犯罪嫌疑人、被告人居住地,检察机关提出的申请需说明申请没收财产的具体所在,以便法院采取查封、扣押、冻结等临时性的保全措施以及最终没收。(5)申请没收财产的查封、扣押、冻结情况。检察机关还需在申请中说明这些财产的查封、扣押和冻结的情况,以清楚告知法院这些财物的现状,避免重复采取保全措施。这里的查封、扣押和冻结包含所有已经在这些财产上适用的保全措施,既包括刑事诉讼中适用的,也包括民事诉讼中适用的保全措施和其他行政上的保全措施。(6)提出违法所得没收申请的理由与依据。只有犯罪嫌疑人、被告人通过犯罪行为所获得的违法所得以及其他涉案财产才能申请没收,检察机关应当提供相应的证据材料,证明申请没收的财产系犯罪嫌疑人、被告人通过犯罪行为非法所得或者系其他与案件密切相关的财物。如果检察机关未能提供证据材料证明,则法院可以不受理这一没收申请。(7)已知的犯罪嫌疑人、被告人的近亲属和其他利害关系人的姓名、住址、联系方式及其要求等情况。

违法所得没收程序虽然是一种特别程序,但也需要遵循不告不理、控审分离的基本诉讼原理,2012年《刑事诉讼法》规定违法所得没收程序统一由检察机关向人民法院提出申请,符合了这一诉讼原理,与我国检察机关维护公共利益和法律监督机关的地位相吻合。同时,由于检察机关是贪污贿赂犯罪的侦查机关,检察机关在侦查过程中易于发现是否存在需要申请没收的情形,由检察机关申请法院没收也较为符合办案实践。

(五)没收违法所得的审判

1. 审判管辖与审判组织

审判管辖包括级别管辖和地区管辖两个方面。(1)级别管辖。违法所得没收程序一律由中级人民法院管辖。这主要是考虑到违法所得没收程序是一种新确立的特别程序,需要由级别较高、业务能力相对较强的法院进行审理。与中级人民法院管辖相适应,违法所得没收程序必须组成合议庭进行审理。(2)地区管辖。违法所得没收程序由犯罪地或者犯罪嫌疑人、被告人居住地法院管辖。所谓犯罪地，是指犯罪行为发生地。以非法占有为目的的财产犯罪，犯罪地包括犯罪行为发生地和犯罪分子实际取得财产的犯罪结果发生地。

违法所得没收程序由中级人民法院管辖较为适宜，而在地区管辖方面除犯罪地或者犯罪嫌疑人、被告人居住地法院管辖外，还应确立财产所在地法院的管辖权。现代社会财产流动性大幅提升，财产所在地可能与犯罪地或犯罪嫌疑人、被告人居住地不尽相同，由犯罪地或犯罪嫌疑人、被告人居住地法院对财产进行查封、扣押、冻结以至最后的没收可能有相当的难度而难以执行，理应确立财产所在地法院的管辖权。

2. 审理程序

人民检察院提起没收违法所得的申请并获得人民法院受理后，人民法院应当在15日内发出公告。公告的目的在于告知犯罪嫌疑人、被告人的近亲属和潜在的、尚未知晓的可能与申请没收的财产有利害关系的单位或个人，人民法院即将开始对人民检察院没收申请的审理，其可以申请参加审理程序和准备相应的证据资料以维护自己的合法权益。公告期间为6个月，在公告期内，为防止财产流失，人民法院可以采取查封、扣押和冻结等保全措施。之所以规定长达6个月的公告期间，主要是为了保障利害相关人的合法权益，保证其有更充裕的时间和渠道获知这一情况。同样，公告内容和具体方式也应以保障利害相关人的合法权益为出发点。公告的内容包括：(1)案由；(2)犯罪嫌疑人、被告人通缉在逃或者死亡等基本情况；(3)申请没收财产的种类、数量、所在地；(4)犯罪嫌疑人、被告人的近亲属和其他利害关系人申请参加诉讼的期限、方式；(5)应当公告的其他情况。公告的方式应尽量覆盖更广的范围，以利于利害关系人了解信息。公告应当在全国公开发行的报纸或者人民法院的官方网站刊登，并在人民法院公告栏张贴、发布；必要时，可以在犯罪地、犯罪嫌疑人、被告人居住地、申请没收的不动产所在地张贴、发布。人民法院已经掌握犯罪嫌疑人、被告人的近亲属和其他利害关系人的联系方式的，应当采取电话、传真、邮件等方式直接告知其公告内容。在公告期满之前，犯罪嫌疑人、被告人的近亲属和其他利害关系人可以申请参加对没收申请的审理，也可以委托律师、亲友等担任诉讼代理人参加诉讼。犯罪嫌疑人、被告人的近亲属应当提供其与犯罪嫌疑人、被告人关系的证明材料,其他利害关系人应当提供申请没收的财产系其所有的证据材料。从更好的保障权利出发,即使犯罪嫌疑人、被告人的近亲属和其他利害关系人在公告期满后申请参加诉讼,如果能够合理说明原因并提供证明申请没收的财产系其所有的证据材料的,人民法院也应当准许。

公告期满后,人民法院应当对人民检察院提起的没收违法所得的申请进行审理。审理可以采用两种形式:

一是开庭审理。如果有利害关系人参加法庭审理的,则法庭审理形成了控辩审三方结构,应当在合议庭的主持下,在检察官、利害关系人及其他诉讼参与人,例如证人等参与下,严格按照庭审程序进行审理,由检察机关承担举证责任。在法庭调查阶段,应当依次就犯罪嫌疑人、被告人是否实施了贪污贿赂犯罪、恐怖活动犯罪等重大犯罪并已经通缉1年不能到案,或者是否已经死亡,以及申请没收的财产是否依法应当追缴进行调查;调查时,先由检察员出示有关证据,后由利害关系人发表意见、出示有关证据,并进行质证。在法庭辩论阶段,先由检察员发言,后由利害关系人及其诉讼代理人发言,并进行辩论。

二是不开庭审理。如果没有利害关系人参加法庭审理,无法形成控辩对抗、裁判居中的诉讼结构,合议庭将主要在审查检察机关提供的证据材料的基础上作出裁定。当然,不开庭审理并不等同于完全的书面审理,合议庭可以根据案件具体情况传唤证人等核实情况。利害关系人接到通知后无正当理由拒不到庭,或者未经法庭许可中途退庭的,也可以转为不开庭审理,但如果还有其他利害关系人参加诉讼则应继续开庭审理。

人民法院在审理过程中,对检察机关提供的能够证明申请没收的财产系违法所得或者其他涉案财物的证据、犯罪嫌疑人、被告人的近亲属或其他利害关系人提供的证明该财产系合法所得的证据进行审查,按照下列情形分别作出裁定:(1)案件事实清楚,证据确实、充分,申请没收的财产确属违法所得及其他涉案财产的,除依法返还被害人的以外,应当裁定没收;(2)不符合刑事诉讼法规定的没收条件的,应当裁定驳回申请。

根据域外通例和诉讼理论,独立没收程序更多参照民事诉讼的证明标准和证据规则执行。如果控方的证据能够以"优势证据"的证明标准证明该财产系违法所得及其他涉案财产,则合议庭应作出没收裁定,没收除应依法返还被害人以外的违法所得和其他涉案财产;如果控方的证据不能以"优势证据"的证明标准证明该财产系违法所得及其他涉案财产,则合议庭应裁定驳回检察机关的没收申请,并裁定解除对该财产的查封、扣押和冻结等保全措施,并立即执行。同时,由于这一审理程序实质上审理的是民事上的财产权利归属,没有必要适用严格的刑事证据规则,可以参考适用相对宽松的民事证据规则。我国违法所得没收程序在证明标准仍然采用的是"案件事实清楚,证据确实、充分"的定罪标准,其是否适当需要等待司法实践的检验。

3. 对一审裁定的上诉与抗诉

一审裁定作出后,犯罪嫌疑人、被告人的近亲属和其他利害关系人或者人民检察院可以在5日内提出上诉、抗诉。第二审法院经过审理,应当按照不同情形分别作出裁定:(1)原裁定正确的,应当驳回上诉或者抗诉,维持原裁定;(2)原裁定确有错误的,可以在查清事实后改变原裁定;也可以撤销原裁定,发回重新审判;(3)原审违反法定诉讼程序,可能影响公正审判的,应当撤销原裁定,发回重新审判。

(六)终止审理

较为理想的追缴违法所得的程序是在确定被告人刑事责任的基础上再行没收,这样的没收受到严格的刑事程序和证据规则的保障,并建立在已经判定被告人实施犯罪行为的基础上。2012年《刑事诉讼法》确立违法所得没收这一特殊程序的主要目的在于解决犯罪嫌疑人、被告人死亡或长期不能到案时违法所得如何追缴的问题。如果在审理过程中,在逃的犯罪嫌疑人、被告人自行投案或者被抓获,就应当进行对犯罪嫌疑人、被告人定罪量刑的普通刑事诉讼程序,并在追究犯罪嫌疑人、被告人的刑事责任的同时,附带处理犯罪所得与其他涉案财产。实务操作中,人民法院应当裁定终止审理。人民检察院向原受理申请的人民法院提起公诉的,可以由同一审判组织审理。

(七)错误没收的纠正、返还与赔偿

违法所得没收程序在犯罪嫌疑人、被告人不到场的情况下处置与其相关的财产权属,存在错误认定的可能性。而且,在违法所得没收程序中,法官受当时可以获得的证据所限,作出与事实不符的认定也应当是允许的。

下列情况应当被认为属于错误没收:(1)犯罪嫌疑人、被告人归案后,经审理认为其行为未构成犯罪,之前没收的财产不能被认定为违法所得;(2)没收裁定作出并执行后,之前未知的财产的利害关系人对被没收的财产主张权利并提供了相应的证据,经审理后认定没收财产系利害关系人的合法财产;(3)没收的财产中包括了犯罪嫌疑人、被告人的合法财产;(4)没收的财产中包括了犯罪嫌疑人、被告人近亲属的合法财产。此外,由于之前的错误没收建立在法院生效裁决的基础上,要认定其错误需要重新审理,由另一个由法院作出的生效裁决推翻之前的生效裁决。

实务操作中有两种纠正错误没收裁定的方式:(1)没收违法所得裁定生效后,犯罪嫌疑人、被告人到案并对没收裁定提出异议,人民检察院向原作出裁定的人民法院提起公诉的,通过另行审判予以纠正。另行审判可以由同一审判组织审理。审理后应当按照下列情形分别处理:一是原裁定正确的,予以维持,不再对涉案财产作出判决;二是原裁定确有错误的,应当撤销原裁定,并在判决中对有关涉案财产一并作出处理。(2)按照审判监督程序予以纠正。最高人民检察院、省级人民检察院认为下级人民法院按照违法所得没收程序所作的已经发生法律效力的裁定确有错误的,应当按照审判监督程序向同级人民法院提出抗诉。人民法院也可以主动提起审判监督程序。

错误没收被认定后,已经没收的财产,应当及时返还;财产已经上缴国库的,由原没收机关从财政机关申请退库,予以返还;原物已经出卖、拍卖的,应当退还价款;造成犯罪嫌疑人、被告人以及利害关系人财产损失的,应当依法赔偿。

四、依法不负刑事责任的精神病人的强制医疗程序

(一)概述

依法不负刑事责任的精神病人的强制医疗程序(以下简称"强制医疗程序"),是指公安司法机关对不负刑事责任但具有社会危险性的精神病人决

定采取强制治疗措施的特别诉讼程序。不同于确定被告人是否承担及如何承担刑事责任的普通刑事诉讼程序,强制医疗程序的目的在于,在查清被告人是否有危害社会的行为和是否有精神病的基础上,根据被告人的人身危险性程度确定是否对其采取强制医疗的措施。

基于道义责任理论,精神病人对在其不能认识或控制自己行为时实施的危害社会的行为不承担刑事责任是世界各国的通例。但是,将患有严重精神疾病列为免除刑事责任的理由仅仅解决了是否追究精神病人刑事责任的问题,精神病人已经实施的行为对社会所造成的危害已经存在。更为重要的是,如果在导致精神病人实施危害行为的精神障碍并未消除的情况下,不对其采取监护、看管和治疗措施而将其放归社会,就有可能对社会造成新的危害。对于精神正常的犯罪人通过采取监禁刑等刑罚能够避免其再次实施危害社会的行为,对于精神病人而言,在其不承担刑事责任进而不能对其适用刑罚的前提下,确有必要发展其他性质的处遇措施,以避免其再次实施危害社会的行为。

针对这一问题,一种选择就是在决定犯罪嫌疑人、被告人因患有精神疾病而不追究其刑事责任的同时,由国家决定并提供强制性的医疗措施。这种强制性的医疗措施不但有助于医治精神疾病,而且可以对精神病人进行有效的监护和看管,避免发生危害社会的行为,因而被视为一种特殊的社会防卫措施,这也是许多国家的立法通例。例如,《德国刑法典》第63条规定:"当行为人在无刑事责任能力或限制刑事责任能力的状态下实施不法行为时,如果对行为人及其所犯罪行的评估表明,在目前状态下,行为人可能实施更严重的不法行为而对公众造成威胁,法院应当判令将其收容于精神病院。"同时,由于这种强制性的医疗措施涉及精神病人的人身自由等基本权利,强制性的医疗决定需要由中立的法官作出,并遵循正当程序的基本要求。因此,许多国家都将其作为刑事诉讼的一种特别程序在刑事诉讼法典中予以明确规定,并通过精细的程序设计来保障强制性医疗决定的公正合理。例如,《德国刑事诉讼法典》在第六编"特别种类程序"中专章规定了"保安处分程序";《俄罗斯刑事诉讼法典》第51章专章规定了"适用医疗性强制措施的诉讼程序"。

在我国,精神病人实施危害社会的行为已经成为我国社会治安中不可忽视的问题。根据中国疾病预防控制中心精神卫生中心在2009年公布的数据,我国各类精神疾病患者人数在1亿人以上。① 而重性精神病患者全国有1600万名,10%的人有潜在肇事肇祸倾向,可只有2%的人能吃药治疗,住院治疗人数不超过10%。也就是说,近157万名有潜在肇事肇祸倾向的重性精神病患者处于无医无药无治疗的状态。② 针对这种情况,我国相关法律也对强制医疗作出了初步的规定。《刑法》第18条第1款规定:"精神病人在不能辨认或者不能控制自己行为的时候造成危害结果,经法定程序鉴定确认的,不负刑事责任,但是应当责令他的家属或者监护人严加看管和医疗;在必要的时候,由政府强制医疗。"《人民警察法》第14条规定:"公安机关的人民警察对严重危害公共安全或者他人人身安全的精神病人,可以采取保护性约束措施。需要送往指定的单位、场所加以监护的,应当报请县级以上人民政府公安机关批准,并及时通知其监护人。"但是,这些有关强制医疗的规定主要体现的是实体问题,相对比较粗疏,行政性较强,缺乏相应的保障与制约机制,未能体现正当程序的要求。在司法实践中,存在一些随意决定强制医疗、严重侵犯公民基本权利的情况。例如,近些年来,各地曝光了多起"被精神病"的案例。③

1979年《刑事诉讼法》和1996年《刑事诉讼法》均未对强制医疗程序作出规定。上述情况要求《刑事诉讼法》尽快明确规定强制医疗的具体程序,以在通过强制医疗保证精神病人不致再危害社会的同时,保护精神病人及其他普通公民的宪法权利不受侵犯。事实上,早在1996年《刑事诉讼法》修改之前,学者们就意识到明确强制医疗程序的重要性,因而建议在《刑事诉讼法》修改时将"强制性医疗程序"作为《刑事诉讼法》的附件予以规定。④

2012年《刑事诉讼法》在第五编特别程序中用6个条文,以专章的形式规定了强制医疗程序,即对实施暴力行为危害公共安全或者严重危害公民人身安全,依法不负刑事责任,有继续危害社会可能的精神病人,由人民检

---

① 李妍:《我们的病人》,载《中国经济周刊》2011年第28期。
② 李丽:《中国90%重度精神病人散居社会》,载《中国青年报》2011年11月07日。
③ 黄晨:《近年"被精神病"的八个著名案例》,载财新网 http://www.caing.com/2011-06-23/100272251.html,2012年3月1日访问。
④ 参见陈光中、严端主编:《中华人民共和国刑事诉讼法修改建议稿与论证》,中国方正出版社1999年版,第79—81页。

察院向人民法院提出强制医疗的申请。具体条文如下表：

第五编　特别程序
第四章　依法不负刑事责任的精神病人的强制医疗程序
第二百八十四条　实施暴力行为,危害公共安全或者严重危害公民人身安全,经法定程序鉴定依法不负刑事责任的精神病人,有继续危害社会可能的,可以予以强制医疗。
第二百八十五条　根据本章规定对精神病人强制医疗的,由人民法院决定。 公安机关发现精神病人符合强制医疗条件的,应当写出强制医疗意见书,移送人民检察院。对于公安机关移送的或者在审查起诉过程中发现的精神病人符合强制医疗条件的,人民检察院应当向人民法院提出强制医疗的申请。人民法院在审理案件过程中发现被告人符合强制医疗条件的,可以作出强制医疗的决定。 对实施暴力行为的精神病人,在人民法院决定强制医疗前,公安机关可以采取临时的保护性约束措施。
第二百八十六条　人民法院受理强制医疗的申请后,应当组成合议庭进行审理。 人民法院审理强制医疗案件,应当通知被申请人或者被告人的法定代理人到场。被申请人或者被告人没有委托诉讼代理人的,人民法院应当通知法律援助机构指派律师为其提供法律帮助。
第二百八十七条　人民法院经审理,对于被申请人或者被告人符合强制医疗条件的,应当在一个月以内作出强制医疗的决定。 被决定强制医疗的人、被害人及其法定代理人、近亲属对强制医疗决定不服的,可以向上一级人民法院申请复议。
第二百八十八条　强制医疗机构应当定期对被强制医疗的人进行诊断评估。对于已不具有人身危险性,不需要继续强制医疗的,应当及时提出解除意见,报决定强制医疗的人民法院批准。 被强制医疗的人及其近亲属有权申请解除强制医疗。
第二百八十九条　人民检察院对强制医疗的决定和执行实行监督。

（二）强制医疗的适用情形

根据2012年《刑事诉讼法》第284条规定,适用强制医疗需要同时具备以下几个条件：

（1）精神病人已经实施了危害公共安全或者严重危害公民人身安全的暴力行为。一方面,精神病人已经实施了暴力行为。暴力行为一般是指以人身、财产为侵害目标,采取暴力手段,直接危及人的生命、健康、自由与财产的一种行为。另一方面,该暴力行为必须危害了公共安全或者严重危害公民人身安全。"公共安全"是指多人或不特定人的生命、健康和公私财产的安全,"公民人身安全"是指个人的人身安全,前者不要求危害的程度,而后者又必须达到"严重"的程度。精神病人实施的暴力行为的社会危害性应当已经达到犯罪的程序,即这些行为本身应当被认定为犯罪行为。

(2)精神病人经法定程序鉴定依法不负刑事责任。这与《刑法》第18条第1款规定的"精神病人在不能辨认或者不能控制自己行为的时候造成危害结果,经法定程序鉴定确认的,不负刑事责任"是一致的。一方面,必须是依法不负刑事责任的精神病人,而不是应当承担刑事责任的精神病人。根据《刑法》第18条第2款、第3款的规定,间歇性的精神病人在精神正常的时候犯罪以及尚未完全丧失辨认或者控制自己行为能力的精神病人犯罪,都应当负刑事责任。另一方面,必须经法定程序鉴定。该鉴定程序是适用强制医疗程序的重要条件。1998年,卫生部出台了《精神疾病司法鉴定管理办法》,该办法对精神疾病的鉴定程序作了明确规定。

(3)精神病人有继续危害社会的可能性,即精神病人具有人身危险性。人身危险性是指精神病人可能继续从事危害社会的行为,对他人和社会具有潜在的危险性,可能造成新的危害。在适用强制医疗的三个条件中,第一个条件依据精神病人已经实施的行为得出结论,第二个条件则基于专业人员的鉴定意见得出结论,这两个方面都是对已经发生事项的判断,而人身危险性条件则需要对精神病人将来可能实施的行为作出推测。从某种意义上来说,人身危险性条件是决定是否适用强制医疗过程中最重要也是最难作出判断的条件。如何分析、评估和判断精神病人的人身危险性,需要由专业人员进行并遵循规范的操作方法。"对精神病人的人身危险性的判断,是一个专业性很强的活动,主要依据鉴定人对被申请人所作的精神病鉴定,在某种程序上讲,不是一个法律问题而是一个医学问题。"[①]鉴于这一问题的重要性,人民检察院向人民法院提出强制医疗申请时需要在申请书中专门写明"涉案精神病人继续危害社会的可能",在开庭审理过程中也有专门的环节对是否有继续危害社会的可能性进行调查和辩论。

2012年《刑事诉讼法》通过上述三个条件界定强制医疗的适用范围是

[①] 孙谦主编:《〈人民检察院刑事诉讼规则(试行)〉理解与适用》,中国检察出版社2012年版,第372页。

较为合适的,但从立法技术上来说,强制医疗的适用情形更适宜由实体法作出规定。强制医疗是社会的特殊防卫措施,是一种实体上的处分,而不是程序上的措施,其适用的范围和情形应当由实体法作出规定。考察域外国家的立法例,有关强制医疗的法律通常分为两个部分:刑事实体法规定的是适用强制医疗措施的范围和条件;刑事程序法则规定如何决定适用强制医疗措施的程序。例如,德国《刑法典》和《刑事诉讼法典》分别规定了上述两个方面的内容。由刑事诉讼法规定强制医疗的适用情形可能导致对强制医疗措施性质的错误界定。基于以上,可以在下次修订《刑法》时,在《刑法》第18条作出相同的规定,厘清强制医疗措施的属性。

(三)强制医疗程序的启动和管辖

根据2012年《刑事诉讼法》第285条的规定,强制医疗程序的启动有两种方式:

一是检察机关向人民法院提出强制医疗的申请。公安机关发现精神病人符合强制医疗条件的,应当写出强制医疗意见书,移送人民检察院。对于公安机关移送的或者在审查起诉过程中发现的精神病人符合强制医疗条件的,人民检察院应当向人民法院提出强制医疗的申请。在人民法院决定强制医疗前,公安机关可以采取临时保护性约束措施。

二是人民法院主动作出强制医疗的决定。人民法院在审理案件过程中发现被告人符合强制医疗条件的,可以直接作出强制医疗的决定,无需申请。

无论是采用哪种方式启动强制医疗程序,2012年《刑事诉讼法》第285条第1款明确规定,"根据本章规定对精神病人强制医疗的,由人民法院决定",即在决定是否适用强制医疗方面,法院独享最终的决定权。在管辖方面,强制医疗申请一般由被申请人实施暴力行为所在地的基层人民法院管辖,由被申请人居住地的人民法院管辖更为适宜的,可以由被申请人居住地的基层人民法院管辖,强制医疗申请也应当由相应的人民检察院提起。

与之前的由公安机关或其他政府部门等行政机关单方面决定强制医疗相比,2012年《刑事诉讼法》所确立的由检察机关申请并由人民法院决定或由人民法院直接决定的程序体现了诉讼化改造的倾向,能够更好地保障最终决定作出的公正合理,但在启动主体上存在范围过窄的问题。根据2012年《刑事诉讼法》的规定,强制医疗程序只有检察机关和人民法院可以启动,未赋予其他利益相关人申请启动强制医疗程序的权利,例如精神病人的监护人、法定代理人及被害人等。理论上分析,启动强制医疗程序并非为了追究被告人的刑事责任,而是为了更为公正、合理地决定适用强制医疗措施,不存在严格意义上的控方与辩方,也不应该由国家机关垄断启动权,应当赋予与强制医疗有直接关系的人员以启动这一程序的权利。精神病人的监护人与法定代理人对精神病人的情况更为了解,其申请对精神病人强制医疗可能是基于对精神病人本身权益保护和防止对他人和社会产生危害的两方面考虑。被害人已经遭受了精神病人的暴力伤害,从防止本人和社会受到再次侵害的立场出发,也应当有申请启动强制医疗程序的权利。对于这一问题,在2012年《刑事诉讼法》再次修改明确赋予精神病人的监护人、法定代理人和被害人申请启动强制医疗程序的权利之前,可以通过司法解释赋予他们向检察机关和人民法院请求启动强制医疗程序的权利这一方法予以弥补。

(四)强制医疗程序的审理

2012年《刑事诉讼法》第286条和287条对强制医疗程序的审理作了原则性的规定,相关司法解释进行了补充和细化,主要包括以下内容:

1. 审判组织

对于检察机关的强制医疗申请,人民法院应当组成合议庭进行审理。

2. 被申请人或者被告人的法定代理人到场和法律援助制度

人民法院审理强制医疗案件,应当通知被申请人或者被告人的法定代理人到场。"被申请人"指的是由检察机关向人民法院提出强制医疗申请的案件中的称谓;"被告人"指的是人民法院审理案件过程中发现被告人符合强制医疗条件可能直接作出强制医疗决定的案件中的称谓。被申请人或者被告人没有委托诉讼代理人的,人民法院应当通知法律援助机构指派律师为其提供法律帮助,即只要是被申请人或者被告人没有委托诉讼代理人的,人民法院就必须通知法律援助机构指派律师提供法律帮助。

3. 审理形式

审理强制医疗案件,应当开庭审理,但被申请人、被告人的法定代理人请求不开庭审理,并经人民法院审查同意的除外。审理人民检察院申请强制医疗的案件,应当会见被申请人。开庭审理基本等同于普通刑事案件的一审程序,审判长宣布法庭调查开始后,先由检察员宣读申请书,后由被申请人的法定代理人、诉讼代理人发表意见,之后依次进入法庭调查阶段和法庭辩论阶段。法庭调查阶段,依次就被申请人是否实施了危害公共安全或者严重危害公民人身安全的暴力行为、是否属于依法不负刑事责任的精神病人、是否有继续危害社会的可能进行调查;调查时,先由检察员出示有关证据,后由被申请人的法定代理人、诉讼代理人发表意见、出示有关证据,并进行质证。法庭辩论阶段,先由检察员发言,后由被申请人的法定代理人、诉讼代理人发言,并进行辩论。被申请人要求出庭,人民法院经审查其身体和精神状态,认为可以出庭的,应当准许。出庭的被申请人,在法庭调查、辩论阶段,可以发表意见。检察员宣读申请书后,被申请人的法定代理人、诉讼代理人无异议的,法庭调查可以简化。

4. 审理结果

对于人民检察院提出申请的案件,区分情况作出如下结果:(1)符合强制医疗条件的,应当作出对被申请人强制医疗的决定。(2)被申请人属于依法不负刑事责任的精神病人,但不符合强制医疗条件的,应当作出驳回强制医疗申请的决定;被申请人已经造成危害结果的,应当同时责令其家属或者监护人严加看管和医疗。(3)被申请人具有完全或者部分刑事责任能力,依法应当追究刑事责任的,应当作出驳回强制医疗申请的决定,并退回人民检察院依法处理。

对于人民法院在审理案件过程中发现可能存在符合强制医疗条件案件而主动启动强制医疗程序的,区别情况作出如下处理:(1)被告人符合强制医疗条件的,应当判决宣告被告人不负刑事责任,同时作出对被告人强制医疗的决定。(2)被告人属于依法不负刑事责任的精神病人,但不符合强制医疗条件的,应当判决宣告被告人无罪或者不负刑事责任;被告人已经造成危害结果的,同时责令其家属或者监护人严加看管和医疗。(3)被告人具有完全或者部分刑事责任能力,依法应当追究刑事责任的,应当依照普通程序继续审理。

5. 申请复议

在强制医疗案件中,只要是被决定强制医疗的人、被害人及其法定代理人、近亲属对强制医疗决定不服的,都可以自收到决定书之日起5日内向作出强制医疗决定法院的上一级人民法院申请复议以寻求救济。上一级人民法院同样需要组成合议庭进行审理,并区分情形分别作出复议决定:(1)被决定强制医疗的人符合强制医疗条件的,应当驳回复议申请,维持原决定;(2)被决定强制医疗的人不符合强制医疗条件的,应当撤销原决定;(3)原审违反法定诉讼程序,可能影响公正审判的,应当撤销原决定,发回原审人民法院重新审判。

6. 审理期限

人民法院经审理,对于被申请人或者被告人符合强制医疗条件的,应当在1个月以内作出强制医疗的决定。这里的"1个月"从人民检察院向人民法院提出申请之日起计算。对不服强制医疗决定的复议申请,上一级人民法院同样应当在1个月内审理完毕并作出复议决定。

(五)强制医疗的执行

2012年《刑事诉讼法》第288条和第289条对强制医疗程序的审理作了原则性的规定,相关司法解释进行了补充和细化,主要包括以下内容:

1. 对被强制医疗人的诊断评估与强制医疗的解除

强制医疗机构应当定期对被强制医疗的人进行诊断评估,以决定是否继续对其进行强制医疗。强制医疗机构在对被强制医疗的人进行诊断评估后,如果认为此人已不具有人身危险性,不再需要继续强制医疗的,应当及时提出解除意见,报决定强制医疗的人民法院决定。强制医疗机构提出解除强制医疗意见,必须附有诊断评估报告。

2. 被强制医疗的人及其近亲属有权申请解除强制医疗

如果被强制医疗的人认为自己已经痊愈或者不再具有人身危险性,不需要再继续强制医疗的,可以申请解除强制医疗。被强制医疗的近亲属如果认为强制医疗不再需要,也可以申请解除强制医疗。被强制医疗的人及其近亲属向人民法院申请解除强制医疗,强制医疗机构未提供诊断评估报告的,申请人可以申请人民法院调取。必要时,人民法院可以委托鉴定机构对被强制医疗的人进行鉴定。被强制医疗的人及其近亲属提出的解除强制医疗申请被人民法院驳回,6个月后再次提出申请的,人民法院应当受理。

3. 人民法院应当区分情形对是否解除强制医疗作出处理

人民法院应当组成合议庭进行审查,并在1个月内区分情形分别处理:

（1）被强制医疗的人已不具有人身危险性,不需要继续强制医疗的,应当作出解除强制医疗的决定,并可责令被强制医疗的人的家属严加看管和医疗；
（2）被强制医疗的人仍具有人身危险性,需要继续强制医疗的,应当作出继续强制医疗的决定。人民法院应当在作出决定后5日内,将决定书送达强制医疗机构、申请解除强制医疗的人、被决定强制医疗的人和人民检察院。决定解除强制医疗的,应当通知强制医疗机构在收到决定书的当日解除强制医疗。

（六）强制医疗程序的监督

2012年《刑事诉讼法》第289条规定,人民检察院对强制医疗的决定和执行进行监督。具体监督的内容和方式包括：

1. 对公安机关的监督

具体包括：（1）公安机关应当启动强制医疗程序而不启动的,可以要求公安机关在7日以内书面说明不启动的理由。认为公安机关不启动理由不能成立的,应当通知公安机关启动程序。（2）发现公安机关对涉案精神病人进行鉴定的程序违反法律或者采取临时保护性约束措施不当的,应当提出纠正意见。（3）公安机关应当采取临时保护性约束措施而尚未采取的,人民检察院应当建议公安机关采取临时保护性约束措施。（4）人民检察院发现公安机关对涉案精神病人采取临时保护性约束措施时有体罚、虐待等违法情形的,应当提出纠正意见。

2. 对人民法院的监督

具体包括：（1）对审判活动的监督。人民检察院发现人民法院或者审判人员审理强制医疗案件违反法律规定的诉讼程序,应当向人民法院提出纠正意见。（2）对决定本身是否正确的监督。人民检察院认为人民法院作出的强制医疗决定或者驳回强制医疗申请的决定不当,应当在收到决定书副本后20日以内向人民法院提出书面纠正意见。

3. 对强制医疗执行的监督

监督的内容可以包括：强制医疗机构是否对被决定强制医疗的人进行强制医疗；是否对被强制医疗的人定期进行诊断评估；强制医疗机构应当提出解除意见而未提出的；强制医疗机构的具体执行行为是否不当侵犯被强制医疗的人的权利等。